복 있는 사람

오직 여호와의 율법을 즐거워하여 그 율법을 주야로 묵상하는 자로다.
저는 시냇가에 심은 나무가 시절을 좇아 과실을 맺으며 그 잎사귀가 마르지 아니함 같으니
그 행사가 다 형통하리로다.(시편 1:2,3)

역사상 수많은 설교자들이 사도행전을 설교했고, 지금도 사도행전에 대한 책들이 쏟아져 나오고 있음에도 우리가 마틴 로이드 존스의 『사도행전 강해설교』에 주목해야 할 분명한 이유가 있다. 첫째, 사도행전 강해는 마틴 로이드 존스가 자신의 사역 마지막 시기에 주일 저녁마다 전했던 그의 전도설교의 백미이기 때문이다. 그는 사도행전 강해에서 참된 기독교와 복음이 무엇인지를 선명하게 보여주었다. 나는 이 복음이야말로 오늘 우리 시대 설교자들이 잃어버린 본질이라고 생각한다. 둘째, 부흥에 대한 로이드 존스의 간절한 갈망이 이 책 곳곳에 녹아 있기 때문이다. 1981년 로이드 존스를 처음 읽기 시작했을 때, 나는 부흥에 대한 그의 갈망에 온전히 공감할 수 없었다. 그 당시 한국교회는 큰 어려움 없이 계속 성장하고 있었기 때문이다. 그로부터 수십 년이 지난 지금, 타락하고 무능력해진 교회를 보며 한국교회가 로이드 존스의 사도행전에 다시금 귀 기울여야 할 때임을 절감한다. 20세기 후반 영국교회의 현실을 보며 하나님의 주권적인 영적 부흥 없이는 인간의 그 어떤 노력으로도 교회를 회복할 수 없다고 느꼈던 그의 심정을 지금의 한국교회를 보며 절절히 이해하게 되었기 때문이다. 21세기 한국교회의 신실한 성도들과 설교자들에게 이 책을 강력하게 추천한다.

김형익, 벧샬롬교회 담임목사

교회는 말씀의 창조물이므로 영적 활기를 잃어버린 이 땅의 교회를 회복시킬 유일한 길은 말씀의 회복이다. 그리고 그 말씀의 능력을 자신의 설교 사역을 통해 가장 강력하게 증언한 인물이 있다면, 바로 지난 세기 위대한 설교자 마틴 로이드 존스일 것이다. 그의 사역이 가장 완숙했던 시기에 선포된 이 사도행전 강해는 본문에 기록된 성령의 강림과 교회의 탄생, 담대한 복음 선포와 살아 역사하는 교회의 역동성을 생생하게 펼쳐 보인다. 특히 설교문 곳곳에서 드러나는 인간의 본질적 상태와 당시 서구 교회 현실에 대한 통찰은 시대와 장소를 초월하여 오늘날 교회에도 여전히 큰 울림을 준다. 불붙은 논리와 확신에 찬 선포, 복음에 대한 거룩한 집착이 깃든 이 설교는 무기력한 이 시대의 교회를 향한 하나님의 처방이자 호소다. 교회와 강단의 회복을 바라는 설교자들과 영광스러운 복음 앞에 다시 서고자 하는 성도들은 지금, 로이드 존스의 목소리에 귀 기울여야 한다.

조광현, 고려신학대학원 설교학 교수

마틴 로이드 존스의 『사도행전 강해설교』 첫 장은 내게 상당히 큰 충격을 주었다. 이 한 장이 이후 내 모든 사역과 삶을 결정했다고 해도 과언이 아니다. 그중 내 마음을 사로잡은 문장은 다음과 같다. "기독교는 가르침이 아니라 인물(person)입니다. 기독교는 단순히 정치에 적용돼야 할 도덕사상이 아닙니다. 기독교는 역사적 인물에서 시작됩니다.……여러분은 사도행전을 읽으면서, 주님의 제자들이 항상 '예수와 부활'을 전파했다는 사실을 발견할 것입니다(행 17:18). 이들은 사람들에게 가서 그분을 전했습니다. 이것이 제자들이 가르친 전부였습니다."

기독교는 인물이다! 이것은 단순한 설명이 아니라, 내 생각의 기초를 흔들어 놓은 선언이었다. 나는 기독교를 전한다는 것은 일종의 '올바른 삶' 또는 '일련의 교리체계'를 전하는 것이라 생각했다. 물론 삶도 중요하고 교리도 중요하지만, 이 모든 것이 예수 그리스도라는 인물(이자 하나님)을 가리키지 않는다면 무용하다는 사실, 그리고 예수 그리스도를 드러내고 가르치는 것으로부터 모든 삶과 교리가 나온다는 사실은 충격과 동시에 기쁨으로 다가왔다. 그래서 나는 내 삶과 사역의 목적을 "예수 그리스도를 높이고 전하는 것"으로 정했다.

이후 나는 로이드 존스의 다양한 설교집을 통해 이러한 목적을 성취하기 위한 설교의 기술을 더욱 확실히 배우게 되었다. 로이드 존스를 열정적으로 좋아하는 사람이라도 그에 관해 잘 모르는 사실이 하나 있다. 그가 매 주일 오전과 저녁, 금요일에 설교를 했으며 각 시간마다 설교의 목표가 달랐다는 사실이다. 주일 오전에는 신자들을 위한 양육설교(에베소서 강해, 산상설교 등)를 했고, 주일 저녁에는 비신자들을 위한 전도설교(요한복음 강해, 여러 짧은 강해설교들)를 했으며, 금요일 저녁에는 교리적 설교(교리강좌 시리즈, 로마서 강해)를 했다.

이번에 출간 20주년 기념 개정판으로 새롭게 출간되는 『사도행전 강해설교』는 주일 저녁예배 설교였다. 그렇기 때문에 주로 비신자들을 대상으로 한 설교다. 로이드 존스는 언제 복음전도 집회나 캠페인을 하는지 묻는 질문에 "매주 한 번씩 하지요"라는 말로 응수했는데, 저녁예배 때마다 그렇게 설교했기 때문이다.

기독교 신자 가운데 누군가는 이 설교들이 자신에게 덜 유익할 것이라 생각할 것이다. 하지만 절대 그렇지 않다. 나는 산상설교나 에베소서 강해를 통해서도 유익을 얻었지만, 그의 저녁예배 설교를 통해 더없이 큰 유익을 얻었다. 실제로 1960년대 당시 웨스트민스터 채플에서 진행된 모든 예배 중 저녁예배 때 가장 많은 청중들이 참석했다. 왜 그랬을까? 그것은 이 설교들이 신자와 비신자를 동시에 겨냥했기 때문이다. 누구든 이 설교들을 통해 많은 유익한 적용과 영적 통찰을 얻을 수 있었을 뿐 아니라, 복음의 의미와 진면목을 지속적으로 확인할 수 있었기 때문이다. 나는 정말 많은 사람들에게 『사도행전 강해설교』를 포함한 그의 저녁예배 설교를 권했는데, 이 설교들을 읽은 사람들은 한결같이 이렇게 고백했다. "지금까지 저는 복음을 제대로 알지 못하고 있었군요!"

왜 그러한 일이 일어날까? 복음은 비신자를 회심시키는 동시에 신자를 양육하기 때문이다. 기독교의 본질은 도덕이나 윤리, 교리가 아닌 예수 그리스도라는 인물인데, 그분이 어떤 분이신지와 어떤 일을 하셨는지를 알아감으로써 신자들은 성장한다. 신자들의 선한 행위는 결코 지적으로 몰랐던 것을 알게 됨으로써 나오는 것이 아니다. 오히려 그리스도의 아름다운 성품과 사역을 봄으로써 나온다. 로이드 존스는 지치지 않고 그리스도와 그분이 하신 일을 매번 설교를 통해 선포했고, 그 결과 나는 신자와 비신자를 동시에 겨냥하는 설교를 터득할 수 있었다(팀 켈러와 존 스토트 또한 마찬가지였다).

그러한 의미에서, 나는 누구든 이 『사도행전 강해설교』를 진지하게 읽기를 바란다. 비록 로이드 존스가 사도행전 8장까지만 강해하고 은퇴했지만, 우리는 이 책을 통해 사도행전을 이해할 뿐만 아니라, 사도행전의 주인이신 예수 그리스도를 볼 수 있다. 이 책을 읽는 독자들은 누구나 다음과 같이 고백하게 될 것이다. "똑같은 복음의 메시지, 예수 그리스도를 가리키는 메시지를 듣는데 왜 매번 새로운 감동과 깨달음이 있을까?"

참고로 나는 여섯 권으로 구성된 이 강해 시리즈를 끝까지 읽었다. 같은 물 한 모금이라도 갈증이 심할 때 더 큰 청량감을 주듯, 이 책의 매 장은 복음에 목말라 있던 내게 한결같이 시원한 생수와 같았다. 누구든 이 책을 읽으라. 그러면 로이드 존스가 던지는 다음의 질문에 강한 확신으로 "예!"라고 답하게 될 것이다. "예수께서 이 세상에 오신 것은, 우리를 지옥에서, 여러분과 제가 우리의 죄 때문에 마땅히 받아야 할 형벌에서 구원하시기 위해서라는 것을 여러분은 깨닫습니까? 기독교의 본질은 여러분에게 무엇을 하라고 요구하는 것이 아니라 예수께서 여러분을 위해 무엇을 하러 이 땅에 오셨는지 말해 주는 그 무엇이라는 사실을, 이제 여러분은 깨닫습니까?"

이정규, 시광교회 담임목사

승리하는 기독교

D. Martyn Lloyd-Jones
Victorious Christianity

승리하는 기독교

마틴 로이드 존스 지음 | 정상윤 옮김

복 있는 사람

승리하는 기독교

2004년 11월 19일 1판 1쇄 발행
2011년 10월 17일 2판 1쇄 발행
2025년 7월 10일 3판 1쇄 인쇄
2025년 7월 23일 3판 1쇄 발행

지은이 마틴 로이드 존스
옮긴이 정상윤
펴낸이 박종현

(주) 복 있는 사람
주소 서울특별시 마포구 연남동 246-21(성미산로23길 26-6)
전화 02-723-7183(편집), 7734(영업·마케팅)
팩스 02-723-7184
이메일 hismessage@naver.com
등록 1998년 1월 19일 제1-2280호

ISBN 979-11-7083-267-6 04230
ISBN 979-11-7083-264-5 04230 (세트)

Victorious Christianity
by D. Martyn Lloyd-Jones

Copyright ⓒ 2003 by Lady Catherwood and Mrs Ann Beatt
Originally published in English under the title
Authentic Christianity Vol.3 by D. Martyn Lloyd-Jones
by The Banner of Truth Trust, Edinburgh EH12 6EL, UK
All rights reserved.

Translated and used by the permission of The Banner of Truth Trust
through the arrangement of rMaeng2, Seoul, Republic of Korea.
Korean Translation Copyright ⓒ 2004, 2011, 2025 by The Blessed People Publishing Inc., Seoul, Republic of Korea.

이 한국어판의 저작권은 알맹2 에이전시를 통하여 The Banner of Truth Trust와 독점 계약한 (주)복 있는 사람에 있습니다. 신저작권법에 의하여 한국 내에서 보호받는 저작물이므로 무단 전재와 무단 복제를 금합니다.

하나님의 말씀이 점점 왕성하여
예루살렘에 있는 제자의 수가 더 심히 많아지고
허다한 제사장의 무리도 이 도에 복종하니라

차례

		서문	09
5:17-32	01	불신앙의 불합리성	10
5:19-20, 29	02	"이 생명의 말씀을 다"	32
5:29-32	03	이 메시지의 내용	56
5:29-32	04	인간의 큰 문제	76
5:29-32	05	회개, 죄사함에 이르는 문	94
5:29-32	06	완전한 구주	114
5:29-32	07	임금되신 그리스도	136
5:29-32	08	증인	158
5:29-32	09	부활, 하나님의 선포	178
5:29-32	10	성령의 증거	198
5:29-32	11	복음에 따라 형성되다	218

5:33-42	12	불신앙의 본질	236
5:34	13	가말리엘	254
5:41-42	14	그 이름	276
5:38-39	15	성령의 역사	296
6:1-2	16	우선순위	318
6:2-5, 7	17	하나님의 말씀	342
6:1-4	18	이 메시지의 배타성	368
6:1-4	19	기도	384
6:7	20	순종으로 부르심	404
6:1, 7, 9	21	복음의 영광	424

서문

이 책은 마틴 로이드 존스의 사도행전 강해설교 시리즈 제3권이다. 1, 2권과 마찬가지로 웨스트민스터 채플 주일 저녁예배 때 설교한 강해 설교들을 수록해 놓았다. 여기에 실린 21편의 설교는 1966년 2월부터 7월까지 전해진 것들이다. 로이드 존스는 사도행전 5:17-6:9까지의 본문을 연속적으로 설교했지만, 관련 구절들을 직접적으로 주석하려던 것은 아니었다. 오히려 그의 의도는 사도행전 앞장들에 강력하게 예시되어 있는 복음의 실재를 제시하되, 특별히 회심하지 않은 청중에게 제시하려는 데 있었다. 물론 이 설교들이 기존 신자들에게도 아주 유익하다는 사실을 새삼 밝힐 필요는 없을 것이다.

1, 2권에 대한 반응은 뜨거웠다. "로이드 존스 최고의 설교", "탁월한 책", "아름답게 만들어 낸 고무적인 책", "문체는 수정처럼 명료하다. 내용은 철저히 복음적이다. 복음의 영광이 각 장에서 빛을 발하고 있다", "영적인 힘을 북돋아 주는 책", "다음 권들이 간절히 기다려진다", "나는 이제 3권을 기다리고 있다" 등의 평가가 나왔다.

이제 그 특별한 기다림은 끝났다!

2003년 1월
배너 오브 트루스 Banner of Truth 발행인

01

불신앙의 불합리성

대제사장과 그와 함께 있는 사람 즉 사두개인의 당파가 다 마음에 시기가 가득하여 일어나서 사도들을 잡아다가 옥에 가두었더니 주의 사자가 밤에 옥문을 열고 끌어내어 이르되 가서 성전에 서서 이 생명의 말씀을 다 백성에게 말하라 하매 그들이 듣고 새벽에 성전에 들어가서 가르치더니 대제사장과 그와 함께 있는 사람들이 와서 공회와 이스라엘 족속의 원로들을 다 모으고 사람을 옥에 보내어 사도들을 잡아 오라 하니 부하들이 가서 옥에서 사도들을 보지 못하고 돌아와 이르되 우리가 보니 옥은 든든하게 잠기고 지키는 사람들이 문에 서 있으되 문을 열고 본즉 그 안에는 한 사람도 없더이다 하니 성전 맡은 자와 제사장들이 이 말을 듣고 의혹하여 이 일이 어찌 될까 하더니 사람이 와서 알리되 보소서, 옥에 가두었던 사람들이 성전에 서서 백성을 가르치더이다 하니 성전 맡은 자가 부하들과 같이 가서 그들을 잡아 왔으나 강제로 못함은 백성들이 돌로 칠까 두려워함이더라. 그들을 끌어다가 공회 앞에 세우니 대제사장이 물어 이르되 우리가 이 이름으로 사람을 가르치지 말라고 엄금하였으되 너희가 너희 가르침을 예루살렘에 가득하게 하니 이 사람의 피를 우리에게로 돌리고자 함이로다. 베드로와 사도들이 대답하여 이르되 사람보다 하나님께 순종하는 것이 마땅하니라. 너희가 나무에 달아 죽인 예수를 우리 조상의 하나님이 살리시고 이스라엘에게 회개함과 죄사함을 주시려고 그를 오른손으로 높이사 임금과 구주로 삼으셨느니라. 우리는 이 일에 증인이요 하나님이 자기에게 순종하는 사람들에게 주신 성령도 그러하니라 하더라.

사도행전 5:17-32

사도행전 5장은 놀라운 장입니다. 이 장은 아나니아와 삽비라가 심판을 받아 죽는 경악할 만한 사건으로 시작되고 있습니다. 뒤이어 하나님의 기이한 능력이 사도들을 통해 나타나는데, 그 부분은 이미 살펴본 바 있습니다.[1] 누가는 다음과 같이 말합니다.

"사도들의 손을 통하여 민간에 표적과 기사가 많이 일어나매…… 심지어 병든 사람을 메고 거리에 나가 침대와 요 위에 누이고 베드로가 지날 때에 혹 그의 그림자라도 누구에게 덮일까 바라고 예루살렘 부근의 수많은 사람들도 모여 병든 사람과 더러운 귀신에게 괴로움받는 사람을 데리고 와서 다 나음을 얻으니라"^{행 5:12, 15-16}.

우리가 오늘 살펴볼 사건은 그다음에 나옵니다. "대제사장과 그와 함께 있는 사람 즉 사두개인의 당파가 다 마음에 시기가 가득하여 일어나서"^{행 5:17}. 이것은 초대교회의 삶을 보여주는 추가적인 일화로서, 다른 사건들을 살펴본 이유와 같은 이유로 살펴보고자 합니다. 지금 우리의 관심사는 교회란 무엇인가, 교회의 메시지는 무엇이며 세상에서 해야 할 일은 무엇인가를 알아보려는 데 있습니다. 그런데 그 답은 교회의 기원을 신빙성 있게 말해 주는 이 책, 사도행전에만 나옵니다.

우리는 지금 역사적인 사실들을 다루고 있다는 점을 강조해야겠습니다. 그러한 역사적인 사실들이 없었다면 교회는 결코 생겨나지 못했을 것입니다. 예루살렘 당국자들이 간파했듯이, 그것 말고는 교회가 생겨난 이유를 설명할 길이 없습니다. 당국자들은 중대한 문제에 직면했습니다. 그들이 알고 있던 바대로 사도들은 "학문 없는 범인"이었습니다^{행 4:13}. 그들은 이 점에 놀랐고, 이 점을 이해할 수 없었

---

1   사도행전 강해설교 시리즈 2권 『담대한 기독교』를 보라.

습니다. 놀랄 일은 그후에도 계속되었습니다. 교회가 생겨나더니, 사라지지 않고 존속하면서 사도행전에 기록된 일들과 지금까지 수세기의 역사에 기록되어 온 놀라운 일들을 행한 것입니다. 이것은 모두 일정한 사건들-복음서와 사도행전 앞장에 나오는 사건들-이 있었기에 가능한 일들이었습니다.

거듭 말하지만, 기독교의 내용이 무엇인지, 교회가 무엇인지 참으로 알고 싶다면 사도행전에서 그 답을 찾아야 합니다. 이 책은 기독교의 중대한 기본원리를 분명하고도 명확하게 제시해 주고 있는데, 오늘날 교회의 삶도 마땅히 그 원리의 지배를 받아야 합니다. 그 진리들과 연결되어 있지 않은 교회는 기독교적인 교회가 아닙니다. 하나의 기관일 뿐입니다. 물론 그러면서도 기독교적인 교회로 자처하는 곳도 있습니다만, 여기 제시된 원리를 따르지 않는 교회는 교회의 이름을 내세울 권리가 없습니다.

현재 많은 이들이 직면한 큰 문제는, 교회의 실체에 대해 교회 내부적으로 혼동을 겪고 있을 뿐 아니라, 외부적으로는 더더욱 혼동을 겪고 있다는 점입니다. 곤경에 빠진 자들은 교회를 향해 "당신들이 전하는 메시지가 무엇입니까?"라고 묻습니다. 그러나 분명한 대답은 듣지 못합니다. 초대교회시대로 되돌아가 그 역사를 살피는 일이 중요한 이유가 여기 있습니다. 이 기독교, 여기 나오는 기독교만이 진정한 기독교입니다. 기독교는 시종일관 놀라움을 주는 이야기로 이루어져 있습니다.

이번에 다룰 사건은 확실히 우리를 경악하게 합니다. 여기에는 선뜻 믿어지지 않는 부분이 있습니다. 이 이야기가 어떻게 시작되는지 보십시오. "[그때에] 대제사장과 그와 함께 있는 사람 즉 사두개인의 당파가 다 마음에 시기가 가득하여 일어나서 사도들을 잡아다가 옥에 가두었더니."

"그때에"는 앞서 기록된 사건들이 일어난 직후라는 뜻입니다. 그 사건들이 무엇입니까? 자, 종교 지도자들의 반응에 경악할 수밖에 없는 이유가 바로 이것인데, 누가는 아나니아와 삽비라의 급작스런 죽음이라는 극적이고도 깜짝 놀랄 만한 사건을 방금 전해 주었습니다. 그리고 뒤이어 기적적이고 초자연적인 능력이 나타난 진귀한 사례를 기록하고 있습니다. 성경은 예루살렘 주변 지역과 지방에 사는 이들도 아픈 친구와 친척들을 데리고 와서 고침을 받았다고 말합니다. 그것은 눈으로 확인 가능한 사실이었습니다. 그런데 그 때문에 대제사장과 사두개인들의 마음이 시기로 가득 찼다는 것입니다.

종교 지도자들이 이런 식으로 반응한 것은 참 이상한 일입니다. 이 사건들을 보고 들은 백성들이 두려움을 느낀 것은 얼마든지 이해할 수 있습니다. 한 남자가 갑자기 쓰러져 죽더니, 세 시간 후에 그 아내도 똑같이 쓰러져 죽었습니다. 누구라도 이런 일을 목격하면 겁을 먹게 마련입니다. 그래서 성경은 "온 교회와 이 일을 듣는 사람들이 다 크게 두려워하니라"고 기록하고 있습니다 행 5:11.

우리는 백성들이 사도들을 "칭송"한 이유도 이해할 수 있습니다 행 5:13. 물론 예루살렘 사람들이 뭐든지 잘 믿는 사람들이었을 수도 있고, 심지어 약간 미신적인 사람들이었을 수도 있습니다. 그러나 제 생각에는, 이처럼 어떤 부부가 심판을 받아 갑자기 죽었다는 소식을 듣고 자기들 눈앞에서 기이한 이적이 일어나는 장면까지 목격한 사람들이라면 놀라는 것이 당연한 일로 보입니다. 그들은 경이로운 일이라고 생각했을 것이며, 이런 능력을 보인 이들에게 호감을 느꼈을 것입니다. 반면에 이런 일을 보고서도 분노로 반응하는 무리가 있다는 사실에 우리는 놀라지 않을 수 없습니다. 그 분노가 어찌나 컸던지 산헤드린[2]은 사도들을 체포해서 옥에 가두어 버렸습니다. 저는 바로 이 현상을 여러분과 함께 생각해 보고자 합니다.

신약성경은 아주 정직한 기록으로서, 어느 한 면이 아닌 전체를 보여주고 있습니다. 누가가 기록한 아나니아와 삽비라 이야기만 보아도 알 수 있습니다. 누가는 두 사람과 관련된 진실을 전부 전해 줍니다. 큰 기업이나 광고 대행업자라면 이렇게 하지 않을 것입니다. 그들

---

2 통치권을 가지고 대법원의 기능을 수행했던 유대인들의 최고기관.

의 전략은 자신들의 제품에 하자가 있다는 사실을 절대 인정하지 않는 것입니다. 이를테면 그들은 "이 세제는 흰옷을 더 새하얗게 만들어준다"는 식으로 선전을 합니다. 그러나 성경은 성공뿐 아니라 실패의 이야기도, 지지뿐 아니라 반대의 이야기도 기록하고 있습니다. 우리가 지금 공부하고 있는 이 사건도 마찬가지입니다. 우리는 여기에서 불신앙에 대한 놀라운 그림을 보게 됩니다.

이제 이 종교 지도자들의 불신앙에 여러분의 주의를 환기시켜야겠습니다. 신앙을 이해하는 일만큼이나 불신앙의 본질을 이해하는 일 또한 중요하기 때문입니다. 신앙의 요소는 전에 이미 살펴보았습니다. 첫번째 요소는 보이지 않는 것과 하나님의 능력에 대한 두려움입니다. 일단 그런 두려움이 생기고 나면 복음 메시지를 들을 마음과 그 메시지를 받아들이며 순종할 마음까지 생기게 되는데, 이것이 신앙의 두번째 요소입니다. 세번째 요소는 성령의 능력입니다. 이 능력은 사람들을 그리스도의 몸에 소속시킴으로써 일시적이고 피상적인 반응이 아닌 심오한 변화를 겪게 만듭니다.

이처럼 지금까지 우리가 신앙의 해부라고 할 만한 일을 했다면, 이제는 불신앙을 해부할 차례입니다. 불신앙을 이해하는 일은 신앙을 이해하는 일만큼이나 중요합니다. 불신앙의 특징을 깨달은 후에 신앙을 갖는 사람들도 종종 있기 때문입니다. 불신앙이 얼마나 끔찍하고 무서우며 어리석고 무모한 것인지 깨달을 때, 사람들은 불신앙을 버리고 신앙으로 돌아섭니다.

그렇기 때문에 성경이 긍정적인 모습만 보여주지 않고 부정적인 모습도 보여주는 것입니다. 성경은 우리의 눈과 지각을 열어 엄청난 구원의 복음을 믿게 하려는 이 한 가지 목적을 위해 기록되었습니다. 우리는 하나님이 부정적인 모습도 보여주시는 데 당연히 크게 감사드려야 합니다. 종종 말씀드렸듯이, 우리는 늘 자신의 부정적인 모습보다는 남의 부정적인 모습에서 더 쉽게 요점이나 원리를 찾아내기 때문입니다. 우리는 자기 자신에게 익숙하며 호의적이고 방어적인 태도를 가지고 있는 탓에 참모습을 잘 보지 못합니다. 그러나 남이 자기와 똑같은 결함을 가지고 있을 때에는 금방 알아차립니다. 다윗과 나단의 이야기가 그 좋은 예입니다삼하 12장. 나단이 다윗에게 그러했듯이, 복음도 우리에게 "당신이 그 사람이라"고 말하면서 진실을 깨우쳐 줍니다삼하 12:7. 성경 각 장에 풍부하게 제시되어 있는 역사적인 사건과 실례들이 귀중한 이유가 여기 있습니다.

더 나아가, 세월이 흘러도 신앙의 본질이 변하지 않은 것처럼 불신앙의 본질 또한 변하지 않았다는 중대한 원리를 기억해야 합니다. 어떤 이는 말할 것입니다. "당신이 뭘 하려는지 알겠습니다. 대제사장과 사두개인들의 불신앙을 보여줄 작정이지요? 하지만 그것은 1900년도 넘는 과거에 일어난 일이고, 우리는 20세기에 살고 있습니다. 그 모든 일이 대체 우리와 무슨 상관이 있단 말입니까?"

그에 대한 대답은 불신앙은 언제나 똑같다는 것입니다. 불신앙은 전혀 변하지 않았습니다. 불신앙은 1세기에도 있었고 오늘날에도 있습니다. 불신앙에 무언가 새로운 부분이 있다고 생각하는 것이야말로 현대의 오류 중에 가장 근거가 빈약하고 딱한 오류입니다. 오늘날 평범한 사람에게 왜 믿지 않는지 물어보십시오. 거의 틀림없이 자신이 '20세기 사람'이기 때문에 믿지 않는다고 대답할 것입니다. 그는 부지불식간에 '옛날 사람들은 뭘 더 몰랐기 때문에 기독교의 가르침을 덥석 받아들였다'고 생각하고 있습니다. 옛날 사람들은 다 예수를 믿었지만, 20세기 사람인 자신은 절대 그럴 수 없다는 것입니다!

그에 대해 저는 1세기 사람들도 똑같이 복음을 거부했다고 대답하겠습니다. 현대인들은 2천 년 전 사람들이 하나님의 아들을 거부한 방식과 똑같은 방식으로, 그의 사후에 제자들을 미워하고 거부한 방식과 똑같은 방식으로 하나님의 아들을 거부하고 있습니다. 하나도 달라진 것이 없습니다. 그리스도도 동일하고, 믿음과 신앙도 동일하고, 불신앙도 동일합니다. 따라서 믿지 않는 이 산헤드린 공회원들의 행태를 분석함으로써 얻게 되는 이 간단한 진리는, 오늘날 복음을 거부하고 있는 모든 사람, 복음에 등 돌리고 있는 모든 사람, 복음을 싫어하는 모든 사람에게도 똑같이 해당됩니다.

그렇다면 여기에서 얻게 되는 진리란 무엇입니까? 첫째는 불신앙의 본질로서, 이것이 언제나 출발점입니다. 사람들은 왜 믿지 않습니까? 여러분이 지금 복음을 받아들이지 않고 있다면, 그 이유가 무엇입니까? 그 점에 대해 생각해 본 적이 있습니까? 오늘 본문은 이 심오한 질문에 답을 주고 있습니다. 여기 이 사람들은 "없이하소서. 그를 십자가에 못박게 하소서. 우리는 저자와 아무 상관이 없습니다. 바라바를 놓아주소서"라고 외치며 주님을 거부했듯이 사도들도 거부했습니다.

그렇다면 불신앙의 본질 내지 원인은 무엇일까요? 첫번째는 부정적인 답변으로서, 불신앙은 지적인 태도가 아니라는 것입니다. 제가 이 점을 강조하고 싶은 이유는 현재 종교를 비웃는 사람들―우리는 텔레비전에서 그들의 모습을 보며, 지면에서 그들의 글을 접합니다―이 의기양양하게 내세우는 주장이 바로 '우리는 지적인 이유로 기독교를 거부한다'는 것이기 때문입니다. 그들은 엄청난 재능과 지각과 추론 능력을 갖춘 사람들로 자처합니다. 물론 오늘날에는 과학적인 관점의 지배를 받는다는 사실을 특히 더 강조하고 있습니다. 그들은 과학적인 관점이야말로 차분하고 공정하며 냉정한 것이라고 주장합니다. 편견은 종교인들의 표지인 데 반해, 과학자들은 선입견이 없으며 사실을 사심 없이 객관적으로 관찰하고 자기 앞에 주어진 견해들을 마치 신처럼 냉철하게 평가한다는 것입니다.

오늘날 사람들은 자신들이 객관적으로 검토한 결과 기독교가 참되지 않다는 결론을 내렸기 때문에 예수를 믿지 않는다고 생각하고 있습니다. 그리고 이에 대해 유감을 표명하기도 합니다. 저도 얼마 전에 한 남자가 "저도 믿을 수 있기를 바랐지요. 신앙을 가질 수 있기를 바랐습니다"라고 말하는 소리를 들었습니다. 저는 그가 정직하지 못하다고 생각지 않으며, 그것이 그의 진심이라고 믿습니다. 그러나 문제는 그의 오해에 있습니다.

그는 "믿을 수 있기를 바랐지요"라고 말했습니다. 그러나 자신은 지성인이어서 믿을 수가 없었다는 것입니다. 그렇다면 이 문제를 어떻게 처리해야 할까요? 자, 이 주제를 놓고 몇 시간이라도 말할 수 있지만 굳이 그럴 필요는 없다고 생각합니다. 이 문제는 간단히 처리될 수 있기 때문입니다. 첫째로, 만약 위대한 지식인 중에 복음을 믿은 사람이 아무도 없다는 사실만 입증된다면, 여러분의 주장이 맞을 것입니다. 그러나 여러분은 그 사실을 입증할 수 없습니다. 탁월한 지성을 지닌 이들도 복음을 믿었다는 분명한 사실은 이같은 현대인들의 생각에 즉각 의구심을 품게 만듭니다.

둘째로, 처음에는 복음을 극렬하게 반대했다가 나중에 예수를 믿게 된 사람들-그런 사람들은 성경에도 일부 등장하며 그후의 역사에도 많이 등장합니다-이 있습니다. 처음에는 그들도 복음을 무시하고 조롱했습니다. 복음이 전적으로 틀렸음을 증명하기도 했습니다. 그러다가 나중에 그리스도인이 되었습니다. 똑같은 사람이 전에는 기독교를 반대했다가 나중에 믿게 된 것입니다. 무엇이 그들을 변화시켰습니까? 그들이 뇌종양을 앓았다는 증거가 있는 것도 아니고, 동맥경화나 그 밖의 원인으로 뇌가 퇴화되기 시작했다는 증거가 있는 것도 아닙니다. 어떤 이들은 비교적 젊었을 때 이런 변화를 겪었으며, 더 나아가 자신들의 머리가 이전과 똑같이 명석하게 작동하고 있다는 증거를 풍성히 제공해 주었습니다. 처음에 복음을 반대했던 사람이 똑같은 두뇌를 가지고 나중에 믿게 되어 변화의 이유를 완전히 밝힐 수 있다면, 그것만으로도 충분한 반증임이 틀림없습니다.

셋째로, 아주 흡사한 재능을 타고난 두 형제가 함께 자라 같은 학교에 다니면서 똑같이 공부를 잘하여 수석의 영예를 누리다가 같은 대학에 진학해서 거의 똑같이 탁월한 성취를 이루었는데도, 한 사람은 그리스도인이 되고 한 사람은 불신자로 남는 경우가 종종 있습니다. 그 차이를 무엇으로 설명하겠습니까? 지성의 문제로 돌릴 수는 없습니다. 실제로 두 사람의 우열을 가릴 수 없다는 데 모두 동의할 테니 말입니다. 이 또한 똑똑한 현대인이라면 그리스도인이 될 리가 없다는 주장을 영원히 철회시키기에 충분한 근거입니다.

어떤 이는 말합니다. "그 점은 받아들이지요. 그렇다면 이것은 지식의 문제가 아닐까요?" 일반인들, 심지어 주교들까지 과학지식의 증가로 20세기에는 옛날처럼 신앙을 갖기 힘들다는 주장을 책에 쓰고 있습니다. 오늘날에는 과거에 몰랐던 일들을 많이 알게 되었고, 그 때문에 신앙을 가질 수 없다는 것입니다.

그에 대해 저는 이렇게 답할 수밖에 없습니다. 요즘 사람들이 현대지식 때문에 믿지 못하는 것이라면, 예루살렘 종교 지도자들은 대체 무엇 때문에 믿지 못했겠습니까? 그들도 현대인들과 똑같이 복음을 거부했습니다. 그렇다면 그들의 불신앙에는 무언가 다른 이유가 있는 것이 틀림없습니다. 이렇게 볼 때 불신앙은 지식의 문제라고 할 수 없습니다. 사람들이 과거에는 전부 복음을 믿었고 원자 분할이 가능해진 이후에야 신앙을 버리게 되었다는 사실을 입증할 수만 있다면야 완벽한 주장이 되겠지만, 그렇지 못할 경우에는 설득력을 잃게 됩니다. 그런데 과거에도 현재 못지않은 불신앙의 사례들이 있는 것입니다.

더 나아가 이 모든 새로운 지식을 보십시오. 놀랍기 그지없습니다. 지금 저는 지식 그 자체를 반대하는 것이 아닙니다. 이러한 현대지식, 현대의 발견과 발명 자체를 반대할 바보는 없습니다. 다만 저는 이같은 지식의 증가가 우리의 주제와 아무 상관이 없음을 지적하고 싶을 뿐입니다. 인간은 원자를 분할할 수 있습니다. 그러나 그 사실이 여러분 자신에 대해 무엇을 더 알려 줍니까? 러시아인들이 달에 탐사선을 착륙시킨 사건-이것은 놀라운 업적이니 만큼 그 공로는 인정하기로 합시다-이 일주일 전에 다시는 저지르지 않겠다고 다짐한 죄를 어젯밤 또다시 저지르게 된 이유를 설명해 줍니까? 그 문제를 해결하는 데 무슨 도움을 줍니까? 이 모든 지식의 증가가 인간에 대해 무엇을 더 말해 줍니까? 인간이 누구이며 어떤 존재인지, 지금 세상에서 무엇을 하고 있는지에 대해 무엇을 더 말해 줍니까? 어떻게 깨끗하고 올바르고 도덕적인 삶을 살 것인지, 어떻게 죽을 것인지, 또는 죽음 이후에 대해 무엇을 말해 줍니까? 조드럴 뱅크Jodrell Bank 전파 천문대³로는 죽음을 꿰뚫어 볼 수 없습니다. 인공위성 스푸트니크도 인간의 영혼이나 하나님에 대해, 인생의 중대하고 근본적인 사안들에 대해 아무것도 말해 줄 수 없습니다. 현대지식은 이런 질문들과 아무 상관이 없습니다.

이상은 불신앙의 부정적 측면입니다. 그렇다면 불신앙의 원인은 무엇일까요? 그 답이 여기 나옵니다. "대제사장과 그와 함께 있는 사람 즉 사두개인의 당파가 다 마음에 시기"—이 말을 '분개'indignation보다는 '화'anger나 '질투'jealousy로 번역하는 편이 낫다는 의견이 계속 있습니다—"가 가득하여 일어나서 사도들을 잡아다가 옥에 가두었더니." 이제야 진상이 파악되지 않습니까? 이것이 과연 차분하고 냉정하며 과학적이고 편견 없는 관찰자의 모습입니까? 당연히 아닙니다. 그런 관찰자는 과거에도 없었고 지금도 없습니다.

우리 중에도 약간의 과학적 훈련을 받은 사람들이 있고, 저도 2년간 과학 연구를 한 적이 있습니다. 그때 저는 이제껏 다른 곳에서 보아 온 편견 못지않게 많은 편견이 과학계에도 존재하는 것을 보았습니다. 과학자들은 공평무사한 사람들로서 서로 질투하지 않을 뿐 아니라 악의나 원한 같은 것은 전혀 모른다고 생각하는데, 그런 생각을 과학자들에게 밝혔을 때 과연 어떤 표정을 짓는지 보십시오. 절대 그렇지 않습니다! 그것은 마귀의 속임수입니다. 마귀는 그 부분에서 우리를 속이고 있습니다. 감히 말하지만, 불신앙의 원인은 인간의 추론 능력에 있지 않습니다. 불신앙은 언제나 불합리성에서 비롯됩니다. 사도행전 5장에 나오듯이, 또 사람들이 주님을 대우한 방식에도 명백히 드러나듯이, 불신앙은 전적으로 감정과 편견에 관련된 문제입니다.

24절을 봅시다. "성전 맡은 자와 제사장들이 이 말을 듣고 의혹하여 이 일이 어찌 될까 하더니." 지도자들은 성전 미문 앞에 있던 못 걷는 사람이 치유된 사실을 알았습니다. "학문 없는 범인"인 사도들이 지각을 가지고 설득력 있게 성경을 해설하는 말도 들었고, 아나니아

---

3 세계 최초의 거대한 전파 망원경을 갖춘 곳으로서, 영국 맨체스터 남부에 있다.

와 삽비라가 죽었다는 소식도 들었습니다. 그들은 초자연적인 능력이 비상하게 나타나는 것을 보았습니다. 그들은 그 일을 이해할 수 없었습니다. 설명할 수도 없었습니다. 그러나 그 일에 대해 진정으로 과학적인 태도를 취하지 않았습니다. 만약 과학적인 태도를 취했다면 "사실은 어디까지나 사실이니, 그 자체에 이의를 제기할 수는 없다. 이런 일들이 발생했는데, 이 사람들 혼자 힘으로 한 일은 아닌 것이 분명하다. 틀림없이 다른 힘이 있다. 그것이 과연 무엇일까? 어디 한번 지켜보자. 이 일이 어떻게 되어 가는지 지켜보자"고 말했을 것입니다. 그러나 그들은 관대하고도 정정당당한 태도로 겸손하게 조사하거나 사도들에게 기회를 주는 대신, 그 사건들을 그냥 무시해 버렸습니다. 분노 섞인 질투와 불쾌감과 분개심에 가득 차서 사도들의 설교와 가르침을 전면 금지시키려 했습니다.

오늘날도 마찬가지라는 것을 증명해 보겠습니다. 현대인들을 보십시오. 그들이 얼마나 관대한지 보십시오. 그들은 도덕적인 도착행위를 눈감아 줄 뿐 아니라 기꺼이 합법화시켜 줄 정도로 관대한 사람들입니다. 그들은 말합니다. "아시다시피 과거에는 격앙된 감정으로 이런 행동을 심판했습니다. 사람들을 범죄자 취급했고, 일정한 행위들을 마땅히 벌해야 할 도착행위로 치부했지요. 하지만 그것은 전적으로 잘못된 태도입니다. 우리는 그런 태도에서 벗어날 정도로 성숙했습니다. 이제야말로 진정 지적이고 과학적인 태도로 이런 행위들을 바라볼 때가 되었습니다." 그래서 그들은 자연의 법칙 자체를 깨뜨리는 일들을 기꺼이 용인합니다. 이런 도착에 빠진 이들에 대해서는 저도 안타까운 마음을 가지고 있습니다만, 원칙의 문제를 다루는 입장에서 이야기하자면 그런 사람들을 칭송하거나 그들을 정상으로 생각하는 것은 가장 나쁜 태도입니다. 그들은 정상이 아닙니다.

그런데 이처럼 도착행위나 더러운 행위까지 용인한다는 사실을 자랑스럽게 여기는 현대인들이 복음은 용인하지 않으려 듭니다. 이 관대한 신사들이 복음에 대해 하는 말들을 들어 보십시오. 라디오를 들으면서 여담에 묻어 나오는 비웃음과 경멸과 적의를 느껴 보십시오. 정정당당한 태도나 조금이라도 여지를 주려는 태도를 조금도 찾아볼 수 없습니다. 오만불손한 조롱으로 표현되는 전적인 거부만 있을 뿐입니다. 그 이유가 무엇입니까? 이것이 우리에게 주어진 질문으로서, 여기 그 대답이 나옵니다. "다 마음에 시기가 가득하여……의혹하여 이 일이 어찌 될까 하더니"행 5:17, 24.

이 종교 지도자들의 문제가 무엇이었습니까? 여기에 대답하기란 전혀 어렵지 않습니다. 불행히도 우리는 모두 불신앙에 대해 어느 정도 알고 있으며, 불신앙의 죄에 빠졌던 경험도 가지고 있습니다. 그들이 이런 식의 반응을 보인 것은 질투와 자존심 때문이었습니다. 그들은 지도자들이었습니다. 대제사장이었고, 사두개인이었고, 산헤드린의 주도세력이었습니다. 그들은 유력인사들로서 대중의 존경을 받았습니다. 그래서 자신들의 지위를 지키려 했던 것입니다. 그들은 자신들의 학식에 자부심을 느꼈습니다. 자신들의 지식에 자부심을 느꼈으며, 백성들이 항상 자신들의 말을 듣는다는 사실에 자부심을 느꼈습니다. 그런데 이 배움 없는 자들이 무대 중앙을 차지해 버린데다가 군중이 그들을 따르며 열심히 듣는 광경까지 보게 되니 화가 치밀어 오른 것입니다! 아나니아와 삽비라의 갑작스러운 죽음이나 기적은 관심거리도 되지 않았습니다. 그들에게 중요한 것은 자신들의 지위, 높은 지위뿐이었습니다.

저는 사두개인들을 십분 이해할 수 있습니다. 성경이 특히 사두개파를 강조하고 있다는 데 주목하십시오. "대제사장과 그와 함께 있는 사람 즉 사두개인의 당파가." 물론 사두개인들의 진짜 문제는 초자연적인 일들이나 내세를 믿지 않았던 탓에 부활 따위는 일어날 수 없다고 늘 가르쳐 온 데 있었습니다. 그들은 천사도 믿지 않았습니다. 무언가 재미있게 느껴지지 않습니까? 그들이 처한 곤경이 보입니까? 초자연적인 일들을 일으키는 사도들, 나사렛 예수 때문에 그런 일들을 하노라 주장하는 사도들이 지금 자기들 앞에 서 있습니다. 사두개인들은 다른 종교 지도자들과 함께 예수를 정죄하여 사형시키는 데 성공했고, 예수는 땅에 묻혔습니다. 그런데 사도들은 그가 다시 살아나 하늘에서부터 능력을 행하고 있다고 말하는 것입니다. 부활이 입증되었습니다!

그런데 이 부분에서 사두개인들에게 더 큰 굴욕감을 안겨 주는 사건이 일어났습니다. 사도들을 옥에 가두고 문을 걸어 잠근 다음 보초까지 세워 지키게 한 첫날밤에 주의 천사가 나타나 옥문을 열고 죄수들을 풀어 준 것입니다. 천사의 존재도 입증되었습니다!

여러분이 부활은 있을 수 없으며 천사 따위도 없다고 늘 말해 왔고, 그 말을 사람들도 믿었다고 합시다. 그런데 부활과 천사의 존재를 입증하는 사건들이 벌어지기 시작한다면 분명 입장이 곤란해질 것입니다. 아마도 여러분의 지위 전체가 흔들리면서, 사람들의 비웃음을 사게 될 것입니다. 아침에 거창하게 의식을 갖추어 "죄수들을 끌어내라"고 명령했는데, 옥에 갔던 군사들이 돌아와 옥도 그대로 있고 옥문도 닫혀 있고 보초들도 그대로 있는데 죄수들은 사라졌다고 보고한다면, 그야말로 난처할 것입니다.

이것은 1세기에 일어난 일이지만, 복음을 거부하는 현대인의 모습을 얼마나 완벽하게 보여주고 있는지 모릅니다. 현대인들은 항상 하나님은 없다고 말해 왔습니다. 기적도 있을 수 없고, 예수 그리스도 역시 인간에 불과하다고 말해 왔습니다. 그런데 그들이 설명할 수 없는 일이 일어납니다. 그리스도인을 자처하는 무식한 바보가 똑똑한 자기들보다 나은 삶을 살면서, 자기들은 할 수 없는 방식으로 고통과 어려움에 처한 사람들을 도와주는 것처럼 보이는 것입니다. 게다가 그는 설명 불가능한 일까지 해냅니다. 현대인들은 곤란해집니다. 그들의 입장 전체, 지위 전체가 위협당합니다. 사람들이 등을 돌립니다. 이것이 불신앙의 진짜 원인이며 요점입니다. 여러분이 그리스도인이 된다면 사람들이 과연 어떻게 생각하겠습니까? 여러분의 지적인 평판은 과연 어떻게 되겠습니까?

대부분의 사람들이 예수를 믿지 않는 이유가 여기 있습니다. 사실은 마음속에서 이런 고민이 벌어지기 때문인 것입니다. 기독교 신앙을 받아들일 때, 잘 교육받은 유식하고 세련되며 과학적인 현대인의 정신적 틀 전체가 무가치하게 떨어져 부서집니다. 이것은 당연히 무서운 일이며, 사람들의 자존심에 타격을 입히는 일입니다. 그래서 사람들이 복음을 믿지 않는 것입니다.

이 종교 지도자들의 반응 속에 담긴 미움과 분노의 요소가 보입니까? "시기가 가득"한 것이 보입니까? 오늘날에도 우리는 그와 똑같은 분노를 목격합니다. 사람들은 왜 기독교 신앙에 대해 조용하고 차분하게 말하지 못할까요? 왜 합리적으로 글을 쓰지 못할까요? 왜 항상 조롱하고 비아냥거릴까요? 왜 그토록 화를 낼까요? 왜 그토록 흥분할까요? 지금 저는 꾸며 낸 이야기를 하는 것이 아닙니다. 여러분도 저만큼 이런 반응에 대해 잘 알고 있을 것이며, 저만큼 잘 인식하고 있을 것입니다. 그들은 왜 복음을 조롱하는 것을 현명한 일로 생각합니까? 유대인들은 왜 하나님의 아들을 그런 식으로 대했습니까? 하나님의 아들은 왜 아직도 그처럼 짓밟혀야 하며, 그가 표상하는 모든 것과 그가 와서 행하신 모든 일 또한 그렇게 짓밟혀야 합니까? 그를 따르는 자들은 왜 아직도 미움을 받아야 합니까?

성경은 제자들이 공동감옥에 갇혔다고 말합니다. 1세기에는 여러 종류의 감옥이 있었습니다. 공동감옥은 그중에서도 가장 열악한 곳이었습니다. 극악하고 더러운 죄를 지은 자들과 중죄인들이 거기 수감되었습니다. 그러나 "예수를 따르는 이자들은 명백한 죄를 저지른 적이 없소. 이들은 주정뱅이도, 살인자도 아니오. 적어도 더 자세한 조사가 끝날 때까지는 좀더 나은 감옥에 가두어 둡시다"라고 말하는 사람은 없었습니다. 아무도 없었습니다! 그들은 공동감옥을 택했습니다. 이것이 현대인들의 태도이며, 불신앙에 언제나 나타나는 태도입니다. 불신앙은 기독교와 관련된 모든 것을 공동감옥에 던져 버립니다. 그래서 그리스도께서도 두 강도들 틈에 못박히신 것입니다. 이것이 과연 차분하고 합리적이고 냉정하며 과학적으로 진리에 접근하는 방식입니까? 절대 아닙니다. 여기에서 들려오는 소리는 감정과 격정의 외침뿐입니다.

이번에는 그들이 권위와 무력을 동원했다는 점과 사도들을 침묵시키려 했던 점, 사실상 교회를 무너뜨리려 했다는 점에 주목하시기 바랍니다. 이것 역시 불신앙에 언제나 나타나는 특징입니다. 저는 수 세기에 걸친 역사를 통해 이 점을 입증할 수 있습니다. 역사상 성도들이 어떤 취급을 받았는지 찾아볼 때마다 우리는 같은 이야기를 읽게 됩니다. 종교 지도자들이 주님을 어떻게 대했는지 보십시오. 초기 그리스도인들을 어떻게 대했는지 보십시오. 1-2세기 그리스도인들을 어떻게 대했는지 보십시오. 그들은 그리스도인들을 학살하고 학대했으며 달군 쇠로 낙인을 찍었습니다. 또 중세에는 어떤 일이 일어났는지, 런던과 그 밖의 곳에서 종교개혁자들을 어떻게 취급했는지, 스코틀랜드의 서약파들과 청교도들을 어떻게 취급했는지, 초기 감리교도들을 어떻게 취급했는지 보십시오. 17세기 이래 사람들은 그리스도인들의 신앙을 이유 삼아 달군 쇠로 낙인을 찍었으며 양쪽 귀를 잘라냈습니다.

사람들이 이토록 잔인하게 행동하는 이유가 무엇입니까? 이런 것이 불신앙이기는 하지만, 그렇다고 이처럼 계속적으로 격정에 휘말리는 이유가 무엇입니까? 여러분 눈에도 분명히 보이지 않습니까? 이것은 지적으로 거리를 유지하는 태도가 아닙니다. 과학적으로 차분히 진리를 바라보는 태도가 아닙니다. 질투에 찬 분노와 미움, 맹렬한 악의와 원한에 찬 태도입니다.

여러분은 말합니다. "아, 하지만 오늘날에는 그런 사람이 없는데요."

정말 그렇습니까? 오늘날에는 박해가 없습니까? 전에 우연히 이 부분을 알아볼 만한 자리에 있었는데, 슬프게도 오늘날 역시 심각한 박해가 일어나고 있다는 사실을 쉽게 알 수 있었습니다. 그리스도인들은 신앙 때문에 때로 교육계 고위직을 잃을 위험에 처합니다. 또 그리스도인이라는 이유만으로 모든 부문, 모든 활동영역에서 제지를 당합니다. 박해의 예는 신문이나 잡지 논설에서도 찾아볼 수 있습니다. 사람들은 신앙을 이유로, 또 그리스도인으로서 도덕적인 삶을 살려고 애쓴다는 이유로 비웃음과 야유를 보냅니다. 오히려 성도착자가 되면 칭송을 받습니다. 이 멋진 사랑에는 무언가 신기한 것이 있다는 말을 듣습니다. 그러나 그리스도인이 되면 기독교를 반대하는 자들이 덤벼들며, 서로 눈을 찡긋거리면서 수군대고, 기회가 생길 때마다 억압합니다. 불행히도 이것은 사실입니다. 그런데도 사람들은 과학적인 관찰자들과 연구자들이 냉정한 거리를 유지하고 있음을 믿으라고 요구하는 것입니다. 그런 헛소리는 듣지도 마십시오! 불신앙의 원인은 여전히 시기입니다.

거듭 말하지만, 기독교 신앙에 반대하는 것은 전적으로 불합리한 일입니다. 불신앙은 기독교처럼 좋은 것을 반대함으로써 스스로 그 불합리성을 입증하고 있습니다. 사도행전에 나오는 종교 지도자들은 무엇을 거부했습니까? 성경은 천사가 사도들에게 나타나 "가서 성전에 서서 이 생명의 말씀을 다 백성에게 말하라"고 명령했다고 말합니다. 사도들은 "이 생명의 말씀"을 전했다는 이유로 옥에 갇혔습니다. 그런데도 적들이 격분한 이유가 무엇입니까? 이보다 더 이해되지 않는 일은 없습니다. 이런 모습을 보면서도 불신앙이 불합리하다는 데 동의하지 못한다면 여러분의 사고에 문제가 있는 것이니 자신을 한 번 더 살펴보시기 바랍니다. 이 지도자들이 거부한 대상이 비이성적이고 감정적으로 눈물이나 빼는 이야기였습니까? 그런 증거는 어디에도 없습니다. 그렇다면 무언가 원시적이고 저급한 이야기, 어떤 식으로든 인간에 반하며 인간의 최대 유익에 반하는 이야기를 거부했습니까? 사도들의 가르침이 인간의 지성을 속박하는 것, 도덕적으로나 정신적으로 해로운 것이었습니까?

그에 대한 답변이 여기 있습니다. 사도들은 "생명의 말씀"을 전했습니다. 그 내용이 무엇입니까? 오, "하나님이 세상을 이처럼 사랑하사 독생자를 주셨으니 이는 그를 믿는 자마다 멸망하지 않고 영생을 얻게 하려 하심이라"는 것입니다 요 3:16. 세상과 우리 모든 사람을 만드신 크신 하나님, 만유 위에 계시며 영원한 재판장되신 하나님이 자신을 거역하여 죄를 지은 인간, 자신에게 침을 뱉고 욕을 한 인간을 해방할 방법―구원의 방법―을 계획하셨다는 바로 그 메시지를 사람들은 거부하고 있습니다. 사도 바울은 그 메시지를 이렇게 표현합니다. "모든 사람에게 구원을 주시는 하나님의 은혜가 나타나"딛 2:11. 그것은 좋은 소식입니다. 복음입니다.

만약 복음이 '하나님은 우리를 덮쳐서 짓뭉갤 기회만 기다리는 거대한 폭군으로서, 언제나 우리를 억압하는 존재이며 우리의 정신과 영과 혼을 망쳐 놓고 지옥 같은 삶을 살게 하는 존재'라는 메시지를 전한다면, 사람들이 거부하는 것도 이해할 수 있습니다. 그러나 복음은 그와 정반대되는 메시지입니다. 하나님은 도저히 지킬 수 없는 법전을 들이밀면서 "이것을 지키면 용서해 주겠지만, 지키지 못하면 지옥에 던져 버리겠다"고 말씀하시는 분이 아닙니다. 오히려 "너는 실패하고 죄를 지었지만, 나는 너를 사랑하여 구원의 길을 예비해 놓았다"고 말씀하시는 분입니다. 이것이 하나님의 은혜입니다. 불신자들이 어떻게 이런 메시지를 거부할 수 있는지 놀라울 따름입니다.

마태복음 27장에 나오는 산헤드린 공회원들과 그들의 행동을 보십시오. 그들이 누구에게 침을 뱉는지 보십시오. 누구에게 가시 면류관을 씌우고 갈대를 들려 주는지 보십시오. 이 사람을 조롱하고 야유하며 문자 그대로 침을 뱉는 자들, 십자가 위에서 고통스러워하는 모습을 보면서 희롱하는 자들을 보십시오. 그들은 왜 이런 짓을 하는 것입니까? 이 사람이 대체 무엇을 했기에 이런 짓을 하는 것입니까? 이 사람이 대체 누구기에 이런 짓을 하는 것입니까?

이 사람은 바로 세상에 오신 하나님의 아들입니다. 그는 세상에 등장한 인물 중에 가장 놀라운 인물입니다. 성경은 그가 "두루 다니시며 선한 일을 행하"셨다고 말합니다행 10:38. 여기 세리와 죄인들과 어울렸던 사람이 있습니다. 당대에 가장 훌륭하고 명성이 드높았던 종교 지도자들은 옷자락을 들고 이들을 피해 다니면서 근처에도 가지 않으려 했지만, 그는 이들과 한자리에 앉아 같이 먹으며 같이 시간을 보냈습니다. 그는 불쌍한 창녀가 눈물로 자신의 발을 씻고 머리털로 닦도록 허용했습니다. 여기 모든 사람에게 인자한 말을 했던 이가 있습니다. 절망에 빠진 자들을 격려해 주었던 이가 있습니다. 그를 보십시오. 그는 병든 자들을 고쳐 주었습니다. 정신이 온전치 못한 자들을 온전케 해주었고, 눈먼 자와 저는 자와 귀먹은 자들을 고쳐 주었으며, 죽은 자를 살려 주었습니다. 종교 지도자들은 바로 이런 인물에게 침을 뱉었던 것입니다.

그의 가르침을 들어 보십시오. 어느 날, 그가 하는 말을 들은 하속들은 "그 사람이 말하는 것처럼 말한 사람은 이때까지 없었나이다"라고 보고하지 않을 수 없었습니다.요 7:46. 다른 사람들도 그의 입에서 나오는 말처럼 은혜로운 말을 들어 본 적이 없음을 인정했습니다. 오늘날 모든 사람이 그의 가르침대로만 산다면 우리가 사는 세상은 지금과 완전히 다른 곳이 될 것입니다. 모든 사람이 산상설교를 그대로 실천하기만 한다면, 산업문제도, 사회문제도, 도덕의 문제도, 국제간의 문제도 생기지 않을 것입니다. 그들은 바로 이런 인물을 못박았으며, 이런 인물을 조롱하고 비웃었습니다.

제가 지금 말하는 내용이 무엇입니까? 이 사람은 십자가 위에서 무슨 일을 했습니까? 그는 십자가를 회피하고 모면할 수 있었음에도 불구하고-본인도 그렇게 말했습니다-자발적으로 십자가를 향해 나아갔습니다. 그의 말대로라면 "잃어버린 자를 찾아 구원"하는 것이 세상에 오신 목적이었기 때문입니다.눅 19:10. 그는 가장 큰 은혜를 베풀 수 있는 존재였기에 세상에 오셨습니다. 크나큰 연민과 사랑의 마음 때문에 세상에 오셨습니다. 인간을 해방시키기 위해, 마땅히 받아야 할 형벌을 면해 주기 위해, 세상과 육신과 마귀의 속박과 구속에서 구해 주기 위해 세상에 오셨습니다. 인간을 하나님의 자녀로 삼기 위해, 그들에게 새 생명을 주고 영원한 영광의 세계에 들어가도록 준비시키기 위해 세상에 오셨습니다. 이것이 그가 세상에 오신 이유입니다. 죽으려고, 장사되려고, 부활하려고, 성령을 보내 주려고 그는 세상에 오셨습니다.

참으로 진지하고 엄숙하게 묻겠습니다. 이런 분을 반대하는 것이 과연 합리적인 일입니까? 이런 분을 향해 이를 가는 것이 과연 합리적인 일입니까? 그에 대해 이야기해 주는 자들, 그가 누구시며 세상에 왜 오셨는지, 무엇을 주려 하시는지 알려 주는 자들을 옥에 가두는 것이 과연 합리적인 일입니까?

천사는 말했습니다. "가서 성전에 서서 이 생명의 말씀을 다 백성에게 말하라." 생명! 만약 주님께서 일종의 노예생활을 제시하셨다면 반대하는 것이 합리적입니다. 저는 기독교를 노예생활로 여기는 이들이 많음을 알고 있습니다. 그들은 "그리스도인이 되지 마라. 그리스도인이 되면 반쪽짜리 인간밖에 못되는 거야. 기독교는 곧 억압을 의미하니까. 기독교는 이것도 하지 마라, 저것도 하지 마라, 성과 관련된 것이라면 이성애든지 동성애든지 상관도 하지 말라고 가르치지. 사실은 둘 다 옳은 건데 말이야"라는 마귀의 말에 귀를 기울여 왔습니다. 마귀는 말합니다. "지금 이대로 밀고 나가. 기독교에서 하는 말은 듣지 말라고. 그 말을 들으면 갑갑하고 제한된 삶을 살게 된다니까. 경이롭고 행복한 것들은 전부 놓쳐 버리고 별 볼일 없는 인간이 되어 별 볼일 없는 세상에서 별 볼일 없는 인생을 살다 끝날 거야." 이것은 전부 마귀의 말로서, 믿지 않는다는 것은 그런 말에 솔깃할 만큼 무모하다는 뜻입니다!

천사는 말합니다. "가서 성전에 서서 이 생명의 말씀을 다 백성에게 말하라." 기독교가 전하는 것은 생명입니다! 생명이야말로 여러분에게 필요한 것으로서, 세상은 그것을 줄 수 없습니다. 술을 마신다고 생명이 얻어집니까? 술은 오히려 사람을 노예로 만들며, 심신이 최상의 기능을 발휘하지 못하도록 막을 뿐 아니라 머리를 마비시키고 무엇이 옳은지 제대로 파악하거나 판단하지 못하도록 방해합니다. 취한다고 생명을 얻을 수는 없습니다. 오히려 짐승의 수준으로 떨어질 뿐입니다.

여기, 사도들이 전한 이 메시지에 생명이 있습니다. 여기에 전 인격을 구원해 주는 무언가가 있습니다. 인류보다 크고 세상보다 큰 진리가 있습니다. 이것은 하나님의 진리, 죽음을 넘어 영원한 세계까지 뻗쳐 있는 진리입니다. 여기에 만물을 설명해 주는 위대한 세계관이 있습니다. 다른 것은 만물을 설명하지 못합니다. 이 메시지는 지적인 삶을 살게 해줄 뿐 아니라 새로운 도덕적 본성을 주며, 새로운 기쁨과 새로운 감사를 줍니다.

저는 믿지 않는 사람들을 볼 때 안타까움을 느낍니다. 그들은 진정한 행복이 무엇인지 모르고 있습니다. 진정한 삶과 기쁨과 활력과 열정이 무엇인지 모르고 있습니다. 믿지 않는 삶은 여러분을 밑으로 끌어내리는 삶입니다. 여러분을 불구로 만드는 삶이며, 난파된 상태 그대로, 빈껍데기 상태 그대로 방치해 두는 삶입니다. 생명은 오직 여기에만 있습니다. "내가 온 것은 양으로 생명을 얻게 하고 더 풍성히 얻게 하려는 것이라" 요 10:10. 생명은 여기에서 시작되어 성장하며 확장되고 영원히 지속됩니다. 그런데도 사람들은 마치 모욕이라도 당한 양 불쾌해하고 화를 내면서 그토록 신랄하게 조롱하고 거부하는 것입니다.

복음은 여러분이 거듭날 수 있으며 새롭게 출발할 수 있다고, 새로운 삶의 원리에 따라 살 수 있다고, 여러분 안에 거하시는 성령으로부터 능력, 곧 여러분을 해방시켜 줄 능력을 얻을 수 있다고 말합니다. 그런데도 그토록 많은 사람들이 이 복음을 미워하고 있습니다. 인간의 위대한 지성이 큰 도움을 주는 것 같습니까? 인간의 지성은 술 취하지 않도록 돕지 못하며, 결혼서약을 충실히 지키도록 돕지 못합니다. 성도착에 빠지지 않도록 지켜 주지 못합니다. 절대 그렇게 해주지 못합니다. 지성은 다소 기계적이고 피상적인 방식으로만 도와줄 수 있을 뿐, 어떤 면에서도 제대로 도와주지 못합니다. 그러나 이 메시지에는 진정한 생명, 영원한 생명이 있습니다. 이것을 거부하는 것, 그것도 격렬하게 거부하는 것은 심히 불합리한 일입니다.

불신앙이 보여주는 불합리성의 마지막 증거는 이것입니다. 산헤드린 공회원들은 사도들을 잡아다가 옥에 가두라고 명령했습니다. 그들은 권력과 힘으로 사도들의 설교와 치유사역을 중단시키려 했습니다. 그러나-바로 이것입니다. 바로 이런 것이 기독교입니다. '그러나'가 개입되는 것, 이 복된 말이 개입되는 것, 하나님과 그 능력이 개입되는 것이 기독교입니다-"주의 사자가 밤에 옥문을 열고 끌어내어 이르되 가서 성전에 서서 이 생명의 말씀을 다 백성에게 말하라"고 했습니다. 천사는 당국자들에게 도전하라, 그들이 금하는 일을 하라고 했습니다.

불신자는 이 정도로 어리석습니다. 불신자는 세상에서 가장 영광스러운 인물을 거부하고, 세상에서 가장 영광스러운 가르침을 거부하며, 생명을 거부하고, 영생을 주겠다는 제안을 거부할 뿐 아니라 살아계신 하나님께 도전할 만큼 무모합니다! 그는 자기에게 힘이 있다고, 지식의 힘과 권력의 힘과 과학의 힘과 20세기의 힘이 있다고 생각해서 감옥 문을 걸어 버립니다. 이 메시지를 끝장내 버리려 합니다. 그러나 절대 그럴 수 없습니다! 감옥에 갇힌 자들은 반드시 나오게 되어 있습니다.

이 지도자들은 좀더 잘 알 필요가 있었습니다. 17절 서두에 나오는 "그때에"라는 말을 강조해야 하는 이유가 여기 있습니다. "[그때에] 대제사장과 그와 함께 있는 사람 즉 사두개인의 당파가 다 마음에 시기가 가득하여 일어나서." 그들이 언제 이런 짓을 했습니까? 아나니아와 삽비라가 죽은 직후입니다. 정말 어리석은 자들입니다! 그런 기적들이 일어났는데도 어째서 그들은 하나님의 능력을 보지 못했을까요? 그들은 사람을 대적한 것이 아니라 하나님의 능력을 대적했습니다. 배우지 못한 무식한 자들을 반대한 것이 아니라 하나님의 능력을 반대했습니다. 그리하여 자신들이 감동시킬 수 있다고 생각했던 대중의 웃음거리로 전락하고 말았습니다. 이것이 불신앙이 보여주는 마지막 불합리성이자 무모함입니다.

만약 여러분이 이 복음을 거부한다면, 그것은 설교자인 저를 거부하는 것이 아니라 하나님을 거부하는 것입니다. 하나님의 능력을 거부하는 것입니다. 이 한 사건이 그것을 보여주고 있습니다. 얼마든지 옥문을 걸고 보초를 세워 보십시오. 주의 천사가 나타나 그들을 풀어 줄 것입니다!

이것은 이후 교회 역사 전체의 개요이기도 합니다. 1세기에 살았던 똑똑한 사람들은 기독교를 끝장낼 수 있다고 생각했습니다. 이후에 살았던 사람들도 시대를 막론하고 같은 생각을 가지고 있었습니다. 오늘날 우리가 보듯이, 그들은 칼과 화형대로, 교수형을 비롯한 물리적 수단으로, 또한 지적인 방식으로 이 도를 멸절시키기 위해 최선을 다했습니다. 그러나 전부 허사였습니다. 하나님은 이 도를 영영히 굳게 하셨습니다.

마귀는 마지막 숨겨 둔 무기를 꺼내 하나님의 아들을 죽이고 땅에 묻은 후에 드디어 승리했다고 생각했습니다. 그러나 부활은 그에 대한 영원한 해결책입니다. 인간들과 마귀와 지옥은 지금도 기독교를 끝장내기 위해 온갖 짓을 다하며 영영히 가두어 버리려 합니다. 그러나 옥문은 언제나 열릴 것이며, 그들이 죽여 없앴다고 여긴 복음의 사자들은 우뚝 서서 세상을 향해 말할 것이고, 그 백성들과 복음은 많은 이들을 구원과 생명으로 이끌 것입니다.

마지막으로 죄가 보여주는 불합리성은, 그것이 인간이나 인간의 가르침과 싸우는 것이 아니라 살아계신 하나님과 싸운다는 사실입니다. 그러나 20세기 사람들이 무슨 짓을 하든지, 주님은 다음과 같이 행하실 것입니다.

> 햇빛을 받는 곳마다
> 주 예수 왕이 되시고
> 이 세상 끝날 때까지
> 그 나라 왕성하리라.
> —아이작 와츠 Isaac Watts

오, 청컨대 자신의 불합리성을 보십시오. 회개하십시오. 자신의 어리석음과 잘못을 인정하십시오. 그리고 복음을 믿으십시오. "주 예수를 믿으라. 그리하면 너와 네 집이 구원을 받으리라"행 16:31. 또한 믿는 자는 이 구원뿐 아니라 생명, 더 풍성한 생명까지 얻을 것입니다.

02

"이 생명의 말씀을 다"

주의 사자가 밤에 옥문을 열고 끌어내어 이르되 가서 성전에 서서 이 생명의 말씀을 다 백성에게 말하라 하매……베드로와 사도들이 대답하여 이르되 사람보다 하나님께 순종하는 것이 마땅하니라.

사도행전 5:19-20, 29

우리는 초대교회, 특히 사도들에게 일어난 한 가지 눈에 띄는 사건을 살펴보는 중입니다. 초대교회에 일어난 사건들은 모두 놀랍고 경이로운 것들로서, 앞서 보았듯이 이런 사건들이 일어난 이유는 우리가 초자연적이고 신적인 영역, 기적의 영역에 속한 존재임을 일깨우려는 데 있습니다. 바로 그 점을 확실히 알리기 위해 이런 사건들을 기록해서 우리 앞에 보여주는 것입니다.

지난번에는 이 사건이 불신앙을 어떻게 그리고 있는지 살펴보았는데, 오늘은 또 다른 관점에서 살펴보면서 교회가 어떤 메시지를 전하는지, 그 메시지는 어떻게 받게 되었는지, 따라서 교회란 실상 어떤 곳인지 알아보려 합니다. 한낱 유대인 목수로 치부되던 무학자가 대체 어떻게 모든 인류역사의 중심인물이 되었으며, 그의 주장과 그의 백성들이 대체 어떻게 수세기에 걸쳐 세계의 주도적인 세력이 되었는지 정말 알고 싶은 사람, 그 모든 일을 이해하고 싶은 사람이 해야 할 일은 단 한 가지입니다. 바로 이 책에 나오는 이야기, 교회의 기원에 대한 이야기로 돌아가는 것입니다. 이런 질문들을 다룰 때, 교회의 메시지를 살펴보는 일보다 중요한 일은 없습니다. 그 일을 가능하게 한 것이 바로 이 메시지이기 때문입니다. 교회는 복음 전파를 통해 확산됩니다. 따라서 교회가 전하는 메시지의 특징과 내용을 이해하는 일보다 중요한 일은 없습니다. 특히 지금 이 일이 중요한 이유는, 확연히 이 부분에 크고 중심적인 문제가 있기 때문입니다. 사람들은 왜 교회가 존속되어야 하느냐고 묻습니다. 그들은 교회가 현대세계에 어울리지 않는 시대착오적인 존재는 아닌지, 교회의 존속을 정당화할 근거가 있는지 알고 싶어 합니다. "왜 우리가 복음을 들어야 하느냐?"라고 묻습니다.

자, 대다수 사람들은 복음 메시지가 자신들과 아무 상관이 없을 뿐 아니라 시대에 뒤처진 구닥다리라는 이유로 귀를 기울이려 하지 않습니다. 우리는 이 중대한 문제를 직시해야 합니다. "대체 당신들은 무슨 권리로 세상에 그런 말을 하는 겁니까? 대체 무슨 권리로 이런 세상에 구태의연한 메시지만 되풀이하는 겁니까?"라는 사람들의 질문에 대답할 수 있어야 합니다. 우리는 이 도전에 대처해야 하며, 기꺼이 대처할 준비도 되어 있습니다.

달리 표현해 보겠습니다. 사람들은 왜 복음과 관련하여 이런 혼동을 느낄까요? 그들은 여전히 이 문제에 대해 많은 토론을 벌이고 있습니다. 예배에 참석하지 않는 사람도 이런 문제를 다루는 토론이나 회견은 듣고 싶어 하며, 이런 문제를 다루는 글은 읽고 있습니다. 교회의 가르침은 여전히 신문, 텔레비전, 라디오의 관심을 끄는 주제입니다. 이른바 '화젯거리'인 것입니다.

저는 이처럼 사람들이 복음에 대해 느끼는 어려움을 지금 이 사건이 다루고 있다고 생각합니다. 이 본문은 사람들의 문제가 복음의 특정한 측면이나 주장에서 비롯된다기보다는 복음의 본질적인 진리와 그에 대한 잘못된 접근에서 비롯된다는 점을 강조합니다. 달리 말해서, 사람들은 복음의 본질을 완전히 오해하는 탓에 받아들이지 못한다는 것입니다. 불행히도 교회 밖에 있는 세상만 본질을 오해하는 것이 아니라는 사실이 문제를 더 심각하게 만듭니다. 교회 내부 인사들이 쓴 글이나 책을 보면 교회 내부에도 같은 오해가 있음을 알게 됩니다. 그들의 말을 들어 보면 이 점이 더 확실해집니다.

일반적으로 우리의 어려움은 종교적 쟁점들에 대한 가르침이 전부 모호해지고 불확실해진 듯 보인다는 데 있습니다. 어떤 것이 과거에는 참된 진리였을지 몰라도 이제는 우리의 상황이 바뀌었다는 생각이 널리 퍼져 있습니다. 원자시대, 과학시대에 사는 우리의 첫번째 임무는 새로운 메시지, 즉 '현대인'에 어울리는 메시지, 요즘 같은 시대에 도움이 될 메시지를 찾는 일이라는 것입니다.

그러한 접근은 결국 권위의 문제 전반을 야기합니다. 이런 사항들을 다룰 때 우리가 기대는 권위는 무엇입니까? 교회의 권위는 어디에서 나옵니까? 저는 교회가 한 가지 특정한 권위에 근거해서만 자신의 존속을 정당화할 수 있다고 주장합니다. 만약 교회가 그 권위를 확신하지 못하며 분명히 하지 못한다면, 말 그대로 "끝장났다"고 보아야 할 것입니다.

권위! 그것은 사도행전 앞장에 등장하는 근본적인 쟁점입니다. 사도들은 보잘것없는 무학자들이었음에도 불구하고 권위 있게 행동했습니다. 베드로와 요한은 성전 미문 앞에서 한 앉은뱅이와 맞닥뜨렸습니다. 그는 나이 마흔이 넘도록 한번도 제 발로 걸어 본 적이 없는 사람이었습니다. 그들은 그 앉은뱅이를 바라보며 "나사렛 예수 그리스도의 이름으로 일어나 걸으라"고 말했고[행 3:6], 그는 걸었습니다!

그런데 몇 시간 후, 두 사도는 재판에 회부되어 예루살렘 대공회 앞에 서게 되었고, 고위인사들과 사법 당국자들로 이루어진 위풍당당한 배심원들과 마주하게 되었습니다. 그들은 변호사가 없었으며, 누구에게 사건을 의뢰한 적도 없었습니다. 수중에 돈도 없었지만, 설사 있다 해도 자신들을 변호하려고 나서 줄 사람이 없다는 것을 그들은 알았습니다. 그들은 홀로 서서 말했습니다. 베드로는 막강한 당국자들의 눈을 주저 없이 똑바로 쳐다보며 이렇게 말했습니다.

> 백성의 관리들과 장로들아, 만일 병자에게 행한 착한 일에 대하여 이 사람이 어떻게 구원을 받았느냐고 오늘 우리에게 질문한다면 너희와 모든 이스라엘 백성들은 알라. 너희가 십자가에 못박고 하나님이 죽은 자 가운데서 살리신 나사렛 예수 그리스도의 이름으로 이 사람이 건강하게 되어 너희 앞에 섰느니라. 이 예수는 너희 건축자들의 버린 돌로서 집 모퉁이의 머릿돌이 되었느니라. 다른 이로써는 구원을 받을 수 없나니 천하 사람 중에 구원을 받을 만한 다른 이름을 우리에게 주신 일이 없음이라[행 4:8-12].

산헤드린이라는 막강한 당국자들 앞에서 얼마나 권위 있게 말하고 있습니까! 재판 장면은 사도행전 5장에 한 번 더 나옵니다. 사도들은 다시 체포되어 옥에 갇혔습니다. 그런데 이번에는 천사가 기적적으로 풀어 준 후에 "가서 성전에 서서 이 생명의 말씀을 다 백성에게 말하라"고 명합니다. 그리고 베드로는 당국자들에게 "사람보다 하나님께 순종하는 것이 마땅하니라"고 말합니다.행 5:29.

반복하지만, 오늘날 교회가 직면한 어려움은 권위의 문제 전반과 관련되어 있습니다. 그러므로 이 본문이 말하는 바를 살펴봅시다. 첫 번째 사항은 교회가 성공했으며, 이같은 일들을 했고, 세상을 뒤엎었으며, 사람들 사이에서 큰 세력을 이루었다는 것입니다. 그 이유가 무엇입니까? 자신들이 하나님의 메시지를 받았다는 사실을 알았기 때문입니다. 그것이 우리가 지금 공부하는 이 본문이 강조하는 점입니다. 천사는 사도들에게 하나님의 명령을 전했습니다. 그래서 산헤드린이 "우리가 이 이름으로 사람을 가르치지 말라고 엄금하였으되 너희가 너희 가르침을 예루살렘에 가득하게 하니 이 사람의 피를 우리에게로 돌리고자 함이로다"라고 말했을 때, 베드로가 자신들은 하나님께 순종하고 있다고 변론한 것입니다.

우리는 언제나 하나님께 순종하는 데서 출발해야 합니다. 그것이 이 메시지의 특징이며, 데살로니가전서 2:2에서 말하는 "하나님의 복음"입니다. 복음은 인간이 만든 이론이 아닙니다. "진리를 추구한다"든지 "메시지를 찾고자 애쓴다"는 개념은 1세기뿐 아니라 모든 개혁과 부흥의 시기에 교회가 분명히 가르쳤던 가르침에 완전히 위배되는 것입니다. 복음은 인간이 찾아낸 것이 아닙니다. 사고와 명상의 결과물도 아니고, 토론과 대화의 결과물도 아니며, 철학자들의 견해를 파고들어 얻어 낸 것도 아닙니다. 복음은 "지성으로 지성을 연마하는" 과정의 결과물이 아닙니다. 그렇습니다. 복음은 그런 것들과 완전히 다른 것입니다.

작금의 문제점은 이른바 '진리 추구'를 전적으로 강조한다는 것입니다. 저는 지난 열흘간 이런 주제를 가르친 거물들의 이름을 댈 수 있습니다. 본인들이 드러내 놓고 자신들의 생각을 인쇄해서 내놓고 있는 터에, 이름을 밝히지 못할 이유가 뭐가 있겠습니까? 그중에는 현 캔터베리 대주교[1]가 쓴 글도 있는데, 그는 그 글에서 "신앙을 추구하는 것이 신앙 그 자체보다 훨씬 낫다"고 말했습니다. 앞서 말한 식의 탐구를 전적으로 강조하고 있는 것입니다.

20세기는 새로운 영역에서 살아가는 흥분을 선사해 주었다고들 합니다. 과거는 끝났고, 인간은 새로운 지식을 갖게 되었습니다. 사람을 우주로 쏘아 올리고 달에 대해 이제껏 몰랐던 요소들을 발견하고 있듯이, '궁극적 실재'에 대해서도 신선한 진리가 발견되고 있다는 것이 사람들의 생각입니다. 대주교는 자기 글에서 '정통'이라는 단어보다 더 치명적인 단어는 없다고 말합니다. 그에 따르면 정통이란 정적인 것입니다. 진리에 도달했다고 생각하는 사람에게는 더 이상 희망이 없습니다. 정말 경이로운 일은 추구 그 자체입니다. 추구의 영역은 인간 앞에 한없이 펼쳐져 있기 때문에 평생 여행하며 찾을 수 있습니다. 결국 교회가 할 일은 신앙의 추구라는 이 위대한 일을 시작하도록 자극하는 것입니다.

어떤 책에서 다음과 같은 예화를 읽은 기억이 납니다. 어떤 사람이 찾아와 자기 양손에 각각 선물이 있다고 말합니다. 오른손에는 진리 추구가 있고, 왼손에는 진리가 있습니다. 그 남자가 말합니다. "당신은 한 가지를 선택할 수 있습니다. 어느 쪽을 택하시겠습니까?" 이 책의 저자는 "나라면 의심의 여지 없이 오른손의 선물을 택할 것"이라고 썼습니다. 진리 그 자체보다 진리를 추구하는 쪽이 더 좋다는 것입니다.

이것이 현대적 입장의 핵심입니다. 인간은 만족을 얻지는 못하지만, 자신들이 진리―자신에게 행복과 기쁨과 평화를 줄 진리―의 추구자와 탐색자로서 위대한 모험에 나섰음을 감지합니다. 목적지에 도달할 수는 없지만, 약간의 진전을 이룰 수는 있습니다. 그리고 다음 세대 사람들이 그들이 떠난 자리에서 다시 모험을 이어갈 것입니다. 인

---

[1] 마이클 램지Michael Lamsey. 1961년부터 1974년까지 캔터베리 대주교로 봉직했다.

간은 그렇게 계속 전진하며 항상 여행한다는 것이 현대인들의 생각입니다. 그러나 이것은 "가서 성전에 서서 이 생명의 말씀을 다 백성에게 말하라"는 성경의 말씀과 정반대되는 생각입니다. 복음 메시지는 우리가 발견하는 것도 아니고 직관으로 아는 것도 아닙니다. 복음은 우리가 탐색해서 얻는 것이 아닙니다. 하나님이 주시는 것입니다.

성경은 이 메시지가 그리스도인들도 거의 이해하기 힘든 하나님의 선물이라는 말을 자주 합니다. 예컨대 히브리서의 장엄한 서언을 보십시오.

> 옛적에 선지자들을 통하여 여러 부분과 여러 모양으로 우리 조상들에게 말씀하신 하나님이 이 모든 날 마지막에는 아들을 통하여 우리에게 말씀하셨으니 이 아들을 만유의 상속자로 세우시고 또 그로 말미암아 모든 세계를 지으셨느니라 히 1:1-2.

여러분은 히브리서 기자가 무슨 말을 하는지 이해할 것입니다. 하나님이 말씀하신다는 것입니다! 우리가 단번에 중대한 분수령을 넘었다는 사실을 아시겠습니까? 우리는 더 이상 인간의 영역에 속한 존재가 아닙니다. 과학적인 내용은 얼마든지 탐색해도 괜찮습니다. 우주를 탐험해서 달 표면에 대해 알아내는 것도 좋은 일입니다. 얼마든지 실험하라고 하고, 시행착오를 거쳐 정보를 찾아내라고 하십시오. 그것은 전혀 문제되지 않습니다. 사람들은 추구하고 발견합니다. 훌륭한 일입니다!

그러나 기독교에 관한 한 우리는 계시의 영역에 속해 있습니다. 사도 바울은 복음이 하나님께로부터 왔다는 사실을 데살로니가 사람들이 깨달은 데 크게 감사한다고 했습니다. "이러므로 우리가 하나님께 끊임없이 감사함은 너희가 우리에게 들은 바 하나님의 말씀을 받을 때에 사람의 말로 받지 아니하고 하나님의 말씀으로 받음이니 진실로 그러하도다. 이 말씀이 또한 너희 믿는 자 가운데에서 역사하느니라" 살전 2:13.

데살로니가전서 2장 서두에서 바울은 놀라운 방식으로 하나님의 계시에 대해 말하고 있습니다. "오직 하나님께 옳게 여기심을 입어 복음을 위탁받았으니……"살전 2:4. 이 말과 완전히 대비되는 말은 이것입니다. "나 바울은 삶과 삶에 따르는 문제들을 깊이 묵상하고 연구한 결과 주요한 결론에 도달했으며, 한 가지 이론을 전개하게 되었다. 최근에 쓴 책에 그 새로운 사상을 소개했는데, 그것을 읽으면 내가 플라톤과 소크라테스와 아리스토텔레스 학파를 잇는 새로운 학파-바울학파-를 창시했음을 알 것이다."

바울은 고린도에 보낸 편지에서도 똑같은 이야기를 합니다. 고린도의 어리석은 사람들은 바울과 아볼로를 비교 대조하면서 누가 더 나은 설교자이며, 더 나은 메시지를 전하는지를 놓고 논쟁을 벌였습니다. 바울은 그들이 문제 전반을 오해하고 있다고 말합니다. 아볼로와 자신은 별 볼일 없는 사람들로서 아무것도 발견한 바가 없다고, 자신들은 자신들의 생각을 전하는 것이 아니라고 말합니다. "우리는 우리를 전파하는 것이 아니라 오직 그리스도 예수의 주되신 것[을]…… 전파함이라"고후 4:5. 바울은 자신들이 "하나님의 비밀을 맡은 자"에 불과하다고 말합니다고전 4:1. 그 비밀을 관리하고 수호하는 자에 불과하다고 말합니다. 자신들은 단순히 이 메시지를 다루는 위대한 특권을 얻었을 뿐이라는 것입니다. 그는 편지를 읽는 자들에게 자신이 어떤 식으로든 복음을 잘못 전하지 않으려고 얼마나 조심하는지 모른다고 말합니다. "우리가 이 보배를 질그릇에 가졌으니"고후 4:7.

하나님은 복음 메시지를 사람에게 맡기셨습니다. 이것이 신약성경의 일관된 가르침입니다. 사도들을 보십시오. 베드로와 요한은 평범한 어부에 불과했고, 당국자들이 제대로 지적했듯이 그들이나 다른 사도들이나 "학문 없는 범인"에 지나지 않았습니다행 4:13. 누군가 이런 자들이 스스로 메시지를 만들어 내서 전했다고 말한다면, 그리스 철학자들처럼 자기들의 사상을 해설하고 새로운 인생관을 주창했다고 말한다면 얼마나 어처구니없겠습니까? 그 자체가 너무 우스운 생각이어서 그렇게 믿는 사람이 있다면 오히려 놀랄 것입니다.

베드로와 요한에게 대체 무슨 일이 일어났습니까? 그들이 이처럼 산헤드린 앞에 똑바로 서서 연설할 수 있었던 이유가 무엇입니까? 답은 오직 한 가지, 메시지를 받았기 때문입니다. 그들은 자신들의 복되신 주님이자 선생이신 분을 3년간 따라다니면서 그의 모든 가르침을 들었고, 그에게 일어난 일들을 목격했습니다. 주님은 부활하신 후에 성경 전체를 훑어 주셨습니다. 그들에게 메시지를 주셨고 책임을 맡기셨습니다. 그들이 한 일은 그저 주님이 말하라고 하신 바를 정확히 반복한 것뿐입니다. 우리가 살펴보았듯이, 주님은 사도 바울에게도 자신의 메시지를 주셨습니다. 바울은 사도행전 26장에서 자신이 어떻게 사역에 부르심을 받았는지에 대해 말하고 있습니다. 성경은 바울이 다메섹으로 가는 길에 주님을 만나 다음과 같은 말씀을 들었다고 이야기합니다.

> 일어나 너의 발로 서라. 내가 네게 나타난 것은 곧 네가 나를 본 일과 장차 내가 네게 나타날 일에 너로 종과 증인을 삼으려 함이니 이스라엘과 이방인들에게서 내가 너를 구원하여 그들에게 보내어 그 눈을 뜨게 하여 어둠에서 빛으로, 사탄의 권세에서 하나님께로 돌아오게 하고 죄사함과 나를 믿어 거룩하게 된 무리 가운데서 기업을 얻게 하리라 행 26:16-18.

이것이 바울이 받은 부르심이었습니다. 그는 이 부르심을 에베소서 3장에서 이렇게 묘사하고 있습니다. "너희를 위하여 내게 주신 하나님의 그 은혜의 경륜을 너희가 들었을 터이라. 곧 계시로 내게 비밀을 알게 하신 것은" 엡 3:2-3. 또 고린도교회에는 다음과 같이 썼습니다. "맨 나중에……내게도 보이셨느니라. 나는 사도 중에 가장 작은 자라. 나는 하나님의 교회를 박해하였으므로 사도라 칭함받기를 감당하지 못할 자니라" 고전 15:8-9.

이제 분명히 아시겠습니까? 저는 제가 한 주 동안 삶에 대해 고찰한 바를 전하려고 매주 이 강단에 서는 것이 아닙니다. 그런 것은 복음 전파가 아닙니다. 저는 단순히 제가 상황을 어떻게 바라보는지에 대해 말하는 사람이 아닙니다. 저는 해설자로 이 자리에 서 있습니다. 모든 내용은 제 앞에 있는 이 성경에 들어 있습니다. 저는 이 성경의 메시지를 분명하고 명확하게 알리기 위해 저의 말로 그것을 제시할 뿐입니다. 복음은 하나님의 메시지입니다. 복음이야말로 초대교회가 전한 메시지였고, 이후 모든 시대에 걸쳐 교회가 전한 메시지였으며, 제가 전하는 메시지입니다.

이것은 두번째 요점으로 연결됩니다. 복음은 하나님이 사람들에게 주시는 메시지이기 때문에 불변할 수밖에 없습니다. 당연한 논리 아닙니까? 찬송에 나오는 그대로입니다.

> 오, 성육신하신 말씀,
> 오, 하늘에서 온 지혜!
> 오, 진리는 변하지 않았고 변하지 않으니……[2]
> —윌리엄 월셤 하우 William Walsham How

"변하지 않았고 변하지 않으니!" 그 이유가 무엇입니까? 하나님께로부터 왔기 때문입니다. 아시겠지만 이 사실과 현대인들의 입장 사이에는 큰 관련성이 있습니다!

복음이 불변하는 메시지인 이유는 얼마든지 더 있습니다. 복음은 1세기 사람들을 구원한 메시지였습니다. 또 다른 모든 시대에 살았던 사람들도 구원해 온 메시지입니다. 사람은 예전이나 지금이나 똑같기에 20세기 사람들도 같은 메시지를 들어야 합니다. 교회는 이 복음 메시지를 전파함으로써 생겨났습니다. 교회의 권위와 메시지는 전부 밖에서 주어진 것입니다. 이것이야말로 우리를 구원할 수 있는 유일한 메시지요 유일한 길입니다. 베드로는 예루살렘 사람들에게 이미 그 점을 밝힌 적이 있습니다. "다른 이로써는 구원을 받을 수 없나니 천

---

[2] 찬송가 201장-옮긴이.

하 사람 중에 구원을 받을 만한 다른 이름을 우리에게 주신 일이 없음이라"행 4:12. 이것은 논쟁의 주제가 아니라 사실의 문제입니다.

복음 외에 인간을 구원할 수 있는 것이 있습니까? 지식이 그렇게 늘어나고 발전했는데도 세상이 이 모양인 이유가 무엇입니까? 우리가 보기에도 사회나 세상의 구원은 그리 성공적으로 이루어진 것 같지 않습니다. 그렇지 않습니까? 우리는 자기 자신조차 구원할 수 없습니다. 1세기 사람들은 음주와 성과 마약의 희생자들이었습니다. 20세기 사람들도 마찬가지입니다! 그때처럼 지금도 사람들은 중독에서 헤어나오지 못하고 있습니다. 거기에서 벗어나는 불가능한 일을 가능하게 하는 힘은 하나뿐입니다. 즉 복음이라는 동일한 메시지뿐입니다.

인간의 사상은 이랬다저랬다 유행을 타는 특징이 있습니다. 시대마다 각기 다른 유형의 가르침이 인기를 끌었던 것만 보아도 알 수 있습니다. 고대세계에서는 여러 철학유파들이 서로 각축을 벌였고, 그후에도 학문적 견해에는 계속해서 큰 진폭이 있었습니다. 지난 100년에서 150년간을 보십시오. 비교적 최근까지 과학자들은 순전히 유물론적인 시각을 견지했습니다. 그러나 지금은 다릅니다. 오늘날 유물론은 웃음거리가 되었습니다. 이제는 완전히 다른 새로운 물리학-천체물리학이라고 해도 좋고 다른 이름을 붙여도 좋습니다-이 등장했습니다.

예전에 학교에 다닌 사람들은 사상이 어떻게 변천하고 있는지 이미 알 것입니다. 우리가 30-40년 전에 사용하던 의학 교과서들은 이제 형편없는 구닥다리가 되었습니다. 실제로 제가 최근에 들은 소식으로는, 일단의 의사들이 1945년 이전에 의사 자격증을 딴 사람은 현대의학을 이해하지 못한다는 주장을 진지하게 내놓았다고 합니다. 한때는 수술이 모든 병의 치료책이었습니다. 그래서 이발사들이 외과의 노릇을 하면서 환자들을 모조리 수술해 버리는 바람에 수천 명이 죽임을 당하기도 했습니다. 물론 오늘날의 관점은 다릅니다!

이처럼 사상에는 변화와 유행이 있으므로 기독교 메시지를 포함하여 모든 사상은 변할 수밖에 없다고 생각하는 어리석은 이들이 있습니다. 그러나 지금 우리가 다루는 것이 인간의 사상이 아닌 하나님의 사상임을 아는 사람이라면, 이 메시지가 어떤 식으로든 가변적인 유행의 영향을 받는다는 생각이 얼마나 우스운지도 알 것입니다. 하나님은 변하실 수 없습니다. 하나님은 언제나 그 모습 그대로입니다. 그는 과거나 현재나 동일하신 분입니다. 그에게는 시작도 없고 끝도 없습니다. 그는 영원히 "스스로 있는 자"이십니다. 따라서 그의 말씀도 영원히 변하지 않는 진리일 수밖에 없습니다.

복음은 가변적인 인간의 본질에 속한 것이 아니라 불변하시는 하나님께 속한 것임을 이해하는 일이 아주 중요합니다. 오늘날 많은 사람들이 이 지점에서 헤매고 있습니다. 그들은 "원자시대에 어울리는 새로운 메시지!", "이 과학시대, 전후戰後시대에 어울리는 새로운 메시지!", "현대인과 현대인의 필요에 맞는 메시지!"라는 표어를 내세우고 있습니다. 다 쓸데없는 소리들입니다. 우리가 살펴보았듯이 인간은 예전 그대로입니다. 인간의 필요도 그대로입니다. 현대라고 해서 인간의 어려움이 더 커진 것은 아닙니다. 사람들은 처음부터 복음을 받아들이지 못했고 지금도 받아들이지 못하고 있습니다. 복음은 하나님의 메시지이기 때문에 가변적인 시대 상황의 영향을 받지 않습니다.

천사는 말했습니다. "가서 성전에 서서 이 생명의 말씀을 다 백성에게 말하라."

그리고 베드로는 설교를 금하는 당국자들에게 "사람보다 하나님"–우리에게 메시지를 주신 분–"께 순종하는 것이 마땅하니라"고 말했습니다.

이것은 그다음 명제로 이어집니다. 즉 복음은 특별한 메시지라는 것입니다. 천사는 "이 생명의 **말씀**"이라고 말했습니다. "말씀!" 말씀은 모호한 것이 아니며, 단순히 철학적인 명상이나 시적 감정의 발로도 아니고, 환상이나 상상도 아니며, 사상의 유희나 진리 추구도 아닙니다. 복음은 명확히 정의될 수 있는 메시지입니다. 복음의 실체를 알기란 전혀 어렵지 않습니다.

이렇게 복음 메시지를 알 수 있다고 말하다니, 아무리 보아도 분수를 모르는 사람이라고 생각하리라는 것을 잘 압니다! 아마 이런 말을 언뜻 내비치기만 해도 파문감일 것입니다. 기독교 신앙은 진리의 추구이며 흥미진진한 모색이라고 여기는 이들에게 이런 말이 가당키나 하겠습니까! 그러나 초대교회 교인들도 그들과 같은 생각을 가지고 있었다면 교회는 생겨나지 않았을 것입니다. 케임브리지나 옥스퍼드 대학을 나온 사람들과 철학 등등의 학문을 공부한 사람이라면 그런 모색을 할 수 있습니다. 사상도 탐구하고 서로서로 책을 쓸 수도 있습니다. 그것은 경이롭고 흥분되는 일이며, 지성인들이 좋아하는 일입니다.

그러나 길거리에서 흔히 볼 수 있는 평범한 사람들은 어떻게 합니까? 그런 사람들이 이런 진리와 실재의 추구에 대해, 정교한 철학적 논쟁과 논의에 대해 무엇을 알겠습니까? 그런 추구나 논쟁은 평범한 사람들에게 아무 유익도 주지 못합니다. 우리 모두는 영국 국민 태반이 교회 밖에 있다는 사실을 똑바로 직시해야 합니다. 왜 그래야 합니까? 이 메시지 자체에는 전혀 잘못이 없기 때문입니다. 복음서는 "많은 사람들이 즐겁게 듣더라"고 말하고 있습니다 막 12:37. 그렇다면 문제는 "많은 사람들"에게 호소력을 발휘하지 못하는 교회에 있는 것입니다.

복음은 명확히 정의될 수 있는 메시지입니다. 복음에는 분명치 않은 부분이 한군데도 없습니다. 신약성경은 그 점을 곳곳에서 강조하는데, 그중에 한두 가지 예만 들어 보겠습니다. 사도 바울은 고린도교회에 편지를 쓰면서, 자신이 그들에게 무엇을 전했는지 상기시킵니다.

> 형제들아, 내가 너희에게 전한 복음을 너희에게 알게 하노니 이는 너희가 받은 것이요 또 그 가운데 선 것이라. 너희가 만일 내가 전한 그 말을 굳게 지키고 헛되이 믿지 아니하였으면 그로 말미암아 구원을 받으리라. 내가 받은 것을 먼저 너희에게 전하였노니 이는 성경대로 그리스도께서 우리 죄를 위하여 죽으시고 장사지낸 바 되셨다가 성경대로 사흘 만에 다시 살아나사 게바에게 보이시고…… 고전 15:1-5.

이미 살펴본 대로, 바울은 또한 이렇게 말합니다.

> 나는 사도 중에 가장 작은 자라. 나는 하나님의 교회를 박해하였으므로 사도라 칭함받기를 감당하지 못할 자니라. 그러나 내가 나 된 것은 하나님의 은혜로 된 것이니……그러므로 나나 그들이나 이같이 전파하매 너희도 이같이 믿었느니라 고전 15:9-11.

달리 말해서, 복음은 명확히 정의될 수 있는 메시지일 뿐 아니라 모든 사도가 한가지로 전한 메시지였습니다. 바울은 주님이 땅에 계실 때 함께 다니던 무리에 속해 있지 않았습니다. 그때는 오히려 핍박자요 훼방자였고 자기 의로 가득 찬 바리새인이었습니다. 그러나 그는 다메섹으로 가는 길에서 깨달음을 얻었고 사명을 받았습니다. 그때 그가 받은 메시지가 바로 이것이었습니다. 바울은 "이것은 같은 메시지"라고 말합니다. 사도들은 그 메시지를 알고 있었습니다. 저도 그 메시지를 알고 있습니다. 복음에는 혼동될 것도 없고 불확실한 것도 없습니다.

사람들이 복음에 접근하다가 바로 이 지점에서 걸려 넘어지는 것은 정말이지 큰 비극입니다. 그들의 영혼이 길을 잃고 불행해지며 살지도 못하고 죽지도 못하는 것은, "죽음을 기쁘게 맞이할 희망을 갖지 못하는" 것은 전부 이 처음의 오해 때문입니다. 복음은 불확실한 메시지가 아닙니다. 사도들은 정언적定言的으로 복음을 전했으며, 그후에도 교회가 제 역할을 다할 때에는 그렇게 복음을 전했습니다.

그러나 저는 여기에서 한 단계 더 나아가고 싶습니다. 이 복음은 명확히 정의될 수 있을 뿐 아니라 명확히 정의**되어야만** 합니다. 우리는 복음을 가장한 가르침을 비롯한 모든 거짓 가르침과 복음을 구별해 내야 합니다. 바울은 갈라디아교회에 말합니다. "그리스도의 은혜로 너희를 부르신 이를 이같이 속히 떠나 다른 복음을 따르는 것을 내가 이상하게 여기노라. 다른 복음은 없나니 다만 어떤 사람들이 너희를 교란하여 그리스도의 복음을 변하게 하려 함이라" 갈 1:6-7.

만약 복음이 무엇인지 명확하지 않았다면 바울이 어떻게 이런 말을 할 수 있었겠습니까? 만약 참된 가르침이 무엇인지 모른다면, 여러분이 어떻게 다른 가르침은 틀렸다고 말할 수 있겠습니까? 만약 복음이 마음속에서 일어나는 경이로운 감정에 불과하다면, 소망과 사색과 욕구가 불러일으키는 놀라운 느낌에 불과하다면, 또는 아주 흥미진진한 진리 추구에 불과하다면, 그런 것이 복음이라면 어떻게 어떤 가르침을 틀렸다고 말할 수 있으며 "다른 복음"이라고 말할 수 있겠습니까?

바울은 한 걸음 더 나아가 이렇게 말합니다.

그러나 우리나 혹은 하늘로부터 온 천사라도 우리가 너희에게 전한 복음 외에 다른 복음을 전하면 저주를 받을지어다. 우리가 전에 말하였거니와 내가 지금 다시 말하노니 만일 누구든지 너희가 받은 것 외에 다른 복음을 전하면 저주를 받을지어다. 이제 내가 사람들에게 좋게 하랴 하나님께 좋게 하랴. 사람들에게 기쁨을 구하랴. 내가 지금까지 사람들의 기쁨을 구하였다면 그리스도의 종이 아니니라. 형제들아, 내가 너희에게 알게 하노니 내가 전한 복음은 사람의 뜻을 따라 된 것이 아니니라. 이는 내가 사람에게서 받은 것도 아니요 배운 것도 아니요 오직 예수 그리스도의 계시로 말미암은 것이라 갈 1:8-12.

바울은 복음이 무엇인지 알고 있었습니다. 왜냐하면 복음은 자기 추측의 소산이 아니었기 때문입니다. 그는 복음을 주님께 받았습니다. 그는 그 내용을 정확히 들었으며, 그 복음을 들고 "가라!"는 명령을 받았습니다. "이스라엘과 이방인들에게서 **내가 너를 구원하여 그들에게 보내어**" 행 26:17. 그렇기 때문에 바울은 자기가 무엇을 전하는지 알았을 뿐 아니라 그에 반하는 것은 무엇이든지 틀렸다고 단언할 수 있었습니다. 후에 바울은 디모데에게 이렇게 썼습니다. "**내가 전한 복음**대로 다윗의 씨로 죽은 자 가운데서 다시 살아나신 예수 그리스도를 기억하라"딤후 2:8. 다시 말하지만, 그가 전한 복음은 다른 모든 사도들이 전한 복음과 같은 것이었습니다.

이 모든 것은 논리적으로 당연한 결론 아닙니까? 이것은 하나님의 복음입니다. 그러므로 변하지 않으며, 명확히 정의될 수 있습니다. 따라서 모호하고 느슨하며 불확실한 것, 단순히 진리를 발전시키거나 진리에 도달하고자 애쓰는 것은 복음이 아닙니다. 우리는 무엇이 복음인지 알고 있기에, 그 밖의 것은 복음이 아니라고 분명히 말할 수 있습니다. 사도 요한처럼 "적그리스도"에 대해 말할 수 있습니다. 오류를 비판할 수 있으며, 무엇이 기독교가 아닌지 분명히 밝힐 수 있습니다.

강조하고 싶은 점이 또 있습니다. 천사는 "가서 성전에 서서 이 생명의 말씀을 다 백성에게 말하라"고 말했습니다. 이번에 제가 강조하고 싶은 단어는 "다"입니다. 복음은 포괄적이며 여러 측면을 지니고 있습니다. 그래서 "이 생명의 말씀을 다" 전하라고 말한 것입니다. 이번 주에 교회 장로인 어느 박식한 철학자의 글을 읽었는데, 그 철학자는 정통신앙을 공격하고 있었습니다. 사도들이 전한 복음을 공격한 것입니다.

이 철학자는 말합니다. "이 정통파들, 근본주의자들-이것이 그가 쓰는 호칭입니다-은 하나님의 진노와 성자가 반드시 죽어야 한다는 절대적 필요성에 대해 이야기한다. 그들은 성찬식을 통해 찢긴 몸과 흘린 피를 기념하며, 성자는 죄의 형벌을 받아야만 했다고 말한다. 얼마나 무서운 잘못이며 비극적인 잘못인가! 그런 태도는 늘 문제를 일으켜 왔다. 사람들은 어느 시대에나 그런 종류의 율법주의에 매여 있었다. 그러나 이제 우리는 그런 태도의 실체를 간파하기 시작했으며, 그런 태도가 완전히 틀린 것임을 알게 되었다."

그 철학자가 자기 주장을 입증하는 방식은 이런 것입니다. "탕자의 비유 어디에서 그런 가르침을 발견할 수 있는가? 근본주의적 가르침은 하나님을 중상하고 있다. 하나님은 탕자의 아버지 같은 분이시다. 큰 실수를 저지른 아들은 먼 나라에 가서야 그 사실을 깨닫고 집으로 돌아와 '아버지, 죄송해요'라고 말한다. 그때 아버지는 '사과하는 것은 좋지만, 그렇다고 간단히 용서해 줄 수는 없지. 무언가 속죄행위가 있어야 해. 일종의 희생이 필요하다고. 이 사태를 바로잡으려면 율법을 충족시켜야 한다'고 말하지 않는다. 그렇다. 그런 일은 없었다. 아버지는 아들을 끌어안았다. 달려가서 아들을 맞이했으며, 아들이 채 말을 꺼내기도 전에 입을 맞추고 사랑으로 그를 감싸안았다. 이것이 기독교의 메시지다."

이것은 여러분이 자주 듣는 주장입니다. 여기에는 새로울 것이 없습니다. 저는 그런 주장을 듣기도 많이 들었고, 읽기도 많이 읽었습니다. 사람들은 탕자의 비유야말로 복음 메시지 전체를 요약해 주고 있으므로 다른 말은 더 할 필요가 없다고 하면서, 우리도 그렇게 믿을 것을 요구합니다. 또 어떤 이들은 산상설교에 기독교 메시지 전체가 담겨 있다고 말하기도 합니다. 교리나 교의, 속죄에 대한 신학적 가르침 등은 전혀 쓸모없다는 것입니다. 기독교는 사람들에게 사는 법을 가르쳐 주는 하나의 도덕적·윤리적 규범이라는 것입니다.

그러나 천사는 이들에게 "가서 성전에 서서 이 생명의 말씀을 다 백성에게 말하라"고 명했습니다. 그리고 베드로는 "너희가 나무에 달아 죽인 예수"에 대한 이야기로 말문을 열었습니다. 그는 말했습니다. "너희가 나무에 달아 죽인 예수를 우리 조상의 하나님이 살리시고 이스라엘에게 회개함과 죄사함을 주시려고 그를 오른손으로 높이사 임금과 구주로 삼으셨느니라"행 5:30-31. 지금 저의 관심사는 복음에 대한 완전히 잘못된 태도-복음이 얼마나 크고 포괄적인지 깨닫지 못하는 것-에 있는 만큼, 이 구절을 자세히 다루지는 않겠습니다. 복음은 탕자의 비유로 요약될 수 없습니다.

탕자의 비유를 언급한 이는 "인자가 온 것은 섬김을 받으려 함이 아니라 도리어 섬기려 하고 자기 목숨을 많은 사람의 대속물로 주려 함이니라"는 구절도 언급했습니다마 20:28. 또 "한 알의 밀이 땅에 떨어져 죽지 아니하면 한 알 그대로 있고 죽으면 많은 열매를 맺느니라"는 구절과요 12:24, "내가 땅에서 들리면"-이것은 그 자신의 죽음을 가리키는 말입니다-"모든 사람을 내게로 이끌겠노라"는 구절요 12:32, "모세가 광야에서 뱀을 든 것같이 인자도 들려야 하리니 이는 그를 믿는 자마다 영생을 얻게 하려 하심이니라"는 구절도 언급했습니다요 3:14-15.

 탕자의 비유야말로 복음의 전부이며, 그 비유에서 찾을 수 없는 가르침은 전부 틀렸다고 주장하는 것이 얼마나 터무니없고 비극적인 일인지 이제 아셨을 것입니다! 그렇습니다. 우리는 "이 생명의 말씀을 다" 전하라는 명령을 받았습니다. 이 명령을 보면, 복음이 어떤 의미에서는 간단한 메시지이지만, 또 어떤 의미에서는 세상 어떤 메시지보다 심오한 메시지라는 것을 알 수 있습니다. 어떤 의미에서 저와 여러분은 연약하고 무력하며 절망적인 이 모습 그대로 믿기만 하면 됩니다. 그러나 거기에서 멈추면 안됩니다. 제가 볼 때 복음의 가장 놀라운 점은 그 광대함과 포괄성과 다양한 측면에 있습니다.

 복음은 진리의 거대한 집합체이자 교리의 거대한 집합체입니다. 복음은 거대한 신학이며, 놀라울 만큼 성경적이고 체계적인 신학입니다. "옛적에 선지자들을 통하여 여러 부분과 여러 모양으로 우리 조상들에게 말씀하신 하나님이……"히 1:1. 하나님께서는 여러 부분과 모양으로 말씀하셨습니다. 한 가지를 계시하시고 또 다른 것을 계시하셨으며, 그런 계시가 계속되는 가운데 이 거대하고 포괄적인 진리, 진리의 총체, 하나님의 놀라운 진리가 형성되었습니다.

 복음은 무엇입니까? 성경 메시지 전체입니다. 세상이 길을 잘못 드는 지점이 바로 이 지점입니다. 세상은 성경을 믿는 대신 인간의 사상과 추론과 이론을 신뢰합니다. 그러나 베드로와 요한은 "이 생명의 말씀을 다" 받았습니다. 이것은 창조-세상과 인간의 창조-까지 거슬러 올라가는 메시지입니다.

 오해의 여지를 무릅쓰고 말씀드리겠습니다. 많은 지성인들이 복음을 믿지 못하는 것은, 때때로 참된 신자들이 메시지를 정확히 전하지 못하기 때문입니다. 복음은 단순히 "예수께 오라"는 호소가 아닙니다. 물론 복음은 그 호소로 끝나지만, 그 호소에서 시작되지는 않습니다. 그것은 메시지의 출발점이 아니라 종착점입니다. "눈물이나 쥐어짜려는 거지!" "감상주의야!" 정말 그렇습니까? 절대 아닙니다! "이 생명의 말씀을 다" 제시하려면 "세상은 무엇인가? 어디에서 왔는가? 인간은 무엇인가? 왜 이런 모습이 되었는가?"라는 질문부터 던져야 합니다. 그것은 이 메시지의 일부입니다. 이 메시지는 피조세계 전체, 우주 전체에서 시작됩니다. "이 생명의 말씀"에는 신약뿐 아니라 구약도 포함되어 있습니다. 물론 현대인들이 구약의 하나님을 좋아하지 않는다는 것은 저도 압니다. 그들은 주 예수 그리스도의 아버지이신 하나님만 좋아합니다. 그러나 정작 주님은 구약을 믿으셨습니다!

우리의 비극은 사람들이 더 이상 기댈 권위가 없다는 것입니다. 임의대로 말하는 것, 이를테면 가장 최근에 생각한 바를 말하는 것이 '진리 추구'의 일단입니다. 그러나 그 결과 여러분이 처하게 되는 상황은 무엇입니까? 여러분은 무엇에 기대어 살아야 합니까? 아니, 그런 것으로는 안됩니다. "태초에 하나님이"창 1:1. 창조에서부터 출발해야 합니다!

복음 전파에서 창조 다음으로 중요한 내용은 인간의 타락입니다. 타락도 "이 생명의 말씀"의 일부입니다. 우리는 왜 구원받아야 할까요? 우리의 문제는 무엇입니까? 우리는 왜 이런 모습이 되었습니까? 복음은 마땅히 그 문제를 다루어야 하며, 실제로 그 문제를 다루고 있습니다. 복음은 이런 상황이 야기된 이유를 말해 줍니다. 인간의 불순종과 반역과 타락과 곤경에 대해 말해 줍니다. 그리고 그에 대한 심판이 있다는 것과 세상은 주로 인간의 죄 때문에 이런 모습이 되었다는 것, 하나님께서 그 죄를 심판하신다는 것을 말해 줍니다.

그다음으로 복음은 위대한 구속을 소개합니다. 오, 설교가 어려운 이유는 시간에 있는 것이 아닐까요? '위대한 구속' 같은 일을 설교 말미에 이야기한다고 생각해 보십시오! 친애하는 여러분, 저는 그저 몇 시간이 아니라 몇 주, 몇 달, 몇 년 동안이라도 이 이야기를 하고 싶습니다. 영원토록 하고 싶습니다. 위대한 구속! 큰 울림을 주는 다음 구절을 들어 보십시오. "너희는 하나님으로부터 나서 그리스도 예수 안에 있고 예수는 하나님으로부터 나와서 우리에게 지혜와 의로움과 거룩함과 구원함이 되셨으니"고전 1:30. 여러분은 이 구절의 의미를 알고 있습니까? 이것 역시 "이 생명의 말씀", 이 완전하고 완벽한 복음의 일부입니다.

위대한 구속에 대해 진술하는 또 다른 중요한 구절을 봅시다. 만약 이 구절이 여러분에게 아무 유익도 되지 않는다면 마음은 물론이요 머리에도 무언가 이상이 있는 것입니다! "우리가 알거니와 하나님을 사랑하는 자 곧 그의 뜻대로 부르심을 입은 자들에게는 모든 것이 합력하여 선을 이루느니라"롬 8:28. "부르심을 입은 자들!" 여러분은 하나님의 부르심이라는 교리에 대해 아는 바가 있습니까? 바울은 데살로니가전서 2:13에서 이 '효과적인 부르심'에 대해 말하고 있습니다. "너희 믿는 자 가운데에서 [효과적으로] 역사하느니라."

바울은 로마서에서 계속 말합니다. "하나님이 미리 아신 자들을 또한 그 아들의 형상을 본받게 하기 위하여 미리 정하셨으니 이는 그로 많은 형제 중에서 맏아들이 되게 하려 하심이니라. 또 미리 정하신 그들을 또한 부르시고 부르신 그들을 또한 의롭다 하시고 의롭다 하신 그들을 또한 영화롭게 하셨느니라." 사도는 묻습니다. "그런즉 이 일에 대하여 우리가 무슨 말 하리요"롬 8:29-31. 이 질문에 대한 저의 대답은 이것입니다. "영광스럽다! 놀랍다! 하나님, 오직 그분께만 합당한 일이다! 이 완벽하고 포괄적이며 영광스러운 구원이여!"

다음은 당연히 마지막 심판에 대한 이야기, 하나님의 아들이 의로 심판하시고 영원한 판결을 내리기 위해 세상에 다시 오실 일에 대한 이야기입니다. 이 메시지를 믿는 자들은 복을, 거부하는 자들은 하나님의 생명에 들어가지 못하는 파멸을 선고받을 것입니다.

그러나 복음 메시지는 심판에서 멈추지 않습니다. 복음에는 회복의 이야기, 전 우주의 쇄신과 구원에 대한 이야기, 인자가 하늘로부터 이 세상에 다시 오셔서 타락한 피조세계를 원래대로 완벽하게 회복시키시며 그 영광에 이르게 하시는 날에 일어날 위대한 소생의 이야기가 있습니다.

이것이 전부 "이 생명의 말씀"을 이루고 있는 내용들입니다. 저는 복음의 모든 부분이 절대적으로 중요하다는 데 동의합니다. 저와 여러분이 취사선택해서 좋은 부분은 받아들이고 싫은 부분은 거부해도 되는 것이 아닙니다. 복음의 어떤 부분을 인정하거나 인정하지 않는 일은 우리의 몫이 아닙니다. 복음은 전적으로 하나님의 것이므로 있는 그대로 믿고 받아들여야 합니다. 저는 사람들에게 성경 전체를 읽되, 적어도 1년에 한 번은 읽도록 노력할 것을 항상 권합니다. 자신이 좋아하는 부분만 읽으면 안됩니다. 골라 읽으면 안됩니다. 성경 전체가 하나님의 말씀입니다. 성경 전체를 읽으십시오. 그렇게 하지 않으면 위험합니다.

설교자 역시 "이 생명의 말씀을 다" 전해야 합니다. 취사선택하면 안됩니다. 바울은 데살로니가의 그리스도인들에게 설교하면서 이 점을 훌륭하게 전달하고 있습니다. 그는 사람을 기쁘게 하려는 설교자는 인기 없는 가르침을 전하지 않는다는 사실을 상기시킵니다. 그러나 바울은 그렇게 하지 않았습니다. "오직 하나님께 옳게 여기심을 입어 복음을 위탁받았으니 우리가 이와 같이 말함은 사람을 기쁘게 하려 함이 아니요 오직 우리 마음을 감찰하시는 하나님을 기쁘시게 하려 함이라. 너희도 알거니와 우리가 아무 때에도 아첨하는 말이나 탐심의 탈을 쓰지 아니한 것을 하나님이 증언하시느니라. 또한 우리는 너희에게서든지 다른 이에게서든지 사람에게서는 영광을 구하지 아니하였노라"살전 2:4-6.

사도 바울은 감언이설로 회중을 꾀지 않았습니다. 아첨하지도 않았고 감동적인 이야기를 하지도 않았습니다. 회중의 비위를 맞추어 자기편으로 삼고자 농담을 던지지도 않았습니다. 그는 과시하지 않았습니다. 오히려 정반대로 행동했습니다. 그는 타락한 인간 본성에 거슬리는 진리를 있는 그대로 전했습니다.

그러나 오늘날 사람들은 복음의 내용을 빼버리고 있지 않습니까? 그들은 "창세기 앞장들은 더 이상 믿을 수가 없어요. 과학은 창세기 내용이 사실이 아님을 입증했습니다"라고 말합니다. 물론 그것은 사실이 아닙니다.

사람들은 "하지만 진화론이 창세기의 오류를 증명했잖습니까?"라고 말합니다.

진화론이 무엇입니까? 한낱 이론일 뿐입니다. 그 이론은 한번도 입증된 적이 없었고, 앞으로도 입증되지 못할 것입니다. 그런데 제가 왜 이 문제에 관심을 두겠습니까? 복음은 하나의 단일체요 통합체로서, 한 부분이라도 거부하면 나머지 전체도 받아들이기 어렵기 때문입니다.

여러분이 "나는 인간이 동물에서 진화했다고 생각함에도 불구하고 여전히 그리스도인으로서 구원의 교리를 믿고 있습니다"라고 말해도 어쩔 수는 없습니다. 그러나 그것이 가능한 일일까요? 그렇다면 인간은 무엇으로부터 구원받아야 하는 것입니까? 왜 구원받아야 하는 것입니까? 인간이 완벽한 모습으로 살았던 적이 있을까요? 타락이라는 사건이 과연 있었을까요, 없었을까요? 만약 타락이 있었다면 얼마나 많은 사람들이 타락했을까요? 그렇습니다. 복음의 모든 부분은 서로 긴밀하게 연결되어 있습니다.

또한 사람들은 하나님의 진노에 대한 성경의 가르침을 받아들일 수 없다고 말합니다. 그러나 바울은 로마인들에게 말합니다. "하나님의 진노가 불의로 진리를 막는 사람들의 모든 경건하지 않음과 불의에 대하여 하늘로부터 나타나나니"롬 1:18.

사람들은 대꾸합니다. "물론 바울은 그렇게 말하겠지요. 그는 유대인이자 바리새인으로 자랐으니까요. 그는 시내산의 하나님, 구약의 하나님을 믿었지요. 그러나 주 예수 그리스도의 하나님, 예수의 하나님은 몰랐습니다. 탕자의 비유는 하나님의 진노 같은 것은 없음을 입증해 주고 있습니다."

그러나 하나님의 진노가 없다면 왜 아들이 죽어야 했을까요? 왜 "예루살렘을 향하여 올라가기로 굳게 결심"하셔야 했을까요?눅 9:51 왜 스스로 죽어야만 한다고 말씀하셨을까요? 그리고 사도들은 왜 그의 죽음을 핵심적인 사건으로 전했을까요? 주의 깊게 생각해 보아야 합니다. 거듭 말하지만, 어떤 부분이든 복음의 내용을 하나라도 빼버리면 문제가 생기게 되어 있습니다. 메시지의 일관성이 사라지기 때문입니다.

다른 측면에서 덧붙일 말이 있습니다. 여러분은 "이 생명의 말씀을 다" 전해야 합니다. 무엇을 빼지도 말아야 하지만 더하지도 말아야 합니다. 여기 있는 이 말씀이 전부입니다. 처음 사도들도 바로 이 말씀을 받았습니다. 로마 가톨릭 교회는 사도시대 이후에도 새로이 발견한 내용이 있다고 주장합니다. 실제로 자신들에게 계시된 새로운 진리가 있다는 것입니다. 그러나 그에 대한 답변은 하나뿐입니다. 요즘 사람들은 이런 내용을 너무 안이하게 생각하고 있는 만큼 명확히 짚고 넘어갑시다.

유다는 말합니다. "사랑하는 자들아, 우리가 일반으로 받은 구원에 관하여 내가 너희에게 편지하려는 생각이 간절하던 차에 성도에게 단번에 주신 믿음의 도를 위하여 힘써 싸우라는 편지로 너희를 권하여야 할 필요를 느꼈노니" 유 1:3. 있어야 할 모든 말씀이 처음 사도들에게 주어졌습니다. 추가된 내용은 지금껏 하나도 없었고, 하나도 있을 수 없습니다. 마리아는 '공동의 구세주' coredemptrix 가 아닙니다! 우리는 영광 중에 있는 성인들의 도움을 받을 필요가 없습니다. 사제들의 사역에 절대적으로 의존할 필요도 없고 의존해서도 안됩니다. 여러분은 세례를 받음으로써 구원받는 것이 아닙니다. 성찬을 받거나 죄가 사해졌다는 사제의 선언을 들음으로써 구원받는 것도 아닙니다.

초대교회는 어떤 책을 신약정경에 포함시킬 것인지 가늠하는 잣대로 그 사도성을 보았습니다. 그래서 사도들에게서 비롯되지 않은 편지나 책은 포함시키지 않았습니다. 초대교회 그리스도인들을 구원한 메시지야말로 누구든지 구원할 수 있는 유일한 메시지입니다. 그리고 그 메시지의 모든 부분은 하나님의 구속계획을 완벽하게 짜맞추는 데 꼭 필요한 요소들입니다.

우리는 그 메시지 전체의 영광 때문에 "이 생명의 말씀을 다" 전합니다. 바울은 에베소서 3장에서 복음을 "하나님의 각종 지혜"라고 부르고 있습니다˚엡 3:10. 이것이 복음 메시지입니다. 죄와 수치에 빠진 세상과 문명의 실패, 사람들의 문제, 구원이 필요한 상황만 바라보면 희망도 없고 대책도 없는 것 같습니다. 그러나 이런 곳에 하나님의 다채로운 "각종" 지혜가 임하는데, 예수 그리스도의 얼굴에 온전히 나타난 그 지혜가 얼마나 영광스러운지 모릅니다.

제가 말씀 하나라도 놓칠세라 두려워하는 이유가 여기 있습니다. 언제든지 복음 전부를 전하고자 애쓰는 이유가 여기 있습니다. 그분 안에 모든 것이 있습니다. "그 안에는 신성의 모든 충만이 육체로 거하시고"˚골 2:9. "그 안에는 지혜와 지식의 모든 보화가 감추어져 있느니라"˚골 2:3. 그분 안에 하나님의 능력과 모든 것이 있습니다!

이것이 복음입니다. 이것이 메시지입니다. "이 생명의 말씀을 다!" 이 생명의 말씀을 다 알고 있습니까? 믿고 있습니까? 즐거워하고 있습니까? 우리 주 예수 그리스도 안에 있는 하나님의 넓고도 포괄적인 각종 지혜를 보지 못하도록 사람들의 눈을 가리고 있는 현대사상과 지식의 속박과 구속에서 우리 모두를 구해 주시기를 하나님께 간구합니다.

03

이 메시지의 내용

베드로와 사도들이 대답하여 이르되 사람보다 하나님께 순종하는 것이 마땅하니라. 너희가 나무에 달아 죽인 예수를 우리 조상의 하나님이 살리시고 이스라엘에게 회개함과 죄사함을 주시려고 그를 오른손으로 높이사 임금과 구주로 삼으셨느니라. 우리는 이 일에 증인이요 하나님이 자기에게 순종하는 사람들에게 주신 성령도 그러하니라 하더라.

사도행전 5:29-32

우리는 지금까지 사도들이 처음에 전한 메시지의 일반적인 성격을 살펴보았습니다. 이제는 메시지 자체를 살펴볼 차례입니다. 설교 한 번으로 이 주제를 다 다룰 수는 없을 것이 확실합니다만, 그래도 묻겠습니다. 이 메시지의 내용은 무엇입니까? 교회는 무엇을 전해야 합니까? 지금 제가 전해야 할 내용은 무엇입니까?

구원의 메시지로 알려진 위대한 메시지를 전해야 한다는 것이 그 대답입니다. 신약성경 전체가 말하고 있듯이, 이 메시지는 무엇보다 우리 주요 구주되신 예수 그리스도의 인격에 집중되어 있는 것이 분명합니다. "예수를 우리 조상의 하나님이 살리시고 이스라엘에게 회개함과 죄사함을 주시려고 그를 오른손으로 높이사 임금과 구주로 삼으셨느니라."

베드로와 요한은 "예수" – 예수와 부활 행 4:2 – 를 전했기 때문에 곤경에 처했습니다. 예수가 그들이 전한 내용의 전부였습니다. 그들이 기적을 행했을 때 사람들은 그들의 발 아래 엎드려 경배하려 했습니다. 그러나 그들은 "그러지 마십시오. 우리가 이 사람을 고친 것이 아닙니다. 우리 개인의 권능과 경건으로 이 사람을 고친 것이 아니라 '그 이름을 믿으므로 그 이름이' 행 3:16 이 사람을 고친 것입니다. 여러분이 거부해서 십자가에 못박아 죽인 그분이 이 앉은뱅이를 걷게 하신 것입니다"라고 말했습니다.

감옥에서 풀려난 후에 베드로는 예의 그 담대하고 무뚝뚝한 태도로 당국자들에게 같은 메시지를 전했습니다. 그는 설교를 통해 당국자들이 주 예수 그리스도와 그가 세상에 와서 인류를 위해 행하신 모든 일을 거부했다는 비극적인 사실을 상기시켰습니다. 베드로는 아주 분명하게 말합니다. "너희가 나무에 달아 죽인 예수를 우리 조상의 하나님이 살리시고……그를 오른손으로 높이사 임금과 구주로 삼으셨느니라."

베드로는 한 가지 대조를 통해 복음 메시지를 제시했습니다. 즉 그리스도 예수를 통해 구원을 얻는 일과, 이 위격 및 이 위격이 대변하는 모든 것을 거부하는 일을 대조함으로써 복음을 제시한 것입니다. 그는 이분을 거부한 유대 당국자들의 비극을 거듭 강조했습니다. 제가 여러분의 주의를 끌고 싶은 부분이 바로 이 부분입니다. 이것은 지금도 여전히 인류가 저지르고 있는 큰 비극입니다. 세상에는 이보다 덜한 비극들이 많이 일어나고 있으며, 세상은 점점 더 비극적인 곳이 되어 가고 있습니다. 그러나 그 모든 비극 중에 가장 큰 비극은 주 예수 그리스도를 거부한 것입니다. 인류가 유일한 구원의 길을 거부했다는 점에서, 이 비극은 다른 모든 비극의 원인입니다.

온갖 문제와 혼란에 빠져 있는 불행한 세상은 해방의 길을 모색하고 있습니다. 필사적으로, 수단방법을 가리지 않고 문제의 해답을 찾고 있습니다. 그러면서도 정작 주어진 해결책은 거부하며, 참으로 자신이 찾는 만족을 줄 유일한 길은 거부하는 것입니다. 사도들은 산헤드린 공회원들에게 이 비극을 정확하게 짚어 주고 있습니다. 우리는 사도의 말에서 인류역사의 개요를 읽게 됩니다. 이것은 어느 시대에나 일어났던 일인 동시에 오늘날 우리가 직면하고 있는 일이기도 합니다.

그런데 왜 세상은 복음을 거부하는 것일까요? 그 답이 사도행전 5장에 나오는 이 사건에 아주 명백히 제시되어 있습니다. 거부의 이유는 바뀌지 않았습니다. 물론 우리는 우리의 이유가 새롭다고 자랑하고 싶어 하지만 그것은 완전히 잘못된 생각입니다. 사람들은 옛날과 아주 똑같은 이유로 복음을 거부하고 있습니다.

지금 세상은 곤경에 빠져 있으면서도 복음을 받아들이지 못하고 있습니다. 그 원인이 무엇입니까? 구원과 구속을 완전히 오해하고 있기 때문입니다. 저는 성경에서 이 모든 오해와 대조되는 놀라운 가르침을 발견합니다. 그것은 구속과 구속자에 대한 참된 가르침입니다.

그 가르침을 몇 가지 명제로 제시해 보겠습니다.

첫번째 명제는 사도의 설교와 교회의 참된 메시지에 근거한 것으로서, 주 예수 그리스도야말로 하나님이 주신 구원의 길이라는 것입니다. 다음의 강조점을 유의해서 보십시오. 그는 **하나님이 주신** 구원의 길입니다. 제가 이렇게 말할 수밖에 없는 것은 이 구절에 사용되고 있는 말, 즉 "예수를 우리 조상의 하나님이 살리시고"라는 말 때문입니다^{행 5:30}. 이 일을 행하신 분은 하나님입니다.

우리는 즉각 첫번째 중요한 대조사항을 보게 됩니다. 세상은 구속을 추구하지만, 늘 자기 방식으로 추구합니다. 세상은 인간이 해방해 주기를 바랍니다. 그래서 전기작가들과 역사가들은 "갑자기 천재가 나타났다"거나 "천부적 재능을 타고난 탁월한 인물이 등장했다"는 식의 표현을 씁니다. 그것이 세상의 시각입니다. 세상은 자기의 지혜와 교육과 훈련과 지식을 발휘할 구세주를 찾습니다. 세상은 언제나 그것을 구원의 길로 믿어 왔습니다. 그것이 세상이 말하는 '문명'의 의미입니다.

문명은 모든 난관과 문제에서 헤어나 보려는 인류의 시도입니다. 인류는 현인이 '배출'되기를, 이 모든 분투와 노력과 사상과 철학적 사색의 결과물로 뛰어난 천재가 갑자기 등장하여 세상 모든 문제를 풀어낼 마법의 공식을 알려 주기를 늘 소망합니다. 물론 세대마다 약간의 변화와 차이가 있기는 합니다. 아주 정확히 말해서, 우리는 범속한 인간들의 시대에 살고 있으며 더 이상 위대한 인물을 찾아볼 수 없습니다. 그런데도 세상은 그런 인물들을 기다리고 있습니다.

오, 19세기 사람들은 20세기에 전 세계적인 평화와 행복이 진정 도래할 것을 얼마나 자신했는지 모릅니다. 그들은 인간의 의회와 세계연맹을 통해 그것을 이룰 수 있으리라 믿었습니다. 다음 세기, 모든 문명이 완성될 황금의 20세기에는 "칼을 쳐서 보습을" 만들게 되리라 믿었습니다. 지금 사람들은 그때보다 냉소적인 경향이 있지만, 여전히 인간의 모든 조직과 노력을 통해 어떤 식으로든 우리가 그토록 갈망하는 구원으로 이끌어 줄 인물을 배출하겠다는 소망을 버리지 않고 있습니다. 세상은 언제나 미래를 고대하며, 해결책이 나타나기를 소망합니다. 얼마나 그릇된 생각입니까! 세상은 하나님만이 우리를 구원해 줄 수 있는 유일한 분이며 우리의 문제를 처리할 수 있는 유일한 분임을 깨달아야 합니다.

성경이 전하는 메시지는 이것입니다. "예수를 우리 조상의 하나님이 살리시고$^{raised\ up}$." 어떤 이들은 이것을 부활을 가리키는 말로 잘못 해석합니다. 그러나 이어지는 31절을 보면 "그를 오른손으로 높이사"라는 말이 나옵니다. 그렇습니다. "살리시고"라는 말은 하나님께서 지도자나 선지자를 일으키신다는 구약적인 의미로—잠시 후에 모세가 하나님께서 일으키실 지도자에 대해 예언한 내용을 살펴보겠습니다—사용되고 있습니다. 그러므로 사도들은 유다 당국자들에게 다음과 같이 말한 셈입니다. "당신들이 나무에 달아 죽인 예수는 단순한 인간이 아니었습니다. 그는 유다 백성 중에 갑자기 출현한 비범한 인물이 아니었습니다. 그는 하나님이 보내신 분이었습니다. 하나님이 그를 우리 가운데 두셨습니다. 이것은 전적으로 하나님이 하신 일입니다."

"예수를 우리 조상의 하나님이 살리시고"는 기독교 신앙 전체의 기초를 이루는 진술입니다. 기독교 신앙은 주 예수 그리스도로부터 출발하는 것이 아니라 성부 하나님으로부터 출발합니다. 우리가 처한 곤경의 상당 부분은, 이처럼 복음 메시지가 구약의 위대한 이야기에서 시작된다는 사실을 잊은 데서 비롯된 것입니다. 베드로가 비꼬는 듯한 말로—저는 그의 목소리도 그랬으리라고 생각합니다—이 점을 유다 당국자들에게 일깨운 이유가 여기 있습니다. 그가 바리새인과 서기관, 사두개인, 대제사장 같은 종교 지도자들에게 말하고 있다는 사실, 바로 그들에게 이 점을 단단히 못박고 있다는 사실을 잊지 마시기 바랍니다. 들어 보십시오. 베드로는 "너희 조상의 하나님이……"라고 말했습니다.

요컨대 그는 이렇게 말하고 있는 것입니다. "당신들이 예수를 거부한 것은 믿기지 않는 일입니다. 당신들은 그가 누구신지 알아야만 합니다. 그는 하나님이 인간을 구원하고자 계획하신 모든 일을 성취하신 분입니다. 과거에 우리 조상들을 일으키신 분은 하나님이십니다. 실제로 아브라함을 일으키신 분도 하나님이십니다."

그들은 유대인으로서, 자신들이 유대인이요 아브라함의 자손이라는 사실을 자랑으로 여겼습니다. 그러나 아브라함은 어디에서 왔으며, 왜 왔습니까? 그 답은 하나님께서 그를 일으키셨기 때문에 왔다는 것입니다. 아브라함은 갈대아 우르에서 이방인으로 태어났습니다. 그는 그곳에 남아 있을 수도 있었고, 따라서 유대인들의 나라라는 것 자체가 아예 생기지 않을 수도 있었습니다. 만약 하나님이 "아브라함아, 그곳을 떠나 내가 네게 보여줄 땅으로 가라"고 하지 않으셨다면 말입니다. 하나님은 아브라함을 통해 유다를 세우려고 그를 일으키셨습니다. 그래서 아브라함이 유대인들의 위대한 조상이 된 것입니다.

그렇다면 하나님은 대체 왜 이런 일을 하셨을까요? 역사에 유대인들이 등장한 의미와 뜻은 무엇입니까? 이것은 성경의 위대한 메시지인 동시에 하나님이 인류를 구원하시는 방식입니다. 사람들은 하나님께 불순종했기 때문에, 그를 반역했기 때문에, 자기의 지혜를 좇았기 때문에 곤경에 빠졌습니다. 그들은 지금도 곤경에 빠져 있으며, 자기 힘으로는 헤어 나올 길이 전혀 없습니다. 그러나 하나님은 한없는 인자와 자비로, 세상의 기초를 놓기도 전에 구원계획을 세워 시행해 오셨습니다.

구약성경에는 그 시초와 예시豫示와 암시와 예언들이 나와 있습니다. 실제로 성경은 아담과 하와가 범죄했을 때 하나님이 동산에 내려오셨다고 말하고 있습니다. 하나님은 남자와 여자를 불러 그들이 지은 죄에 대해 벌을 받아야 한다고 말씀하셨습니다. 그러나 그다음으로 한 가지 약속을 해주셨습니다. 그는 말씀하셨습니다. "너희는 유혹하는 자의 말을 들었기 때문에 그의 종이 될 수밖에 없으며, 이 종살이가 너희 삶과 문명의 역사를 이루게 될 것이다. 여자의 후손과 뱀의 후손 사이에는 전쟁이 있을 것이다. 그러나 나는 너희에게 이것을 약속해 주겠다. '내가 너로 여자와 원수가 되게 하고 네 후손도 여자의 후손과 원수가 되게 하리니 여자의 후손은 네 머리를 상하게 할 것이요 너는 그의 발꿈치를 상하게 할 것이니라'"창 3:15. 이것은 하나님이 구주-세상을 구원해 줄 자-를 보내 주신다는 성경의 첫번째 약속입니다.

이야기는 계속됩니다. 모세는 정확하게 예언했습니다. "네 하나님 여호와께서 너희 가운데 네 형제 중에서 너를 위하여 나와 같은 선지자 하나를 일으키시리니 너희는 그의 말을 들을지니라"신 18:15. 이때 모세가 쓴 "일으키시리니"와 사도들이 쓴 "살리시고"는 같은 말입니다. 사도들은 하나님이 이 일을 하셨다고 말합니다. 하나님은 모세를 통해 주신 약속을 이루셨습니다. 주 예수는 모세가 옛적에 예언한 바로 그 선지자입니다.

구약의 모든 예언은 이 구주를 가리키고 있습니다. "실로"가 오시리라는 말씀창 49:10, "간고를 많이" 겪고 "도수장으로 끌려가는 어린양같이" 끌려가 그 백성의 죄 때문에 매 맞으리라는 말씀은 다 그를 가리키는 것입니다사 53장. 성전의 의식과 전례들도 구주를 가리키고 있습니다. 왜 아침저녁으로 양을 제물로 드려야 했습니까? 왜 제사장들이 번제와 희생제사를 드려야 했습니까? 그것들은 전부 예시로서, "이 일은 일시적인 것이다. 하나님이 세상 죄를 지고 갈 어린양을 보내 주실 날이 오고 있다"는 사실을 알려 주는 것이었습니다. 구약성경 전체가 하나님의 위대한 행동을 고대하며, 하나님이 일으키실 한 구원자를 고대하고 있습니다. 하나님은 왕들을 일으키시고 선지자들을 일으키셨으며, 그들은 모두 장차 오실 왕에 대해 가르쳤습니다.

아마도 하나님의 구원계획을 가장 웅변적으로 진술하고 있는 것은 저 유명한 이사야서 40장의 말씀일 것입니다. "너희의 하나님이 이르시되 너희는 위로하라, 내 백성을 위로하라"사 40:1. 왜 위로해야 합니까? 오, 누군가가 오고 있기 때문입니다. 이사야는 말합니다. "너희는 광야에서 여호와의 길을 예비하라.……골짜기마다 돋우어지며 산마다, 언덕마다 낮아지며 고르지 아니한 곳이 평탄하게 되며 험한 곳이 평지가 될 것이요……모든 육체가 그것을 함께 보리라"사 40:3-5.

구주의 오심을 예비한다는 관점에서 보지 않는 한, 구약성경은 이해할 수가 없습니다. 베들레헴 마구간에서 아기가 태어난 것은 "때가 차매" 일어난 일이었습니다^{갈 4:4}. 그의 이름은 '주께서 구원하신다'는 뜻의 '예수'였습니다. 왜 이런 이름이 주어졌습니까? 천사는 그 이유를 이렇게 말했습니다. "이름을 예수라 하라. 이는 그가 자기 백성을 그들의 죄에서 구원할 자이심이라"^{마 1:21}. 자, 여기 그분이 있습니다. 그는 이렇게 태어나서 자라, 목수로 일했습니다. 그리고 나이 서른이 되면서부터 갑자기 설교하고 가르치기 시작했습니다. 그는 진기한 인물이었습니다. 당국자들은 그를 관찰하며 말했습니다. "이 사람은 배우지 아니하였거늘 어떻게 글을 아느냐"^{요 7:15}. 그는 어떤 학파에도 속한 적이 없었습니다. 그는 평범한 일개 목수였습니다.

당국자들은 "이자는 대체 누구냐?"고 물었습니다. "대체 누구이기에 감히 이런 권위를 사칭하며 이런 월권행위를 하는 것이냐?"고 물었습니다. 이처럼 그들은 예수의 말을 듣고 혼란과 혼동에 빠졌습니다.

중요한 것은 이 목수가 한 말입니다. 그는 말했습니다. "인자가 온 것은 잃어버린 자를 찾아 구원하려 함이니라"^{눅 19:10}. 그는 사람들에게 "나를 따르라"고 말했습니다. "누구든지 나를 따라오려거든 자기를 부인하고……"라고 말했습니다^{마 16:24}. 이것이 그의 가르침이었습니다. 그는 말했습니다. "인자가 온 것은 섬김을 받으려 함이 아니라 도리어 섬기려 하고 자기 목숨을 많은 사람의 대속물로 주려 함이니라"^{마 20:28}. 그는 사람들과 같이 되려고 세상에 오신 구주로 그들 앞에 서 계셨습니다. 그는 세례받으실 필요가 없었고 세례 요한도 이의를 제기하며 세례 주기를 거부했는데도 자청해서 세례를 받으셨습니다. 그는 죄지은 인간들과 자신을 동일시하여 그 모든 과정을 통과하셨습니다. 그는 사람들에게 "내게로 오라"고 하셨습니다^{마 11:28}. 자, 여기 그분이 계십니다. 사람들 앞에서 자신의 가르침과 행동과 모든 것을 통해 자신을 구주로 드러내신 분이 계십니다.

그렇기 때문에 베드로와 사도들이 "너희 조상의 하나님이" 이분을 일으키셨다고 말하는 것입니다. 이분이야말로 하나님이 세우신 구원계획의 핵심이며 모든 역사의 중심입니다. 이분이야말로 모든 역사를 가르는 분기점입니다. 이분 안에서 만유는 하나로 만납니다. 이분은 인류의 구원을 위해 행동하는 하나님이십니다.

이것을 달리 표현한 구절을 읽고 싶다면 요한복음 3:16을 보시기 바랍니다. "하나님이 세상을 이처럼 사랑하사 독생자를 주셨으니 이는 그를 믿는 자마다 멸망하지 않고 영생을 얻게 하려 하심이라." 세상은 분주하게 이런저런 구세주를 찾고 있습니다. 세상은 자기 방법으로 사람들 틈에서 구세주를 찾아다니고 있지만, 하나님은 자신이 친히 예비하신 구주를 일으키셨습니다. 이것이 제가 베드로의 말에서 발견한 첫번째 원리입니다.

두번째 원리를 살펴보려면, 다시 한번 세상의 비극에 초점을 맞추어야 합니다. 세상과 세상의 관원들은 그를 거부했습니다. "너희가 나무에 달아 죽인 예수를 우리 조상의 하나님이 살리시고." 이것이 세상이 그를 처리한 방식입니다. 이 점은 요한복음 서두에 함축적이면서도 비극적으로 표현되어 있습니다. "자기 땅에 오매 자기 백성이 영접하지 아니하였으나"요 1:11. 관원과 백성 모두 그를 거부했습니다. 관원들은 사도들에게 "너희가 너희 교를 예루살렘에 가득하게 하니 이 사람의 피를 우리에게로 돌리고자 함이로다"라고 불평했습니다. 불과 몇 주 전에 "그 피를 우리와 우리 자손에게 돌릴지어다"라고 오만하게 호언했던 일을 잊은 것입니다마 27:25. 그들은 빌라도에게 그렇게 대답해 놓고서도 전혀 괘념치 않았습니다. 그러다가 나중에 하나님의 능력이 사도들을 통해 역사하는 모습을 보고 기겁한 것입니다. 요점은 세상이 그를 거부했다는 사실입니다. "그는 멸시를 받아 사람들에게 버림받았으며"사 53:3.

당국자들은 자신들을 구하러 오신 분을 나무에 달아 죽였습니다. 나무에 달려 죽는 것은 유대인들에게 끔찍한 형벌이었습니다. 그보다 더 큰 모욕이 없었습니다. 정해진 선을 넘은 자, '저주받은' 자에게만 그런 형벌이 주어졌습니다. 그들의 성경에는 "나무에 달린 자는 하나님께 저주를 받았음이니라"고 기록되어 있었습니다신 21:23. 그들은 그를 저주거리로 만들었습니다. 큰 소리로—관원들이 그들을 선동했고, 그들은 기꺼이 선동에 휩쓸렸습니다—"없이하소서. 그를 십자가에 못박게 하소서"라고 외쳤습니다.요 19:15. 빌라도는 이 끔찍한 판결만큼은 피해 보고자 애를 쓰면서 "바라바는 도둑이고 강도이니, 다른 사람을 놓아주면 안되겠느냐?"고 물었습니다. 그러나 그들은 거절하면서 "이 사람을 없이하고 바라바를 우리에게 놓아주소서"라고 말했습니다.눅 23:18.

이것이 이 땅에 육신으로 오신 주님께 당국자들이 한 짓입니다. 또한 사도행전에서 주님의 대리자들에게 한 짓이며, 오늘날에도 세상이 계속 하고 있는 짓입니다. 세상은 여전히 그를 거부하고 있으며, 여전히 그를 상관없는 인물로 여기고 있습니다. 영국 국민 대다수는 예수 믿고 교회 다니는 일을 어리석음의 극치로 생각합니다. 그들은 묻습니다. "기독교? 예수에 대한 설교? 그것이 현대세계와 무슨 상관이 있는가? 이 문제들을 좀 보라. 가나와 나이지리아의 문제들을 좀 보라. 아프리카 대륙 전체와 전 세계에 산적한 문제들을 보고서도 예수에 대한 구닥다리 이야기들을 전하다니. 이제 예수는 그만 치워 버리라!"

이것이 우리의 비극이며, 세상이 이 모양이 된 이유입니다. 세상은 대체 왜 자기들의 구주를 거부하는 것입니까? 그 이유가 많이 있지만, 그중에서도 좀더 중요한 몇 가지만 말씀드리겠습니다.

첫째로, 세상은 자신의 진정한 필요를 모르고 있습니다. 아직도 문제의 심각성을 깨닫지 못하고 있는 것입니다. 제가 볼 때 그것이 세상의 증상에 대한 최종적인 진단입니다. 세상은 여전히 자신의 근본적인 필요를 정치적인 것으로 생각하고 있습니다. 오해하지 마시기 바랍니다. 제 말은 정치적인 문제가 전혀 없다는 뜻이 아닙니다. 정치적인 문제는 당연히 있습니다. 오늘날 우리가 직면하고 있는 정치적·사회적·도덕적 문제들은 거의 끝이 없을 정도로 많으며, 그런 문제들이 중요치 않다고 말하는 것은 그야말로 어리석은 일일 것입니다. 제 말은 그런 문제들이 중요치 않다는 뜻이 아니라, 세상이 정치적인 문제를 가장 심각한 문제로 여기는 것이 잘못이라는 뜻입니다.

세상은 늘 정치에 관심을 가져 왔고, 사실은 관심을 가져야 마땅합니다. 세상에는 세상의 죄가 낳은 문제들―물론 세상은 죄가 원인임을 모르지만―이 있기 때문입니다. 유대인들은 고도로 정치적인 사람들이었습니다. 요한복음 8장을 보면, 주님께서 어느 날 오후에 큰 능력과 권위로 설교하신 이야기가 나옵니다. "이 말씀을 하시매 많은 사람이 믿더라"는 구절이 그 사실을 알려 줍니다요 8:30. 그때 주님은 사람들을 보면서 말씀하셨습니다. "너희가 내 말에 거하면 참으로 내 제자가 되고 진리를 알지니 진리가 너희를 자유롭게 하리라." 이에 대한 그들의 반응은 이것이었습니다. "우리가 아브라함의 자손이라. 남의 종이 된 적이 없거늘 어찌하여 우리가 자유롭게 되리라 하느냐"요 8:31-33. 요컨대 그들은 "자유가 필요치 않은 우리에게 자유를 주겠다니, 우리를 모욕하는 겁니까?"라고 말한 것입니다. 그러나 그 말은 거짓이었습니다. 그 당시 유대인들은 로마제국에 종노릇하고 있었기 때문입니다. 그들의 정치적 자부심이 느껴집니까? "남의 종이 된 적이 없거늘." 정치적 자유! 세상은 항상 이것을 자신의 유일한 필요로 생각하는 경향이 있습니다. "우리에게 정치적 자유를 달라. 그러면 나머지는 저절로 얻는다"는 것입니다.

우리 앞에 있는 모든 문제의 책임이 사회에 있다고 생각하는 이들도 있습니다. 또 어떤 이들은 돈을 유일하고도 절실한 필요로 생각하는 것 같습니다. "우리에게 돈만 많이 달라. 그러면 문제될 것이 없다." 재정 상태만 좋으면 먹을 것도 마실 것도 성性도 오락도 충분히 누릴 수 있다는 것입니다. 돈이 만능 해결책으로서, 정치적·사회적 평등과 함께 부를 공평하게 분배하는 일이야말로 우리의 절실한 필요라는 것이 마르크시즘이 가르친 해법입니다.

또 다른 이들은 문화와 지식이 우리의 온갖 불행을 해결해 줄 것처럼 온통 그것만 강조하기도 합니다. 이처럼 세상이 구주를 거부하는 첫번째 이유는 자신의 진정한 필요를 모른다는 데 있습니다.

둘째로, 이들이 그를 거부한 원인은 무지에 있습니다. 이미 밝힌

대로 베드로는 "우리 조상의 하나님"이라는 말로 그 점을 유대 당국자들에게 각인시켰습니다! 그의 말은 요컨대 이런 것입니다. "당신들의 지식은 다 어디로 갔습니까? 당신들의 기억은 다 어디로 갔습니까? 당신들은 성경을 모릅니까? 당신들은 늘 성경 이야기만 하는 성경의 해설자요 설명자요 선생들입니다. 그런데 어째서 성경 이해의 첫걸음조차 떼지 못하는 것입니까? 당신들의 성경을 전부 성취시킨 사건이 바로 여기 있는데도 말입니다." 세상은 지금도 여전히 진리에 무지하지 않습니까? 헤겔은 "역사는 역사가 우리에게 아무것도 가르치지 못한다는 사실을 가르친다"고 말했습니다. 정말 맞는 말 아닙니까! 시대와 세대를 막론하고 사람들은 과거의 잘못을 줄기차게 반복해 왔습니다. 똑같은 과거의 오류와 헛된 희망에 매달려 왔습니다. 모든 시대에 걸쳐 세상은 오늘날 우리가 해결책으로 믿고 있는 일들을 시도해 왔습니다. 그리고 한번도 성공을 거두지 못했으면서도, 무지 때문에 여전히 그런 해결책들의 효력을 믿고 있으며 그런 해결책들을 시도하고 있습니다.

그렇다면 진정 세상의 가장 큰 필요는 무엇일까요? 하나님입니다. 하나님을 아는 지식입니다. 하나님 없이는 아무리 애를 써도 행복한 세상을 만들 수 없습니다. 오늘날 세상은 이전 어느 때보다 분명히 "악인에게는 평강이 없다"는 이사야의 말씀을 입증해 주고 있습니다.사 48:22 여러분이 좋아하는 일─부와 영향력을 얻고 모든 지식과 모든 정보에 정통해지는 일─을 해보십시오. 그런 것으로는 평강을 얻지 못하며 궁극적인 만족과 쉼도 얻지 못한다는 사실을 깨달을 것입니다. 인간에게 필요한 것은 하나님의 축복입니다. 그것이 없으면 세상은 혼돈에 빠질 수밖에 없습니다. 불행과 실망과 좌절만 가득할 뿐입니다.

사람들에게 필요한 것은 영혼의 구원입니다. 존재의 가장 크고 중심적인 부분이 구원을 받아야 합니다. 사람들은 자신 안에 이처럼 깊고 심오한 필요가 있음을 알지 못한 채, 또 인간은 하나님의 형상대로 만들어졌기에 하나님 말고는 그 어떤 것도, 그 누구도 자신을 채워 줄 수 없음을 깨닫지 못한 채, 삶의 표면과 주변부에 나타나는 증상에만 집중하고 있습니다.

오, 우리는 다시 한번 어거스틴의 말로 돌아가게 됩니다. "당신이 우리를 지으셨으니, 당신 안에서 쉼을 얻기까지 우리 마음은 쉴 수 없나이다." 사람들에게 필요한 것은 하나님과 화해하는 일입니다. 죄를 용서받는 일입니다. 모든 복의 근원이자 원천인 하나님의 은총을 회복하는 일입니다. 또한 사람들에게 필요한 것은 자신들을 사로잡아 노예와 종으로 부리고 있는 세력들-세상과 육신과 마귀, 다른 말로 하면 죄와 사탄-에서 해방되는 일입니다.

오, 타락의 결과 왜곡된 우리의 본성이 얼마나 추하고 더러운지! 우리의 본성은 새 집에 산다고 해서 바뀌지 않습니다. 오히려 그 집을 돼지우리로 만들기 쉽습니다. 학식과 지식은 영혼의 부패를 막을 수 없습니다. 부는 새사람을 만들어 낼 수 없습니다. 우리 각 사람에게 필요한 것은 새로운 생명과 새로운 마음, 새롭고도 심오한 만족감입니다. 그런데 세상은 그 필요를 알지 못해 그분을 거부하고 있습니다. "너희가 나무에 달아 죽인 예수를."

셋째로, 세상은 구주의 영광, 그 구원의 영광을 깨닫지 못해 그를 외면합니다. 인간이 얼마나 어리석은지, 인간이 자랑하는 지식과 명철이 얼마나 헛된 것인지 최종적으로 폭로되는 지점이 바로 이 지점입니다. 인류의 맹목성이 드러나는 지점도 이 지점입니다. 인류가 볼 때, 그는 제거해 버려야 할 불쾌한 존재입니다. "없이하소서. 그를 십자가에 못박게 하소서." 세상은 항상 거짓된 것을 자랑하고 참된 것을 거부합니다. 타락 이후 인류의 역사는 다음의 말로 요약됩니다.

진리는 영원히 단두대 위에,
거짓은 영원히 왕좌 위에.
—제임스 러셀 로웰James Russell Lowell

이것이 세상이 과시하는 문명과 자랑과 명철과 교양의 역사입니다.

세상은 항상 구세주를 믿을 준비가 되어 있습니다. 해방자와 구원자와 구속자를 믿을 준비가 되어 있습니다. 로마는 기꺼이 카이사르 집안을 믿었고, 프랑스는 나폴레옹을, 이탈리아는 무솔리니를, 독일은 히틀러를, 러시아는 스탈린을 믿었습니다. 오늘날도 똑같습니다. 앞서 다른 나라들을 언급했습니다만, 우리도 그들과 똑같이 행동했다는 사실을 잊지 말아야 합니다. 최근의 역사만 보아도, 사람을 신격화하는 우리의 경향을 알 수 있습니다. 우리는 지도자들이 내세우는 자기 평가를 늘 액면 그대로 받아들일 준비가 되어 있습니다.

저는 지금 본문을 연속적으로 설교하고 있습니다! 그러니까 오늘 말씀은 제가 작금의 상황에 맞추려고 임의로 골라잡은 본문이 아닙니다. 그런데도 바로 이번 주에 우리는 세상이 인간 구세주를 믿을 준비가 되어 있음을 보여주는 중요한 예를 보게 되었습니다. 그것은 '가나와 가나 백성의 구세주'로 자처한 은크루마Kwame Nkrumah(가나의 초대 총리이자 가나 공화국의 초대 대통령으로 1966년까지 통치했다―옮긴이)의 예입니다. 세상은 그런 인물 앞에 열렬히 엎드리고 싶어 합니다. 그러면서도 하나님이 일으키신 유일한 한분 구주는 거부합니다.

제가 한번 대조시켜 볼까요? 인간적인 지혜의 어리석음을 폭로해 볼까요? 세상이 거부하는 이 사람을 보십시오. 그리고 세상이 기꺼이 경배하고 찬양하고 따르는 자들을 보십시오. 그들에게서 발견되는 것이 무엇입니까? 우선, 그들은 항상 자신을 높입니다. 그들의 오만한 자랑을 들어 보십시오. 그들이 대중에게 연설할 때 부리는 허세를 보십시오. 이런 현상은 주님의 말씀에 완벽하게 표현되어 있습니다. "나는 내 아버지의 이름으로 왔으매 너희가 영접하지 아니하나 만일 다른 사람이 자기 이름으로 오면 영접하리라"요 5:43.

거짓 구세주들은 스스로 자기를 높이며, 스스로 칭호를 붙이고, 스스로 숭배의 자리에 올라 기념비와 조각상을 세우고, 그 위에 은크루마처럼 '구속자'라는 이름을 써 넣습니다! 그들은 벽과 도시를 자기 사진으로 도배합니다. 여러분은 그런 자들에게서 벗어나지 못합니다.

둘째로, 이러한 인간 구세주들이 어떤 허식과 겉치레로 자신을 치장하는지 보십시오. 그들은 조직적으로 갈채를 만들어 내며 청중이 언제 환호하고 언제 조용해야 하는지 지시하는 '응원부대'를 거느리고 있습니다. 그 정도로 자신을 속이고 있는 것입니다! 이것이 세상의 정신 상태입니다.

이처럼 온통 허식과 겉치레로 치장한 채 권위를 내세우는 자칭 구원자들을 볼 때마다 늘 주목하게 되는 또 한 가지 흥미로운 특징은 그들의 마음에 비겁한 두려움이 있다는 것입니다. 그들이 어떻게 자기를 방어하는지 보십시오. 어떤 두려움 속에 사는지 보십시오.

그다음으로 이러한 지도자들이 약속하는 내용을 들어 보시기 바랍니다. 그들은 만사를 약속합니다. 그러나 이러한 국민의 구세주들이 실제로 주는 것, 실제로 창출해 내는 것은 무엇입니까? 국민들은 그들을 큰 소리로 찬양하며 갈채를 보내지만, 돌아오는 것은 독재와 예속뿐입니다. 그들은 경찰국가를 만듭니다. 국민들을 구속하고 억압하며 약탈합니다.

마지막으로, 인간 '메시아'들은 항상 불명예스럽게 무너져서 물러납니다. 그들의 모든 허식과 겉치레와 위대함과 권력은 항상 무위로 끝나게 되어 있습니다. 하나님은 항상 그것을 웃음거리로 만들어 버리십니다.

이번에는 세상이 거부한 구주를 다시 보시기 바랍니다. 얼마나 대조됩니까? 참 구주가 나타나셨을 때 그 특징을 알아보지 못한 것은 죄가 초래한 맹목의 결과요 인간에게 내려진 저주입니다. 그 특징이 무엇입니까? 감사하게도 그는 모든 인간 구세주들과 정반대되는 분입니다.

이 점과 관련하여 처음 읽을 말씀은 이것입니다. "그는 근본 하나님의 본체시나 하나님과 동등됨을 취할 것으로 여기지 아니하시고……자기를 낮추시고"빌 2:6, 8. 그는 자기를 낮추셨습니다! 낮은 곳으로 내려오셨습니다! 그는 마구간에서 태어나셨습니다. 가난하게 사셨고 목수로서 직접 노동하셨습니다. 그는 "온유하고 겸손한 예수"라는 말로 묘사되는 분입니다. 그는 자기의 권리와 요구사항을 내세우지 않으셨으며, 자기를 위한 궁전과 조각상과 기념비를 만드는 데 수백만 파운드를 쓰지도 않으셨습니다. 오히려 자발적으로 "종의 형체를 가"지셨습니다^{빌 2:7}. 평범한 백성들과 어울리셨고, 백성들은 "즐겁게" 그의 말씀을 들었습니다^{막 12:37}. 당국자들은 그가 "먹기를 탐하고 포도주를 즐기는 사람이요 세리와 죄인의 친구"라는 이유로 그를 고소했습니다^{막 11:19}. 성경은 그가 "상한 갈대를 꺾지 아니하며 꺼져 가는 심지를 끄지" 않는 분이라고 말합니다^{마 12:20}.

그는 자랑의 말을 하기는커녕 거리에서 소리도 높이지 않으셨고^{마 12:19}, 조용히 삼가며 사셨습니다. 그는 군중에 휩싸이지 않고자 애쓰셨습니다. 두루 다니며 선을 행하셨고, 사람들의 고통을 덜어 주셨고, 사랑과 자비와 인자를 보여주셨습니다. 그는 버림받은 자, 배척당하는 자들을 어루만져 주셨습니다. 그가 오신 것은 바로 그런 사람들을 위해서였습니다. 그는 "죄인들이 이같이 자기에게 거역한 일을 참으"셨습니다^{히 12:3}. 인간의 구세주, 자칭 구원자, 그리스도를 거부하는 세상이 갈채를 보내는 자들과 모든 점에서 완벽하게 반대가 되지 않습니까? 사람들이 그의 영광을 보지 못하는 이유가 여기 있습니다.

마지막으로, 그는 자기 힘을 강화시키고 자기 위대함과 즐거움과 안락을 추구하는 대신, 시종일관 예루살렘으로 올라갈 생각만 하셨습니다. 그는 자발적으로 죽음을 향해 나아가셨습니다. 자신을 낮추어 종의 형체를 가졌을 뿐 아니라 "죽기까지 복종하셨으니 곧 십자가에 죽"기까지 하셨습니다^{빌 2:8}. 그는 죽음이 목전에 닥쳤을 때 "무슨 말을 하리요. 아버지여, 나를 구원하여 이때를 면하게 하여 주옵소서"라고 기도하셨습니다. 그래서 그때를 면했습니까? 아닙니다! "그러나 내가 이를 위하여 이때에 왔나이다"^{요 12:27}. 그는 세상을 구원하기 위해 오신 분이었습니다.

그렇다면 어떻게 구원하실까요? 다른 사람들을 희생시켜서 구원하실까요? 아닙니다. 그는 자기 자신을 희생시켜서, 자신의 생명을 희생시켜서 구원하십니다. 그는 "자기 목숨을 많은 사람의 대속물로 주려"고 오셨습니다^{마 20:28}. 그는 중죄인의 자리, 죄수의 자리, 악인의 자리에 서셨습니다! 우리 죄를 지셨습니다. "친히 나무에 달려 그 몸으로 우리 죄를 담당하셨으니 이는 우리로 죄에 대하여 죽고 의에 대하여 살게 하려 하심이라. 그가 채찍에 맞음으로 너희는 나음을 얻었나니"벧전 2:24. 자, 이분은 세상의 지도자들과 영원히 대비되시는 분입니다. 그런데도 알아보지 못하고 그를 죽여 버린 세상은 그가 우리와 아무 상관이 없다고 말하면서 인간 구세주와 구원자들을 경배하고 있습니다.

오, 죄에 빠진 인간의 비극적인 어리석음과 맹목과 무지여! 그렇습니다. 1세기에도 그러했듯이, 지금도 가장 학식 있는 자들, 가장 교양 있는 자들이 세상의 구주를 거부하는 일에 앞장서고 있습니다.

그들이 거부하는 분을 좀더 자세히 보십시오. 그는 죽은 자 가운데서 살아나셨습니다. 사도들은 산헤드린 앞에서 말했습니다. "이스라엘에게 회개함과 죄사함을 주시려고 그를 오른손으로 높이사 임금과 구주로 삼으셨느니라"행 5:31. 그는 우리 죄를 멸하시고, 우리를 하나님 앞으로 이끌어 화목하게 하십니다. 하나님은 우리를 한 가족으로 입양해 주시고 우리는 그의 자녀가 됩니다. 우리는 우리를 억압하던 것에서 해방됩니다. 내적인 평화를 얻으며, 세상에서 벗어나고 세상의 부와 허영에서 벗어납니다. 고요하고 평온한 정신과 마음과 영혼을 얻습니다. 이 땅에서 살아갈 새로운 목적을 발견합니다. 죽는 것도 "그리스도와 함께 있"게 될빌 1:23 더 좋은 일이자 하나님 앞에 가는 일이므로 두려워할 필요가 없음을 알기에, 기꺼이 그의 영광을 위해 살 준비를 합니다. 그는 우리 마음이 소리쳐 요구하는 모든 만족을 주십니다. 그는 이 모든 것을 위해 자기 목숨을 내놓으셨고, 우리 대신 죽으셨으며, 우리가 묻혀야 할 무덤에 묻히셨고, 우리를 의롭다 하시려고 다시 살아나셨습니다.

그런데도 세상은 그 위대한 구원의 영광을 보지 못합니다. 술과 오락을 더 좋아하고, 먹고 마시는 일과 성적으로 즐기는 일을 더 좋아합니다. 그런 것들을 주님만이 주실 수 있는 복보다 더 좋아합니다.

마지막으로, 세상은 그를 거부하는 것이 곧 하나님과 그의 영원한 능력을 대적하는 일임을 모르기 때문에 그를 거부합니다. "너희가 나무에 달아 죽인 예수를 우리 조상의 하나님이 살리시고……그를 오른손으로 **높이사** 임금과 구주로 삼으셨느니라." 여러분은 그를 빈정거리고 비웃었으며, 굴욕을 주고 모욕을 주었습니다. 침을 뱉고 욕을 하고 저주거리로 취급했습니다. 자기 꾀로 그를 끝장냈다고 생각했습니다. 그러나 하나님은 강한 능력으로 그를 일으켜 높이셨고 자신의 우편에 앉히셨습니다. 사도 바울은 빌립보서 2장에서 이 모든 일을 다음과 같이 묘사하고 있습니다.

> 이러므로 하나님이 그를 지극히 높여 모든 이름 위에 뛰어난 이름을 주사 하늘에 있는 자들과 땅에 있는 자들과 땅 아래에 있는 자들로 모든 무릎을 예수의 이름에 꿇게 하시고 모든 입으로 예수 그리스도를 주라 시인하여 하나님 아버지께 영광을 돌리게 하셨느니라 빌 2:9-11.

그는 임금이자 통치자가 되셨습니다. 하나님께서 그를 일으키셨습니다! 인간이 무슨 짓을 하든지 하나님은 그를 일으키십니다. 부활은 그의 구주되심을 입증하는 사건입니다. 그러므로 그리스도를 거부하는 것은 곧 하나님의 능력을 거부하는 것입니다.

> 영원한 그 나라 주 다스리시니
> 생명의 열쇠는 주님의 것이라.
> 원수 굴복하여 그 명령 따르며
> 엎드리기까지 우편에 앉아 계시네.
> 네 맘 열어 한 소리로
> 기뻐 주를 찬양하라.[1]
> ―찰스 웨슬리 Charles Wesley

---

[1] 찬송가 22장-옮긴이.

오, 자신이 하나님과 싸우고 있다는 사실, 그의 위대한 계획 및 목적과 싸우고 있다는 사실을 깨닫지 못하는 세상의 비극이여! 주님도 친히 그 점을 말씀하셨습니다. "너희가 성경에 건축자들이 버린 돌이 모퉁이의 머릿돌이 되었나니 이것은 주로 말미암아 된 것이요 우리 눈에 기이하도다 함을 읽어 본 일이 없느냐. 그러므로 내가 너희"–여기 나오는 관원들과 똑같은 관원들–"에게 이르노니 하나님의 나라를 너희는 빼앗기고 그 나라의 열매 맺는 백성"–교회–"이 받으리라. 이 돌"–그리스도–"위에 떨어지는 자는 깨지겠고 이 돌이 사람 위에 떨어지면 그를 가루로 만들어 흩으리라"마 21:42-44.

스스로 숭배의 자리에 올라 자신의 조각상과 기념비를 세우며 그 위에 '구속자'라고 써넣은 불쌍한 인물 은크루마 이야기를 앞서 했습니다. 여러분도 그 뉴스를 들었습니까? 그의 기념비는 박살이 나서 가루가 되었습니다. 불과 하루 전 뉴스입니다. 기념비는 이미 사라졌고, 하나님의 은혜로 회개하며 '구속자'의 칭호를 쓰실 자격이 있는 유일한 분 앞에 자기를 낮추고 그 발 아래 엎드리지 않는 한 은크루마 자신 또한 기념비가 당한 일을 면치 못할 것입니다.

사도행전의 이 오래된 사건에서 교훈을 얻었습니까? 지난주에 일어난 사건에서 교훈을 얻었습니까? 이 두 이야기에 인간의 모든 역사가 요약되어 있음을 깨달았습니까? 그리스도가 일어나시면 돌 위에 돌 하나 남지 않을 때까지 세상 나라들을 흔드실 것입니다.

> 햇빛을 받는 곳마다
> 주 예수 왕이 되시고
> 이 세상 끝날 때까지
> 그 나라 왕성하리라.[2]
> –아이작 와츠

---

[2] 찬송가 138장-옮긴이.

그러므로 지금까지 주 예수 그리스도를 거부했다면 그 행동이 얼마나 어리석었는지 깨닫고, 아직 시간이 있을 때 회개하고 믿으십시오. 하나님께 용서를 구하십시오. 반드시 용서해 주실 것입니다.

03 이 메시지의 내용

04

인간의 큰 문제

베드로와 사도들이 대답하여 이르되 사람보다 하나님께 순종하는 것이 마땅하니라. 너희가 나무에 달아 죽인 예수를 우리 조상의 하나님이 살리시고 이스라엘에게 회개함과 죄사함을 주시려고 그를 오른손으로 높이사 임금과 구주로 삼으셨느니라. 우리는 이 일에 증인이요 하나님이 자기에게 순종하는 사람들에게 주신 성령도 그러하니라 하더라.

사도행전 5:29-32

사도행전 5장에 나오는 이 본문에서, 사도들은 주님이 고쳐 주신 맹인과 같은 입장에 처해 있습니다요 9장. 사도들처럼 맹인도 예루살렘 당국자들의 조사를 받았습니다. 그들은 맹인이 고침받은 것을 아주 불쾌해하면서, 어떻게 앞을 볼 수 있게 되었는지 설명해 보라고 했습니다. 그러자 맹인은 자기가 할 수 있는 유일한 대답을 했습니다. "한 가지 아는 것은 내가 맹인으로 있다가 지금 보는 그것이니이다"요 9:25. 자신은 아무 일도 하지 않았다는 것입니다. 그분이 다 하셨다는 것입니다. 사도들도 여기에서 사실상 같은 말을 하고 있는데, 이 말에는 기독교 메시지가 완벽하게 요약되어 있습니다.

우리는 사람들이 왜 여전히 복음을 반대하며, 그토록 놀라운 구원의 제안을 거부하는지 살펴보는 중입니다. 우리가 알게 된 한 가지 문제는, 사람들이 구세주에 대해 완전히 잘못된 개념을 가지고 있는 탓에 유일한 참 구주의 영광을 보지 못한다는 것입니다. 이제 저는 그들이 복음을 거부하는 또 한 가지 이유를 밝히고자 합니다. 그것은 구원에 대해서도 똑같이 잘못된 개념을 가지고 있기 때문이라는 것입니다. 물론 이 두 가지 잘못된 개념은 서로 연결되어 있으며 상호작용하고 있습니다. 사람들은 자신에게 필요한 구원-해방-이 무엇인지 오해하고 있기 때문에 구주도 오해합니다.

이미 살펴보았듯이, 오늘날 사람들은 예루살렘 산헤드린 공회원들과 다를 바가 없습니다. 양쪽 다 하나님만 구원을 주실 수 있다는 개념을 거부합니다. 일반적으로 보면, 자기 문제의 심각성을 깨닫지 못하고 자기의 진정한 필요를 한번도 본 적이 없기 때문에 거부한다고 말할 수 있습니다. 그러나 이번에는 사도들이 산헤드린 앞에서 진술한 내용을 통해 좀더 세부적인 내용을 알아보겠습니다.

이 주제를 다루면서 발견하는 첫번째 원리는, 사람들이 하나님과 화목하게 되는 일–죄사함–이야말로 자신들의 가장 큰 필요임을 끈질기게도 깨닫지 못한다는 것입니다. 사도들이 어떻게 이 점을 명확히 밝히고 있는지 여러분도 알 것입니다. "이스라엘에게 회개함과 **죄사함**을 주시려고 그를 오른손으로 높이사 임금과 구주로 삼으셨느니라." 그러나 사람들은 자신들에게 죄사함이 필요하다고 생각지 않기 때문에 이 메시지를 대적합니다. 아니, 모욕으로까지 여깁니다.

오늘날 사람들은 산적한 문제의 해결책을 찾고 있으며 정당들도 앞다투어 치료책을 내놓고 있습니다. 그러나 정치인들이 그나마 새로운 제안을 내놓는 때는 오로지 총선 때뿐입니다.[1] 세상이 복음을 놀림거리로 삼는 것은 정말 이상한 일입니다. 마치 정치인들은 과거에 했던 이야기들을 반복하지 않는 양, "어디, 옛날 옛적 이야기 좀 해보시지요!"라고 우리를 조롱합니다! 정치인들은 용어만 약간 바꾼 이야기도 새로운 이야기로 믿으며, 남들도 그렇게 믿게 만듭니다. 그러나 해 아래 새것은 없습니다. 정치인들은 한 가지 주제–소속 당이 어디든 상관없이 똑같은 주제–를 변주할 따름입니다. 성경적 가르침에 비추어 인간과 인간 본성의 문제를 바라볼 때 그 정도 차이는 고려할 가치가 없을 정도로 미미한 것입니다.

이제 정치적 선언과 복음의 가르침을 가르는 본질적 차이를 살펴볼 차례가 되었습니다. 그 주된 차이점이자 가장 심각한 잘못은, 사람들이 계속해서 하나님 잊고 지내기를 고집한다는 것입니다. 또는 하나님을 믿더라도 잘못 믿는다는 것입니다. 그들은 자신들의 문제가 전적으로 세상적인 것이라는 생각을 고집합니다. 물론 강조점은 다양하게 바뀝니다. 어떤 이들은 정치적인 데 원인이 있다고 말하고, 또 다른 이들은 사회적인 데나 경제적인 데 원인이 있다고 말합니다. 여러분도 사람들이 말하는 다양한 원인들을 알고 있을 것입니다. 그러나 강조점이 어떻든지, 순전히 인간과 세상의 관계에서 문제가 생긴

---

[1] 로이드 존스가 이 설교를 했을 무렵, 영국 총선이 있었다.

다고 본다는 점에서는 모두 일치하고 있습니다. 혹자의 표현대로, 하나님과 수직적인 관계에 진정한 문제가 있다는 생각은 아예 하지도 않습니다.

저는 이것을 도전으로 던집니다. 현재 인간이 처한 상황을 출발점으로 삼으십시오. 문명의 전 역사를 생각하고, 문명이 문제를 해결해 주지 못했다는 명백한 사실을 생각하십시오. 그리고 질문하십시오. "왜 이렇게 되었는가? 무엇이 이런 상황을 불러왔는가?"

이에 적합한 대답은 하나뿐입니다. 인간 자신이 이런 혼돈을 불러왔습니다. 세상은 원래 이렇지 않았습니다. 세상이 이렇게 된 것은 아주 오래전, 태초에 인간이 하나님께 잘못을 저질렀기 때문입니다. 하나님과의 관계를 깨뜨린 일이야말로 인간이 저지른 최초의 죄, 원죄라는 것이 성경의 기본적인 가르침입니다. 그 때문에 인간의 삶은 혼돈에 빠졌습니다. 여러분은 언제나 그 사실로 되돌아가야 합니다. 베드로는 다음과 같이 말함으로써 그 사실을 지적했습니다. "당신들은 우리가 무슨 새로운 인생관이나 새로운 철학을 내놓기라도 한 것처럼 우리를 감옥에 가두었습니다. 그러나 우리는 우리 조상의 하나님이 해오신 일을 전하고 있습니다. 우리는 어느 면에서 보나 당신들의 경쟁자가 아닙니다."

따라서 제가 거듭 말씀드리는 바는, 어떤 것을 고찰할 때든지 하나님과 우리의 관계에 기초를 두어야 한다는 것입니다. 오직 그 관계에 비추어서만 우리는 우리 자신을 이해할 수 있습니다. 우리가 잘못된 길로 접어든 것은 하나님이 우리를 창조하셨다는 사실을 잊어 버렸기 때문입니다. 우리가 우리 자신을 창조한 것이 아닙니다. 하나님은 우리에게 성관계를 통한 생식능력을 주셨습니다. 그러나 그렇다고 해서 사람이 사람을 창조해 냈다고 말할 수는 없습니다. 우리는 하나님에 의해, 하나님을 위해, 하나님과의 관계를 위해 창조되었습니다. 하나님은 우리 본성에 기본적인 법칙들을 심어 놓으셨습니다. 인간은 이 사실을 깨닫지 못해서 좌절과 지속적인 불행 가운데 살고 있습니다.

우리가 또한 깨달아야 할 사실은, 인간이 하나님께 전적으로 의존하고 있는 존재라는 것입니다. 우리는 그를 피할 수 없습니다. 시대를 막론하고 사람들은 하나님을 피해 보고자 최선을 다했지만 결국 실패했습니다. 하나님은 분명히 **계시기** 때문입니다. 우리의 시간과 방법을 비롯한 모든 것이 그의 손안에 들어 있습니다. 하나님은 우리의 하찮은 준비와 생각들을 흩뜨려 놓으십니다.

그뿐 아니라 우리는 하나님의 법 아래 있다는 의미에서 하나님의 통치를 받는 사람들입니다. 그 법을 믿지 않거나 거기에 저항한다고 해서 이 사실이 달라지는 것은 아닙니다. 그 법은 분명히 존재합니다. 그리고 어떤 식으로든 그 본성의 법을 거스를 때마다 갈등과 문제가 생기게 되어 있습니다. 바로 이것이 우리가 처한 전체적인 곤경의 본질이며, 우리 자신과 우리의 모든 문제 및 불행에 대한 오해의 본질입니다. 우리는 자신을 해방시킨다고 생각하지만, 사실은 자신과 싸우고 있습니다.

그 결과, 우리는 하나님과 완전히 멀어지게 되었습니다. 이것이 신약성경 곳곳에 나오는 가르침이며, 특별히 사도 바울이 설명하고 있는 가르침입니다. 그는 에베소서에 나오는 인상적인 구절에서 다음과 같이 말하고 있습니다.

> 그러므로 내가 이것을 말하며 주 안에서 증언하노니 이제부터 너희는 이방인이 그 마음의 허망한 것으로 행함같이 행하지 말라. 그들의 총명이 어두워지고 그들 가운데 있는 무지함과 그들의 마음이 굳어짐으로 말미암아 하나님의 생명에서 떠나 있도다. 그들이 감각 없는 자가 되어 자신을 방탕에 방임하여 모든 더러운 것을 욕심으로 행하되엡 4:17-19.

지극히 세련되고 지적인 현대인의 삶을 이보다 더 잘 분석한 글이 있다면 알려 주십시오! 이것은 완벽한 분석입니다.

사람들이 왜 방탕한 삶을 삽니까? 왜 성도착에 빠집니까? 왜 도덕과 관계없는 생활을 합니까? 왜 혼란에 빠집니까? 사고가 행동을 결정한다는 점에서 볼 때, 궁극적으로는 사고가 잘못되어 있기 때문입니다. 사람의 생각을 보면 그 됨됨이도 알 수 있습니다. 사도가 에베소서에서 지적하고 있는 대로, 인간의 문제는 그 사고방식과 전반적인 태도에서 하나님을 멀리 떠나 있다는 것입니다. 사람들은 그나마 하나님을 생각할 때에도 자신들을 적대하는 존재로, 자신들을 짓뭉개 버리고자 기다리는 일종의 괴물 같은 존재로 생각합니다. 그래서 자기들 생각대로 하나님과 싸우며 하나님께 대항합니다. 그들은 일부러 그의 법을 어기고, 모든 신성한 것에 도전합니다.

성경의 가르침—사도들이 산헤드린 앞에서 지적한 요점—은 사람이 하나님 앞에 죄를 지었기 때문에 이 모든 곤경이 야기되었다는 것입니다. 이것이 진정한 문제입니다. 사람들은 상황과 형편만 피상적으로 관찰할 뿐, 자신들이 하나님을 기쁘시게 하지 않고 그를 거스른 데 잠재적인 원인이 있다는 사실, 따라서 자신들의 가장 크고 첫째 가는 필요는 죄사함을 받는 일—"이스라엘에게 회개함과 죄사함을 주시려고"—이라는 사실을 발견할 만큼 깊이 들여다보지는 않습니다.

이처럼 성경 메시지는 다른 모든 유형의 사고방식과 정면으로 대립됩니다. 다른 사고방식들은 서로간의 공통분모에는 도달하지만, 죄사함의 필요를 지적하는 자리까지는 나아가지 못합니다. 그러나 복음은 말합니다. "너희의 진정한 필요는 돈을 더 많이 벌거나 노동시간을 단축하거나 더 좋은 집에 살거나 더 많은 교육을 받는 것이 아니다. 너희의 필요는 죄사함을 받는 것이다. 즉 하나님과 화목해야 하는 것이다. 너희가 이 모양이 되고 세상이 이 모양이 된 것은 하나님의 진노 아래 있기 때문이다. 하나님은 너희에게 미소를 보내시지 않는다. 너희는 하나님에게서 멀리 떠나 원래 목적에 어긋나게 살고 있다. 너희는 너희 본성의 법과 싸우고 있을 뿐 아니라 너희를 만드신 분, 진정으로 너희에게 복 주실 수 있는 유일한 분과 싸우고 있다. 궁극적으로 이 모든 복과 행복과 평화는 모두 하나님과의 관계에 달려 있다."

언젠가 어떤 똑똑한 사람이 찰스 웨슬리의 찬송가를 비평한 글을 읽은 기억이 납니다.

> 주님의 이름은 의롭고 거룩하나
> 나는 불의하도다.
> 나는 죄와 악함이 가득하게 찼으나
> 예수께는 진리와 은혜 충만하도다.²
> -찰스 웨슬리

그 사람은 "일자리를 얻기 위해 장래의 고용주 앞에서 이런 식으로 자기 소개를 하는 사람을 생각해 보라! 우습지 않은가!"라고 말했습니다. 그러나 찰스 웨슬리는 여러분의 죄와 악함을 사함받을 필요가 있다고 말합니다. 베드로의 말에는 그 내용이 요약되어 있습니다. "이스라엘에게 회개함과 **죄사함을 주시려고** 그를 오른손으로 높이사 임금과 구주로 삼으셨느니라." 이것이 첫번째 원리입니다.

두번째 원리는 인간이 자신의 큰 필요를 채우기에 전적으로 무력하다는 것입니다. 이 가르침이 어디에 나옵니까? 여기, 베드로의 말에 나옵니다. "이스라엘에게 회개함과 죄사함을 주시려고." 회개함과 죄사함을 얻는다는 것은, 인간 자신의 힘으로는 죄사함을 얻지 못한다는 뜻입니다. 이것이 곤경의 큰 원천입니다. 대중적인 사고방식은 "너 자신을 믿으라"는 것입니다. "일자리를 원한다면, 좋다, 굽실거리지 말고 당당하게 서서 '저는 뭐든지 할 수 있습니다. 네, 무슨 일이든 하겠습니다. 제가 여기 있습니다. 제가 적임자입니다'라고 말하라"는 것입니다. 사람들은 강한 자기 주장과 자신감을 가지고 있습니다. 그들은 "너를 믿으라. 너를 표현하라. 네 속의 위대한 것을 보여주라"는 심리학의 가르침을 받으며 자랐습니다.

사람들은 언제나 자기 힘으로 상황을 바로잡을 수 있다는 확신을 가지고 있습니다. 하나님을 믿는 사람들조차 자기 힘으로 하나님께

---

2 찬송가 388장-옮긴이.

적합한 사람이 될 수 있다고 믿습니다. 그들은 선한 삶을 삶으로써, 어떤 것은 하지 않고 어떤 것은 새로이 시작함으로써 하나님을 만족시킬 수 있다고 생각합니다. 그 이상 요구되는 일이 있으리라고는 생각지 않습니다. 그들은 의지력을 행사할 수 있기 때문에, 그 의지력으로 한번 해보겠다고 생각합니다.

"그렇다면 예수 그리스도의 가르침은 어떻게 되는 것입니까?"라고 물으면, 그들은 이렇게 대답합니다. "오, 맞습니다. 우리는 그의 가르침에 아주 관심이 많습니다. 예수-그들은 주님을 이렇게 부릅니다-는 당연히 우리를 교훈하러 오셨습니다. 그 점에서 그는 엄청나게 귀중한 인물이지요. 그는 도덕적인 삶에 대해 비할 데 없이 훌륭한 가르침을 주었습니다. 그리고 교훈만 준 것이 아니라 훌륭한 본보기도 되어 주었습니다." 이처럼 그들은 '예수와 그의 가르침'을 칭송합니다. "우리에게도 각자 생각이 있지만 예수의 생각이 가장 지고하기 때문에 그를 따르고 본받아야 합니다. 그는 고귀한 원칙에 기초한 삶을 사는 법, 그런 삶을 살 수 있는 법을 보여주는 산 본보기라는 점에서 우리에게 큰 도움이 되는 인물입니다"라고 말합니다.

그래서 그들은 '예수'를 본받는 일에 착수하며, 그렇게 예수를 본받음으로써 자신을 구원할 수 있다고 확신합니다. 달리 말해서, 이런 식의 구원에 문제가 있음을 깨닫지 못하는 것입니다. 그들은 자신들 편에서 능히 구원을 이룰 수 있다고 생각하며, 하나님 편에 무슨 문제가 있으리라는 생각은 전혀 하지 못합니다. 하나님 편에서야 어려울 게 뭐가 있느냐는 식입니다.

그들은 하나님 앞에 가서 "죄송합니다"라고 말하기만 하면 "그래, 용서해 주마. 사실은 네가 용서를 구하기 전에 벌써 용서했단다"라고 말씀하신다고 생각합니다. 그들이 볼 때 하나님은 만인을 용서하시는 분입니다. 하나님은 사랑이시므로 당연히 전 세계를 용서하신다는 것입니다. 이처럼 기독교의 너울을 쓴 대중적 가르침은, 하나님이 모든 사람을 사랑하신다는 사실을 알리는 것이야말로 설교의 임무라고 말합니다. 그들은 복음을 믿든 믿지 않든 모든 사람이 천국에 간다고 말합니다. 그런 설교자들이 전하는 것은 자기의 복음입니다. 그들은 하나님이 세상을 사랑하셔서 세상의 반역과 대적에도 불구하고 이미 용서하셨다고 말합니다. 심지어 천국을 믿지 않는 사람도 천국에 간다고 말합니다. 하나님은 사랑이시기 때문에 만사형통이라는 것입니다.

이제 저는 사도들의 진술을 통해 이러한 현대인들의 이해가 두 가지 점에서 잘못되었음을 밝히려 합니다. 그들의 생각은 인간의 편에서도 잘못되었고, 하나님 편에서도 잘못되었습니다. 인간의 편에서 잘못된 점은 "이스라엘에게 회개함과 죄사함을 주시려고 그를 오른손으로 높이사 임금과 구주로 삼으셨느니라"는 말씀에 나와 있습니다. 죄사함을 주시는 분은 하나님입니다. 복음에 따르면 사람은 죄와 허물로 죽었기 때문에 – 영적으로 죽었기 때문에 – 아무것도 할 수 없습니다. 사람들은 자신들의 생각과 행위로 이것을 증명하고 있습니다.

인간은 그 본성상 영적인 지각이 완전히 결여되어 있습니다. 그래서 하나님을 믿지 않는 것입니다. 시편기자는 "어리석은 자는 그의 마음에 이르기를 하나님이 없다 하는도다"라고 말했습니다^{시 14:1}. 어리석은 자가 그렇게 말하는 것은 놀랄 일이 아닙니다. 저는 어리석은 자에게서 다른 말을 기대하지 않습니다. 타락한 인간이 이러한 영적 진리들을 믿을 것이라고 기대하지 않습니다. 그들은 믿으려야 믿을 수가 없습니다. 눈이 멀어 있기 때문입니다. 바울은 말합니다. "육에 속한 사람은 하나님의 성령의 일들을 받지 아니하나니 이는 그것들이 그에게는 어리석게 보임이요, 또 그는 그것들을 알 수도 없나니 그러한 일은 영적으로 분별되기 때문이라"^{고전 2:14}. 인간은 하나님과 관계가 깨지면서 영적인 지각도 잃고 말았습니다.

창세기 6장으로 거슬러 올라가 보면, 대홍수가 일어나기 전 인간의 상태를 묘사해 주는 강력한 표현을 볼 수 있습니다. "그의 마음으로 생각하는 모든 계획이 항상 악할 뿐임을 보시고"^{창 6:5}. 세상은 지금이나 그때나 똑같습니다. 우리는 본성상 악한 것을 좋아합니다. 어쩔 수가 없습니다. 그것이 우리가 물려받은 본성입니다. 그렇기 때문에 우리는 하나님을 기쁘시게 할 수가 없습니다. 계명을 지킬 수도 없습니다. 계명을 지킬 수 있는 척 가장해 보았자 무슨 소용이 있습니까? 이미 모든 계명을 어겨 버렸는데 말입니다. 물론 "난 간음하지 않았어요"라고 말할 수도 있습니다. 그러나 "음욕을 품고 여자를 보는 자마다 마음에 이미 간음하였느니라"는 주님의 말씀을 생각해 보십시오^{마 5:28}. 우리는 모두 간음한 자들입니다.

이처럼 우리는 계명을 지키지 못합니다. 그뿐 아니라 우리의 행위도 전부 무익합니다. 이것은 성경의 중요한 가르침으로서, 이사야 선지자는 "우리의 의는 다 더러운 옷 같으며"라고 말하고 있습니다^{사 64:6}. 사도 바울도 이 점에 대해 위대한 진술을 했습니다. 그는 예전에 다소의 사울로 살았던 삶, 종교의식과 도덕에 매여 있던 삶, 지식으로나 율법의 실천으로나 타의 추종을 불허했던 삶을 회고하면서 이렇게 썼습니다. "그러나 무엇이든지 내게 유익하던 것을 내가 그리스도를 위하여 다 해로 여길뿐더러 또한 모든 것을 해로 여김은 내 주 그리스도 예수를 아는 지식이 가장 고상하기 때문이라……모든 것을 잃어버리고 배설물로 여김은 그리스도를 얻고"^{빌 3:7-8}. 그는 하나님이 보시기에 자신의 의가 완전히 무익하다는 것을 알았습니다.

모든 사람은 완전히 무력한 처지에 있습니다. 사람은 죄 앞에서 슬픔을 느끼지 못할 정도로 악합니다. 내가 원한다고 회개할 수 있을까요? 여러분도 시도해 본 적이 있습니까? 그럴 때 죄를 슬퍼하는 마음이 생겼습니까? 여러분은 그런 마음을 만들어 낼 수 없습니다. 죄를 슬퍼한다는 말은 할 수 있어도, 감정은 느낄 수 없습니다. 여러분은 그 정도로 죽어있는 존재입니다.

무엇보다 여러분은 하나님을 발견할 수 없습니다. 자기 삶을 개선하거나 좀더 도덕적인 삶을 살기로 결심할 수는 있지만, 또 스스로 아주 잘하고 있다는 만족감은 얻을 수 있지만, 문제는 그런 것이 아닙니다. 그렇습니다. 진짜 문제는 하나님을 어떻게 알 것인가, 어떻게 그와 교제할 것인가, 어떻게 그에게 복을 받고 그와 조화롭게 살며 인간 본성의 법에 따라 살 것인가 하는 것입니다. 그것이 하나님을 발견한다는 말의 의미입니다. 인간이 어떻게 하나님을 발견하겠습니까? 욥기 저자가 오래전에 말한 대로입니다. "네가 하나님의 오묘함을 어찌 능히 측량하며"욥 11:7. 바울도 "이 세상이 자기 지혜로 하나님을 알지" 못한다고 말합니다고전 1:21. 여기에서 "지혜"란 그리스 철학의 융성기에 위대한 그리스 철학자들이 가르치던 지혜임을 기억하십시오.

그렇습니다. 사람은 절대 하나님을 발견할 수 없습니다. 시대를 막론하고 하나님을 찾아 헤맸지만 발견하지 못했습니다. 이것이 인간의 편에서 맞닥뜨리는 어려움입니다. 이 점에서 볼 때 인간의 자신감은 우습기 짝이 없는 것입니다. 왜 세상의 혼돈을 보지 않고 사실을 직시하지 않습니까?

그렇다면 하나님 편에는 어떤 어려움이 있는지 봅시다. 이 구절은 사도들이 우선적으로 전한 진리가 무엇이었는지 알려 줍니다. "이스라엘에게 회개함과 죄사함을 주시려고 그를 오른손으로 높이사 임금과 구주로 삼으셨느니라." 왜 이런 일을 하셨습니까? 이에 대한 유일한 답이자 성경이 전하는 메시지는, 하나님만 구주를 보내실 수 있기 때문이라는 것입니다. 사람은 자신을 구해 줄 구주를 만들어 내지 못합니다. 그러나 하나님은 그 일을 하셨습니다.

그렇다면 현대의 가르침–하나님은 만인을 사랑하시므로 누구든지 자동적으로 죄사함을 받으며 아무도 지옥에 가지 않는다는 가르침–은 왜 잘못되었을까요? 예수 그리스도와 관련된 역사적 사건들, 특별히 그의 십자가 죽음과 완전히 모순되기 때문입니다. 신약성경의 모든 위대한 교리는 그리스도의 죽음 때문에 생겨났습니다. 우리가 성찬을 나누며 그의 찢긴 몸과 흘린 피를 기념하는 것도 그의 죽음이 있기 때문입니다.

죄사함의 문제, 인간과 하나님의 화목이라는 문제는 지금까지 세상이 직면한 문제 중에 가장 큰 문제이며, 앞으로도 가장 큰 문제일 것입니다. 감히 말하건대, 이것은 전능하신 하나님께조차 가장 큰 문제, 하나님 외에는 아무도 풀 수 없었던 문제입니다.

이 문제는 하나님의 성품에서 비롯됩니다. 하나님은 어떻게 인간을 용서하실 수 있을까요? 여러분도 알다시피, 이것은 전 세기에 걸쳐 가장 위대한 신학서적들이 다루고 있는 질문입니다. 그중에서도 눈에 띄는 책이 안셀무스Anselmus의 『왜 신은 인간이 되었는가』Cur Deus Homo입니다. 이 제목은 같은 문제를 달리 표현하고 있습니다. 예수는 왜 세상에 오셔야만 했습니까? 왜 십자가에서 죽으셔야만 했습니까? 왜 부활하셔야만 했습니까? 바로 '하나님은 어떻게 인간을 용서하실 수 있는가?'라는 중대한 문제 때문입니다. 용서가 하나님께는 쉬운 일일 것이라고 사람들은 생각합니다. 그러나 저는 용서야말로 무엇보다 하나님께 어려운 일임을 밝히고 싶습니다. 우리는 바로 여기에서 하나님의 지혜가 가장 큰 영광으로 빛나는 것을 보게 됩니다.

사도 바울은 로마서에서 이 문제를 단번에 설명해 주고 있습니다. "그리스도 예수 안에 있는 속량으로 말미암아 하나님의 은혜로 값없이 의롭다 하심을 얻은 자 되었느니라. 이 예수를 하나님이 그의 피로써 믿음으로 말미암는 화목제물로 세우셨으니[온 세상 앞에 내놓으셨으니] 이는 하나님께서 길이 참으시는 중에 전에 지은 죄를 간과하심으로 자기의 의로우심[하나님의 의로우심]을 나타내려 하심이니 곧 이때에 자기의 의로우심을 나타내사 자기도[하나님도] 의로우시며 또한[동시에] 예수 믿는 자를 의롭다 하려 하심이라"롬 3:24-26. 어떻게 하나님이 공평함과 의로움과 거룩함을 유지하면서도 죄를 사해 주실 수 있을까요? 이 점에 대해 생각해 본 적이 있습니까?

여러분은 "아, 그래도 하나님은 사랑이신데"라고 말할 것입니다. 저도 압니다. 그러나 하나님은 거룩하신 분, 불변하시는 분이기도 합니다. 그는 너무나 순결하여 죄를 보지도 못하십니다. 그렇게 공의로우신 하나님이 어떻게 단 한 명의 죄인이라도 그냥 용서하실 수 있겠습니까? 하나님은 자신의 법과 본성을 철회하실 수 없습니다. 그는 고대 이스라엘 백성들에게 "피흘림이 없은즉 [죄]사함이 없느니라"고 가르치셨습니다히 9:22. 산헤드린에서 베드로의 말을 듣고 있는 유대인들은 바로 이 부분에서 완전히 길을 잘못 든 것입니다.

베드로의 말은 요컨대 이런 것입니다. "당신들은 당신들의 성경을 모르고 있습니다. 문제를 제대로 이해하지 못하고 있습니다. 당신들은 당신들의 성전과 의식과 번제와 희생제사와 양과 황소와 염소의 피와 암소의 재를 의지합니다. 이런 희생제사로 충분하다고 생각합니다. 그러나 그것들은 단지 그림자요 표상에 불과하다는 것, 하나님이 하실 일에 대한 예언에 불과하다는 것을 모르겠습니까? 이제 하나님이 그 일을 이루셨는데도 당신들은 모르고 있습니다. 여전히 그림자와 환영을 붙잡느라 실체를 놓치고 있습니다." 이것이 베드로가 한 말이며, 우리가 현대세계에 해주어야 할 말입니다.

공의로우신 하나님께서는 "너희를 용서해 주마"라는 말만으로 사람들을 용서하지 못하신다는 사실을 알리는 것이 설교자인 제게 맡겨진 임무와 사명의 일부입니다. 저는 이렇게 말할 만한 근거를 충분히 가지고 있습니다. 만약 하나님께서 그렇게 쉽게 사람들을 용서하실 수만 있었다면 그렇게 하셨을 것입니다. 그러나 하나님은 그렇게 하시지 않았습니다. 우리가 살펴본 대로, 구약성경은 하나님이 어떻게 자기 백성들에게 구주를 맞이할 준비를 시키셨는지 말해 주고 있습니다. 하나님은 이스라엘 자손들에게 성막과 성전을 세우라고 명하셨고, 두 경우에 공히 그것을 세우는 일에 대해, 지켜야 할 절기와 제사에 대해 정밀한 지침을 주셨습니다. 그는 제사장들에게 매일 아침저녁으로 어린양을 죽여서 바치라고 명하셨습니다. 하나님이 이미 모든 사람을 용서하셨다면 왜 그런 일들을 명하셨겠습니까? 그 모든 일들이 말해 주는 요점은 무엇입니까?

중요한 질문을 한 가지 드리겠습니다. 그리스도의 삶과 죽음, 부활, 승천이 말해 주는 요점은 무엇입니까? 이에 대한 유일한 대답은, 하나님의 존재와 본성, 인간의 죄와 무력함이라는 심각한 문제 때문에 그 모든 일이 필요했다는 것입니다. 그 외에는 해결책이 없었습니다. 그래서 사도들이 "이스라엘에게 회개함과 죄사함을 주시려고 그를 오른손으로 높이사 임금과 구주로 삼으셨느니라"는 메시지를 전했던 것입니다. 하나님이 친히 구주를 일으키심으로써 구원의 길을 마련하여 값없이 주지 않으셨다면, 우리는 모두 멸망하고 말았을 것입니다.

여러분과 제가 하나님과 화목하게 되려면 몇 가지 기본적인 필요가 채워져야 합니다. 첫번째로, 우리에게는 하나님 앞에서 우리를 대변해 줄 사람이 필요합니다. 이미 살펴본 대로 우리 힘으로는 그분 앞에 나아갈 수 없습니다. 하나님 앞에 나설 수 없으며, 하나님을 설득할 수 없고, 탄원할 수 없습니다. 혹시라도 그렇게 하려 들다가는, 그 즉시 토마스 비니Thomas Binney처럼 고백하게 될 것입니다.

영원한 빛이시여! 영원한 빛이시여!
당신의 살피시는 눈앞에서
이 목숨 잃지 않고
움츠림 없이 조용한 기쁨으로 바라볼 수 있으려면
얼마나 순결한 영혼이 되어야 할는지!

하나님 앞에 서는 일에 대해 생각해 본 적이 있습니까? 신학적인 토론과 논쟁을 벌일 때에는 쉽게 하나님에 대해 말할 수 있음을 압니다. 우리는 주머니에 손을 꽂은 채, 입에 담배나 파이프를 물고 하나님에 대해 이야기합니다. 그렇습니다. 우리는 하나님을 놓고 토론을 벌입니다. 그러나 여러분 자신이 살아계신 하나님, 형언할 길 없이 거룩하신 하나님 앞에 서 있는 장면을 상상해 보았습니까? 우리는 완전히 움츠러들 수밖에 없습니다. 그럴 때 우리에게는 우리를 대변해 줄 사람이 필요합니다. 인간은 전부 죄인이기 때문에 아무도 서로 대변해 줄 수 없음에도 불구하고, 우리에게는 그런 사람이 필요합니다. 우리를 아는 사람, 우리와 같은 본성을 가진 사람, 우리를 대표하여 탄원할 사람이 나서서 대변해 주어야 합니다. 이것이 우리의 첫번째 절실한 필요입니다.

두번째로, 그 대표는 완벽해야 합니다. 우리를 대변해 줄 사람은 흠도 없고 죄도 없어야 합니다. 하나님의 율법을 완전히 지켜야 합니다. 그렇지 않으면 자기 자신을 위해 탄원하다가 시간을 다 보낼 것입니다. 그런 사람은 본인 또한 하나님 앞에 죄인이기 때문에 우리를 대변해 줄 수 없습니다. 이처럼 우리의 대표는 인간이되 완벽한 인간이어야 합니다. 그는 하나님을 알아야 합니다. 하나님 앞에 이르는 길을 알아야 하며, 그 앞에 설 권리를 가지고 있어야 합니다. 하나님 앞에 가까이 나아갈 수 있어야 하며, 두려움 없이 그 앞에 말씀드릴 수 있어야 합니다.

세번째로, 그 대표는 무엇보다 우리의 죄와 형벌을 감당할 수 있어야 합니다. 단순히 우리를 대신해서 말하는 것만으로는 충분치 않습니다. 우리의 죄는 명백한 사실이며 이미 저질러진 일입니다. 하나님은 우리를 적대하시기 때문이 아니라, 감히 말하건대 이 문제에 관한 한 달리 선택의 여지가 없기 때문에 죄를 벌하신다는 사실을 충분히 밝히셨습니다. 그는 거룩하십니다. 이 일의 배후에는 그의 성품 전체가 놓여 있으며, 연루되어 있습니다. 공의로우신 하나님은 공의롭지 못하게 행동하실 수 없습니다. 그렇기 때문에 우리 죄를 반드시 처리하셔야 합니다. 우리는 모두 죄를 지었습니다. "모든 사람이 죄를 범하였으매 하나님의 영광에 이르지 못하더니"롬 3:23. "의인은 없나니 하나도 없으며"롬 3:10. 따라서 우리를 대변할 사람은 우리 죄를 지고 그 형벌을 다 받고서도 살아남을 수 있어야 합니다.

문제는 그것입니다. 바로 그것입니다. 이 문제에 대처할 수 있는 분은 하나님밖에 없습니다. 그래서 베드로와 사도들이 "예수를 우리 조상의 하나님이 살리시고"라고 말한 것입니다. 그들은 구약성경의 전문가 집단인 산헤드린에게 말했습니다. "당신들은 이것을 알아야만 합니다. 하나님은 계속해서 메시아를 보내 주겠다고 하셨습니다. 구원자를 보내 주겠다고 하셨습니다. 하나님의 어린양을 보내 주겠다고 하셨습니다. 당신들은 성경을 모릅니까? 이 자리에서 밝히건대, 하나님은 그 말씀을 이루셨습니다. 이 예수가 바로 하나님이 일으키신 분입니다."

주 예수 그리스도는 이러한 필요를 채우는 유일한 분, 이러한 기준에 부합하는 유일한 분입니다. 그는 동정녀 마리아에게서 태어난 인간입니다. 이것이 성육신과 동정녀 탄생이 전하는 전체 메시지입니다. 그는 참 인간입니다. 아브라함의 후손입니다. 그러나 그는 인간인 동시에 하나님이십니다. 이것이 절대조건입니다. 사도들이 산헤드린 앞에서 전한 이 메시지는 참되며, 반드시 참되어야 합니다. 그것만이 문제를 풀 수 있는 유일한 길이기 때문입니다. 사도들이 "사람보다 하나님께 순종하는 것이 마땅하니라"고 말한 이유가 여기 있습니다. 요컨대 그들은 이렇게 말한 것입니다. "우리가 이런 메시지를 전하지 않는다면 금방 죽고 말 것입니다. 이것은 좋은 소식입니다! 한 영혼을 구원할 수 있는 유일한 메시지입니다. 우리는 이 메시지를 계속 전해야만 합니다. 하나님이 이 일을 행하셨습니다. 그가 한 사람을 일으키셨습니다. 그 한 사람은 바로 하나님의 아들이십니다."

다른 모든 인간들이 실패했기 때문에, 하나님은 한 새로운 인간을 만드셔야 했습니다. 새로운 시작이 필요했고, 새로운 인류가 필요했습니다. "우리의 연약함을 동정"할 새로운 대표[히 4:15], 우리를 불쌍히 여기며 참아 주고 구해 줄 대표가 필요했습니다. 그리고 또 한 가지, 그 대표는 죄가 없는 완벽한 사람이어야 했습니다. 하나님을 아는 사람이어야 했으며, 하나님 앞에 나아가 우리를 위해 탄원할 수 있는 사람이어야 했습니다.

예수가 바로 그런 분이십니다. 주 예수 그리스도는 하나님인 동시에 사람이십니다. 그는 이 땅에 계실 때 하나님의 거룩한 법에 완전히 순종하셨습니다. 그러나 오, 거기에서만 그치지 않고, 베드로전서의 울림 있는 표현대로 "친히 나무에 달려 그 몸으로 우리 죄를 담당하셨"습니다. "이는 우리로 죄에 대하여 죽고 의에 대하여 살게 하려 하심이라. 그가 채찍에 맞음으로 너희는 나음을 얻었나니"[벧전 2:24]. 이 가르침의 초기 형태가 사도들을 대표하여 산헤드린 앞에 선 베드로의 말 속에 들어 있습니다. 주님은 하나님의 거룩한 본성을 만족시킬 수 있는 유일한 분이었습니다. 하나님은 아들 안에서 우리 죄를 벌하신 결과, 우리 죄를 값없이 사하시고 용서하실 수 있었습니다.

물론 무엇보다 놀라운 것은 바로 **하나님이** 이 일을 하셨다는 사실입니다. "예수를 우리 조상의 하나님이 살리시고." 우리가 반역한 하나님, 우리가 거스른 하나님, 우리가 침을 뱉은-이를테면-하나님이 이 모든 일을 하셨습니다. 바울의 말대로 "하나님께서 그리스도 안에 계시사"-그리스도와 그리스도 안에서 일어난 모든 일을 통해-"세상을 자기와 화목하게 하시며 그들의 죄를 그들에게 돌리지 아니하"셨습니다.고후 5:19. 이것이 하나님이 인류와 화목을 이루신 방식입니다.

하나님이 이 일을 계획하셨습니다. 인간은 이 일을 생각도 하지 못했습니다. 아니, 이 일에 대한 소식조차 거부했습니다. 이것은 하나님이 친히 세우신 계획이었습니다. "하나님이 그 아들을 보내사 여자에게서 나게 하시고 율법 아래에 나게 하신 것은"갈 4:4. "하나님이 세상을 이처럼 사랑하사 독생자를 주셨으니 이는 그를 믿는 자마다 멸망하지 않고 영생을 얻게 하려 하심이라"요 3:16.

아들을 세상에 보내신 분도 하나님이었고, 그를 십자가에 내주신 분도 하나님이었습니다. 베드로는 산헤드린 공회원들에게 "너희가 [예수를] 나무에 달아" 죽였다고 말했지만, 오순절 날 설교에서는 이 일이 "하나님께서 정하신 뜻과 미리 아신 대로" 일어났다고 설명했습니다.행 2:23. 바울은 "[하나님이] 자기 아들을⋯⋯우리 모든 사람을 위하여 내"주셨다고 썼고롬 8:32, 그에 앞서 이사야는 "여호와께서는 우리 모두의 죄악을 그에게 담당시키셨"으며사 53:6, "우리는 생각하기를 그는 징벌을 받아 하나님께 맞으며 고난을 당한다 하였노라"고 썼습니다사 53:4. 성부와 성자 사이에 이 위대한 계약을 체결하신 분은 하나님이십니다. 하나님이 친히 자신의 문제를 풀어내셨습니다. 그는 "자기도 의로우시며 또한 예수 믿는 자를 의롭다" 하실 수 있었습니다롬 3:26. 그 결과, "이제 그리스도 예수 안에 있는 자에게는 결코 정죄함이 없"게 되었습니다롬 8:1.

이것이 하나님의 구원방법입니다. 그러나 그 일은 쉽지 않았습니다. 하나님은 하늘의 영광 중에 계시던 독생자를 죄와 수치와 더러움으로 가득 찬 세상에 보내셨습니다. 이것이 하나님 편에서 치르신 대가입니다. 영원한 세계의 순결함과 영광 가운데 계시다가 이처럼 죄와 수치와 더러움으로 가득 찬 세상으로 내려온다는 것이 아들에게 무엇을 의미했을지 생각해 보십시오. 그런데도 그는 오셨고 세리와 죄인의 친구가 되셨습니다. 그뿐만이 아닙니다. 그는 십자가로 나아가셨고, 아버지는 그를 외면하셨습니다. 그의 영혼은 죄의 제물이 되었으며, 아버지와 아들은 분리되었습니다. 아들은 고통하며 소리쳤습니다. "나의 하나님, 나의 하나님, 어찌하여 나를 버리셨나이까"마 27:46.

얼마나 놀라운 메시지이며 놀라운 복음입니까! 이런 복음을 거부하다니, 세상이 얼마나 어리석은지 모르겠습니다. 세상은 자신이 처한 곤경과 가장 깊은 필요를 깨닫지 못하고 있습니다. 계속해서 자신을 신뢰하면서, 자신의 연약한 힘과 능력을 신뢰하면서 값없이 주시는 죄사함을 거부하고 있습니다. "너희는 그 은혜에 의하여 믿음으로 말미암아 구원을 받았으니 이것이 너희에게서 난 것이 아니요 하나님의 선물이라"엡 2:8.

하나님은 그 아들 그리스도 예수를 믿는 사람 누구에게나 회개와 죄사함을 주십니다. 이것이 복음의 메시지입니다. 이 메시지를 믿습니까? 구주와 그의 위대하고도 유일한 구원을 받아들이겠습니까? 하나님이 그를 일으키셨습니다. 하나님이 그 모든 일을 하셨고, 값없이 우리에게 구원을 주고 계십니다. 오, 그런 분을 거부하는 어리석음이여!

05

회개, 죄사함에 이르는 문

베드로와 사도들이 대답하여 이르되 사람보다 하나님께 순종하는 것이 마땅하니라. 너희가 나무에 달아 죽인 예수를 우리 조상의 하나님이 살리시고 이스라엘에게 회개함과 죄사함을 주시려고 그를 오른손으로 높이사 임금과 구주로 삼으셨느니라. 우리는 이 일에 증인이요 하나님이 자기에게 순종하는 사람들에게 주신 성령도 그러하니라 하더라.

사도행전 5:29-32

우리는 지금 베드로와 사도들이 전한 복음 메시지와 그 메시지를 거부한 예루살렘 당국자들 사이의 상호작용을 살펴보는 중입니다. 이것을 보면 이 메시지가 무엇인지 알 수 있을 뿐 아니라, 이 메시지가 거부당한 이유도 알 수 있습니다. 이 이야기는 아주 극적이고 생생하게 제시되어 있어서 누구나 쉽게 기억할 수 있습니다.

우리는 사람들이 구주의 성격을 전혀 모르기 때문에 복음 메시지를 거부한다는 점을 살펴보았습니다. 그러나 사람들은 구주의 성격만 모르는 것이 아니라 자신들이 용서받아야 한다는 사실도 모릅니다. 이것은 우리가 지금부터 고찰할 주제, 즉 회개에 대한 메시지와 연결됩니다. "이스라엘에게 **회개함**과 죄사함을 주시려고 그를 오른손으로 높이사 임금과 구주로 삼으셨느니라."

회개의 필요성은 기독교 신앙의 기본을 이루는 또 한 가지 원리인 동시에, 사람들을 가장 분노하게 하는 진리입니다. 오늘날 사람들도 예루살렘 관원들처럼 회개에 대한 가르침에 심히 격분합니다. 이 점에서 1세기와 20세기는 다를 바가 없습니다. 사람들이 회개의 메시지를 엄청난 모욕으로 여긴다는 사실은, 치명적인 자기 의가 복음 메시지를 받아들이는 데 가장 큰 장애물로 작용한다는 좀더 분명한 증거가 됩니다. 사도행전 5장의 묘사는 이처럼 사람들이 자기 의 때문에 복음을 거부한다는 놀라운 사실을 보여줍니다.

이제 회개의 필요성을 살펴봅시다. 복음 메시지는 무엇이라고 말합니까? 무엇보다 회개가 항상 우선되어야 한다고 말합니다. "이스라엘에게 회개함과 죄사함을 주시려고 그를 오른손으로 높이사 임금과 구주로 삼으셨느니라."

어떤 이는 말할 것입니다. "그렇다면 왜 지난번에 죄사함을 먼저 다루고 이제서야 회개를 다루는 것입니까?"

그 이유는 한 가지였습니다. 즉 사람들의 필요를 보여주고자 그런 것입니다. 그러나 이번에는 하나님이 그 필요를 채우고자 공급하시는 것을 얻으려면 어떻게 해야 하는지를 다루려 합니다. 우리는 죄사함을 받을 필요가 있는데, 그 죄사함에 이르는 문은 회개입니다. 그렇기 때문에 회개가 항상 우선임을 강조하지 않을 수 없습니다. 거듭 말하지만, 회개의 필요성과 관련된 가르침을 본능적으로 싫어하는 것이야말로 거듭나지 않은 자연인이 주 예수 그리스도의 복음에 느끼는 적개심을 가장 선명하게 입증하는 증거입니다.

사람들이 회개의 필요성에 대한 가르침에 이처럼 반감을 느끼는 데에는 여러 가지 이유가 있습니다. 첫째로 생각할 것은 작금의 사고풍조입니다. 세상은 남을 비판하는 자리에 앉아 있습니다. 잘못이 생길 때마다 남의 탓을 하고, 국가적·국제적 문제가 발생할 때마다 집권당이 어디든지 정부 탓을 합니다. 우리는 우리대로 정당들을 판단하며 다 엇비슷해서 딱히 선택할 정당이 없다고 불평합니다. 우리는 전부 그들 잘못이라고 하고, 그들은 전부 우리 잘못이라고 합니다. 각자 자기가 옳다는 것입니다. 정당 지도자들은 국민들이 자기들 같은 안목만 가지고 자기들이 하라는 대로만 하면 만사가 잘 풀릴 것이라고 말합니다. 이 모든 태도의 기저에는 인간의 타고난 자신감과 자기 의가 자리잡고 있습니다.

정치권은 자신감으로 충만합니다. 정치인들은 실수란 없으며 약속을 어기는 일도 없고 무슨 일이든 설명이 가능하다고 자신합니다. 지금도 그들은 그런 주장을 내세우고 있습니다.[1] 그러나 우리는 모두 똑같습니다. 정치인들은 어쩌다가 이름이 알려지고 권력의 원천에 영향력을 행사하게 된 것이 다를 뿐, 사실은 우리와 똑같은 사람들입니다. 인간의 정신은 똑같습니다.

자신의 잘못을 인정하는 것보다 어려운 일이 있을까요? "다음번

---

[1] 1966년 3월 말에 영국 총선이 있었다.

에는 잘하겠다"는 말은 누구나 기꺼이 합니다. 그러나 다음번에는 잘하겠다고 말하는 것과 이번에는 잘못했음을 인정하는 것은 완전히 다른 일입니다! 우리는 모두 자기 죄를 합리화하는 데 전문가들이어서, 어떤 변명을 해서든지 책임을 모면하려 합니다. 물론 남의 죄에 대해서는 그러지 않습니다! 남의 죄는 가차없이 정죄하면서, 자기 죄에 대해서만 "사람들도 진상을 알면 우리를 비난하지 않을 텐데"라고 말합니다.

무슨 일이 있어도 자기 잘못을 인정하지 않으려는 것은 타락의 결과 생겨난 본성의 일부이자, 오늘날 비기독교적인 견해를 특징짓는 표지이기도 합니다. 유감스럽게도 이러한 사고방식은 20세기 교회까지 스며들어 왔습니다. 현대의 설교자들이 하나님은 사랑이시라는 말을 강조하는 것은, 그들 역시 세상과 똑같은 태도와 정신을 가지고 있음을 보여주는 지표입니다. 율법을 전하고 죄의 깨달음에 대해 언급하면서 회개를 촉구하는 구식설교는 율법적인 접근으로서 완전히 잘못되었다는 것이 오늘날 사람들의 생각입니다. 그들은 설교자들이 불행히도 율법적인 바리새인의 두뇌를 가지고 있었던 바울의 영향을 받아 헤매고 있으며, 만인에게 하나님은 사랑이라고만 말씀하신 예수의 단순하고도 즐거운 복음을 율법주의와 바리새주의로 바꾸어 전하고 있다고 말합니다.

따라서 이제는 예수의 메시지로 돌아가야 한다는 것이 그들의 주장입니다. 신학과 논쟁과 교리는 전부 불필요하니 치워 버리라는 것입니다. 그들이 생각하는 설교의 임무는 '하나님은 사랑'이라고 말하는 것입니다. 우리가 지금 어떤 사람들이며 과거에 어떤 사람들이었는지, 예전에 무엇을 했으며 지금 무엇을 할 수 있는지와 상관없이 하나님은 우리를 사랑하십니다. 아무도 벌 받을 필요가 없습니다. 율법이 없으니 보응도 없고 지옥도 없습니다.

따라서 사람들에게 죄사함을 위한 회개를 요청해서는 안된다는 것으로 그들의 주장은 이어집니다. 사람들이 무슨 짓을 했든지 하나님은 이미 용서해 주셨기 때문에 회개를 요청하면 안됩니다. 하나님은 오직 사랑이시므로, 이런 식으로 용서하지 않는 분은 하나님으로 볼 수 없습니다. 따라서 의와 공의와 율법과 처벌과 정죄는 언급하지도 말라는 것입니다. 그런 것들은 전부 잘못된 용어라는 것입니다. 사랑이 전부입니다! 교회 고위 성직자들도 '종교적이지 않은 기독교'가 요청된다고 말합니다. 개중에는 진정으로 하나님을 찾기 원하는 사람은 예배장소에 가지 말라는 말을 버젓이 책에 쓴 사람도 있습니다. 자신은 교회보다는 알제리의 술집과 매음굴에서 하나님을 더 발견한다는 것입니다. 서로를 향한 사랑과 친절이야말로 복음이 전하는 메시지라고 사람들은 말합니다. 바로 이런 것이 지극히 똑똑하고 현대적이며 교양 있고 철학적인 현대인들이 하는 말입니다. 회개는 전혀 필요 없습니다!

아주 공정하게 말하자면, 복음주의적인 사람들도, 또 복음주의적인 설교를 할 때조차 회개를 가르치지 않는 경우가 가끔 있습니다. 제가 아는 복음주의자들 중에도 설교나 책을 통해 회개 때문에 고민하지 말라고 가르친 이들이 상당수 있습니다. 그저 예수께 나아가 개인적인 구주로 모시기만 하면 된다는 것입니다. 회개는 나중에 해도 된다는 것입니다. 괜히 회개를 우선적으로 생각해서 고민할 필요가 없다는 것입니다. 이 또한 회개의 개념 전반에 대해 인간들이 느끼는 반감의 또 다른 표현입니다.

성경은 회개가 항상 우선되어야 한다고 가르칩니다. 사도들이 말한 대로입니다. "이스라엘에게 회개함과 죄사함을 주시려고 그를 오른손으로 높이사 임금과 구주로 삼으셨느니라." 여러분도 성경을 잘 읽어 보면, 이것이 성경의 변함없는 가르침이라는 사실을 발견할 것입니다.

하나님이 이스라엘 가운데 일으키신 역대의 위대한 선지자들은 항상 회개의 메시지를 전했습니다. 그들은 "너희의 모든 곤경은 하나님과의 관계가 잘못되어 생긴 것이다. 그러니 돌이키라"고 말했습니다. "이스라엘 족속아, 너희가 어찌하여 죽고자 하느냐.……너희는 스스로 돌이키고 살지니라"겔 18:31-32.

신약에도 같은 메시지가 나옵니다. 신약에 맨 처음 등장하는 설교자는 사가랴의 아들 요한—우리가 세례 요한이라고 알고 있는 사람—입니다. 말라기 선지자 이후 400년간, 주님은 아무 말씀도 하지 않고 오랜 침묵의 기간을 보내셨습니다. 그러다가 갑자기 요한이 등장했습니다. 성경은 말합니다. "디베료 황제가 통치한 지 열다섯 해 곧 본디오 빌라도가 유대의 총독으로……있을 때에 하나님의 말씀이 빈 들에서 사가랴의 아들 요한에게 임한지라"눅 3:1-2.

어떤 말씀이 요한에게 임했습니까? 그가 전한 메시지는 무엇이었습니까? "죄사함을 받게 하는 회개의 세례"였습니다눅 3:3. 회개의 세례 없이는 죄사함을 얻지 못합니다. 회개의 메시지는 신약에 등장한 첫 설교자의 첫 메시지였습니다.

성경을 계속 읽다 보면, 사복음서에 등장하는 두번째 설교자이신 주님의 사역을 보게 됩니다. 거기에서 발견하는 것도 정확히 똑같은 가르침입니다. 이 가르침은 신약성경 여러 곳에 나오고 있습니다. 마가복음 1장을 보십시오. "요한이 잡힌 후 예수께서 갈릴리에 오셔서 하나님의 복음을 전파하여 이르시되 때가 찼고 하나님의 나라가 가까이 왔으니 회개하고 복음을 믿으라 하시더라"막 1:14-15. 주님이 사역을 시작하실 때 일을 어떤 순서로 하셨는지, 그 우선순위에 주목하시기 바랍니다. 그의 사역 끝 무렵에 나타나는 메시지도 같은 것입니다. 성경은 주님이 부활 후에 다락방의 제자들에게 나타나셨을 때의 일을 이렇게 기록하고 있습니다.

이에 그들의 마음을 열어 성경을 깨닫게 하시고 또 이르시되 이같이 그리스도가 고난을 받고 제삼일에 죽은 자 가운데서 살아날 것과 또 그의 이름으로 죄사함을 받게 하는 회개가 예루살렘에서 시작하여 모든 족속에게 전파될 것이 기록되었으니눅 24:45-47.

사도들은 주님의 명령에 그대로 순종하여 회개를 죄사함의 앞자리에 두었습니다. 이 순서는 변하지 않습니다.

교회 자체와 오순절의 위대한 성령세례, 베드로의 예루살렘 설교에 대한 이야기에 이르러 우리가 읽게 되는 말씀은 이것입니다. "그들이 이 말을 듣고 마음에 찔려 베드로와 다른 사도들에게 물어 이르되"-베드로의 설교는 교회의 후원하에 전해진 첫번째 위대한 설교였으며, 이 설교에 감동받고 성령으로 죄를 깨달은 청중은 처음으로 이런 질문을 던집니다-"형제들아, 우리가 어찌할꼬"행 2:37. 그러자 베드로가 말했습니다. "너희가 회개하여 각각 예수 그리스도의 이름으로 세례를 받고 죄사함을 받으라. 그리하면 성령의 선물을 받으리니"행 2:38.

사도 바울도 정확히 똑같은 메시지를 전했습니다. 어느 날 오후, 바울은 아덴-모든 철학자들의 메카-이라는 유명한 도시 안에서도 온갖 철학학파의 중심지에 서게 되었습니다. 그는 철학자들과 함께 마르스 언덕의 아레오바고 회의(고대 아테네의 귀족회의-옮긴이) 앞에 섰습니다. 그들의 모든 학식과 재능과 철학을 익히 아는 바울이 무엇을 전했습니까? 하나님을 전했습니다. 그 가르침의 요점은 이것입니다. "이와 같이 하나님의 소생이 되었은즉 하나님을 금이나 은이나 돌에다 사람의 기술과 고안으로 새긴 것들과 같이 여길 것이 아니니라"행 17:29.

그 자리에는 값진 금속이나 돌로 만든 우상들을 숭배하는 위대한 철학자들이 있었습니다. 그들의 다양한 신전과 제단도 난립해 있었습니다. 그러나 바울은 말했습니다. "알지 못하던 시대에는 하나님이 간과하셨거니와 이제는 어디든지 사람에게 다 명하사 회개하라 하셨으니 이는 정하신 사람으로 하여금 천하를 공의로 심판할 날을 작정하시고 이에 그를 죽은 자 가운데서 다시 살리신 것으로 모든 사람에게 믿을 만한 증거를 주셨음이니라"행 17:30-31.

사도행전을 더 읽어 나가다 보면, 바울이 에베소교회의 장로들에게 작별을 고하는 장면을 만나게 됩니다. 그는 자신을 다시 보지 못할 것이라고 말하면서, 자신이 늘 전했던 메시지가 무엇이었는지 상기시킵니다. "너희는 나의 지난 이야기를 다 알고 있다"고 말합니다.

아시아에 들어온 첫날부터 지금까지 내가 항상 여러분 가운데서 어떻게 행하였는지를 여러분도 아는 바니 곧 모든 겸손과 눈물이며 유대인의 간계로 말미암아 당한 시험을 참고 주를 섬긴 것과 유익한 것은 무엇이든지 공중 앞에서나 각 집에서나 거리낌이 없이 여러분에게 전하여 가르치고 유대인과 헬라인들에게—무엇을 증거했습니까?—하나님께 대한 회개와 우리 주 예수 그리스도께 대한 믿음을 증언한 것이라^{행 20:18-21}.

이것이 신약성경 전체의 메시지입니다. 이제 우리가 부딪치는 질문은 이것입니다. 왜 회개가 우선되어야 합니까? 세상이 그토록 회개를 싫어하고 본능적으로 저항하며 거부하고 모욕으로 여기는데도, 왜 항상 회개를 출발점으로 삼아야 합니까? 왜 회개가 그렇게 절대적으로 중요합니까?

성경 메시지를 조금이라도 아는 사람이라면, 이 질문에 대답하기가 어렵지 않을 것입니다. 구원을 얻으려면 회개가 꼭 필요합니다. 회개가 없으면 구원도 없습니다. "일단은 그리스도께 나아오고, 회개는 나중에 해도 된다"는 말은 무익합니다. 그것은 불가능한 일입니다. 주님도 회개해야 죄사함을 받는다고 하셨습니다^{눅 24:47}.

그렇다면 왜 회개가 꼭 필요할까요? 그 한 가지 대답이 여기 있습니다. 하나님은 대체 왜 세상에 이 위대한 구원을 보내 주셨을까요? 하나님의 아들은 대체 왜 세상에 와서 죽었다가 다시 살아나셨을까요? 이 구원의 목적은 무엇일까요? 그 대답은, 단지 우리 죄만 용서하기 위해서가 아니라는 것입니다. 사람들은 막연히 그렇게 생각하고 있고, 사실 그것도 목적의 하나이기는 합니다. 그러나 죄사함은 구원의 궁극적인 목적이 아니며, 주된 목적도 아닙니다.

그렇습니다. 구원의 궁극적인 목적은 **우리를 죄에서 해방하는 것**입니다. 바울은 디도에게 말합니다. "그가 우리를 대신하여 자신을 주심은 모든 불법에서 우리를 속량하시고[해방하시고] 우리를 깨끗하게 하사 선한 일을 열심히 하는 자기 백성이 되게 하려 하심이라"^{딛 2:14}. 구원의 주된 목적은 새로운 백성, 하나님의 백성을 만드는 것이며, 새로운 나라-빛의 나라, 영광의 나라, 하나님과 그의 사랑하는 아들의 나라-를 만드는 것입니다. 마가복음 1장은 주님의 설교를 이렇게 요약하고 있습니다. "때가 찼고 하나님의 나라가 가까이 왔으니 회개하고 복음을 믿으라"막 1:15. 그 나라는 의의 나라, 거룩한 나라입니다. 그 나라를 세우는 것이 주님께서 세상에 오신 목적이며, 이것만이 회개의 필요성을 설명하기에 충분한 대답입니다.

다른 대답도 있습니다. 그리스도가 여러분의 구주라는 말의 의미는 무엇입니까? 그는 어떻게 여러분을 구원하십니까? 무엇으로부터 여러분을 구원하십니까? 모든 내용들이 서로 잘 들어맞지 않습니까? 여러분에게 구주가 필요하다는 생각이 들었다면, 그것은 필시 자신이 지금까지 죄에 빠져 잘못된 삶을 살아왔으며, 따라서 하나님의 심판대에서 지옥 형벌을 받아 마땅하다는 사실을 깨달았기 때문일 것입니다. 여러분의 악한 행동이 불러온 결과로부터 구원받기를 원하는 것이 아니라면, 여러분이 말하는 '구주'의 의미는 무엇입니까? 이런 이유 때문에 자신에게 구원이 필요하다는 사실을 깨달았다면, 그것은 곧 자신이 과거에 살아온 삶과 과거에 저지른 행동을 새롭게 보게 되었다는 뜻이 분명합니다. 그것이 회개입니다. 물론 일종의 주문을 외우듯이 무의미하게 "회개합니다"라고 말할 수도 있으며, 유감스럽게도 그런 식으로 회개하는 이들도 많이 있습니다. 그러나 진심으로 그리스도를 구주로 믿고 복음의 모든 가르침을 믿는 사람이라면, 자신이 죄인이며 그릇되게 행했다는 사실을 인정한다는 의미에서 "회개합니다"라고 말할 것입니다. 이처럼 회개 없이 그리스도를 구주로 믿는다는 것은 불가능한 일입니다.

달리 표현하자면, 주님이 십자가에서 죽으신 목적은 우리를 하나님과 화목하게 하려는 것입니다. 그것은 인격적인 화목함입니다. 주님의 죽음은 법적으로만 우리를 바로잡아 주는 것이 아니라 인격적으로도 바로잡아 줍니다. 이처럼 하나님과 인격적인 관계를 맺는다는 점에서 볼 때, 또한 하나님의 하나님되심을 생각할 때, 요한의 말대로 그는 빛이시며 어둠이 조금도 없다는 점을 생각할 때요일 1:5, 우리가 즉시 깨닫게 되는 사실은, 하나님과 관계를 맺고 친교와 교제를 나누는 사람은 반드시 그를 닮는다는 것입니다. 우리는 우리가 확실히 의로워졌음을 압니다. 빛과 어둠은 섞이지 않으며 섞일 수도 없으므로, 우리는 모든 악과 잘못에서 해방된 것이 틀림없습니다. 이것이 회개입니다.

사도행전에 명백히 나타나듯이, 복음 메시지의 첫번째 내용은 회개의 요청입니다. 그렇다면 회개에는 무엇이 포함될까요? 회개에 함축된 의미는 무엇일까요? 여기에 대답하기도 어렵지 않습니다. 회개라는 단어 자체가 신약성경의 가르침을 설명해 주기 때문입니다. 회개에 해당하는 영어 단어repent는 '다시 생각하다'라는 뜻을 가진 라틴어에서 유래했습니다. 이것이 복음의 첫번째 요청입니다. 즉 복음은 사람들에게 생각하라고 말합니다.

기독교는 일종의 최루제이자 진통제라는 개념, 사람의 사고를 마비시켜서 더 이상 지성을 사용하지 못한 채 주관적인 감정의 영역에 빠져 사는 심리 상태 내지는 심령 상태로 몰고 가는 '인민의 아편'이라는 개념은 이제 치워 버립시다. 기독교는 오히려 그 반대입니다. 한 번 더 말하겠습니다. 여러분이 복음 설교를 듣고서도 생각하게 되지 않는다면, 전에도 그런 식으로 생각해 본 적이 없다면, 그 설교는 아주 나쁜 설교입니다.

세상의 비극은 생각하지 않는 데 있습니다. 아무리 존중해서 말한다 해도, 정치인들이 그렇게 많은 생각을 촉발시킨다고 말할 수는 없습니다. 그들은 생각이 아닌 다른 데 호소합니다. 그들의 연설은 종류와 방법에 상관없이 전부 매수행위입니다. 그들이 우리를 칭송하는 소리는 들어 보았지만, 참으로 우리를 생각하게 만들고자 애쓰는 모습을 본 적이 있습니까? 그렇습니다. 사람들은 생각하지 않으며, 그 결과 일종의 지적 자살을 저지릅니다. 그들은 매사에 감정과 편견의 지배를 받습니다. 그러나 이 메시지는 우리를 멈추어 세워서 열심히 생각하게 만들며, 다시 생각하게 만듭니다. 회개하게 만드는 것입니다.

회개의 요청은 자신의 삶을 생각해 보라는 요청입니다. 돈만 더 있으면 된다는 결론을 내리기 전에 스스로 질문을 던져야 합니다. "나는 누구인가? 나란 사람은 일은 덜 하고 돈은 더 버는 것만으로 만족하는 존재인가? 더 좋은 집과 더 나은 교육, 더 많은 오락, 더 많은 차가 나의 진정한 필요인가?" 자, 복음은 서로 경쟁하는 정당들이 국민의 부담을 6펜스 줄일까 3펜스 줄일까를 놓고 토론하는 소리에 귀기울이기 전에, 잠시 멈추어 서서 생각해 보라고 말합니다. 정치인들은 그런 문제로 토론하는 것이 대단한 일이라고 말합니다. 실은 동전 한두 푼 차이인데 말입니다! 그런데도 정치인들은 그런 것이야말로 정말 중요한 문제라고 주장하며, 우리도 전부 그런 문제에 흥분합니다.

그러나 복음은 "잠깐 멈추라!"고 말합니다. 오늘날 이 나라에서 이런 소리를 낼 수 있는 곳은 이곳밖에 없습니다. 복음은 묻습니다. "너는 누구인가? 인간은 무엇인가? 우리가 사는 이 세상은 무엇인가? 인생은 무엇인가? 이 모든 것의 목적은 무엇인가?"

생각하십시오! 다시 생각하십시오! 절대, 절대, 절대, 신문에서 하는 말을 다 믿지 마십시오. 신문 편집자들은 진실과 정상적인 일에는 관심이 없고, 비정상적이고 선정적인 일에만 관심이 있습니다. 생각하십시오! 스스로에게 기본적인 질문들을 던지십시오. 다시 생각하십시오. 그렇게 하지 않으면 그 어디에도 이르지 못합니다. 자기의 편견과 충동과 정욕과 욕망에 따라 계속 흘러갈 뿐입니다. 복음은 말합니다. "멈추어 서서 생각하라. 죽음이란 무엇인가? 죽음 너머에는 무엇이 있는가? 이 모든 일에 대해 생각하라. 하나님에 대해 생각하라."

그러나 '회개'에는 이보다 더 깊은 의미가 들어 있습니다. 회개에 해당하는 그리스어―메타노이아*metanoia*―는 '사고의 변화'로 번역될 수 있습니다. 이 두 언어가 회개의 내용을 충분히 전달해 주고 있는 것을 보면 정말 놀랍습니다. 그렇습니다. 여러분은 생각해야 합니다. 진지하게, 열심히 생각해야 합니다. 그러나 단순히 생각만 한다고 해서 회개가 되는 것은 아닙니다. 생각을 했는데도 별다른 성과 없이 기존의 편견만 더 굳어질 수도 있습니다. 우리는 자기의 편견을 합리화하기도 잘하며, 명석한 논쟁으로 그 편견을 지지하기도 잘하는 영리한 사람들이기 때문입니다. 진정한 회개는 증거를 모두 살펴본 후에, 특히 성경의 증거를 살펴본 후에, 날마다 쏟아지는 모든 정보에 반(反)하여 우리의 사고를 바꾸는 것입니다. 무엇에 대한 사고를 바꾸는 것입니까?

무엇보다 하나님에 대한 사고를 바꾸는 것입니다. '자연인'은 하나님을 미워하게 되어 있습니다. 자연인의 생각을 잘 보여주는 매체가 바로 신문입니다. 신문은 항상 하나님에 반대되는 기사와 사이비 과학자들의 근거 없는 주장들을 싣고, 하나님이 없음을 증명하는 글이라면 무엇이나 싣습니다. 그들은 늘 진리를 비웃습니다. 이 풍자가들—그들이 이렇게 불릴 가치나 있는지 모르겠지만—이 하나님을 어떻게 조롱하는지 들어 보십시오. 이 모든 행동은 하나님은 인간을 대적하는 괴물이라는 생각에서 비롯된 것입니다. 여러분은 하나님에 대한 사고를 바꾸어야 합니다. 자신의 사고가 틀렸음을 깨달아야 합니다.

우리는 하나님을 모릅니다. "본래 하나님을 본 사람이 없으되 아버지 품속에 있는 독생하신 하나님이 나타내셨느니라"요 1:18. 그래서 그리스도가 오신 것입니다. 그는 우리에게 하나님을 나타내고자 이 땅에 오셨으며, "나를 본 자는 아버지를 보았거늘"이라고 말씀하셨습니다요 14:9. 하나님을 생각할 때, 겸손과 긍휼과 자비와 사랑으로 가득하신 예수 그리스도가 떠오릅니까? 그는 "두루 다니시며 선한 일을 행하"셨습니다행 10:38. 여러분은 하나님을 어떻게 생각합니까? 자기가 똑똑해서 하나님을 반대하며 "하나님이 계시다면 왜 저런 일이 일어나겠어?"라고 말한다고 생각합니까? 회개는 하나님에 대한 사고를 바꾼다는 뜻입니다.

또한 회개는 자기 자신에 대한 사고를 바꾼다는 뜻이기도 합니다. 오, 인간이 자신을 정확히 볼 수만 있다면! 여러분은 자신이 한낱 동물에 불과하며, 인생을 살면서 할 일이라고는 먹고 마시고 성관계를 맺는 것뿐이라는 개념에 반대하지 않습니까? 그런데 사실은 이것이 우리가 배운 내용입니다. 그렇지 않습니까? 모든 대중매체가 날마다 이렇게 외치고 있습니다. 그러나 인간이 정말 그런 존재입니까? 하나님의 이름으로 권하건대, 다시 생각해 보고 사고를 바꾸십시오! 여러분은 자신이 하나님의 형상대로, 하나님을 닮도록, 하나님의 친구로 지음받았다는 사실을 알 필요가 있습니다. 회개는 자신과 자신의 본질을 참되게 이해할 때 일어납니다.

회개는 또한 자신의 삶과 죽음에 대해 다시 생각하는 것입니다. 죽으면 정말 끝일까요? 그것이 세상의 생각 아닙니까? 증명할 수는 없지만 죽으면 끝이고, 사람이 목숨을 잃으면 완전히 사라져서 아무것도 남지 않는다고 세상은 확신합니다. 그러나 그렇지 않습니다. 다시 생각해 보고 사고를 바꾸십시오! 보이지 않는 영원한 영역, 영적인 영역, 하나님의 영역이 있습니다. 우리는 모두 하나님 앞에 서서 심판을 받아야 합니다. 바울은 이렇게 쓰고 있습니다. "이는 우리가 다 반드시 그리스도의 심판대 앞에 나타나게 되어 각각 선악 간에 그 몸으로 행한 것을 따라 받으려 함이라"고후 5:10.

세상은 심판을 기억할 필요가 있습니다. 영국뿐 아니라 다른 모든 나라들도 무법 상태가 되어 가는 상황에서 단지 법령을 통과시켜 문제를 해결하려 드는 것은 무익한 일입니다. 그런 방법으로는 문제를 해결할 수 없습니다. 노동과 자본의 문제는 법률 제정으로 해결할 수 없다는 주장에 저도 동의합니다. 당연히 그럴 수 없습니다. 그 일이 가능하려면 인간의 본성부터 바뀌어야 합니다. 문제는 인간의 마음에 있으며, 노사 쌍방에 있습니다. 궁극적으로 사람들이 책임감을 느끼지 못하는 이유는 하나님의 심판을 알지 못하기 때문입니다. 모든 사람은 자기를 위해 살면서 최상의 유익을 얻고자 노력합니다. 이것은 정치적인 차원에서 볼 때에도 어리석고 비극적인 일이지만, 하나님의 심판이라는 차원에서 볼 때에는 더더욱 어리석고 비극적인 일입니다.

세상은 지금 최후의 심판을 향해 달려가고 있음을 알 필요가 있습니다. 심판을 생각할 때에만 세상은 분별력을 되찾고 제정신을 차릴 수 있습니다. 복음 설교의 임무는 바로 이 사실을 알리는 것이지, 하나님은 만인을 사랑하시므로 누구나 천국에 간다고 말하는 것이 아닙니다. 우리가 살펴본 대로, 주님도 심판을 설교하셨습니다. 바로 그 때문에 죽임을 당하신 것입니다.

또한 여러분은 주 예수 그리스도에 대한 사고를 바꾸어야 합니다. 그는 단순한 인간이 아닙니다. '창백한 갈릴리인'도, 단순한 목수도, 정치 선동가나 평화주의자도 아닙니다. 그는 인간을 구원하기 위해, 인간의 죄를 지고 십자가에서 자기 몸으로 그 벌을 감당하기 위해 세상에 오신 영광의 주님이십니다. 여러분은 예수 그리스도를 어떻게 생각합니까? 단순한 철학자나 세상의 위인으로 치부하지 말고 다시 생각해 보십시오. 다시 생각하고 사고를 바꾸어 그를 인정하십시오. 도마가 했듯이 무릎을 꿇고 "나의 주님이시요 나의 하나님이시니이다"라고 말씀드리십시오. 요 20:28.

그다음으로, 자신의 삶의 방식에 대해 다시 생각해 보시기 바랍니다. 삶을 마지못해 헤치워야 할 고역으로만 생각지 마십시오. 왕의 순례로, 영원무궁한 영광과 천국을 예비하는 일로 생각하십시오.

이처럼 회개는 다시 생각해서 사고를 바꾼다는 뜻입니다. 그러나 저는 회개가 단순히 정신적인 활동에만 그치지 않는다는 점을 강조하고 싶습니다. 여러분은 마음으로도 회개해야 합니다. 이러한 생각을 하고 난 후에는 진정한 슬픔을 느껴야 합니다. 요엘 선지자는 여러분과 제가 살고 있는 시대와 매우 유사한 시대를 살고 있던 동시대인들에게 아주 중요한 말씀을 전했습니다. "너희는 옷을 찢지 말고 마음을 찢고" 욜 2:13.

우리도 특정한 경우에는 기꺼이 옷을 찢을 준비가 되어 있지 않습니까? 우리는 전쟁이 닥칠 때, 큰 희생을 감수해 가면서 훌륭한 일들을 해냅니다. 그러나 전쟁만 끝나면 예전의 모습으로 돌아가 버립니다. 우리는 전쟁[2]은 겪었지만 회개는 하지 않았습니다. 정말 끔찍한

2 제2차 세계대전.

시간을 보냈고 재앙에 근접했음에도 불구하고 이 나라는 회개하지 않았습니다. 전쟁이 끝나자 다들 예전으로 돌아가, 하나님은 생각지도 않고 먹고 마시며 예전과 똑같은 경쟁에 뛰어들었습니다. 모든 것이 과거로 돌아갔습니다. 그 이유가 무엇입니까? 옷만 찢었기 때문입니다.

회개는 전 인격과 연관된 일이며 마음과 연관된 일입니다. "여호와를 사랑하는 너희여, 악을 미워하라"시 97:10. 이것이 참된 회개의 표지입니다. 윌리엄 쿠퍼William Cowper는 이렇게 썼습니다.

당신을 슬프게 하는 죄,
당신을 내 가슴에서 몰아내는 죄를 미워하나이다.

회개하는 사람은 그저 지적으로만 죄에 대해 숙고하면서 "그래, 전반적으로 볼 때 나는 마땅히 해야 할 생각을 하지 않았고, 따라서 내 철학을 바꾸어야 한다는 걸 알겠어"라고 말하지 않습니다. 절대 그러지 않습니다. 회개는 베옷을 입고 재를 뒤집어쓰는 자리로 우리를 몰고 갑니다. 굴욕의 자리로 내려가게 하며, 자신의 어리석음을 보게 합니다. 우리는 과거의 모습을 돌아보면서, 그 말할 수 없는 어리석음에 자신을 욕하고 미워하게 됩니다. 이처럼 회개는 머리부터 마음에 이르기까지, 전 인격과 연관된 일입니다.

그러나 회개는 여기에서만 끝나지 않습니다. 다시 생각하고, 사고를 바꾸며, 과거 자신의 모습과 행동을 슬퍼하게 된 사람이 다음으로 밟는 단계는 자기 죄를 인정하는 것입니다. 사실 이것은 어려운 일입니다. 그러나 자기 죄의 깊이를 본 사람은 거리낌 없이 그것을 인정할 수 있습니다. 우리는 하나님께 달려가 "내가 주께만 범죄하여 주의 목전에 악을 행하였사오니"라고 말합니다시 51:4. 주님의 비유에 나오는 세리처럼 "하나님이여, 불쌍히 여기소서. 나는 죄인이로소이다"라고 말합니다눅 18:13. 이것이 회개입니다. 우리는 하나님께 죄를 고백합니다. 내 평판이야 어떻게 되든 상관치 않고 "저는 어리석은 바보입니다"라고 고백합니다. 서로 간에 비교하고 견줄 이유가 뭐가 있습니까? "모든 사람이 죄를 범하였으매 하나님의 영광에 이르지 못"합니다롬 3:23. 이스라엘 초대왕 사울이 다윗에게 말한 그대로입니다. "내가 어리석은 일을 하였으니"삼상 26:21. 나는 기꺼이 그것을 인정합니다.

아직도 남은 일이 있습니다. 이것이 마지막 단계입니다. 회개는 이제 여러분이 믿게 된 바를 행동으로 옮기는 것입니다. 여러분의 삶이 잘못되었음을 깨달았다면, 이제 그 삶을 버리고 정반대의 삶을 살기 시작하십시오. 사도 바울은 그의 첫 서신으로 알려진 데살로니가 전서에서 이 점을 아주 분명히 짚어 주고 있습니다. 이것은 복음 전체의 메시지를 훌륭하게 요약해 주는 말씀이기도 합니다. "그들이 우리에 대하여 스스로 말하기를 우리가 어떻게 너희 가운데에 들어갔는지와 너희가 어떻게 우상을 버리고 하나님께로 돌아와서 살아계시고 참되신 하나님을 섬기는지와"살전 1:9. 이것이 회개의 최종 단계입니다.

지옥으로 가는 길은 선의善意로 포장되어 있습니다. 어떤 사람이 설교를 듣고 죄를 깨달아서 "그래, 내 잘못을 알겠어. 정말이지 무슨 조처를 취해야겠어"라고 말할 수 있습니다. 그런데 결국 아무 조처도 취하지 않았다면, 그는 회개한 것이 아닙니다. 회개는 그 자리에서 벌떡 일어나 우상을 버리는 것입니다. 바울의 말대로 "우상을 **버리고** 하나님께로 돌아"오는 것입니다.

이처럼 회개의 요청에는 하나님과 반대되는 삶, 정욕과 욕망을 토대로 세상의 길을 좇으며 그 번쩍거리는 상급을 추구하는 삶에서 돌이키라는 뜻이 담겨 있습니다. 여러분은 그 삶을 버리고 하나님께로 돌아섭니다. 그의 얼굴을 구하며 그를 예배하기 시작합니다. 참되고 살아계신 한분 하나님을 섬기고자 노력합니다. 이것이 회개의 진수입니다. 회개는 생각과 감정과 행동을 완전히 바꾸는 일입니다. 마음과 지성과 의지를 비롯한 인격 전체와 연관된 일입니다. 세상과 세상의 악을 떠나, 하나님과 그리스도 예수 안에서 사는 삶의 방식으로 완전히 옮겨 가는 일입니다. 사도들은 이것을 메시지의 맨 앞자리에 두었습니다. 회개는 항상 우선되어야 합니다.

마지막으로, 그렇다면 우리를 회개로 이끄는 것은 무엇일까요? 무엇이 회개를 불러옵니까? 첫째로, 회개는 명령이라는 사실에 주목하십시오. 사람들이 오순절 날 "형제들아, 우리가 어찌할꼬"라고 소리쳤을 때 행 2:37, 베드로는 "**회개하라**"고 말했습니다. 바울도 아덴 사람들에게 똑같이 말했습니다. "하나님이……이제는 어디든지 사람에게 다 **명하사** 회개하라 하셨으니" 행 17:30.

회개가 명령임에도 불구하고 사람들은 회개하지 못합니다. 사람의 죄악은 그만큼 깊은 것입니다. 이 문제는 그만큼 심각한 것입니다. 사람들은 이런 명령을 받고도 회개하지 못할 만큼 악합니다. 왜 그렇습니까? 바울은 이렇게 대답합니다. "육신의 생각은 하나님과 원수가 되나니 이는 하나님의 법에 굴복하지 아니할 뿐 아니라 할 수도 없음이라. 육신에 있는 자들은 하나님을 기쁘시게 할 수 없느니라" 롬 8:7-8. 사람은 가만히 앉아서, 지금까지 제시된 모든 문제들에 대한 견해와 감정을 바꾸겠다고 결심할 수 없습니다. 사람의 본성 전체가 거기에 저항하기 때문입니다. 지금까지 저는 사람들이 회개할 때 일어나는 일들을 이야기했지만, 이런 이야기로 사람들을 변화시킬 수는 없습니다. "육신에 있는 자들"-죄의 결과로 지금의 모습을 갖게 된 사람들-"은 하나님을 기쁘시게 할 수 없"을 뿐 아니라 기쁘시게 하고 싶은 마음조차 가질 수 없습니다.

그렇다면 어떻게 해야 합니까? 우리는 회개하라는 명령을 받았지만 회개할 수 없습니다. 이에 대한 해결책은 사도행전 5장, 베드로의 말에 나옵니다. "이스라엘에게 회개함과 죄사함을 주시려고 그를 오른손으로"-그 강력한 능력으로-"높이사 임금과 구주로 삼으셨느니라." 우리의 유일한 희망은 하나님의 은혜와 자비와 선하심에 있습니다. 그래서 하나님이 아들을 세상에 보내신 것입니다. 하나님은 우리를 회개하게 하려고 아들을 보내셨습니다.

바울은 이렇게 쓰고 있습니다. "혹 네가 하나님의 인자하심이 너를 인도하여 회개하게 하심을 알지 못하여 그의 인자하심과 용납하심과 길이 참으심이 풍성함을 멸시하느냐" 롬 2:4. 하나님의 선하심만

이 우리의 유일한 희망입니다. 성령 하나님의 영향권 아래 들어가기 전에는 아무도 회개할 수 없습니다. 왜 백성들이 오순절 날 "형제들아, 우리가 어찌할꼬"라고 소리쳤습니까? 그들은 불과 몇 주 전에 "없이하소서. 그를 십자가에 못박게 하소서"라고 외치던 자들입니다. 그들의 생각이 바뀐 이유가 무엇입니까? 확신에 차서 그를 없애려 했고, 그 일을 자랑스러워했던 그들이 왜 지금은 괴로워하고 있습니까? 그들에게 대체 무슨 일이 일어난 것입니까? 답은 하나입니다. 성령의 능력으로 죄를 깨달았기 때문인 것입니다. 성령의 능력 외에 그 어떤 것도 우리를 올바로 생각하게 만들 수 없습니다. 성령은 "죄에 대하여, 의에 대하여, 심판에 대하여" 우리의 죄를 입증하실 수 있으며 입증하실 것입니다.요 16:8. 그는 맹인의 눈을 여실 수 있습니다. 진리를 깨닫는 지각을 주실 수 있습니다.

자부심과 자기만족에 빠져 있었던 바리새인, 스스로 하나님 앞에 의롭다는 확신에 차 있었던 다소의 사울을 보십시오. 그는 율법을 알고 있었습니다. 논쟁할 능력도 있었습니다. 그는 자신의 종교적 행위에 자부심을 느끼고 있었습니다. 그러던 그가 완전히 변화된 이유가 무엇입니까? 오, 성령께서 그의 죄를 입증하셨기 때문입니다. 그는 율법의 의미를 알고 있다고 생각했는데, 어느 순간 그렇지 않음을 깨달았습니다. 전에는 율법을 표면적인 행동의 문제로 생각했습니다. 이것이 베드로와 요한을 반대하는 당국자들의 문제이며, 바리새인들의 문제였습니다. 그들은 실제로 사람을 죽인 적이 없다는 이유로 "우리는 살인죄를 짓지 않았다"고 말했습니다. 그러나 주님은 말씀하셨습니다. "형제를 대하여……미련한 놈이라 하는 자는 지옥 불에 들어가게 되리라"마 5:22. 마음과 영으로도 살인을 저지를 수 있다는 것입니다. 이렇게 보면 우리도 전부 살인자들 아닙니까? 율법은 영적인 것으로서 사람의 동기와 욕망을 살피지만, 종교 당국자들은 그것을 알지 못했습니다. 그것을 알게 하시는 분은 하나님의 성령뿐입니다.

베드로는 말했습니다. "그를 오른손으로 높이사 임금과 구주로 삼으셨느니라." 왜 그렇게 하셨습니까? "회개하게" 하시기 위해서입니다. 하나님은 우리를 회개하게 하시려고 오순절 날 성령을 보내셨고, 그 성령은 오늘도 우리와 함께 계십니다. 여러분은 다시 생각해 본 적이 있습니까? 이제 이런 사실들이 눈에 들어오기 시작합니까? 자기 자신 때문에 괴롭고 불안하고 걱정됩니까? 마음으로부터 "내가 어찌 할꼬"라는 외침이 터져 나옵니까? 그렇다면 성령께서 여러분을 회개로 이끌고 계시는 것입니다. 그 이끄심에 자신을 맡기십시오. 그 음성을 따르십시오.

> 양심 때문에 지체치 말고
> 자격을 갖추려는 어리석은 꿈도 꾸지 말라.
> 그분이 요구하시는 자격은 오직
> 그분의 필요를 느끼는 일뿐.
> 이것은 그분이 주시는 것이로다.
> 이것은 성령이 발하시는 빛이로다.
> ─조셉 하트 Joseph Hart

이 주요한 핵심적 메시지를 분명히 알겠습니까? 자기 자신과 자신의 삶과 이 세상과 죽음과 다음 세상과 하나님과 영원에 대한 여러분의 생각이 전부 잘못되었음을 알겠습니까? 신문과 세련된 잡지들이 대변하는 이 시대의 정신이 전부 잘못되었음을 알겠습니까? 진리는 오직 이것입니다. 하나님의 형상을 따라 지음받은 인간은 하나님을 반역하여 길을 잃었지만, 하나님의 아들이 세상에 오셔서 우리를 구원하고 구속하며 하나님의 용서를 받게 하고 하나님과 화목하게 하시며, 새로운 본성과 새로운 출생을 주시고 그 앞에서 무궁한 기쁨과 복을 받도록 준비시켜 주셨습니다. 이 진리를 이제 깨달았습니까? "하나님의 인자하심이 너를 인도하여 회개하게 하"십니다 롬 2:4.

06

완전한 구주

베드로와 사도들이 대답하여 이르되 사람보다 하나님께 순종하는 것이 마땅하니라. 너희가 나무에 달아 죽인 예수를 우리 조상의 하나님이 살리시고 이스라엘에게 회개함과 죄사함을 주시려고 그를 오른손으로 높이사 임금과 구주로 삼으셨느니라. 우리는 이 일에 증인이요 하나님이 자기에게 순종하는 사람들에게 주신 성령도 그러하니라 하더라.

사도행전 5:29-32

사도들이 산헤드린 앞에 제시한 위대한 변명에서 우리가 이제 살펴볼 단어는 "구주"입니다. "그를 오른손으로 높이사 임금과 구주로 삼으셨느니라." 사도들이 "사람보다 하나님께 순종하는 것이 마땅하니라"고 말한 이유, 산헤드린이 뭐라고 하든지 계속해서 예수를 전하겠다고 고집한 이유가 여기 있습니다. 사람들은 바로 이 구주, 이 큰 구원을 거부하고 있습니다.

우리는 사람들이 이처럼 거부하는 이유 중 하나가 구주에 대해 잘못된 개념을 가지고 있기 때문임을 살펴보았습니다. 20세기 사람들은 한낱 인간들을 추종하면서, 그들을 거의 신의 자리까지 올려놓으려는 경향을 보이고 있습니다. 이것이 구세주에 대한 세상의 사고방식입니다. 더 나아가 우리는 세상이 스스로 자기의 필요를 안다고 생각하지만, 죄사함의 필요는 모르고 있다는 사실도 살펴보았습니다. 어떤 정당이든, 어떤 정당에 속한 개인이든, 모든 사람은 하나님의 용서를 받을 필요가 있습니다.

또한 우리는 무엇보다 먼저 회개하라는 요청, 자신의 죄를 인정하라는 요청을 받고 있음도 살펴보았습니다. 언제나 남들과 똑같이 행동하면서도 자신은 옳고 남들은 그르다고 주장하거나 자신이 남보다 낫다고 주장해서는 안됩니다. 우리는 모두 회개할 필요가 있으며, 자신의 불의와 죄악과 이기심을 인정할 필요가 있습니다. 모든 영국 국민이 그렇게만 한다면 얼마나 큰 변화가 일어나겠습니까? 그야말로 새롭게 출발할 수 있을 것입니다. 노사 양측이 각자의 이기심과 자기중심주의를 인정한다면, 특별히 우리 모두가 하나님께 고개를 숙이고 함께 그것을 인정한다면, 대부분의 문제가 해결될 것입니다. 복음은 이것이야말로 인간에게 절대적으로 필요한 일이라고 말합니다. 회개가 없으면 희망도 없습니다.

사도들은 이 내용을 요약해서 사람들 앞에 제시했습니다. 그러나 회개만으로는 충분치 않습니다. 이 모든 일은 첫 단계에 불과합니다. 우리는 반드시 죄사함을 받아야 하지만, 거기에서 그치면 안됩니다. "구주"라는 말에는 그 이상의 의미가 담겨 있기 때문입니다. 나에게 가장 필요한 일은 율법과 대면하는 것이 아니라, 한 인격이신 하나님과 대면하는 것입니다. 화목은 인격과 인격 간에 이루어지는 일입니다. 따라서 죄사함만으로는 충분치 않습니다. 나에게 정말 필요한 일은 하나님 앞에 서는 것이며, 그분께 가까이 나아가 자유롭게 교제하며 사귀는 것이기 때문입니다.

저는 이 세상 너머, 이생의 삶 너머에 성경이 "천국"이라고 부르는 곳이 있음을 바라보며 기대합니다. 천국은 하나님과 거룩한 천사들 앞에서 영원히 사는 삶을 의미합니다. 성경에는 천국에 대한 묘사가 많이 나옵니다. 사도 요한은 계시록에서 자기가 본 하나님의 모습과 고귀한 생물들이 그 앞에 절하면서 밤낮으로 "거룩하다, 거룩하다, 거룩하다, 주 하나님 곧 전능하신 이여!"라고 외치는 모습을 기록하고 있습니다계 4:8. 천국! 하나님의 모습을 보기 원하는 사람, 그를 뵙고 영원토록 그와 함께 살기 원하는 사람은 죄사함만으로는 충분치 않다는 사실을 즉각 깨달을 것입니다. 사실 죄사함은 어떤 의미에서 더 큰 무력감을 줄 수도 있습니다. 하나님이 그 은혜와 자비로 내 죄책을 아들에게 지우시고 내 대신 그를 벌하심으로써 용서해 주셨다고 생각할 때 '나는 벌레처럼 무가치한 존재'라는 느낌이 훨씬 더 강해집니다. 그런 내가 어떻게 하나님 앞에 설 수 있겠습니까? 어떻게 하나님과 교제할 수 있겠습니까? 어떻게 그와 함께 거하면서 그 앞에서 영원히 살 수 있겠습니까?

이 지점에서 우리는 구주되신 주 예수 그리스도의 사역을 구성하는 좀더 세밀한 요소들로 나아가게 됩니다. 그는 완전한 구주십니다. 그는 타락의 모든 결과에서 우리를 구원하기 위해 오셨습니다. 하나님과의 불화와 우리의 모든 문제, 고통과 곤경은 전부 타락의 직접적인 산물입니다. 요한이 요약하고 있듯이 "하나님의 아들이 나타나신 것은 마귀의 일을 멸하려 하심"입니다.요일 3:8. 타락을 초래한 장본인은 바로 이 마귀였습니다.

주님은 우리를 회복시켜 아담과 하와가 태초에 누렸던 사귐, 인간이 원래 누리게 되어 있었던 사귐을 충분히 누리게 하려고 오셨습니다. 그래서 베드로가 "당신들은 예수의 이름으로 더 이상 설교하지도, 가르치지도 말라고 하지만 우리는 그럴 수 없습니다"라고 말한 것입니다. 그 이유가 무엇입니까? 하나님이 그를 구주로 정하셨기 때문입니다. 베드로는 다른 구주는 없음을 이미 밝혔습니다. "천하 사람 중에 구원을 받을 만한 다른 이름을 우리에게 주신 일이 없음이라"행 4:12. 주님은 완전하고도 충분하며 완벽한 구주십니다. 우리의 필요 중에 그가 채우시지 못한 것은 하나도 없습니다.

신약성경은 주님이 어떻게 구원을 이루셨는지, 또 그 의미는 무엇인지에 대해 여러 군데에서 요약해 주고 있습니다. 몇 주 동안 제 마음속에 자리잡고 있는 말씀은 고린도전서 1:30입니다. 바울은 말합니다. "너희는 하나님으로부터 나서 그리스도 예수 안에 있고 예수는 하나님으로부터 나와서 우리에게 지혜와……되셨으니." 지혜를 얻고 싶습니까? 여기 그리스도 안에 전부 있습니다. 예수 밖에는 궁극적으로 지혜가 없습니다. 오직 예수 안에만 명백한 지혜가 있습니다. 어떤 인간의 가르침도 내 문제와 상황 전부를 전체적으로 다루어 주지 못합니다. 그러나 그리스도는 하나님의 지혜입니다. 바울은 같은 구절에서 이 지혜가 "의로움과 거룩함과 구원함"이 된다고 말합니다.

지금까지 구원에 나타난 일반적인 하나님의 지혜를 살펴보았다면, 이제부터는 그 특정한 측면을 살펴보겠습니다. 첫째로 생각할 것은 칭의입니다.

어떤 이는 "하지만 현대인들은 그 말뜻을 모르는데요"라고 말할 것입니다.

그에 대한 대답은 오직 하나뿐입니다. 물론 현대인들은 그 말뜻을 모릅니다. 그래서 곤경에 빠진 것입니다. 만약 그 말뜻을 알았다면 이

지경에 이르지 않았을 것입니다. 설교자는 이런 용어들을 설명할 임무가 있습니다. 칭의(우리말 개역성경에는 '의롭다 하심'으로 번역되어 있다-옮긴이)는 간단히 다른 단어로 치환될 수 없습니다. 최근에 신약성경을 새로이 번역하면서 다른 단어로 바꾸어 보려는 시도도 하고 있습니다만, 그렇게 할 경우 이 말의 가장 영광스러운 측면이 일부 사라져 버립니다. 그렇습니다. 칭의는 설교자가 마땅히 설명해야 할 용어입니다.

바울은 고린도전서 1:30에서 그리스도가 우리의 의로움이 되신다고 말합니다. 즉 그는 우리의 칭의가 되시며 우리는 그 안에서 의롭다 하심을 얻는다는 것입니다. 바울은 비시디아 안디옥에서 설교할 때에도 똑같은 논지를 전했습니다. 사실 설교자는 이것 외에 설교할 내용이 없습니다. 이것이 바로 복음 메시지입니다. "또 모세의 율법으로 너희가 의롭다 하심을 얻지 못하던 모든 일에도 이 사람을 힘입어 믿는 자마다 의롭다 하심을 얻는 이것이라"행 13:39. 나는 내가 용서받을 필요가 있으며, 하나님께서 용서해 주시지 않으면 아무것도 얻을 수 없을 뿐 아니라, 아무리 앞으로 나아가려고 발버둥 쳐도 결국은 제자리에서 벗어나지 못한다는 사실을 알고 있습니다. 그러나 하나님은 나를 용서해 주셨습니다.

그런데도 나는 여전히 곤경에 빠져 있습니다. 나는 내가 죄로 가득 차 있음을 압니다. 나는 회개했습니다. 내 내적 본성의 악함과 추함도 보았습니다. 하나님 앞에서 보잘것없는 내 모습도 보았습니다. 그렇기 때문에 용서받았다는 말만 듣고서는 그저 도망쳐서 숨을 생각밖에 들지 않습니다. 나는 감히 하나님을 마주 볼 수가 없습니다. 그 앞에 당당히 설 수도 없고 그와 사귈 수도 없습니다. 나 자신이 무가치한 벌레임을 알기 때문입니다. 이사야가 자기 세대 사람들에게 말한 대로입니다. "발바닥에서 머리까지 성한 곳이 없이 상한 것과 터진 것과 새로 맞은 흔적뿐이거늘"사 1:6. 성령으로 죄를 깨닫는 순간, 나는 나 자신에 대한 진실을 있는 그대로 보게 됩니다.

간단한 예를 들어, 몇 주 또는 몇 달 동안 씻지도 않고 아무렇게나

살던 사람이 갑자기 버킹엄궁의 연회에 초대를 받는다면 어떤 생각이 들겠습니까? 하나님 앞에 서야 하는 죄인들의 처지가 바로 그렇습니다. 제가 죄사함만으로는 충분치 않다고 말하는 이유가 여기 있습니다. 죄사함은 꼭 필요하지만, 그것이 전부는 아닙니다. 죄사함은 어떤 의미에서 소극적인 요소입니다. 나는 내 죄 때문에 처벌받지 않으리라는 말을 듣습니다. 그러나 처벌은 받지 않는다 해도 하나님의 존전에서 쫓겨날 수는 있습니다. 나는 처형을 당해도 아무 할 말이 없는 사람입니다. 물론 위대한 왕이 "너를 용서하노니, 너는 죽임을 당하지 않을 것이다"라고 말해 줄 수도 있습니다. 그래도 나는 여전히 외인外人입니다. 멀리 떨어져 있는 존재입니다. 교제는 회복되지 않았습니다. 이것이 우리에게 야기되는 심각한 문제입니다.

하나님과 사귐과 교제를 누리려면 적극적으로 의로워져야 합니다. 왜 그렇습니까? 하나님 자신이 의로운 분이시기 때문입니다. 이것이 성경 전체에 면면히 흐르고 있는 주장입니다. 아모스는 "두 사람이 뜻이 같지 않은데 어찌 동행하겠으며"라고 묻습니다암 3:3. 바울도 "빛과 어둠이 어찌 사귀며 그리스도와 벨리알이 어찌 조화되며"라고 말합니다고후 6:14-15. 주님은 산상설교에서 말씀하셨습니다. "너희가 하나님과 재물을 겸하여 섬기지 못하느니라"마 6:24.

두 사람이 사귀려면 서로 닮은 데가 있어야 하며 동질성이 있어야 합니다. 이것이 인류가 맞닥뜨린 큰 문제입니다. 이렇게 볼 때, 현대인들이 하나님의 사랑과 용서에 대해 피상적으로 생각하며 '칭의' 같은 용어들을 반대하는 것은 사실상 그들이 문제의 진상을 모르고 있다는 표시에 불과합니다.

'칭의'라는 위대한 용어를 주신 하나님께 감사하십시오. 칭의란 그리스도께서 내 죄를 지고 갈보리산 십자가 위에서 죽으심으로써 나를 용서해 주셨을 뿐 아니라, 어떤 의미에서 좀더 영광스러운 일을 해 주심으로써-자신의 의로움을 나에게 주심으로써-나의 의로움이 되셨다는 뜻입니다. 내 죄는 그에게 전가되었고, 그리하여 나는 죄사함을 받았습니다. 또한 그의 의로움과 거룩함과 율법에 대한 순종, 그의 모든 됨됨이가 내 것이 됨으로써 나는 의로움을 전달받고 의롭다 하심을 입었습니다. 위대한 전이轉移, 위대한 계약이 이루어진 것입니다. 성경은 이 이야기로 가득 차 있습니다.

바울은 고린도 사람들에게 보낸 편지에서 자신을 그리스도의 사신으로 부릅니다. 사신의 임무는 메시지를 전달하는 것이므로 자신도 이 메시지를 전한다는 것입니다. 그는 다음과 같이 쓰고 있습니다.

> 곧 하나님께서 그리스도 안에 계시사 세상을 자기와 화목하게 하시며 그들의 죄를 그들에게 돌리지 아니하시고……그러므로 우리가 그리스도를 대신하여 사신이 되어 하나님이 우리를 통하여 너희를 권면하시는 것같이 그리스도를 대신하여 간청하노니 너희는 하나님과 화목하라. 하나님이 죄를 알지도 못하신 이를 우리를 대신하여 죄로 삼으신 것은 우리로 하여금 그 안에서 하나님의 의가 되게 하려 하심이라 고후 5:19-21.

오늘날 그토록 많은 이들이 마땅히 누릴 기쁨을 누리지 못하는 것은 이 굉장한 계약을 이해하지 못한 탓입니다. 사도들이 계속 전하기를 고집한 이 위대한 구원 메시지는 무엇입니까? 구주되신 그리스도에 대한 메시지입니다. 십자가 위에서 성부와 성자 간에 체결된 계약의 선포입니다. "하나님이 죄를 알지도 못하신 이를 우리를 대신하여 죄로 삼으신 것은" 고후 5:21. 하나님은 우리 죄를 아들에게 지우셨습니다. 금전출납부 원장元帳을 생각해 보십시오. 한쪽에는 내 빚, 즉 하나님을 거역한 죄의 항목이 열거되어 있습니다. 그것이 전부 내 기록에서 삭제되어 그의 기록에 오르는 것입니다. 내 죄는 그의 계정으로 옮겨지고, 그가 대신 값을 치르십니다. 내 대신 형벌을 받으십니다.

좋습니다. 내 몫의 계정은 깨끗해졌습니다. 그러나 나는 아직도 중립적인 위치에 있습니다. 불리한 항목은 사라졌고 빚은 청산되었지만, 여전히 빈털터리이기 때문에 이 상태로는 살아갈 수가 없습니다. 나는 무언가를 얻어야 합니다. 하나님과 관계를 맺어야 합니다. 그렇습니다. "하나님이 죄를 알지도 못하신 이를 우리를 대신하여 죄로 삼으신 것은 우리로 하여금 그 안에서 하나님의 의가 되게 하려 하심"이며, 저를 통해, 저의 힘으로 하나님 앞에서 의롭게 하려 하심입니다. 이것이 칭의의 의미입니다. 하나님은 내 죄를 그리스도께 옮겨 놓으시고, 그리스도의 의로움과 거룩함을 내게 옮겨 놓으셨습니다.

칭의의 교리에 감격한 사도 바울은 지치지 않고 그것을 전했습니다. 이 교리는 그의 인생을 혁명적으로 변화시켰습니다. 바리새인이었던 그는 이런 문제들에 대해 전형적인 바리새인의 관점을 고수했습니다. 바리새인들은 인간이 선하게 살며 종교적이고 도덕적으로 살기만 하면, 최선을 다해서 살기만 하면 하나님을 만족시킬 수 있다고 믿었습니다. 현대판 바리새인들 역시 여전히 그렇게 믿고 있습니다. 다소의 사울도 그에 대해 절대적인 믿음을 가지고 있었습니다. 그는 자신이 "율법의 의로는 흠이 없는 자"였다고(그렇게 믿었다고) 말했습니다[빌 3:6]. 물론 그의 비교대상은 다른 사람들이었습니다. 그는 다른 바리새인들과 비교할 때 자신이 앞선다는 것을 알았습니다. 그는 남들보다 유능한 사람이었습니다. 공부도 더 잘했고 희생도 더 많이 했습니다. 그래서 남들을 볼 때마다 자신이 더 월등하다는 사실에 감사할 수 있었습니다. 그는 자기 노력으로 이 놀라운 의를 이룬 것을 자랑스러워했고, 하나님도 자신에게 크게 만족하실 것을 의심치 않았습니다.

그러던 어느 날, 그는 절대 의의 얼굴을 보게 되었습니다. 다메섹 도상에서 부활하신 주 예수의 얼굴을 뵌 것입니다. 그 복된 얼굴에서 흘러나오는 거룩함과 순결함과 사랑과 자비 앞에 자신의 의는 한낱 더러운 넝마처럼 느껴졌습니다. 빌립보서 3장에 나오는 바울 자신의 놀라운 진술을 들어 보십시오.

그러나 무엇이든지 내게 유익하던 것을 내가 그리스도를 위하여 다 해로 여길뿐더러 또한 모든 것을 해로 여김은 내 주 그리스도 예수를 아는 지식이 가장 고상하기 때문이라. 내가 그를 위하여 모든 것을 잃어버리고 배설물로 여김은 그리스도를 얻고 그 안에서 발견되려 함이니 내가 가진 의는 율법에서 난 것이 아니요 오직 그리스도를 믿음으로 말미암은 것이니 곧 믿음으로 하나님께로부터 난 의라빌 3:7-9.

바울 자신의 의로는 천국과 하나님과 그리스도의 시선을 감당할 수가 없었습니다. 그의 의는 넝마와 배설물과 찌끼가 되어버렸습니다. 그는 자신이 완전히 절망적인 상태에 있음을 알게 되었습니다. 그러나 지금 이 위대한 진술에 언급되어 있는 대로, 그는 오직 믿음으로 의롭다 하심을 얻는다는 사실을 깨달았습니다. 바울은 하나님이 그 아들의 의를 우리의 계정으로 옮겨 주셨음을 알았습니다.

칭의가 복음 메시지에서 가장 영광스러운 부분을 차지하고 있음에도, 사람들은 그 교리를 붙잡지 않는 것 같습니다. 자존심이 항상 문제입니다. 사람들은 칭의가 거저 주시는 선물이라는 이유로 복음을 미워합니다. 그들은 저마다 말합니다. "하지만 난 하나님 앞에 서기에 합당한 자격을 얻고 싶고, 그 자격을 얻을 수 있어! 어디 율법을 보여 줘 봐. 지킬 테니까." 그래서 사람들은 하나님이 거저 주시는 이 선물을 거부합니다.

한 가지 예를 더 들어 봅시다. 사람들은 칭의를 종종 다음과 같이 설명해 왔습니다. 내가 더러운 넝마를 걸치고 서 있는데 하나님이 내 모든 죄책을 제하십니다. 그리고 내 넝마를 벗긴 다음, 사랑하는 아들의 예복, 의의 옷을 입히십니다. 이같은 이해가 200년 전, 복음주의 대각성운동을 일으켰습니다. 현재 체코슬로바키아와 독일 일부 지역에 남아 있는 모라비안 형제단에게서 시작된 이 운동은 초기 영국 감리교도들에게도 영향을 끼쳤습니다. 모라비안의 지도자였던 친첸도르프 백작은 그 일을 영광스러운 찬송가에 표현해 놓았고, 존 웨슬리는 그 가사를 다음과 같이 번역했습니다.

예수의 피와 의
내 아름다움이요 영광의 옷이니

> 불타는 세상 속에서 이 옷 차려입고
> 기쁨으로 내 머리를 들리이다.
> —친첸도르프 N. L. von Zinzendorf

나는 아무 자격도, 가치도 없는 사람입니다. 나는 왕의 연회에 참석할 만한 옷을 차려입지 못했습니다. 그런데 왕이 친히 옷을 내주시는 것입니다. 주님은 이 모든 것을 비유로 말씀해 주셨습니다. 그것은 혼인잔치에 하객들을 초대한 왕의 비유입니다. 혼인잔치 날, 왕은 한 하객이 왕이 준 결혼예복을 입지 않은 것을 발견했습니다. 그러나 혼인예복을 입지 않은 사람은 그 잔치에 참여할 수 없었습니다.

이것이 구원의 위대한 메시지입니다. 요한은 계시록에 기록된 환상에서 이 장면을 보여주고 있습니다. 그는 환상 속에서 이해할 수 없는 어떤 사람들을 보고 이렇게 말합니다.

> 이 일 후에 내가 보니 각 나라와 족속과 백성과 방언에서 아무도 능히 셀 수 없는 큰 무리가 나와 흰옷을 입고 손에 종려가지를 들고 보좌 앞과 어린양 앞에 서서 큰 소리로 외쳐 이르되 구원하심이 보좌에 앉으신 우리 하나님과 어린양에게 있도다 하니 모든 천사가 보좌와 장로들과 네 생물의 주위에 서 있다가 보좌 앞에 엎드려 얼굴을 대고 하나님께 경배하여 이르되 아멘, 찬송과 영광과 지혜와 감사와 존귀와 권능과 힘이 우리 하나님께 세세토록 있을지어다. 아멘 하더라 장로 중 하나가 응답하여 나에게 이르되 이 흰옷 입은 자들이 누구며 또 어디서 왔느냐. 내가 말하기를 내 주여, 당신이 아시나이다.

요한은 그들이 누구인지 몰랐습니다. 이토록 영광스럽고 장엄하며 경이로운 모습으로 흰옷을 입고 있는 사람들은 대체 누구입니까?

그가 나에게 이르되 이는 큰 환난에서 나오는 자들인데 어린양의 피에 그 옷을 씻어 희게 하였느니라^{계 7:9-14}.

이 구절은 그 큰 무리가 믿음으로 의롭다 하심을 얻었다는 사실을 달리 표현해 주고 있습니다. 이 의의 옷이 복되신 구주를 통해, 구주 안에서 거저 주어졌습니다. 우리는 이런 방식으로 의롭다 하심을 얻습니다. 믿음으로 의롭다 하심을 얻는다는 가르침은 여러분 자신의 업적으로 의롭다 하심을 얻는다는 가르침과 정면으로 배치됩니다. 칭의는 로마 가톨릭의 성사^{聖事}-세례나 성찬-로 얻는 것이 아닙니다. 여러분은 교회나 동정녀 마리아의 힘으로 구원을 받거나 의로워지는 것이 아닙니다. 절대 아닙니다. 우리의 의는 그리스도 안에 있는 것으로서, 믿음, 오직 믿음으로만 얻을 수 있습니다. 그것을 얻기 위해 사람이 할 일은 아무것도 없습니다. 사람은 아무 일도 할 필요가 없습니다. 그분이 모든 일을 다 해놓으셨습니다.

나는 저주받은 악한 죄인이지만, 하나님의 아들 그리스도께서 내 죄를 대신 지시고 형벌을 받아 죽었다가 다시 살아나셨음을 믿는다면, 참으로 그것을 믿는다면, 하나님이 나의 의를 선포해 주실 것입니다. 그것은 법적인 선포입니다. "그러므로 이제 그리스도 예수 안에 있는 자에게는 결코 정죄함이 없나니"^{롬 8:1}. "그러므로 우리가 믿음으로 의롭다 하심을 받았으니 우리 주 예수 그리스도로 말미암아 하나님과 화평을 누리자"^{롬 5:1}. 예수가 우리의 구주십니다.

그러나 이 위대한 구원은 칭의에서 그치지 않습니다. 천사는 사도들을 옥에서 풀어 주면서 이렇게 명령했습니다. "가서 성전에 서서 이 생명의 말씀을 다 백성에게 말하라." 이 생명! 기독교는 도덕이 아닙니다. 철학도 아닙니다. 다수의 규칙이나 규율도 아닙니다. 무엇은 하고 무엇은 하지 말라고 명령하는 메시지도 아닙니다. 절대 아닙니다. 기독교는 **생명**입니다. 복되신 주님은 이렇게 말씀하셨습니다. "내가 온 것은 양으로 생명을 얻게 하고 더 풍성히 얻게 하려는 것이라"^{요 10:10}.

인류의 곤경은 모든 사람이 죄와 허물로 죽어서 영이신 하나님을 알지 못하는 데 있으며, 인간과 영원에 대한 가장 영광스러운 진리와 영적인 영역을 알지 못하는 데 있습니다. 죽어있는 우리에게는 생명이 필요합니다. "이 생명의 말씀"이 필요합니다. 아담과 하와는 죄를 짓고 죽었습니다. 영적으로는 그 자리에서 바로 죽었고, 육적으로는 나중에 죽었습니다. 사실 인간은 죽을 필요가 없었습니다. 그런데 죄 때문에 죽음이 들어왔습니다.

오늘날 정치인들이 논하는 문제들과-그들은 표면밖에 보지 못합니다-정치인들은 건드리지도 못하는 도덕의 문제에 이르기까지, 모든 문제들은 전부 타락의 결과가 아닙니까? 그 모든 문제의 이면에는 반역의 최종적 결과인 죽음-영적인 죽음-이 자리잡고 있습니다. 그러나 그리스도는 우리의 구주십니다. 이 말에는 그가 생명을 주실 수 있다는 의미가 들어 있습니다.

나에게는 용서도 필요하지만 의도 필요합니다. 생명도 필요합니다. 나 같은 존재가 어떻게 하나님 앞에서 살 수 있겠습니까? 어떻게 하나님을 즐거워할 수 있겠습니까?

> 오, 캄캄한 데서 태어나
> 마음이 어두운 나
> 어찌 표현할 길 없는 그분 앞에 서며,
> 벌거벗은 내 영혼
> 어찌 자존하는 그 빛을 받으리이까?
> -토마스 비니

인간이 어떻게 하나님을 즐거워할 수 있겠습니까? 먹고 마시는 것과 성性과 빙고게임 따위를 위해 사는 사람이 천국에 간다면 아마 지옥 같다고 말할 것입니다. 그러니 어떻게 사람이 천국을 즐거워할 수 있겠습니까? 어떻게 하나님과의 교제를 즐거워할 수 있겠습니까? 하나님과 나누는 대화에는 비꼬인 것이나 왜곡된 것이나 추한 것이나 선정적인 것이 없습니다. 그러나 죄로 가득 찬 인간의 본성은 바로 그런 것들을 좋아합니다. 따라서 하나님께 속한 것들을 즐거워하려면 새 생명부터 얻어야 합니다.

나는 말합니다. "그렇습니다. 나는 티 한 점 없는 훌륭한 옷, 어린 양의 피로 씻은 흰옷을 받았습니다." 그런데도 내 속은 깨끗지 못하다는 것이 느껴집니다. 그 더러움은 더 이상 겉으로 드러나지 않기 때문에 아무도 손가락질하지는 못합니다. 나는 "내 옷을 보세요! 재판장되신 왕께서 제게 주신 것입니다. 전 자유입니다!"라고 말합니다. 그러나 내 속에 있는 이 더러움은 어떻게 해야 합니까? 오, 나는 내 마음의 역병을 알고 있습니다. 내 마음은 어둡습니다. 나는 영적인 생명을 잃어버렸습니다.

그러나 복음은 구주되신 그리스도께서 바로 그 새 생명을 나에게 주기 위해 오셨다고 말합니다. 그가 이 일을 위해 오시지 않았다면 그의 구원은 완전해지지 못할 것입니다. 그러나 그는 이 일을 위해 오셨습니다! 그리스도가 새 생명을 주신다는 것은 성경이 매우 자주 설명하는 위대한 교리입니다. 우리는 특별히 로마서 6장에서 그 설명을 보게 되는데, 사도 바울은 거기에서 우리와 그리스도의 연합에 대해 가르쳐 주고 있습니다. 그 내용은 다음과 같습니다. 우리는 본성상 성경이 말하는 '옛사람'이요 '옛 자아'입니다. 즉 우리는 '아담 안에' 있는 사람들입니다. 우리는 모두 아담의 본성을 물려받았습니다. 모두 죄인으로 태어났습니다. 모두 옳은 것보다는 그른 것을, 빛보다는 어둠을 더 좋아합니다. 모두 하나님보다는 육신과 마귀에 속한 것을 더 좋아합니다. 그런데 복음이 전하는 놀라운 메시지는, 이러한 우리가 그리스도와 하나가 되었으며, 그가 십자가에서 죽으셨을 때 우리 안에 있던 옛 자아 또한 그와 함께 죽었다는 것입니다. "우리가 알거니와 우리의 옛사람이 예수와 함께 십자가에 못박힌 것은"롬 6:6. 옛 자아의 죽음은 그리스도가 이루신 일의 소극적인 부분입니다. 바울은 계속해서 적극적인 부분에 대해 이야기합니다.

만일 우리가 그리스도와 함께 죽었으면 또한 그와 함께 살 줄을 믿노니 이는 그리스도께서 죽은 자 가운데서 살아나셨으매 다시

> 죽지 아니하시고 사망이 다시 그를 주장하지 못할 줄을 앎이로라. 그가 죽으심은 죄에 대하여 단번에 죽으심이요 그가 살아계심은 하나님께 대하여 살아계심이니 이와 같이 너희도 너희 자신을 죄에 대하여는 죽은 자요 그리스도 예수 안에서 하나님께 대하여는 살아있는 자로 여길지어다 롬 6:8-11.

"하나님께 대하여는 살아있는 자"라는 것은, 우리가 하나님의 자녀가 되었으며, 하나님이 우리를 내려다보면서 축복하고 계시고, 우리도 곧 그분의 생명을 나누어 갖게 된다는 사실을 민감하게 알게 된다는 뜻입니다.

> 그러므로 너희는 죄가 너희 죽을 몸을 지배하지 못하게 하여 몸의 사욕에 순종하지 말고 또한 너희 지체를 불의의 무기로 죄에게 내주지 말고 오직 너희 자신을 죽은 자 가운데서 다시 살아난 자같이 하나님께 드리며 너희 지체를 의의 무기로 하나님께 드리라 롬 6:12-13.

이 말씀은 '옛사람'의 죽음과 '새사람'의 출생, 그리스도와의 연합, 거듭남, 새 출발, 새 본성, 새 마음, 새 시각, 새 지향성, 새 갈망을 약속하고 있습니다. "누구든지 그리스도 안에 있으면 새로운 피조물이라. 이전 것은 지나갔으니 보라, 새것이 되었도다" 고후 5:17.

이처럼 복음의 목적은 어떻게 세상을 바꿀 것인지 가르쳐 주는 데 있지 않습니다. 그것은 이른바 '영국의 얼굴을 바꾸기 위해' 애쓰고 있는 정치인들의 일입니다. 그러나 그 목적은 성취되지 않을 것입니다. 여기저기 새 칠을 하거나 약간의 광택을 입힐 수는 있겠지만, 그래도 영국은 여전히 옛 모습—예전과 똑같이 죄 있는 모습—에서 벗어나지 못할 것이며, 다른 나라보다 심하지는 않다 해도 똑같이 악한 상태에 머무를 것입니다. 한 나라가 다른 나라보다 원래부터 우월하다고 생각하다니, 얼마나 어리석은 사람들입니까! 절대 그렇지 않습니다. 사람은 그저 표면상 약간의 차이와 변화를 만들어 낼 수 있을 뿐입니다. 개인이든 집단이든 사람에게 정말 필요한 것은 새로운 본성입니다. 만물을 바라보는 새로운 지각입니다.

천사는 사도들에게 감옥에서 나가라고 말합니다. 가서 성전에 서서 담대하게 "이 생명의 말씀", 그리스도 안에 있는 생명, 참된 생명, 더 풍성한 생명의 말씀을 다 전하라고 말합니다.

따라서 그리스도인이 되지 않는다는 것은 여러분에게 필요한 바로 그것 – "하나님께 대하여는 살아있는 자"가 되는 것 – 을 거부하는 일임을 이제 아시겠습니까? 여러분은 지금 하나님을 알 수 있는 가능성, 그와 사귈 수 있는 가능성, 더 이상 외인과 손으로서 "멀리" 떨어져 있지 않고 가까이 다가가엡 2:13 하나님의 가족이 됨으로써 날마다 그의 손에서 은혜로운 선물을 받을 수 있는 가능성을 거부하고 있는 것입니다. 하나님 나라의 시민이 될 수 있는 가능성 – 또한 하나님의 권속이 되고 자녀가 될 가능성, 자녀이기 때문에 하나님의 상속자요 그리스도와 함께한 상속자가 될 가능성롬 8:15-17 – 을 거부하고 있는 것입니다. 이렇게 새사람으로 만들어 주시는 것은 이 위대한 구원의 일부로서, 사도들은 바로 이 점 때문에 반드시 이 메시지를 전해야 한다고 생각했습니다. 그들은 가만히 있을 수가 없었습니다. 만민에게 이 메시지를 전하지 않고는 견딜 수가 없었습니다.

그러나 이것도 구원의 전부는 아닙니다! 나는 믿음을 가지고 있으며 하나님의 자녀로 아버지이신 하나님께 나아가지만, 그래도 여전히 내 속이 오염되어 있다는 사실을 압니다. 여전히 추함이 있고 악함이 있음을 압니다. 나는 찰스 웨슬리가 괜히 다음과 같은 훌륭한 가사를 적은 것이 아님을 깨닫게 됩니다.

주의 이름은 공의롭고 거룩하나
나는 불의하며
악함과 죄로 가득 찼나이다.[1]

---

1 찬송가 388장 3절 참조 – 옮긴이.

정치인들이 자신에 대해 이렇게 말하는 것을 들어 보았습니까? 그들은 상대방에 대해 이렇게 말하지만, 성경은 그들 모두에 대해, 그리고 여러분과 저에 대해 이렇게 말합니다. "악함과 죄로 가득 찼나이다." 여러분이 자기 자신을 안다면 이것이 있는 그대로의 진실임을 알 것입니다. 우리는 모두 죄의 지배 아래 있습니다. 이것이 우리 안에 있는 모순입니다. 즉 마음으로는 더 선한 일을 원하지만, 실제로는 더 악한 일을 행하는 것입니다. 우리에게는 우리를 밑으로 잡아당기는 이러한 힘, 이러한 편향성, 바울이 "지체 속에 있는 죄의 법"이라고 말한 치명적인 성향이 있습니다롬 7:23. 누가 이 오염을 제거해 줄 수 있겠습니까? 나는 내가 용서받았음을 알고 하나님께 감사를 드립니다. 또한 티 없는 흰옷, 의의 옷도 입고 있습니다. 감사하게도 새 본성, 새 생명, 새 출발, 새롭고 깨끗한 마음을 주셨음도 알고 있습니다. 그런데도 여전히 내 속에는 오염된 부분이 남아 있습니다. 우리는 그것을 제거할 수가 없습니다. 그것을 제거할 수 있는 분은 구주되신 그리스도뿐입니다.

그리스도는 구주십니다! 하나님이 그를 임금과 구주로 높이신 것은 그가 완전한 구주로서 이 오염을 처리하셨기 때문입니다. 이것이 성경이 말하는 '성화'santification(우리말 개역성경에는 '거룩함', '거룩하게 하심'으로 번역되어 있다-옮긴이)입니다. 단어 자체는 중요치 않기 때문에 더 나은 단어가 있다면 찾아보아도 좋습니다만, 여하튼 성경은 이 단어를 쓰고 있습니다. 성화는 하나님을 위해 따로 구별된다는 뜻인 동시에, 우리 안에 있는 죄와도 구별된다는 뜻입니다. 성화는 정화의 과정입니다. 하나님은 우리가 거듭나는 순간, 새 생명의 씨가 우리 속에 떨어지는 그 순간부터 이 일을 시작하십니다. 우리는 "신성한 성품에 참여하는 자"로 지음받았으며벧후 1:4, 하나님께서는 우리 안에 성령을 보내 주십니다. 왜 보내 주십니까? 이 씨를 돌보고 가꾸며 성장을 북돋아 주시기 위해서입니다. "이 비밀은 너희 안에 계신 그리스도시니 곧 영광의 소망이니"골 1:27.

오, 이 말이 잘 이해되지 않는다 해도 걱정하지 마십시오! 도대체 누가 이런 일을 이해할 수 있겠습니까? 이것은 그리스도인이라면 누구나 평생토록 이해하고자 애써야 할 사실이며, 영원토록 이해하고자 애써야 할 사실입니다. 어떤 방식인지는 몰라도 그리스도의 생명을 우리 안에 심으시는 것, 그래서 그 생명이 자라고 커져서 열매를 맺게 하시는 것이 하나님의 기적적인 구원방식입니다. 주님은 아버지께 드리는 마지막 기도에서 이렇게 말씀하십니다. "그들을 진리로 거룩하게 하옵소서. 아버지의 말씀은 진리니이다" 요 17:17.

여러분이 이 진리를 알게 되었다면, 반드시 성화에 대해 더 배워 나가야 합니다. 다른 그리스도인들을 만나서 이 위대한 교리에 대해 설명해 달라고 부탁하십시오. 그러면 어떻게 죄의 권세와 오염에서 해방될 수 있는지 알게 될 것입니다. 사람들이 간절히 바라는 것이 바로 이것입니다.

> 만세 반석 열리니
> 내가 들어갑니다!
> 창에 허리 상하여
> 물과 피를 흘린 것
> 내게 이중의 효험 되어서
> -내게 필요한 것은 이중의 효험입니다-
> 죄책과
> -그가 죽임을 당하심으로써, 그의 몸이 찢기고 피가 흐름으로써 죄책은 사라졌습니다. 오, 그러나 필요한 것이 더 있습니다!-
> 죄의 힘에서 정결하게 하소서.[2]
> -오거스터스 탑레이디 Augustus Toplady

그는 완전한 구주로서, 악한 죄의 지배력으로부터 여러분을 정결하게 하실 수 있습니다. 이것이 성화의 의미입니다.

---

[2] 찬송가 494장 1절-옮긴이.

그러나 아직 할 말이 더 있습니다. 성화는 지금 이 세상에서 완성되지 않습니다. 이 세상에서는 그 과정이 시작될 뿐입니다. 우리는 영원한 세계에서도 이 주제를 여전히 연구할 것이며, 여전히 자랑할 것이며, 여전히 놀라워할 것이며, 여전히 그로 인해 하나님을 찬양할 것입니다. 이제 여러분 스스로 연구할 제목을 드리겠습니다.

들어 보십시오. 여러분의 구주되신 그리스도는 여러분이 이 세상에 있는 동안에도 여러분을 인도해 주실 것입니다. 우리에게는 그의 인도가 필요하지 않습니까? 이처럼 우리를 인도하시는 것은 이 위대한 구원의 일부입니다. 히브리서 기자는 그 점을 이렇게 설명하고 있습니다. "예수를 보니"-또한 우리는 그를 따릅니다-"……만물이 그를 위하고 또한 그로 말미암은 이"-하나님-"가 많은 아들들"-이 메시지를 믿는 자들-"을 이끌어 영광에 들어가게 하시는 일에 그들의 구원의 창시자를 고난을 통하여 온전하게 하심이 합당하도다"히 2:9-10. "그들의 구원의 창시자!" 위대한 지도자가 우리 앞서 행하고 계십니다. 나는 용서받았고 의의 옷을 받았으며 새 본성을 받았고 성화의 과정도 알고 있지만, 여전히 이 세상에 살고 있습니다. 나는 세상과 육신과 마귀를 대면하고 있으며, 어떤 길로 가야 할지 찾기가 어렵습니다. 나는 어떻게 앞으로 나아갈 수 있을까요? 어떻게 그 성에 도달할 수 있을까요? 여기 그 답이 있습니다. "그들의 구원의 창시자", 지도자, 이 행렬의 지도자, 다름 아닌 복되신 예수, 하나님의 아들이 해답이십니다.

"거룩하게 하시는 이와 거룩하게 함을 입은 자들이 다 한 근원에서 난지라. 그러므로 형제라 부르시기를 부끄러워하지 아니하시고 이르시되 내가 주의 이름을 내 형제들에게 선포하고 내가 주를 교회 중에서 찬송하리라 하셨으며"히 2:11-12.

그다음에 나오는 말씀을 들어 보십시오.

자녀들은 혈과 육에 속하였으매 그도 또한 같은 모양으로 혈과 육을 함께 지니심은 죽음을 통하여 죽음의 세력을 잡은 자 곧 마귀를 멸하시며히 2:14.

나는 이 세상에 살고 있습니다. 내가 하나님의 자녀라는 사실은 알지만, 눈 닿는 곳마다 마귀가 다양한 형태로 나타나 유혹하고 공격합니다. 나는 마귀가 얼마나 강한지 압니다. 나같이 약한 존재가 어떻게 마귀에게 저항하겠습니까? 그러나 여기, 마귀를 이긴 분이 계십니다. 그가 내 구원의 창시자이시며 대장이십니다. 그는 나를 인도하시고, 나는 그를 따라갑니다. 히브리서 12장도 같은 장면을 보여주고 있습니다. "믿음의 주요 또 온전하게 하시는 이인 예수를 바라보자"히 12:2. 우리는 그를 따르라는 부르심을 받았으며, 그는 결코 우리를 떠나거나 버리지 않으시겠다고 약속하셨습니다.

주님은 또한 우리를 돕겠다고 약속하십니다. 거의 쓰러질 것 같을 때, 지옥문이 전부 열려서 내 앞에 들이닥치고 지극히 교묘한 시험이 사방에서 동시에 밀려드는 것 같을 때가 있습니다. 그럴 때 우리가 할 수 있는 일이 무엇입니까? 여기 그 답이 있습니다.

그러므로 그가 범사에 형제들과 같이 되심이 마땅하도다. 이는 하나님의 일에 자비하고 신실한 대제사장이 되어 백성의 죄를 속량하려 하심이라. 그가 시험을 받아 고난을 당하셨은즉 시험받는 자들을 능히 도우실 수 있느니라히 2:17-18.

지금 어려움을 겪고 있습니까? 시험에 넘어져서 낙심이 되고 절망이 됩니까? 이 말씀을 들으십시오.

우리에게 있는 대제사장은 우리의 연약함을 동정하지 못하실 이가 아니요 모든 일에 우리와 똑같이 시험을 받으신 이로되 죄는 없으시니라. 그러므로 우리는 긍휼하심을 받고 때를 따라 돕는 은혜를 얻기 위하여 은혜의 보좌 앞에 담대히 나아갈 것이니라히 4:15-16.

이 완전한 구주께서 여러분의 모든 필요를 공급하십니다. 그리고 이처럼 새 본성을 비롯한 모든 필요를 채워 주셨음에도 불구하고 여러분이 여전히 갈등하고 있다는 사실 또한 알고 계십니다. 그도 세상에서 살아 보셨습니다. 마귀와 시험의 권세와 힘을 느껴 보셨습니다. "모든 일에 우리와 똑같이 시험을 받으신 이로되 죄는 없으시니라." 바로 그런 분이 여러분과 함께 계십니다. 그가 여러분을 불쌍히 여기시고 붙들어 주시며 도와주실 것입니다. 여러분은 가장 절망적인 순간에도 그를 바라보며 다음과 같이 말씀드릴 수 있습니다.

매순간 주가 필요하오니
함께 계시옵소서.
주 함께 계시면
시험도 힘 잃네.³
―애니 셔우드 호크스 Annie Sherwood Hawks

그가 여러분에게 힘을 주시고 승리를 주실 것입니다. 이 얼마나 놀라운 구주이십니까! 이 얼마나 완벽한 구원입니까! 또한 바울은 "그는……우리를 위하여 간구하시는 자"라고 말합니다 롬 8:34. 우리는 히브리서라는 위대한 서신에서도 똑같은 가르침을 받습니다. 우리에게는 하나님 앞에서 우리를 대변해 주시는 대제사장이 계십니다. 그가 우리의 처지를 설명해 주실 것입니다. 실제로 히브리서 기자는 그 점을 훨씬 더 영광스럽게 표현해 놓고 있습니다. 그리스도를 믿는 히브리인들은 박해와 고난을 겪어야 했기 때문에, 복음을 받아들인 이 불쌍한 히브리인 중에 "우리가 그리스도를 믿은 것이 과연 옳은 일이었을까? 성전과 번제와 희생제사로 돌아가야 하는 것은 아닐까?"라고 묻는 사람들이 나오기 시작했습니다.

마찬가지로 오늘날에도 마리아와 성직자에게로 돌아가려는 유혹,

3   찬송가 446장 2절 참조―옮긴이.

성찬의 빵과 포도주에 은혜가 내재되어 있으며 물과 세례 자체에 효력이 있다고 믿는 자리로 돌아가려는 유혹을 받는 이들이 많이 있습니다. 그렇게 빈약한 것들로 돌아간다고 생각해 보십시오! 사람들은 히브리 그리스도인들처럼 인간 제사장에게로 돌아가려 합니다. 왜 그렇게 합니까? 그들의 직분은 일시적이지만 하나님이 세우신 대제사장은 영원히 계신다는 사실을 이해하지 못했기 때문입니다. 히브리서 기자의 말을 들어 보십시오.

> 제사장된 그들의 수효가 많은 것은 죽음으로 말미암아 항상 있지 못함이로되 예수는 영원히 계시므로 그 제사장 직분도 갈리지 아니하느니라. 그러므로 자기를 힘입어 하나님께 나아가는 자들을 온전히 구원하실 수 있으니 이는 그가 항상 살아계셔서 그들을 위하여 간구하심이라 히 7:23-25.

그는 지금도 계십니다. 영원히 계십니다.
우리는 구주되신 그리스도께서 우리의 모든 필요를 채워 주시며 마귀의 모든 일을 무위로 돌리심을 보았습니다. 이 놀라운 그림을 완성하기 위해 던져야 할 질문은 이것입니다. 마귀가 최종적으로 하는 일은 무엇입니까? 죽음입니다. 주님은 바로 그 죽음을 처리하셨고 정복하셨습니다. 그는 맨 나중 원수를 이기셨습니다. 그리스도는 그를 믿는 모든 사람들을 아버지께 드릴 것입니다. 그러면 모든 일이 완전히 끝납니다. 오염은 전부 사라질 것입니다. 우리의 밖이 깨끗해진 것처럼 안도 깨끗해져서 지혜와 의로움과 거룩함과 구원함과 영광을 얻을 것이며 변화되고 해방된 몸을 얻을 것이고, 죄는 완전히 제거될 것입니다. 그래서 주님은 이 땅의 삶을 마치실 무렵에 이렇게 말씀하셨습니다.

> 너희는 마음에 근심하지 말라. 하나님을 믿으니 또 나를 믿으라. 내 아버지 집에 거할 곳이 많도다. 그렇지 않으면 너희에게 일렀으리라. 내가 너희를 위하여 거처를 예비하러 가노니 가서 너희를

위하여 거처를 예비하면 내가 다시 와서 너희를 내게로 영접하여 나 있는 곳에 너희도 있게 하리라"요 14:1-3.

유다는 그것을 자기 서신에 이렇게 표현해 놓았습니다. "능히 너희를 보호하사 거침이 없게 하시고 너희로 그 영광 앞에 흠이 없이 기쁨으로 서게 하실 이 곧 우리 구주 홀로 하나이신 하나님께 우리 주 예수 그리스도로 말미암아 영광과 위엄과 권력과 권세가 영원 전부터 이제와 영원토록 있을지어다. 아멘"유 1:24-25.

이 밖에 무슨 말을 더 할 수 있겠습니까? 아멘! "보좌에 앉으신 이와 어린양"―죽임을 당함으로써 우리를 구속하여 하나님께 드린 어린양―"에게 찬송과 존귀와 영광과 권능을 세세토록 돌릴지어다"계 5:13. 여러분은 유대 공회가 어떻게 해서든지 입을 틀어막으려 했던 자들이 따랐던 분, 이 구주를 아십니까? 이분을 믿습니까? 이분을 믿는 믿음을 포기하는 대신 온 세상에 도전할 준비, 죽음에까지 맞설 준비가 되어 있습니까? "예수는 하나님으로부터 나와서 우리에게 지혜와 의로움과 거룩함과 [완전한] 구원함이 되셨으니"고전 1:30.

06
완전한 구주

07

임금되신 그리스도

베드로와 사도들이 대답하여 이르되 사람보다 하나님께 순종하는 것이 마땅하니라. 너희가 나무에 달아 죽인 예수를 우리 조상의 하나님이 살리시고 이스라엘에게 회개함과 죄사함을 주시려고 그를 오른손으로 높이사 임금과 구주로 삼으셨느니라. 우리는 이 일에 증인이요 하나님이 자기에게 순종하는 사람들에게 주신 성령도 그러하니라 하더라.

사도행전 5:29-32

이번에 특별히 다루고 싶은 부분은 31절 후반부입니다. "그를 오른손으로 높이사 임금"–임금!–"과 구주로 삼으셨느니라." 지금 사도들이 맞서고 있는 상대는 이 땅의 인간적이고 세상적인 권력과 세력이라는 사실을 기억하시기 바랍니다. 당국자들은 기독교 메시지의 전파를 막으려 했습니다. 그러자 사도들은 자신들은 이 일을 중단할 수 없으며 계속해서 이 메시지를 전하겠다고 대답했습니다. "사람보다 하나님께 순종하는 것이 마땅하니라." 그들이 이렇게 말한 이유는, 하나님이 예수를 일으켜 임금과 구주로 삼으셨기 때문이었습니다. 그리하여 우리는 여기에서 두 가지 통치 유형 또는 세상의 통치를 바라보는 두 가지 개념–인간의 일시적인 통치와 하나님의 영원한 통치–에 대한 그림을 얻게 됩니다.¹

우리는 지금까지 개인적인 측면–구주로서의 그리스도, 우리를 개인적인 곤경에서 구원하시는 분으로서의 그리스도–에 집중해서 이 위대한 메시지를 살펴보았습니다. 이것을 출발점으로 삼는 것은 옳은 일이지만, 거기에 멈추어 그것만을 복음의 전부로 생각하는 것은 큰 잘못입니다. 오늘 본문이 일깨워 주듯이, 그것은 복음의 전부가 아닙니다. 그리스도는 구주이실 뿐 아니라 임금이요 통치자요 지배자이십니다. 본문은 놀라운 방식으로 이 두 가지 통치를 대조해서 보여주고 있습니다. 인류역사 전체는 바로 이 대조–인간 통치자들과 우주를 통치하시는 임금의 대조–로 요약됩니다.

복음은 개인적인 메시지에 불과하다고 생각하는 이들이 많이 있

---

1 로이드 존스는 영국 총선이 치러진 1966년 3월 31일 전주 주일예배 때 이 설교를 했다.

습니다. 실제로 그런 생각 때문에 그리스도인이 되지 않는 이들도 많습니다. 그런 이들은 말합니다. "어떤 의미에서 우리는 모두 곤경에 빠져 있고, 기독교에서 도움을 얻는 듯한 사람들도 간혹 있습니다. 기독교는 그런 사람들에게 위안과 약간의 행복을 주고, 친구도 사귀게 해줍니다. 다 좋은 일입니다. 기독교에서 도움을 얻는 이들은 그러라고 하십시오. 마음껏 믿으라고 하세요. 하지만 우리와는 상관없는 일입니다. 우리가 안도감과 도움과 행복을 얻는 방식은 그들과 다릅니다."

이런 식으로 말하는 사람들은 기독교에 관심을 보이지 않습니다. 그들은 각 사람이 일정한 유형의 기질을 타고나고 종교 유형을 포함하여 심리 유형도 각기 다르게 타고난다는 관점을 고수하며, 아무도 거기에 이의를 제기하지 않습니다. 자신들은 종교적 유형이 아니므로 복음과 상관없다는 것이 그들의 주장입니다. 그들은 복음을 순전히 개인적인 메시지, 일반 세계에 대해서는 아무 할 말이 없는 메시지로 치부해 버립니다. 복음은 기독교에 흥미를 느끼는 소수의 사람들, 영국 국민의 10퍼센트에 불과한 사람들-지금은 통계와 여론조사의 시대이니 만큼 우리도 수치를 사용해 봅시다!-을 위한 일종의 생존 보조대책이라는 것입니다. 물론 그 비율 역시 사람들이 성숙함에 따라 급격히 줄어들 것이며, 교육수준이 높아지면 결국 기독교 자체가 완전히 사라질 것이라고 그들은 말합니다.

불행히도 이러한 관점에 상당한 신빙성을 부여해 주는 잘못된 그리스도인들이 있습니다. 이 점은 솔직히 인정하기로 합시다. 기독교 메시지를 개인적인 구원의 문제-'구주되신 예수 그리스도'-로만 한정하는 듯한 그리스도인들이 있습니다. 그들이 복음에 관심을 갖는 이유는 자신에게 도움이 되기 때문입니다. 그들은 항상 자기 자신과 자신의 경험, 자신의 소원에 집중합니다.

주님이 구주이심을 인해 하나님께 감사하십시오. 구원은 우리 모두의 제일가는 필요입니다. 그러나 기독교 신앙을 개인 구원의 문제로만 한정한다면 사람들의 오해를 부추기게 될 뿐 아니라, 이 영광스럽고 위대한 복음에도 아주 심각한 한계선을 긋게 될 것입니다. 복음은 온 우주를 위한 것입니다. 복음은 개인 구원에서 시작되지만 거기에서 끝나지는 않습니다. 복음은 하나님이 그 아들을 임금으로 높이셨다는 선포입니다. 사람들이 알든 모르든 복음은 전 세계와 관련된 것으로서, 우리 각 개인을 세상에서 해방시킬 뿐 아니라 결국에는 온 우주를 죄의 맹위와 그 결과에서 해방시킬 것입니다.

이렇게 볼 때, 바로 오늘 밤에 복음에서 무언가 들을 말이 있을 것 같지 않습니까? 오늘은 총선 전주 주일 밤입니다! 바로 이 순간, 복음과 영국의 상황 사이에 어떤 연관성이 보이지 않습니까? 복음은 참으로 우리의 상황과 연관된 메시지이자, 현재 들려오는 그 어떤 메시지보다 절실히 필요한 메시지입니다. 그리스도는 구주시면서 임금이십니다. 세계와 우주의 임금이십니다.

성경은 이 위대한 메시지를 여러 방식으로 진술하고 있습니다. 아마도 그중에서 가장 훌륭한 것 중에 하나는 에베소서 1장에 나오는 사도 바울의 진술일 것입니다. 그는 아들을 임금으로 높이시는 것이 하나님의 뜻이라고 말합니다.

> 그 뜻의 비밀을 우리에게 알리신 것이요 그의 기뻐하심을 따라 그리스도 안에서 때가 찬 경륜을 위하여 예정하신 것이니 하늘에 있는 것이나 땅에 있는 것이 다 그리스도 안에서 통일되게 하려 하심이라 엡 1:9-10.

이것이 하나님께서 우주와 관련하여 그리스도 안에서 성취하려 하시는 위대한 목적입니다. 이 진술은 복음 전파의 본질을 이루는 것으로서, 사도 베드로와 요한도 바로 이 메시지를 전하고자 했습니다. 그들이 이 땅의 관원들에게 한 말은 요컨대 이런 것이었습니다. "당신들은 복음 전파를 막으려 들면서, 이분을 전하지 못하도록 금지하는 일을 마땅한 권리 행사로 여기고 있습니다. 그리고 이곳의 법과 질서를 유지하는 통치자로서 마땅히 해야 할 일을 한다고 생각하고 있습니다.

그러나 그것은 이분이 누구인지, 무엇을 위해 세상에 오셨는지 모르는 소치입니다. 이분은 통치자이십니다! 통치할 능력이 있는 유일한 분이십니다. 우주의 지배자시며, 당신들이 아무리 노력해도 이룰 수 없는 일을 성공적으로 이루실 수 있는 유일한 분이십니다." 그들이 침묵을 지킬 수 없었던 이유가 여기 있습니다. "그를 오른손으로 높이사 임금과 구주로 삼으셨느니라." 이것은 이 땅의 권력이 항상 반기를 드는 메시지로서, 이 두 권력이 서로 통치권을 행사하려 드는 것이야말로 오늘날 우리 앞에 놓인 큰 문제입니다. 저는 이 모든 이야기가 사도행전 5장에 기록된 사도들의 말에 담겨 있음을 밝히고자 합니다.

그리스도는 온 우주의 임금이시라는 메시지를 참으로 터득할 수 있는 유일한 방법, 성경 전체의 가르침을 조감할 수 있는 유일한 방법이 있습니다. 지금은 그 방법을 활용하기 좋은 기회입니다. 오늘 본문이 그 기회를 제공하고 있기 때문입니다. 본문은 그가 "임금"이라고 말하고 있는데, 저는 총선을 앞둔 현 상황을 통해 그 점을 입증하고 싶습니다.

여러분은 "그렇습니다. 우리에게는 통치의 주체가 있어야 합니다"라고 말합니다. 하지만 왜 있어야 합니까? 이것이 우리가 풀어야 할 의문입니다. 저는 성경이라고 불리는 이 책의 가르침에 비추어 보지 않는 한, 인류의 역사도, 과거도, 현재도, 미래도 이해할 수 없다고 주장합니다. 우리는 성경의 가르침을 취하되 전체적으로 취해야 합니다. "그리스도는 날 위해 이런저런 일을 하실 수 있다"라고 말하는 것만으로는 충분치 않습니다. 물론 그는 날 위해 일하실 것입니다. 그러나 그것을 뛰어넘는 차원이 있습니다. 그-이 복되신 임금-를 보고, 그가 친히 하시는 말씀을 들으십시오. 위대한 권세와 영광 가운데 계신 모습을 보십시오. 이 본문에 나온 모습을 보고, 성경 전체에 나온 모습을 보십시오.

사도는 "예수를 우리 조상의 하나님이 살리시고"라고 말했습니다. 달리 말하면, 당국자들의 생각을 즉석에서 교정해 준 것입니다. 그들은 말했습니다. "당신들은 예수가 이 성을 비롯하여 여러 곳을 다니시며 그 모든 일을 행하시는 것을 보았습니다. 당신들은 그가 당신들 앞에 나타나신 것, 당신들의 손에 못박혀 죽어서 장사된 것만 생각하고 있습니다. 그리고 그 근시안적이고 편협한 시각 때문에 맥락-'우리 조상의 하나님'이 배후에 계시다는 사실-을 파악하지 못하고 있습니다. 그를 이해하고 싶다면 역사로 돌아가야 합니다."

오늘날에도 이런 문제를 가진 이들이 많습니다. 그들은 원근법적인 관점에서 모든 것을 지나치게 단순화합니다. 그러나 세상의 문제들은 심오한 것으로서, 그것들을 이해할 방법은 오직 하나뿐입니다. 즉 이 큰 맥락에서 보아야 하는 것입니다. 지금 우리 귀에 그토록 자주 들리는 이야기들은 상당 부분 가치 없는 것들입니다. 영국이나 온 세계가 혼란에 빠져 있는 것도 놀랄 일이 아닙니다. 사람들은 영원이라는 배경에서 문제를 볼 줄 모릅니다. 그래서 늘 실패하는 것입니다.

무슨 뜻인지 설명해 보겠습니다. 성경 메시지-오늘 내일을 포함하여 선거가 치러지는 목요일 이전의 모든 날뿐 아니라 선거 이후의 모든 날에 해당하는 메시지, 우리에게 항상 필요한 메시지-는 바로 이 말로 요약될 수 있습니다. 여러분은 세상이 창조된 태초로 돌아가야 합니다. 세계 그 자체, 그 본질과 기원에서부터 출발해야 합니다. 인류의 기원에서부터 출발해야 합니다. 인간이 어떤 존재인지도 모르면서 인간을 위해 이런저런 일을 하겠다고 결정하는 것은 무익한 일입니다. 이렇게 볼 때 정치인들은 정당과 상관없이 우리를 심하게 모욕하고 있는 셈입니다. 그들은 단돈 6펜스로, 빵과 버터로, 유인물로 우리를 살 수 있다고 생각합니다. 그래서 경쟁적으로 우리를 매수하려 듭니다. 거듭 말하지만, 그것은 모욕입니다. 인간의 문제는 그런 차원에서 다루어질 수 없습니다. 우주는 무엇인지, 인간은 어떤 존재이며 어디에서 왔는지부터 멈추어 생각해야 합니다.

그다음으로 부딪치는 질문은 세상이 왜 이렇게 되었느냐는 것입니다. 다시 묻겠습니다. 여러분에게는 왜 정부가 필요합니까? 왜 치안판사가 필요합니까? 왜 칼이 필요합니까? 왜 제재가 필요합니까? 왜 형벌이 필요합니까? 왜 감옥이 필요합니까? 이런 질문들을 다루는 곳은 성경밖에 없습니다. 정부 관리들은 죄수들에게 새 침대를 제공하며, 심리치료를 할 것인지 말 것인지를 놓고 논쟁을 벌입니다. 그러나 감옥이 대체 왜 필요한가라는 질문은 절대 던지지 않습니다. 그들은 그런 질문을 정면에서 다루지 않습니다. 왜 세상에 여러 문제가 생겨났습니까? 답은 하나로서, 오직 성경에만 나와 있습니다. 인간의 문제는 타락 때문에 생겨났습니다. 인간은 원래 하나님의 형상을 따라 완벽하게 지어졌지만, 하나님께 반역함으로써 혼돈과 형벌을 불러왔습니다. 문제와 혼란을 세상에 끌어들인 장본인은 바로 인간입니다.

이처럼 우리는 성경이 출발하는 곳에서 출발해야 합니다. 성경은 창조를 상세히 이야기하는 데 시간을 쓰지 않습니다. 성경은 창세기 첫 두 장을 통해 창조의 배경과 상황을 제시하면서, 만물이 하나님에게서 비롯되었다고 말합니다. 성경이 참으로 관심을 기울이는 것은 지금 이 세상의 상태입니다. 우리는 창세기 3장에서 인간의 타락, 재난과 혼란, 이마에 땀을 흘려야 양식을 얻는 벌에 대해 듣습니다. 성경은 재난이 계속해서 가중되는 모습을 보여줍니다. 실제로 창세기 앞장들에는 오늘날과 전혀 다를 바 없는 상황이 기록되어 있습니다.

창세기 3장 이후로 가면, 커다란 두 '계보' 또는 역사의 두 유형을 만나게 됩니다. '인간의 역사'와 '하나님의 역사'입니다. 이것을 파악하는 것이 인생과 그에 수반되는 모든 상황 및 문제들을 이해하는 길입니다. 알든 모르든 여러분과 저는 이 두 유형의 역사와 연관되어 있습니다. 그것을 알리고 그에 대해 가르치는 것이 설교의 임무입니다.

세상이 겪고 있는 비극의 본질은 인간의 역사만 안다는 데 있습니다. 총선! 정권 교체의 가능성! 그러나 그 정권은 전쟁 선포를 결정하는 정권입니다. 세상의 역사책들은 이제껏 역사를 만들어 온 크고 작은 인간들을 다루고 있습니다. 또 세상 사람들은 일요신문을 읽으면서 현재 일어나는 사건들을 알고 있고 이해하고 있다고 생각합니다. 그러나 하나님의 역사, 하나님이 일으키시는 일들에 대한 놀라운 이야기에는 완전히 무지합니다.

인간의 무지가 가장 두드러지게 나타나는 예를 들어 보겠습니다.

우리 구주되신 주님의 탄생 이야기를 봅시다. 제가 특별히 염두에 두는 것은 누가복음 2장에 기록된 이야기입니다. 이 이야기는 20세기 사람들도 확실히 알 것입니다.

> 그때에 가이사 아구스도가 영을 내려 천하로 다 호적하라 하였으니 이 호적은 구레뇨가 수리아 총독이 되었을 때에 처음 한 것이라. 모든 사람이 호적하러 각각 고향으로 돌아가매.

이것은 인간의 역사입니다. 사람들은 이 역사에 관심을 갖습니다. 그런데 그다음에 이런 이야기가 나옵니다.

> 요셉도 다윗의 집 족속이므로 갈릴리 나사렛 동네에서 유대를 향하여 베들레헴이라 하는 다윗의 동네로 그 약혼한 마리아와 함께 호적하러 올라가니 마리아가 이미 잉태하였더라 눅 2:1-5.

호적을 조사하여 세금을 부과하는 일은 눈에 띄는 사건으로서, 총선과 비슷한 데가 있습니다. 목적은 총선과 다르지만, 여하튼 모든 사람이 연관된 일이며 모든 사람이 가서 등록해야 하는 일입니다. 그때 무슨 사건이 일어났는지 여러분도 알 것입니다.

마리아의 출산이 임박했지만 여관에는 있을 곳이 없었습니다. "이는 여관에 있을 곳이 없음이러라" 눅 2:7. 마리아와 요셉은 마구간에 묵어야 했고, 아기는 그곳에서 태어났습니다.

상황이 훤히 그려지지 않습니까? 베들레헴의 여관들을 보십시오. 사람들로 온통 북적거리는 장면, 특히 모두들 술집에서 퍼마시는 장면이 그려지지 않습니까? 사람들이 그렇게 모여서 하는 이야기가 무엇입니까? 정치 이야기입니다! 세금 이야기입니다! 세금이 오르는 것은 옳은 일입니까, 그른 일입니까? 세금이 오르는 것에 항의하지 말고 가만히 있어야 합니까? 무슨 조처를 취해야 하지 않습니까? 이것은 중요한 문제입니다. 누구나 관심을 가지고 논쟁하는 문제입니다.

이처럼 과세를 위한 인구조사는 큰 사건입니다. 그에 비해 한 아기가 마구간에서 태어나 구유에 그 작은 몸을 뉘였다는 것은, 그렇습니다, 너무나 사소해서 눈에 띄지도 않는 사건이었습니다. 그런 일에 누가 신경을 쓰겠습니까! 말도 안되는 일입니다!

그러나 그것이 하나님의 역사입니다. 인간의 역사에서는 중요하지 않아 보이던 그 사건이 세상을 뒤엎었습니다. 그 당시에는 중시하지 않았던 그 사건이 올해를 1966년이라고 부르게 만들었습니다. 자, 이것이 오늘날 우리와 우리 세계에 주어진 복음의 메시지입니다. 사람들은 하나님이 하시는 일을 무시하고 잊어버리며 거기에서 아무 의미를 찾지 못하지만, 진짜 중요한 역사는 이 하나님의 역사입니다.

저는 이 두 가지 역사를 다 제시할 의무가 있습니다. 세상의 통치자이자 당국자인 산헤드린은 복음전도자에게 "그만! 그 이름은 입에도 올리지 마라. 그에 관한 말은 듣기도 싫다. 그런 말은 소요만 일으키고 법과 질서에 하등 도움이 되지 않는다. 그런 엉뚱한 소리, 불쾌한 소리는 더 전하지 마라"라고 말합니다. "우리가 이 이름으로 사람을 가르치지 말라고 엄금하였으되."

이에 대한 답은 오직 사도들의 대답뿐으로서, 제가 다시 한번 반복하는 특권을 누리겠습니다. "사람보다 하나님께 순종하는 것이 마땅하니라." 왜 그렇습니까? 우리는 우주의 임금이신 분, 통치할 능력과 권한을 가지신 유일한 분, 장차도 통치하실 유일한 분에 대해 전하고 있기 때문입니다. 그럼에도 갈등은 존재하는데, 그것은 세상이 이 사실을 받아들이지 않기 때문이며, 우리는 그러한 세상의 죄를 입증하고 설복해야 하기 때문입니다. 그러니 주로 인간들이 만들어 가고 있는 이 역사, 인간의 역사를 살펴보면서 논의를 계속해 봅시다.

인간의 역사를 언급할 때에도 가장 먼저 짚고 넘어가야 할 사실은, 인간의 역사 또한 하나님이 존재하게 하셨다는 것입니다. 문제는 인류가 반역하고 타락함으로써 세상이 곤경에 빠지게 되었다는 것입니다. 이 문제를 어떻게 해결해야 하겠습니까? 하나님은 그 한없는 지혜와 이른바 '일반은총'을 통해, 사람의 손으로 조정되고 유지되는 일정한 질서를 만들기로 하셨습니다. 이 질서가 바로 인간의 통치입니다.

성경에는 '인간의 통치'라는 주제를 다루는 진술들이 많이 있습니다. 예를 들어 바울이 아덴에서 스토아 학파와 에피쿠로스 학파에게 한 말을 보면, 하나님이 세계를 여러 나라로 나누시고 땅 위에 사는 모든 민족에게 거주의 경계를 정하셨다는 이야기가 나옵니다[행 17:26]. 로마서 13:1은 거기에서 더 나아가 "모든 권세는 다 하나님의 정하신 바"라고 말합니다. 하나님은 죄의 영향력을 일정한 한계 안에 가두어 놓기 위해 통치자와 치안판사와 왕과 군주와 그 밖의 관리들을 두도록 정하셨습니다. 그는 통치의 원리를 정하시고, 사람들에게 그것을 넘겨주셨습니다. 이를테면 그렇다는 말입니다. 그리고 그에 더하여 재능과 지성과 권위와 정치적 이해력 등의 은사를 주셨습니다.

이것이 인간 통치의 기원입니다. 그러나 요즘 같은 시대에 우리가 던질 질문이 있습니다. 인간 통치의 특징은 무엇입니까? 성경과 이후 계속된 역사를 볼 때, 하나님이 우리의 유익을 위해 정하신 통치질서가 남용되고 있는 것이 분명합니다. 인간 지도자들은 하나님을 거부하고 권력을 장악했습니다. 그들은 하나님께 도움을 청하지 않고서도 자신들이 문제를 관리할 수 있다고 생각합니다. 그들은 이렇게 말합니다.

> 나는 내 운명의 주인,
> 내 영혼의 선장이다.
> —W. E. 헨리^{W. E. Henley}

정부가 지금까지 한 일이 무엇입니까? 그들은 처음부터 이른바 '문명'을 만들려 했습니다. 체제와 질서와 통제장치를 만들려 했습니다. 인간의 일들을 규정하고 관리하려 했습니다. 농업과 무역을 통해, 또한 도시와 공동체를 세우고 문화, 예술, 음악, 문학에 대한 관심을 키움으로써 문제를 해결하고 인간의 몫을 늘려 나가며 평화와 쉼과 만족을 얻으려 했습니다. 그리고 무엇보다 정치를 시험하려 했습니다. 그 모든 것은 혼돈을 질서로 바꾸려는 시도였습니다.

물론 우리를 통치하고 통제하는 권력자들은 서로 분열되어 있습니다. 예술과 문학, 음악, 정치 분야에도 서로 경쟁하는 학파나 분파들이 있습니다. 그러나 목적은 똑같습니다. 수단만 다를 뿐입니다. 그들은 모두 같은 미끼를 던지면서, 저마다 우리의 유익에 관심이 있다고 말합니다. 서로 다른 특징과 차이에도 불구하고 그들이 공히 추구하는 것은 질서 있는 문명사회의 건설입니다.

그러나 실제로 벌어진 일은 무엇입니까? 나타난 결과는 무엇입니까? 자, 세상은 예전과 하나도 달라지지 않았습니다. 우리는 지금까지 무슨 일이 벌어졌는지 잘 알고 있습니다. 인간의 온갖 노력에도 불구하고 정글은 점점 더 확산되는 중입니다. 사람들은 질서를 만들어 내고자 정글을 개간하고 열심히 일하며 수고의 땀을 흘리고 있지만, 되돌아오는 것은 늘 재난과 불일치와 무법천지의 위협, 그리고 좌절뿐입니다. 분쟁의 여지는 늘 상존하고 있습니다. 그래서 때때로 경찰국가의 필요성이 제기되기도 합니다. 세상에는 언제나 독재와 전쟁이 있었고, 고통과 도둑질, 도덕적 혼란, 불행이 있었습니다. 그것이 기나긴 인류역사의 줄거리입니다.

그 역사 전체를 되돌아볼 때, 인류의 역사란 끊임없는 순환에 지나지 않는다는 사실을 알게 됩니다. 진보가 이루어진 듯한 시대도 있었습니다. 빅토리아시대가 다소 그러한데, 그 당시 사람들은 자신들이 거의 완벽한 시대, 천년왕국 내지는 황금시대에 근접했다고 생각했습니다. 그러나 사회는 정점에 도달한 듯 보이는 바로 그 순간, 하향세로 돌아서서 퇴보의 시기로 접어듭니다. 세상을 통치하며 질서를 유지하고자 노력해 온 인간의 역사는 '융성-쇠퇴-멸망'이라는 말로 요약될 수 있습니다.

놀랍게도 세계에 등장했던 거대한 제국들의 역사 또한 이러한 순환을 보여줍니다. 이것은 매력적인 연구거리입니다. 말 그대로 아무것도 없는 곳에 능력 있고 부지런한 인물이 나타나 성공을 일구어 냅니다. 그가 만든 작은 집단은 점점 더 성장하고 번창합니다. 그렇게 융성하여 권력을 잡고, 정상에 올라 다른 집단과 국가를 지배합니다. 그러고 나서 쇠퇴의 길을 걷다가 결국에는 멸망합니다. 로마제국은 그 완벽한 예입니다. 로마의 역사는 스스로 자신의 역사를 만들어 내며 세계를 지배하고 혼돈에서 질서를 만들어 내려 했던 인류의 역사이기도 합니다. 그러나 그 모든 역사의 배후에는 하나님이 계십니다. 성경이 아주 명백하게 밝히고 있듯이, 인간의 역사를 허락하시고 통제하시는 분은 하나님입니다. 독재자가 일어나 전 세계를 위협하는 것처럼 보일 때 하나님이 그 독재자를 무너뜨리십니다. 성경, 특별히 구약은 그 예로 가득 차 있습니다. 스스로 하늘까지 높아졌던 느부갓네살 왕가도 갑자기 몰락하여 온 백성의 웃음거리가 되었습니다. 하나님이 그들을 낮추셨습니다. 하나님은 권력을 허용하시지만, 그 권력을 통제해서 절대로 일정한 한계를 넘지 못하게 하십니다.

인간의 모든 노력과 수고와 위대한 진보에도 불구하고, 20세기 중반에 이른 이 세상이 이처럼 곤경에 빠져 있는 이유가 무엇입니까? 왜 모든 진보에는 퇴보가 이어지며, 모든 융성에는 쇠퇴와 멸망이 이어집니까? 왜 세상을 통치하려는 인간의 시도는 실패로 돌아갑니까? 도대체 무엇이 문제입니까? 대답은 하나뿐입니다. 세상이 이렇게 된 것은 인간이 죄로 가득 찬 타락한 본질을 타고났기 때문입니다. 하나님으로부터 멀어져 있기 때문입니다. 더 나아가 이처럼 죄와 교만으로 가득 찬 인류를 향해 하나님이 진노하고 계시기 때문입니다. 그러나 세상의 비극은 이 사실을 깨닫지 못한다는 것입니다.

얼마 전에 위대한 역사가 에드워드 기번$^{Edward\ Gibbon}$ ― 그는 그리스도인이 아닙니다 ― 의 책을 다시 읽었는데, 로마제국의 쇠퇴와 멸망을 설명한 부분이 강하게 와닿았습니다. 완전히 무지한 사람이 아니라면 그의 설명이 오늘 이 나라에도 해당된다는 사실을 알아챌 것입니다! 그가 제시한 다섯 가지 이유는 다음과 같습니다.

첫째, 이혼의 급증. "인간사회의 토대인 가정의 고귀함과 성스러움이 침식되는 것." 이것은 하찮은 복음전도자인 저의 말이 아니라 위대한 역사가 에드워드 기번의 말로서, 당연히 맞는 말입니다. 가정은 사회의 기초 단위로서, 일단 가정이 무너지면 다른 부분도 조만간 전부 무너지게 되어 있습니다.

둘째, "세금은 점점 높이 부과하면서 공급은 빵과 서커스에 소비하는 것."

셋째, "쾌락과 스포츠에 열광하는 것. 스포츠가 해마다 점점 더 자극적이 되고 난폭해지는 것."

넷째, "진정한 적은 사람들 자체의 타락에 있는데도 군사력을 막대하게 키우는 것."

다섯째, "종교적 신앙의 쇠퇴. 신앙이 현실과의 접점을 모조리 잃은 단순한 형태로 쇠락하는 것."

로마제국은 훌륭한 문명국가였습니다. 지방정부와 법체계에 관한 한, 로마인은 세계 최고의 전문가라고 할 만했습니다. 로마의 체계는 진정한 문명이었습니다. 게다가 그 직전에 번성했던 그리스 문명까지 포함해서 인간의 노력은 거의 정점에 도달해 있었습니다. 그런데 결국 어떻게 되었습니까? 야만족인 고트족과 반달족-무지한 사람들-에게 정복당했습니다. 그들은 대체 어떻게 이 위대한 문명을 정복했을까요? 기번의 대답은 문명 자체의 내부적 부패가 제국을 약화시켜서 무너뜨릴 수 있었다는 것입니다. 거듭 말하지만, 그것이 인간 문명의 내력입니다.

인간의 모든 체계가 항상 실패하는 이유는, 인간의 내부에 문제가 있기 때문에 외부적인 규칙과 법률과 규정으로는 인간을 바꿀 수 없다는 데 있습니다. 우리에게 필요한 것은 더 나은 법률이 아니라 더 나은 본성이며, 더 나은 교육이 아니라 더 나은 영혼, 더 나은 갈망입니다. 그래서 그 모든 인간의 역사가 아무 성과도 거두지 못한 것입니다. 그런데도 세상의 당국자들은 난국을 타개할 유일한 해결책인 복음 전파를 방해합니다.

감사한 일은, 이러한 인간들의 방해에도 불구하고 메시지가 계속 전파되었다는 것입니다. 하나님의 목적은 계속 진행되었습니다. "사람보다 하나님께 순종하는 것이 마땅하니라. 너희가 나무에 달아 죽인 예수를 우리 조상의 하나님이 살리시고." 베드로는 "당신들은 늘 그런 짓을 해왔다"고 말했습니다. 그러나 하나님은 "이스라엘에게 회개함과 죄사함을 주시려고 그를 오른손으로 높이사 임금과 구주로 삼으셨"습니다. 사도들이 침묵할 수 없었던 이유가 여기 있습니다. 그들에게는 세상의 유일한 희망을 담보하는 메시지가 있었습니다.

따라서 거듭 반복하는 바, 우리에게 필요한 것은 더 나은 법률이나 더 나은 조건이 아닙니다. 지금 사람들은 마귀와 싸우고 있으며, 자기 안팎에 있는 악과 싸우고 있습니다. 그래서 실패하는 것입니다. 그러나 여기 이 메시지가 있습니다. 이 메시지로 인해 하나님께 감사하십시오. 이 메시지는 사람들의 손에 맡겨지지 않았습니다. 사람들의 역사와는 다른 역사, 다른 목적, 다른 계획이 진행되고 있습니다. 바로 하나님의 계획이 진행되고 있습니다.

"우리 조상의 하나님이……." 베드로가 이렇게 말한 의미가 무엇입니까? 성경에 나오는 이 위대한 메시지 전체를 요약함으로써 대답해 보겠습니다. 아담과 하와가 타락하여 재앙을 자초했지만, 하나님은 그 무한한 인자와 자비와 긍휼로 동산에 내려오셔서 수치심 때문에 나무 뒤에 숨은 두 사람을 불러 말씀하셨고, 그들이 자초한 형벌이 무엇인지 알려 주셨습니다. 그러고 나서 친히 이 형벌에 대해 조처를 취하겠다고 하시며, 여자의 후손이 뱀의 머리를 상하게 할 것을 약속하셨습니다 창 3:15.

그 약속의 결과, 우리는 성경에 기록된 인간의 역사 주변에서, 그 위에서, 그 사이사이에서 하나님의 역사-하나님이 과거에 일으키셨고 지금도 일으키고 계신 일들에 대한 이야기-를 읽게 되었습니다. 우리는 가인과 대비되는 아벨에게서, 나머지 세상과 대비되는 노아에게서 그 역사를 봅니다. 하나님은 이런 분이십니다! 그는 자기 백성을 만들어 내셨습니다. 아브라함이라는 한 사람을 일으키시고 그의 후손이 큰 나라를 이룰 것을 약속하셨으며, 노년에 이삭이라는 아들을 주셨습니다. 이삭은 아들 야곱을 낳았고, 그에게서 이스라엘 자손이라는 한 나라, 곧 하나님의 백성이 생겨났습니다.

바로 이것입니다. 하나님은 세상 나라 한가운데서 자신의 나라를 시작하셨습니다. 이것이 그가 행하시는 방식입니다. 하나님은 자신을 위해 이 나라를 만드시고, "이 나라를 통해 다른 나라들에게 말하겠다"고 하셨습니다. 그래서 이 나라를 아주 특별한 방식으로 다루셨습니다. 그는 이 나라 백성들에게 자신을 계시하셨습니다. 사람에 대한 진리, 사람의 본성과 본질에 대한 진리, 세상에서 사는 목적에 대한 진리, 다른 나라에는 주지 않은 진리를 주셨습니다. 하나님은 그들에게 지키며 살아야 할 법을 주셨고, 해야 할 일과 행동을 지시하셨습니다. 십계명은 그중에 하나였습니다. 그는 복 받는 길, 의와 평강의 삶을 누리는 길을 보여주셨습니다. 바울은 "하나님의 말씀"롬 3:2, 즉 하나님에 대한 계시와 하나님과 관계를 맺고 있는 인간에 대한 계시, 하나님의 목적에 대한 이 강력한 계시야말로 하나님이 유대인들에게 주신 큰 선물이라고 말함으로써 이 모든 내용을 요약해 주고 있습니다.

백성들의 거듭된 실패와 고집과 말할 수 없는 어리석음에도 불구하고 하나님은 모든 시대에 걸쳐 자신의 계획을 이루어 나가셨습니다. 여자의 후손이 뱀의 머리를 상하게 할 것이라는 위대한 약속으로 계속해서 그들을 지탱해 주셨습니다. 그리하여 백성들 모두 계속해서 앞을 바라보게 되었습니다. 간혹 상황이 나빠져서 무엇을 해야 할지 모를 때에도, 그들에게는 누군가 곧 오신다는 소망이 있었습니다. 위대한 선지자들은 모두 이 메시지를 반복해서 전했습니다. "너희의 하나님이 이르시되 너희는 위로하라, 내 백성을 위로하라"사 40:1. 한 사람이 와서 임금이 되실 것이며 하나님의 목적을 성취하실 것입니다. 이사야 선지자는 그 메시지를 다음과 같은 아주 아름다운 말로 표현해 놓았습니다.

이는 한 아기가 우리에게 났고 한 아들을 우리에게 주신 바 되었는데 그의 어깨에는 정사를 메었고 그의 이름은 기묘자라, 모사라, 전능하신 하나님이라, 영존하시는 아버지라, 평강의 왕이라 할 것임이라. 그 정사와 평강의 더함이 무궁하며 또 다윗의 왕좌와 그의 나라에 군림하여 그 나라를 굳게 세우고 지금 이후로 영원히 정의와 공의로 그것을 보존하실 것이라^{사 9:6-7}.

이 위대한 약속이 구약성경 전체를 관통하고 있었습니다. 그리고 말라기서 이후 하나님의 말씀이 들리지 않는 듯한 세월이 수세기-400년-흐른 후에, 한 가지 이상한 사건이 벌어졌습니다. 마리아라는 한 처녀, 동정녀가 갑자기 천사의 뜻하지 않은 방문을 받게 된 것입니다. 성경이 어떻게 하나님의 역사를 소개하고 있는지 보십시오.

여섯째 달에 천사 가브리엘이 하나님의 보내심을 받아 갈릴리 나사렛이란 동네에 가서 다윗의 자손 요셉이라 하는 사람과 약혼한 처녀에게 이르니 그 처녀의 이름은 마리아라. 그에게 들어가 이르되 은혜를 받은 자여, 평안할지어다. 주께서 너와 함께하시도다 하니^{눅 1:26-28}.

천사는 위대한 통치자나 왕 앞에 나타나지도 않았고, 유명한 사람 앞에 나타나지도 않았습니다. 천사는 한 무명의 처녀 앞에 나타났습니다. 아무도 염두에 두지 않던 처녀를 찾아왔습니다.

하나님의 역사는 이런 것입니다. 인간의 역사에 언제나 반反하는 것입니다. "그러나 하나님께서 세상의 미련한 것들을 택하사 지혜 있는 자들을 부끄럽게 하려 하시고"^{고전 1:27}. 하나님은 인간의 위대함을 비웃으십니다. 하나님은 별 볼일 없는 사람들을 택해서 그들을 높이십니다. 그래서 천사가 마리아에게 말씀을 전한 것이며, 우리는 마리아가 천사를 만난 일에 대해 듣게 된 것입니다.

처녀가 그 말을 듣고 놀라 이런 인사가 어찌함인가 생각하매 천사가 이르되 마리아여, 무서워하지 말라. 네가 하나님께 은혜를 입었느니라. 보라, 네가 잉태하여 아들을 낳으리니 그 이름을 예수라 하라. 그가 큰 자가 되고 지극히 높으신 이의 아들이라 일컫어질 것이요 주 하나님께서 그 조상 다윗의 왕위를 그에게 주시리니 영원히 야곱의 집을 왕으로 다스리실 것이며 그 나라가 무궁하리라 눅 1:29-33.

자, 여기 구유에 누운 작은 아기가 있습니다. 동방의 박사들은 이 작은 아기를 찾아와 경배하며 경의와 공경을 표했습니다. 이분이 누구십니까? "평강의 왕"이십니다. 약속된 통치자시요, 그 어깨에 정사를 메신 분입니다.

그렇다면 이 평강의 왕은 대체 무슨 일을 하러 오셨을까요? 이제 그 점을 명확히 알아봅시다. 현대인들이 가장 오해하는 부분이 이 부분입니다. 그는 친히 세상을 개혁하거나 세상에게 스스로 개혁할 방법을 가르쳐 주려고 오신 것이 아닙니다. 오늘날 복음을 거부하는 영국인들 중에서도 가장 비난받아야 할 사람들은 복음을 인간적인 개혁에 관한 정치적 메시지로 바꾸는 자들이며, 산상설교를 실천해 보라고 설득하는 자들입니다. 그것은 메시지 전체를 가장 심각하게 부인하는 태도입니다. 그런 자들보다는 차라리 세리와 죄인과 창녀와 주정뱅이와 살인자와 도둑이 훨씬 더 낫습니다! 예수는 세상을 개혁하러 오신 것이 아닙니다. 그렇다면 왜 오셨습니까?

그는 자신의 나라를 세우려고 오셨습니다. 이것은 개혁과는 아주 다른 일입니다. 그의 가르침을 읽어 보면, 항상 자신의 나라에 대해 말씀하셨다는 사실을 알게 됩니다. 그는 "때가 찼고 하나님의 나라가 가까이 왔으니 회개하고 복음을 믿으라"고 말씀하셨습니다 막 1:15. 그는 어떻게 자신의 나라를 세우십니까? 개혁 프로그램을 정해 놓고 "이것을 백성들에게 권하라. 이것을 실천하도록 명하라"고 하시지 않습니다. 한번은 어떤 사람들이 억지로 그를 왕으로 삼으려 했습니다. 그들은 그것을 그가 세상에 오신 목적으로 생각했습니다. 그들은 예수가 비범한 인물로서 이례적인 재능과 지각과 능력을 가지고 있음을 알아보고, 왕으로 삼으려 했습니다. 그러나 예수는 그들을 피해 홀로 산에 오르셨습니다.

그렇다면 그는 무엇을 하러 오신 것일까요? 그가 오신 것은 "잃어버린 자를 찾아 구원하"기 위해서입니다.눅 19:10. 그는 무엇보다 구원을 이루려고, 우리 한 사람 한 사람을 하나님과 화목하게 하려고 오셨습니다. 그는 개인을 먼저 구원하시되, 일반적으로 이름 없는 사람들부터 구원하십니다. 그를 맨 처음 따랐던 사람들을 보십시오. 그들은 정치이론이나 철학은 이해조차 못하는 평범한 사람들과 어부들이었습니다. 주님은 그들을 한 영혼으로, 죄인으로 대하시면서, 자신이 그들을 구원하러 오셨다고 설명하셨습니다. 그는 말씀하셨습니다. "인자가 온 것은 섬김을 받으려 함이 아니라 도리어 섬기려 하고 자기 목숨을 많은 사람의 대속물로 주려 함이니라"막 10:45.

그는 제자들의 발도 씻어 주셨습니다. 자신만이 그들을 위해 죽으심으로 그들을 구원하실 수 있다고 말씀하셨습니다. 친히 십자가에 달려 죽으심으로 그들을 구원하겠다고 말씀하셨습니다. 그들이 지은 죄의 형벌을 친히 자기 몸으로 감당하심으로 그들을 하나님과 화목하게 하시며 세상과 분리시키겠다고 말씀하셨습니다. 그는 각 사람에게 새로운 출생과 새로운 본성을 주는 분이십니다. 이 차이를 아시겠습니까? 다른 이론은 "당신들에게 필요한 것은 오직 교훈과 교육과 지식과 법률뿐이다. 우리는 법률로 완전한 세상을 만들 수 있다"고 말합니다. 그러나 그 결과는 완벽한 실패입니다. 로마가 실패했듯이 오늘날 영국도 실패했습니다. 세상은 항상 실패하게 되어 있습니다.

그러나 주님은 우리에게 새로운 출생과 새로운 마음, 새로운 정신, 새로운 시각, 새로운 본성을 주실 수 있습니다. 그렇기 때문에 그분만 '임금'으로 불릴 권리가 있는 것입니다. 그는 영혼 깊은 곳에 기적을 행하십니다. 예레미야 선지자는 그것을 "내가 나의 법을 그들의 속에 두며 그들의 마음에 기록하여"라는 말로 표현하고 있습니다렘 31:33. 웨스트민스터 법전에 쓰는 것도 아니고, 돌비에 쓰는 것도 아니고, 신문에 인쇄하는 것도 아닙니다. 우리 안에, 우리의 머리에, 우리의 마음에 자신의 법을 쓰시는 것입니다. 새로운 본성은 어둠을 사랑하고 빛을 미워하는 대신, 빛을 사랑하고 어둠을 미워하게 만듭니다. 그는 모든 순서를 뒤바꾸어 놓으십니다. 이것이 **그의** 프로그램입니다.

주님은 세례를 받고 시험을 받으신 직후부터 자신의 나라를 세우는 사역을 시작하셨습니다. 그는 각 개인을 제자로 부르시고, '이 악한 세상'에서 취하여 내서 자신이 교회라고 명하신 새 나라로 옮겨 놓으셨습니다. 주님은 장차 임할 완전한 영광의 나라를 만들기 위해 친히 사람들을 세상 나라에서 불러 모으셨습니다. 그 일은 지금도 계속되고 있으며 그 목적이 완전히 성취될 때까지 앞으로도 계속될 것입니다.

자, 저기 그분이 계십니다. "그리스도께서 하나님 우편에 앉아 계시느니라"골 3:1. 그는 "하늘과 땅의 모든 권세를 내게 주셨으니"라고 말씀하십니다마 28:18. 또한 히브리서 기자는 "죄를 정결하게 하는 일을 하시고 높은 곳에 계신 지극히 크신 이의 우편에 앉으셨느니라"고 말하고 있습니다히 1:3. 거기에서 무슨 일을 하십니까? 하나님이 원수들로 그의 발등상이 되게 하시기까지 기다리십니다히 1:13. 신문을 보면 알 수 있듯이, 세상이 점점 더 죄악으로 곪아 가고 선거와 정치와 집회와 온갖 문화에 흥분하며 분주히 움직이는 동안 또 다른 역사가 진행되고 있습니다. 세상은 주님이 탄생하신 당시나 사도들이 산헤드린 앞에 섰던 당시처럼 이 역사를 경멸합니다. 세상이 볼 때 이것은 성가신 것이고 주제넘은 것이며 불쾌한 것입니다. 그러나 하나님은 역사―그분의 역사―를 계속해서 만들어 가고 계시며, 그 어떤 것도 그분을 방해할 수 없습니다.

때가 되면 그리스도가 다시 세상에 오실 것입니다. 요한계시록은 백마를 탄 한 사람, 그 입에서 검, 곧 말씀이 나오는 한 사람을 묘사하고 있습니다계 19:15. 그는 "이기고 또 이기려고" 할 것입니다계 6:2. 그가 누구입니까? 오, "만왕의 왕이요 만주의 주"이십니다계 19:16. 하나님의 계획은 전개되고 있으며, 어떤 것도 그 계획을 막을 수 없습니다. 그리스도가 다시 오셔서 모든 원수를 멸하실 것입니다. 계시록에 악의 정사와 권세, 원수, 짐승, 대적의 이미지로 등장하는 세력들은 전부

불못에 던져져서 멸망할 것이며, 그는 자신의 영광스러운 의와 평강과 거룩과 기쁨의 나라를 세우실 것입니다. 그리고 우리는 천사들의 나팔소리를 듣게 될 것입니다. "세상 나라가 우리 주와 그의 그리스도의 나라가 되어"계 11:15.

"하늘에 있는 자들과 땅에 있는 자들과 땅 아래에 있는 자들로 모든 무릎을 예수의 이름에 꿇게 하시고 모든 입으로 예수 그리스도를 주"-임금, 통치자-"라 시인하여 하나님 아버지께 영광을 돌리게" 하실 날이 오고 있습니다빌 2:10-11. 인간의 모든 정치·사회·문화체계가 최종적인 실패로 돌아갈 날, "평강이 강"처럼 "공의가 바다 물결"처럼 넘치는 광경을 보게 될 날사 48:18, "한 왕이 공의로 통치할" 날사 32:1이 오고 있습니다. "이리가 어린양과 함께 살며 표범이 어린 염소와 함께 누우며 송아지와 어린 사자와 살진 짐승이 함께 있어 어린아이에게 끌리며……내 거룩한 산 모든 곳에서 해됨도 없고 상함도" 없는 날, "물이 바다를 덮음같이 여호와를 아는 지식이 세상에 충만할" 날이 오고 있습니다사 11:6, 9.

그날이 오고 있습니다. 하나님께서 이 일을 시작하셨습니다. 이것은 하나님의 역사입니다. 사람들과 나라들의 반대에도 불구하고, 또한 그 백성들의 실패와 형편없음에도 불구하고, 하나님은 이 일을 이루어 오셨습니다. "때가 차매" 그리스도가 오셨습니다갈 4:4. 세상은 그를 죽였지만 하나님은 그를 살리셨습니다. 지금 그는 하나님 우편에 앉아 계시며 언젠가 다시 오셔서 "이기고 또 이기려고" 하실 것입니다. 전 피조세계는 이 궁극적인 정점을 향해 계속해서 확실하게 나아가고 있습니다.

다음주 목요일에 여러분은 정치적인 선택을 내려야 합니다. 다시 말하지만, 제 목적은 정치의 불필요성을 말하려는 데 있지 않습니다. 우리는 정치 쟁점에 무관심할 수가 없습니다. 절대 그럴 수 없습니다. 저는 하나님께서 위에 있는 권세들을 임명하셨고, 우리 모든 사람은 가능한 한 정직하게, 지성적으로 우리의 한 표를 행사해야 할 의무가 있다고 계속 주장해 왔습니다. 그러나 그와 동시에 일깨우고 싶은 사실은, 여러분이 다음주 목요일에 어떤 선택을 내리고 이 나라 국민 대다수가 어떤 선택을 내리든지 간에 인간의 근본적인 문제들―여러분의 문제와 다른 모든 사람들의 문제, 개인의 삶에 발생하는 문제, 사람의 마음과 정신에 자리잡고 있어서 법률로는 결코 풀 수 없는 문제들―은 어떤 영향도 받지 않은 채 고스란히 남는다는 것입니다.

오, 좋습니다. 여러분의 한 표를 바치십시오! "가이사의 것은 가이사에게" 주십시오. 그러나 하나님의 이름으로 경고하며 간청하건대, 부디 거기에서 멈추지는 마십시오. "그런즉 가이사의 것은 가이사에게, 하나님의 것은 하나님께 바치라"마 22:21. 우리 모두에게 진정으로 중요한 질문은 어느 당에 투표할 것인가가 아니라 어느 나라에 속할 것인가입니다. 여러분은 세상 나라에만 속해 있습니까, 하나님과 그리스도의 나라에도 속해 있습니까? 그 나라는 결코 진동하지 않는 나라입니다. 우리는 모두 이 질문에 연루되어 있으며, 아무도 여기에서 벗어날 수 없습니다. 그리스도께서 온 우주에 질서를 세우실 날이 다가오고 있습니다. 그는 죄와 악과 거기 속한 모든 것을 멸하실 것이며, 그의 나라에 속하지 않은 사람은 그 파멸과 영원한 고생에 동참하게 될 것입니다.

중요한 질문은 이것입니다. 여러분은 하나님의 역사, 하나님의 목적, 하나님의 나라를 알고 있습니까? 하나님이 세우신 임금, 평강의 임금, 의의 왕의 통치를 받고 있습니까? "물이 바다를 덮음같이 여호와의 영광을 인정하는 것이 세상"―온 우주―"에 가득"할 날을 고대하고 있습니까?합 2:14

"그를 오른손으로 높이사 임금"―**바로 그 임금, 온 세계를 통치하시는 분**―"과 구주로 삼으셨느니라." 여러분은 그 이름 앞에 무릎을 꿇었습니까? 그가 일찍이 세상에 오신 일과 여러분과 여러분의 죄를 위해 죽으신 일을 고마워하며 감사와 찬양으로 그의 발 앞에 엎드렸습니까? 여러분 자신과 여러분의 삶을 그분께 드리고, 그가 "만유의 주"로 왕위에 오르실 '대관식 날'을 고대하고 있습니까?

08

증인

베드로와 사도들이 대답하여 이르되 사람보다 하나님께 순종하는 것이 마땅하니라. 너희가 나무에 달아 죽인 예수를 우리 조상의 하나님이 살리시고 이스라엘에게 회개함과 죄사함을 주시려고 그를 오른손으로 높이사 임금과 구주로 삼으셨느니라. 우리는 이 일에 증인이요 하나님이 자기에게 순종하는 사람들에게 주신 성령도 그러하니라 하더라.

사도행전 5:29-32

이제 여러분과 함께 살펴보고 싶은 부분은 32절 도입부입니다. "우리는 이 일에 증인이요." 사도들은 하나님의 아들이자 유일한 구원의 길로서 십자가에 못박혀 죽었다가 다시 살아나신 예수 그리스도를 전파하다가 재판에 회부되었습니다. 그들은 이 위대하고 놀라운 이름 전하는 일을 그만두느니 차라리 죽기를 바랐습니다.

그러나 우리가 직면하는 사실은 예수 그리스도와 그분의 죽음에서 아무 의미도 찾지 못하는 이들이 많다는 것입니다. 그들은 예수에게 아무 관심이 없습니다. 실제로 어떤 이들은 기독교를 극렬히 반대하고 조롱하기도 하는데, 사도행전 5장 이 부분에 나오는 유대 당국자들도-방금 일어난 그 모든 사건을 목격하고서도 이렇게 행동하다니 놀라울 뿐입니다-그런 사람들이었습니다. 우리가 유의해야 할 부분이 바로 이 부분입니다. 왜 산헤드린 공회원들은 사도들과 그들의 메시지를 반대했을까요?

유대 당국자들이 불과 얼마 전에도 우리의 복되신 주님과 그가 하신 모든 말씀, 모든 일을 거부했다는 점을 기억하시기 바랍니다. 오늘은 종려주일입니다. 첫번째 종려주일부터 갈보리 언덕 십자가 처형 이전까지 일어난 일들을 전부 생각해 보십시오. 주님이 견디셔야 했던 일과 겪으셔야 했던 고통을 살펴보십시오. 바리새인과 서기관과 사두개인과 헤롯당과 그 밖의 모든 사람들이 드러낸 악의와 적의를 어떻게 설명하겠습니까? 그들은 하나같이 주님을 죽일 음모를 꾸몄고, 대중을 선동하여 "없이하소서. 그를 십자가에 못박게 하소서"라고 외치게 했습니다. 지적인 사람이라면 즉시 "왜 이런 짓을 하는 거지? 이 사람들한테 무슨 문제라도 있는 것 아니야?"라고 물을 것입니다. 이런 일이 일어난 것은-사실은 지금까지도 이런 일이 일어나고 있는 것은―인류역사 전체를 통틀어 가장 큰 비극입니다. 이것을 어떻게 설명하겠습니까?

제가 보기에 이 질문에 대한 근본적인 답은 하나뿐입니다. 그것은 이들이 사실을 직시하기를 거부했다는 것입니다. 단순히 심리학적인 관점에서 보더라도, 이것은 아주 놀라운 일입니다. 이 일은 사실이 눈앞에 뻔히 있는데도 보지 않는 사람들, 어떤 의미에서는 스스로 그 사실 보는 것을 허락지 않는 사람들에 대한 완벽한 예가 됩니다. 그래서 사도들이 이런 대답을 한 것입니다. 그들은 말했습니다. "어떻게 이렇게 명백한 사실들을 보고하지 말라고 할 수 있습니까? 우리는 증인들입니다."

이러한 사도들의 반응―"우리는 이 일에 증인이요"―을 보면서 우리는 사실을 직시하기 거부한 당국자들의 태도에 주의를 집중하게 됩니다. 여기 문제의 본질이 있습니다. 산헤드린 공회원들의 문제점은 편견에 사로잡혀 상황을 있는 그대로 보지 못했다는 것입니다. 그러나 바리새인과 서기관과 사두개인들은 오히려 주님이 자신들의 틀에 맞지 않는 것을 문제 삼았습니다. 주님은 그들의 규칙을 전부 어겼습니다. 그들이 대변해 온 모든 것, 백성들에게 늘 가르쳐 온 모든 것을 위반했습니다. 그래서 그들은 주님을 미워했습니다.

우리 눈앞에 있는 사실들을 잊지 맙시다. 사도들을 반대한 자들은 유대인들이었습니다. 그들은 백성의 스승이었고 구약에 정통한 전문가였습니다. 그런데도 그들은 성경을 오해했습니다. 죄에 빠진 사람들의 전반적인 비극은 지성의 왜곡에 있습니다. 유대 지도자들의 문제점은 편견의 희생자가 되어 자신들을 정면에서 응시하고 있는 사실들에 담긴 진리를 보지 못한 것이었습니다. 그들이 가르쳤던 바로 그 성경이 그들의 잘못을 입증하고 있습니다. 주님은 그들에게 말씀하셨습니다. "너희가 성경에서 영생을 얻는 줄 생각하고 성경을 연구하거니와 이 성경이 곧 내게 대하여 증언하는 것이니라"요 5:39. 그러나 그들은 바로 그 성경을 내세워 주님을 반대했고 급기야는 그를 십자가에 못박아 버렸습니다. 그들의 맹목적인 편견은 명백한 사실―주님 자신과 관련된 사실, 오순절 사건에 드러난 사실, 사도들에게 일어난 사건들이 보여준 사실-에도 불구하고 사도들을 이처럼 대우한 데 잘 드러나 있습니다.

주님은 미리 사도들에게 말씀하셨습니다. "사람들이 나를 박해하였은즉 너희도 박해할 것이요"요 15:20. 주님은 사람들이 두 팔 벌려 환영해 줄 것을 기대하지 말라고 말씀하셨고, 오히려 그 반대의 상황이 벌어질 것을 경고하셨습니다. 그는 말씀하셨습니다. "제자가 그 선생 같고 종이 그 상전 같으면 족하도다. 집주인을 바알세불이라 하였거든 하물며 그 집 사람들이랴"마 10:25. 그 말씀은 사도행전 5장에서 사실로 입증되었습니다.

우리는 예루살렘 당국자들의 반대를 이미 살펴보았습니다. 솔직히 그들은 사도들 때문에 당황했습니다. 그들은 사도들을 이해할 수도, 설명할 수도 없었습니다. 사도행전 4:13은 이렇게 말하고 있습니다. "그들이 베드로와 요한이 담대하게 말함을 보고 그들을 본래 학문 없는 범인으로 알았다가 이상히 여기며." 그들은 사실들을 고려할 생각조차 하지 않았습니다. 사도들은 바리새인도 아니고 서기관도 아니니까 당연히 틀렸다는 것이 그들의 논리였습니다. 사도들은 학문 없는 범인들이므로 그들의 말은 무엇이든 틀렸다는 것입니다. 사도들의 말은 절대 맞을 수가 없었습니다. 그들은 반드시 틀려야만 하고, 그렇기 때문에 틀렸다는 것이 당국자들의 논리였습니다. 편견으로 완전히 눈먼 사람들이나 이런 식의 논리를 내세우는 법입니다. 더 나아가 종교 지도자들은 우리 주님에 대한 사실들과 오순절 사건에 대한 사실도 직시하지 않았으며, 앉은뱅이가 치유되었다는 사실도 직시하지 않았습니다. 법적인 용어로 말하자면, 법정에는 이미 증거물이 제출되어 있었습니다. 날 때부터 걷지 못하던 사람이 발과 발목에 힘을 얻어 똑바로 서 있었습니다. 그 사실을 뻔히 보면서도 고려하지 않은 것입니다. 만약 고려했다면 자신들의 견해와 태도를 바꾸지 않을 수 없었을 것입니다. 그 사람이 치유되었다는 명백한 사실을 설명해야 했을 테니 말입니다.

후에 당국자들은 지금 고발당한 이 사람들, 전날 밤 옥에 갇혔다가 천사의 도움으로 풀려난 사람들에 대한 보고를 또 받게 됩니다. 천사를 믿든 믿지 않든—사두개인들은 믿지 않았습니다—자신들이 보고 들은 증거만큼 그들도 믿지 않을 수 없었습니다. 사도들을 데려오라고 옥으로 보낸 관속들은 빈손으로 돌아와, 옥문은 닫혀 있고 파수꾼들도 그대로 서 있는데 옥은 텅 비어 있더라고 보고했습니다. 그리고 바로 그때 한 심부름꾼이 들어와 죄수들이 성전 뜰에서 설교하고 있다는 소식을 전했습니다! 그들은 군사를 보내 다시 사도들을 잡아왔습니다. 그래서 사도들이 이 법정에 서게 된 것입니다. 이것은 전부 꾸밈없는 사실들이었습니다.

그러나 산헤드린은 이 사실들을 고려하려고도, 설명하려고도 하지 않았습니다. 그냥 무시해 버렸습니다. 산헤드린이 틀렸다고 하면 틀린 것입니다! 불신앙은 항상 이런 식의 논리를 내세웁니다. 그러나 사도들은 말했습니다. "당신들은 우리더러 설교하지 말라고 하지만 우리는 그 말에 따를 수 없습니다. 우리는 사람보다 하나님께 순종해야 합니다. 그러므로 우리는 입을 다물 수 없습니다. 우리는 우리가 보고 알고 입증한 것들을 증거하는 산 증인들입니다."

제가 산헤드린의 태도에 여러분의 주의를 환기시키는 것은, 지금 사람들도 그들과 다를 바가 없기 때문입니다. 사람들은 주님께 아무 관심이 없습니다. 그래서 복음 전파에 반대합니다. 아마 지금도 할 수만 있다면 복음 전파를 방해할 것입니다. 현대인들은 기독교 신앙을 불쾌하게 여깁니다. 그래서 빈정거리고 코웃음 치고 교묘한 농담거리로 삼습니다. 그들은 유대 당국자들과 똑같은 이유에서 기독교를 미워합니다. 즉 사실을 직시하지 않기 때문에 미워하는 것입니다.

이제 산헤드린 공회원들이 어떻게 사실을 무시했는지 보여드리겠습니다. 현대인들은 자신들이 학문적인 이유로 성경의 사실들을 거부한다고 주장합니다. 그들이 자신들의 현대지식, 특히 과학지식을 가지고 이런 사실들을 기록하고 있는 신약성경에 접근하면서 대뜸 하는 말은 "우리는 이것들을 다 믿지 않는다"는 것입니다. 다시 말해서 그들은 사실을 직시하는 대신, 사실을 판단하는 자리에 앉아 무엇은 사실이고 무엇은 사실이 아닌지 스스로 결정짓는 것입니다. 흥미롭게도 그들은 고등비평에 속한 이른바 역사비평, 문학비평의 토대 위에서 이런 일을 합니다. 고등비평은 아주 흥미로운 방법론입니다.

잘 알려진 고등비평가의 말을 한번 인용해 보겠습니다. 그는 성경, 신약, 심지어 복음서에 나오는 내용이라도 자신이 느끼는 예수의 인상이나 자신이 생각하는 예수의 행동—이것이 그의 판단기준입니다—에 맞지 않는 것은 전부 거부한다고 말합니다. 이제 이 현대의 산헤드린 공회원이 어떻게 처신하며 어떻게 자기 주장을 개진하는지, 어떻게 사실들을 회피하는지 보여드리겠습니다.

이 사람이 주 예수 그리스도에 대해 알고 있는 것은 무엇일까요? 자, 그는 자신이 성경에 나오는 내용만 알고 있다는 사실에 동의합니다. 자신은 성경을 읽으면서 예수에 대한 인상을 수집했다고 말합니다. 즉 이제는 그를 알게 되었다는 느낌을 얻었다는 것입니다. 그가 이 말의 의미를 설명하기 위해 든 예는 이것입니다.『보물섬』을 읽고 나면 키다리 존 실버를 알게 되었다는 느낌이 듭니다. 실버가 어떤 말은 하고 어떤 말은 하지 않을지, 어떤 일은 하고 어떤 일은 하지 않을지 알게 됩니다. 그래서 자신이 알게 된 존 실버와 일치하지 않는 듯한 구절이 『보물섬』에 나오면 그 구절을 받아들이지 않습니다! 그는 성경에 나오는 예수의 이야기에 대해서도 똑같이 한다고 말합니다. 주님이 심판과 형벌에 대해 말씀하시는 부분이 나오면 "나는 믿지 않아. 예수는 이런 말을 하지 않았어. 내가 아는 예수는 절대 이런 말을 할 리가 없어!"라고 말하는 것입니다. 그래서 복음서에 기록된 사실의 절반을 즉석에서 쳐내 버립니다.

그리고 나머지 사실들도 대부분 다양한 이론에 따라, 현대지식이 지시하는 바에 따라 설명해서 처리해 버립니다. 기적도 일어날 수 없는 일이므로, 당연히 없었던 것으로 간주합니다.

여러분은 말할 것입니다. "하지만 사복음서에 나오는 기적 이야기는 어떻게 합니까?"

그럴 때 돌아오는 대답은 이것입니다. "아, 그 점은 심리학 연구로 이미 해명이 되었습니다. 미개한 사람들은 언제든지 마법을 믿을 준비가 되어 있지요. 심지어 오늘날에도 점성술을 믿는 사람들이 있고, 기이하고 놀라운 일들을 기꺼이 수용하는 사람들이 있습니다. 이 초기 그리스도인들은 단순하고 미개한 사람들이었고 배우지 못한 무식한 사람들이었기 때문에 당연히 기적을 믿을 준비가 되어 있었지요. 하지만 우리가 알고 있듯이 과학은 기적이 일어날 수 없다는 사실을 이미 입증했습니다." 물론 이 마지막 말은 사실이 아닙니다. 그 말은 입증될 수 없습니다. 이것은 독단적인 주장입니다. 그런데도 기적은 제거되어 버립니다.

이처럼 성경의 사실들은 **사람들이** 주 예수 그리스도를 어떻게 생각하느냐, 그가 어떤 말을 하고 어떤 행동을 했으리라고 생각하느냐, 그가 어떤 이유로 죽었으리라고 생각하느냐에 따라 조작되고 왜곡됩니다. 그에 따른 결론은 이것입니다. 예수는 아주 선한 인물로서, 다른 대부분의 선인善人들처럼 시대를 앞서간 탓에 세상의 오해를 샀습니다. 그는 수치스럽고 잔인하게 처형당했지만 원망하거나 화내지 않았으며, 오히려 자신을 처형하는 사람들을 용서했습니다. 그의 죽음은 평화주의와 소극적 저항에 대한 최고의 본보기라고 할 만합니다. 그는 착하고 친절하며 올바르게 살라고, 나를 미워하는 사람도 사랑하라고 가르쳤습니다. 그러므로 우리는 아름답고 선량한 사랑의 영을 키우기 위해 최선을 다해야 합니다. 이것이 그들이 말하는 기독교입니다.

몇 가지 묻겠습니다. 예수 그리스도를 이런 관점으로 바라보면서도 기독교 역사를 설명할 수 있을까요? 교회의 기원과 그 오랜 역사를 제대로 설명할 수 있을까요? 그 관점이 옳다면 과연 교회가 생겨날 수 있었을까요? 교회의 기원은 무엇이며, 그 메시지는 무엇입니까? 이런 질문들에 대한 답을 찾는 방법은 오직 한 가지, 지금 우리처럼 사도행전 앞장들을 연구하는 것입니다. 이 책을 읽으면서 우리는 기독교가 단순한 가르침도 아니요, 하나의 철학이나 관점도 아니요, 단순한 삶의 태도도 아님을 알게 됩니다. 기독교는 무엇보다 역사상 실제로 일어난 사건입니다.

교회는 역사적 사건들의 결과물로 생겨났습니다. 사도들을 보십시오. 그들이 교회를 시작하고 세웠다는 사실은 아무도 부인하지 못할 것입니다. 그렇다면 그들이 전하고 가르친 내용은 무엇입니까? 그들은 배우지 못한 무식한 사람들이었습니다. 철학적·정치적 이론들을 꾸며 낼 수 없는 사람들이었습니다. 그들은 시도 쓰지 못했고 놀라운 신비적 체험을 하지도 못했습니다. 그저 어부로서 자신들이 본 사실을 있는 그대로 보고했을 뿐입니다. 그들은 "우리는 이 일에 증인이요"라고 말했습니다. 어떤 의미에서 그들은 역사적 사건들과 그 사건들의 의미, 중요성만을 이야기한 것입니다.

늙어서 죽음을 앞둔 베드로가 마지막 편지에서 사용했던 표현을 빌려오겠습니다. 그는 "이 땅에 살아있는 동안 나는 이 일들을 여러분에게 상기시킬 것입니다. 여러분은 이미 이 일들에 대해 알고 있지만, 앞으로도 계속 잊지 말아야 합니다"라고 말합니다(벧후 1:12을 보십시오).

내가 이 장막에 있을 동안에 너희를 일깨워 생각나게 함이 옳은 줄로 여기노니 이는 우리 주 예수 그리스도께서 내게 지시하신 것같이 나도 나의 장막을 벗어날 것이 임박한 줄을 앎이라. 내가 힘써 너희로 하여금 내가 떠난 후에라도 어느 때나 이런 것을 생각나게 하려 하노라―그 이유가 무엇입니까?―우리 주 예수 그리스도의 능력과 강림하심을 너희에게 알게 한 것이 교묘히 만든 이야기를 따른 것이 아니요 우리는 그의 크신 위엄을 친히 본 자라 벧후 1:13-16.

자, 여기 이런 구절이 있습니다. "교묘히 만든 이야기를 따른 것이 아니요." 사도들은 옛날이야기를 전한 것이 아니었습니다. 그들은 소박한 촌사람을 위대한 종교적 스승으로 탈바꿈시킬 만큼 눈부신 상상력을 지닌 소설가들이 아니었습니다. 그렇습니다. 그것은 세상 사람들이 하는 일입니다. 사도들은 그런 일을 할 능력이 없었습니다. 그들은 사실을 있는 그대로 보고했습니다. 그래서 베드로가 사도의 삶을 시작했을 때 했던 바로 그 말, "우리는 이 일에 증인이요 하나님이 자기에게 순종하는 사람들에게 주신 성령도 그러하니라 하더라"는 말을 말년에 다시 하고 있는 것입니다.

이처럼 기독교 메시지는 무엇보다 사실에 대한 보고입니다. 기독교는 하나의 관점에 불과하다는 생각은 이제 치워 버리십시오. 현대의 가르침은 설사 그 모든 사실들이 거짓으로 판명되어도 아무 문제가 없다고 주장합니다. 독일 교수 불트만 Rudolf Bultmann은 성경의 '비신화화'를 제창했습니다. 모든 사실이 사라져 버린다 해도 아무 문제가 없다는 것입니다. 실제로 그는 예수라는 사람이 십자가에서 죽었다는 것을 제외한 모든 사실을 무시합니다. 그래도 가르침은 남기 때문에 아무 문제가 되지 않는다고 말합니다. 사도들의 설교와 상반되는 부분이 바로 이 부분입니다. 사실들을 전부 제거해 버리면 기독교도 사라집니다. 메시지도 사라집니다. 이 종려주일 저녁, 저는 바로 이 점을 여러분에게 상기시키고 싶습니다. 주님은 종려주일에 나귀 새끼를 타고 예루살렘에 입성하셨습니다. 그것은 역사적 사실입니다. 이 나라가 율리우스 카이사르의 공격을 받았다는 사실만큼이나 분명한 사실입니다.

사도들은 아주 정직한 사람들이었습니다. 그들 가운데 마태와 요한은 나중에 직접 복음서를 썼습니다. 또 다른 두 복음서, 마가복음과 누가복음도 사도들의 설교와 그들이 보고한 내용에 의존해서 기록된 것이 분명합니다. 그들이 정직하다는 증거는 자신들에게 그리 유리할 것이 없는 세부사항들까지 기꺼이 기록한 데서 찾아볼 수 있습니다. 그들은 자신들이 본 일을 이해하지 못한 적도 있었다고 아주 솔직하게 고백합니다. 사복음서를 읽어 보면 사도들이 실수하고 투덜거리고 불평하며 온갖 종류의 잘못을 저지르는 장면을 보게 됩니다. 주님이 부활하시기 전까지, 특별히 오순절 사건이 일어나기 전까지 그들은 자신들이 목격한 사실들을 이해하지 못했습니다.

사도들은 주님을 여느 사람들과 똑같이 여겼습니다. 복음서는 주님이 십자가에서 돌아가셨을 때 그들이 넋을 잃었다고 말하고 있습니다. 유대인이었던 그들은, 자신들의 메시아가 위대한 군사적 인물로 와서

로마의 압제와 속박으로부터 자신들을 해방시키고 이스라엘을 다시 한번 세계의 군사 최강국으로 세워 주기를 기대했습니다. 그러나 주님은 그렇게 하시지 않았습니다. 그가 연약한 모습으로 나무 위에 못박혀 돌아가시자 그들은 어찌 해야 좋을지 알 수가 없었습니다. 그들은 완전히 혼란에 빠졌습니다. 요한복음 21장은 그들 중 일부가 망연히 앉아 있는 모습과, 마침내 베드로가 충동적으로 "나는 물고기 잡으러 가노라"라고 말하는 모습을 잘 묘사해 주고 있습니다. 베드로는 다른 것은 다 이해할 수 없었지만 고기 잡는 일만큼은 이해할 수 있었습니다. 그 모든 주장과 가르침을 들었음에도 불구하고, 결말은 이렇게 나고 말았습니다! 그들은 그 가르침을 따를 수가 없었습니다. 그러나 부활하신 주님께 다시 가르침을 받고 성령세례를 받은 후에 그들은 마침내 모든 것을 이해하게 되었습니다. 그들은 말했습니다. "이제는 여러분들에게 말씀드릴 수 있습니다. 이제 그 사실들에 대해, 그 사실들의 의미와 상관성에 대해 말씀 드리겠습니다. '우리는 이 일에 증인이요.'"

그렇다면 오늘 본문에 나오는 "이 일"이란 무엇입니까? 기독교는 과연 무엇입니까? 기독교 메시지, 기독교 진리는 어떤 사실들에 토대를 두고 있습니까? 자, 저도 사도 베드로처럼 그 사실들을 제시하고 싶습니다. 양해는 구하지 않겠습니다. 여러분은 여러분이 들은 이 일들을 믿으십니까? 이 일들을 참으로 믿는데도 지금처럼 잠자코 있을 수 있습니까? 이 찬송에 아름답게 표현되어 있는 대로 주님께 반응해야 하지 않겠습니까?

그는 나의 친구,
그를 즐겁게 찬양하며
평생토록 기쁘게 살겠네.
―새뮤얼 크로스맨 Samuel Crossman

이것이 검증방법입니다. 이런 반응이 나오지 않는다면, 그 사실들을 머리로는 알아도 그 의미와 중요성은 깨닫지 못한 것입니다. 사도들처럼 그 사실들에 사로잡히고 붙들리지는 못한 것입니다. 사도들은 세상의 유일한 구주되신 하나님 아들의 영광을 전하지 못하느니 차라리 죽기를 바랐습니다.

이 사실들의 내용을 간략히 살펴봅시다. 첫째는 우리 복되신 주님 그 자체입니다. "예수를 우리 조상의 하나님이 살리시고." 이것이 기독교입니다. 그리스도가 곧 기독교입니다. 이 "예수"가 곧 기독교입니다. 사도들은 자신들이 그의 증인이라고 말했습니다. 그들-베드로, 야고보, 요한, 그리고 다른 사람들-을 생각해 보십시오. 그들은 주님과 함께 있었고 처음부터 그분에게 무언가 범상치 않은 것, 기이한 것이 있음을 느꼈습니다. 그들은 주님의 권위를 느꼈습니다. 무언가 통제하는 힘을 느꼈습니다. 그는 그리스 철학이나 율법에 대한 학식을 두루 갖춘 분이 아니었습니다. 학교를 나오지도 않았고 성전 뜰 현관에 모여서 연구하는 랍비의 제자 출신도 아니었습니다. 법과 통치에 정통한 로마의 고관대작도 아니었습니다. 그렇습니다. 그는 평범한 갈릴리의 목수요 요셉과 마리아의 아들에 불과했습니다.

그러나 이 기이한 예수가 배에서 그물을 깁는 베드로와 형제들 옆을 지나가면서 "나를 따라오너라!"고 말씀하신 일을 그들은 잊지 못했습니다. 베드로와 형제들은 아버지와 배와 그물을 버려두고 그를 좇았습니다. 또 다른 제자 마태는 세리였습니다. 그 당시에는 돈을 가장 좇는 사람이 세리가 되었다는 사실을 기억하십시오. 유대인이라면 마땅히 압제자요 정복자인 로마를 위해 세금을 거두지 말아야 하겠지만, 돈을 벌고 성공하기 위해 이런 직업도 마다하지 않을 만큼 존엄성을 잃고 타락한 유대인들도 일부 있었습니다. 그런데 세리 마태가 세관에 앉아 있을 때 예수가 지나가면서 말씀하셨습니다. "나를 따라오너라!" 마태는 그 즉시 장부와 돈 상자와 다른 모든 것을 버려두고 예수를 좇았습니다.

또 다른 일도 있었습니다. 어느 날 오후, 주님께서 사도들 중에서 베드로와 야고보와 요한만 불러 높은 산에 함께 오르자고 하셨습니다. 그런데 정상에 올랐을 때 그들 앞에서 주님이 갑자기 변형되셨습니다. 그의 얼굴과 옷이 빛나기 시작했습니다. 그에게서, 그의 존재 자체에서 광채가 뿜어 나왔고, 그의 옷은 세상의 어느 빨래하는 자도 그렇게 희게 할 수 없을 만큼 심히 희어졌습니다. 빛난 구름이 그들을 덮으며 한 소리가 들려 왔습니다. "이는 내 사랑하는 아들이요 내 기뻐하는 자니 너희는 그의 말을 들으라"마 17:5. 아주 나중에, 노인이 된 베드로는 "이 소리는 우리가 그와 함께 거룩한 산에 있을 때에 하늘로부터 난 것을 들은 것이라"라고 썼습니다벧후 1:18. 사도들은 사도행전 이 본문에서도 같은 이야기를 하고 있습니다. 그들은 자신들이 알고 있던 예수가 갑자기 변형되고 변모되신 것을 보았으며, 영원한 영광의 광채가 그에게서 뿜어 나오는 것을 얼핏 보았습니다. 그들은 이런 일들을 목격한 증인이었습니다.

이것이 기독교입니다! 주교든 누구든 똑똑하다는 사람들이 생각하는 기독교는 기독교가 아닙니다. 절대 아닙니다. 이 복되신 위격이 곧 기독교이며, 기독교를 시작한 사도들이 그분께 받은 강력한 영향력이 곧 기독교입니다. 그의 능력과 관련하여 훨씬 더 놀라운 증언이 있습니다. 요한복음에는 주님이 체포되시기 전, 자신을 잡기 위해 무장한 군사들을 이끌고 온 유다를 보시며 "너희가 누구를 찾느냐?"고 물으셨다는 기록이 나옵니다. 우리는 뒤이어 아주 놀라운 장면을 보게 됩니다. "예수께서 그들에게 내가 그니라 하실 때에 그들이 물러가서 땅에 엎드러지는지라"요 18:6. 검과 몽치를 들고 그를 체포하러 온 군사들은 검도 없이 완전 무방비 상태에 있었던 주님의 말씀을 듣고 땅에 엎드러졌습니다. 이것이 대체 어찌 된 일입니까? 이분은 대체 어떤 분입니까? "우리는 이 일의 증인이요."

물론 주님은 친히 기적도 행하셨습니다. 이처럼 신적인 능력을 비범하게 나타내신―요한은 그런 일들을 '표적'이라고 불렀습니다―주된 목적은 자신의 위격을 입증하심으로써 자신이 누구신지 세상에 알리려는 것이었습니다. 어느 날 오후, 주님은 자신을 믿지 않는 유대인들의 문제를 다루시면서 이 논리를 사용하셨습니다. "내가 아버지 안에 거하고 아버지께서 내 안에 계심을 믿으라. 그렇지 못하겠거든 행하는 그 일로 말미암아 나를 믿으라"요 14:11. 사실을 직시하십시오! 사실을 똑바로 보십시오. 유대인들은 그렇게 하지 않았습니다.

한번은 베드로와 몇몇 동료들이 밤새도록 애를 쓰며 고기를 잡으려 했지만 한 마리도 잡지 못한 적이 있었습니다. 다음날 아침, 주님이 그들에게 호수 깊은 데로 가서 그물을 내리라고 말씀하셨습니다. 그러자 베드로가 말했습니다. "선생님, 우리들이 밤이 새도록 수고하였으되 잡은 것이 없지마는 말씀에 의지하여 내가 그물을 내리리이다." 제자들은 그물을 내렸고 그물이 찢어지도록 많은 고기를 잡았습니다. 그 일이 베드로에게 어떤 영향을 끼쳤습니까? 그는 능숙한 어부였고 저돌적이고 당찬 인물로서, 무서운 사람이 아무도 없었습니다. 그러나 잡은 고기들을 보면서 깨달은 바가 있어 주님께 이렇게 말씀드렸습니다. "주여, 나를 떠나소서. 나는 죄인이로소이다"눅 5:2-8.

베드로는 이 세상의 능력과는 다른 능력, 인간의 한계를 뛰어넘는 능력, 무언가 신적인 힘을 감지했습니다. 사복음서를 읽어 보면 이런 내용을 담은 구절을 도처에서 발견하게 됩니다. "오늘 우리가 놀라운 일을 보았다"눅 5:26. "무리가 보고 두려워하며 이런 권능을 사람에게 주신 하나님께 영광을 돌리니라"마 9:8. 산헤드린은 이런 일들의 증인인 사도들에게 이 예수의 이름으로 더 이상 전하지 말라고 명한 것입니다. 그러나 사도들은 말했습니다. "말도 안되는 소리! 우리는 그의 신적인 능력이 나타나는 것을 두 눈으로 보았단 말입니다."

그다음으로 생각할 것은 주님의 가르침입니다. 그의 가르침을 들은 사람들은 모두 그의 권위에 사로잡혔습니다. 산상설교 마지막 부분을 보면, 주님이 설교를 마치셨을 때 "이는 그 가르치시는 것이 권위 있는 자와 같고 그들의 서기관들과 같지 아니함"을 사람들이 인정했다고 기록되어 있습니다마 7:29. 바리새인과 서기관들은 권위자들의 말과 글을 인용하곤 했습니다. 그들은 똑똑한 체하면서 "가말리엘이 이렇게 말했는데, 가말리엘이 저렇게 말했는데"라는 식으로 이야기했습니다. 오늘날 책을 쓰는 사람들도 서로의 글을 인용하면서, 그것을 학식의 표시로 삼고 있습니다. 그러나 이분은 순전히 자신의 권위로

이야기하셨으며, 사람들은 모두 깊은 인상을 받았습니다. 한번은 그를 잡으러 갔던 병사들이 잡지 못하고 돌아온 일이 있었습니다. 관원들은 "죄인은 어디 있느냐? 어찌하여 잡아 오지 않았느냐?"고 물었습니다. 병사들은 한 가지 대답밖에 할 수 없었습니다. "그 사람이 말하는 것처럼 말한 사람은 이때까지 없었나이다"요 7:46.

더 나아가 이 선생은 자기 자신에 대해 아주 놀라운 주장을 했습니다. "나와 아버지는 하나이니라"요 10:30, "아브라함이 나기 전부터 내가 있느니라"요 8:58. 여러분의 견해를 밝히기 전에, 사실에 대한 기록부터 읽어 보십시오. 기독교는 여러분의 견해에 관한 것이 아닙니다. 예전의 제가 그러했듯이 여러분도 편견을 가지고 있습니다. 사실을 알아보십시오. 그러면 그 사실들이 직접 여러분들에게 말하기 시작할 것입니다. 그분이 자신의 무서운 죽음에 대해 무어라고 말씀하셨는지 찾아보십시오. 변화산의 현장으로 되돌아가 보십시오. 모세와 엘리야가 나타나 그분과 말씀을 나누었던 때로 돌아가 보십시오. 그들이 주님께 무슨 말을 했습니까? 사실도 모르면서 기독교에 대해 논쟁하다니, 정말 놀랍고 부끄럽고 무모한 짓이 아닙니까? 정직해지십시오. 산헤드린처럼 행동하지 마십시오. 모세와 엘리야가 그분께 무엇에 대해 이야기했는지 아십니까? "장차 예수께서 예루살렘에서 별세하실 것을 말할새"눅 9:31. 그들은 변화산상에서 주님의 죽음에 대해 이야기했습니다.

그분의 가르침을 기억하십니까? 사도들이 가이사랴 빌립보에 있었을 때, 주님은 지금 우리가 사도행전 5장에서 공부하고 있는 이 말을 한 장본인들에게 물으셨습니다. "사람들이 인자를 누구라 하느냐?" 그러자 그들이 대답했습니다. "더러는 세례 요한, 더러는 엘리야, 어떤 이는 예레미야나 선지자 중의 하나라 하나이다."

주님이 물으셨습니다. "너희는 나를 누구라 하느냐?"

베드로가 나서서 말했습니다. "주는 그리스도시요 살아계신 하나님의 아들이시니이다."

그 말을 들은 주님은 베드로에게 말씀하셨습니다. "바요나 시몬아, 네가 복이 있도다. 이를 네게 알게 한 이는 혈육이 아니요 하늘에 계신 내 아버지시니라"마 16:13-17. 그리고 연이어 이 사도의 신앙과 그와 같은 신앙을 가진 모든 이들의 신앙 위에 교회를 세우실 일에 대해 말씀하셨습니다.

그런데 그다음 순간, 주님은 깜짝 놀랄 일을 하셨습니다. 베드로가 위대한 고백을 한 직후에 일어난 이 일을 성경은 다음과 같이 기록하고 있습니다.

> 이때로부터 예수 그리스도께서 자기가 예루살렘에 올라가 장로들과 대제사장들과 서기관들에게 많은 고난을 받고 죽임을 당하고 제삼일에 살아나야 할 것을 제자들에게 비로소 나타내시니 베드로가 예수를 붙들고 항변하여 이르되 주여, 그리 마옵소서. 이 일이 결코 주께 미치지 아니하리이다. 예수께서 돌이키시며 베드로에게 이르시되 사탄아, 내 뒤로 물러가라. 너는 나를 넘어지게 하는 자로다. 네가 하나님의 일을 생각하지 아니하고 도리어 사람의 일을 생각하는도다 하시고"마 16:21-23.

주님은 자주 제자들에게 자신의 죽음에 대해 가르치셨습니다. 그는 말씀하셨습니다. "인자가 온 것은 잃어버린 자를 찾아 구원하려 함이니라"눅 19:10. "인자가 온 것은 섬김을 받으려 함이 아니라 도리어 섬기려 하고 자기 목숨을 많은 사람의 대속물로 주려 함이니라"막 10:45.

한번은 몇몇 그리스인들이 주님을 뵈러 왔습니다. 그에 대한 소문을 들은 그리스인들은 빌립에게 예수님을 직접 만나 이야기할 수 있는지 물었습니다. 그러나 주님은 그들을 만나지 않으셨습니다. 그 대신, 이런 답을 주셨습니다. "인자가 영광을 얻을 때가 왔도다. 내가 진실로 진실로 너희에게 이르노니 한 알의 밀이 땅에 떨어져 죽지 아니하면 한 알 그대로 있고 죽으면 많은 열매를 맺느니라"요 12:23-24. 주님은 연이어 말씀하셨습니다. "이제 이 세상에 대한 심판이 이르렀으니 이 세상의 임금이 쫓겨나리라. 내가 땅에서 들리면"-십자가에 대한 언급입니다-"모든 사람을 내게로 이끌겠노라"요 12:31-32. 그 직전에 주님이 아버지께 드린 기도는 이것입니다. "지금 내 마음이 괴로우니 무슨 말을 하리요. 아버지여, 나를 구원하여 이때를 면하게 하여 주옵소서. 그러나 내가 이를 위하여 이때에 왔나이다. 아버지여, 아버지의 이름을 영광스럽게 하옵소서"요 12:27-28.

사도들은 주님이 이 기도를 하신 현장에 있었고, 하늘에서 "내가 이미 영광스럽게 하였고 또다시 영광스럽게 하리라"고 응답하는 소리도 들었습니다. 요한은 예수님 주변에 있던 사람들도 그 소리를 들었지만 어떤 이들은 우레가 울었다고 하고, 또 어떤 이들은 천사의 말로 생각했다고 기록하고 있습니다. 그러나 주님은 말씀하셨습니다. "이 소리가 난 것은 나를 위한 것이 아니요 너희를 위한 것이니라"요 12:28-30.

또 다른 때, 주님은 말씀하셨습니다. "모세가 광야에서 뱀을 든 것 같이 인자도 들려야 하리니 이는 그를 믿는 자마다 영생을 얻게 하려 하심이니라"요 3:14-15. 그는 마지막에 자신을 보호하려고 애쓰는 제자들에게 "저항하지 마라. 검을 집어넣어라. 내가 아버지께 천사를 보내서 구해 달라고 청할 수 있음을 모르느냐?"고 말씀하셨습니다. "내가 만일 그렇게 하면 이런 일이 있으리라 한 성경이 어떻게 이루어지겠느냐"마 26:52-54. 그리고 주님은 아버지께 마지막 기도를 드리시면서-제자들은 틀림없이 그 기도소리를 들었을 것입니다-이렇게 말씀하셨습니다. "아버지께서 내게 하라고 주신 일을 내가 이루어······"요 17:4. 그리고 같은 기도에서 "또 그들을 위하여 내가 나를 거룩하게 하오니"라고 말씀하셨는데요 17:19, 그것은 우리가 깨뜨린 하나님의 거룩한 법에 자신을 희생제물로 바칠 준비가 되어 있다는 뜻이었습니다.

헤롯왕이 죽이려고 기다리고 있으니 예루살렘으로 올라가지 말라고 어떤 바리새인들이 경고했을 때에도 주님은 말씀하셨습니다. "가서 저 여우에게 이르되 오늘과 내일은 내가 귀신을 쫓아내며 병을 고치다가 제삼일에는 완전하여지리라 하라"눅 13:32. 이 땅의 삶을 마치실 무렵에 그가 예루살렘 성을 보시면서 하신 말씀도 들어 보십시오. "예루살렘아, 예루살렘아,······암탉이 그 새끼를 날개 아래에 모음같이 내가 네 자녀를 모으려 한 일이 몇 번이더냐. 그러나 너희가 원하지 아니하였도다. 보라, 너희 집이 황폐하여 버려진 바 되리라"마 23:37-38. 그것이 주님의 가르침이었고, 이들은 그 가르침을 직접 들었습니다. 그 당시에는 이해하지 못했지만, 주님이 죽으셨다가 부활하신 후에 이 모든 말씀을 다시 기억해 냈습니다.

사도들은 또한 주님이 받으신 재판의 불의함을 목격했습니다. 여러분도 기억하시겠지만, 베드로는 일이 어떻게 되는지 알아보려고 몰래 뜰로 숨어 들어갔다가 두려움 때문에 자신의 스승을 부인해 버렸습니다. 그러나 자기가 직접 듣거나 전해 들은 일만큼은 결코 잊지 않았습니다. 이 목수는 본디오 빌라도와 논쟁하면서 스스로 "내 나라"라고 일컬은 나라에 대해 이야기했습니다. 빌라도는 로마황제와 로마제국, 그 거대한 통치 체계의 대표자였습니다. 그런데 그런 인물 앞에 이를테면 평범한 사람이 서서 "내 나라는 이 세상에 속한 것이 아니니라"요 18:36, "위에서 주지 아니하셨더라면 나를 해할 권한이 없었으리니"라고 말한 것입니다요 19:11. 그는 자신이 어떤 일을 하고 있는지 아셨습니다. 그는 권위 있게 말씀하셨습니다. 왕으로서 말씀하셨습니다.

사도들은 다른 말, 즉 지금 산헤드린 대공회와 벌이는 논쟁과 밀접하게 관련된 말도 들었습니다. 당국자들은 "너희가 너희 가르침을 예루살렘에 가득하게 하니 이 사람의 피를 우리에게로 돌리고자 함이로다"라고 말했습니다행 5:28. 그러나 제자들은 그들이 전에 무슨 말을 했는지 알고 있었습니다. 빌라도는 종교 지도자들과 의논해서 예수를 석방하려 했습니다. 그러나 그들은 말을 듣지 않았습니다. 결국 빌라도는 그들 모두 앞에서 손을 씻으며 "이 사람의 피에 대하여 나는 무죄하니"라고 말했습니다. 그러자 그들이 대답했습니다. "그 피를 우리와 우리 자손에게 돌릴지어다"마 27:24-25. 이렇게 스스로 책임을 떠안아 놓고, 이제 와서 반발하고 있는 것입니다! 불신앙은 항상 이런 우스꽝스러운 특징을 드러냅니다.

마지막으로 사도들은 주님의 십자가 죽음을 증거했습니다. 그들은 그것이 우연한 사건이 아님을 알았습니다. 그들은 주님께서 "예루살렘을 향하여 올라가기로 굳게 결심하"신 것을 보았습니다눅 9:51. 그들은 주님께 위험을 경고하면서 무슨 수를 써서라도 막으려 했습니다. 그러나 주님은 가야만 한다고 말씀하셨습니다. "선지자가 예루살렘 밖에서는 죽는 법이 없느니라"눅 13:33. 그는 자발적으로 그 길을 계속 가셨습니다. 죽음을 향해 나아가셨습니다. 그리고 예루살렘에서 십자가에 못박히셨습니다. 그가 십자가 위에서 무슨 말씀을 하셨습니까? "나의 하나님, 나의 하나님, 어찌하여 나를 버리셨나이까"마 27:46. 그것은 시편 22편을 인용한 말씀이었습니다. 그 시편을 먼저 읽고, 주 예수 그리스도의 십자가 죽음에 대한 이야기를 어떤 것이든 읽어 보기를 강력히 권합니다. 그러면 주님의 죽음이 시편 22편에 묘사된 내용을 세세한 부분까지 문자 그대로 성취하고 있음을 발견할 것입니다.

또한 주님을 따르던 자들은 그의 죽음이 급속히 이루어진 데 주목했습니다. 십자가에 달린 죄수들은 서서히 죽게 되어 있었습니다. 그런데 세 시에 군병들이 확인하러 갔을 때 주님은 이미 돌아가신 상태였고, 사람들은 그가 너무나 빨리 돌아가신 데 놀랐습니다. 군병 중 하나가 창으로 그의 옆구리를 찌르자 물과 피가 나왔습니다. 죽고 나서 시간이 좀 지난 탓에 피가 응고된 것입니다. 그의 옆구리에서는 응고된 피와 혈청이 흘러나왔습니다. 무슨 뜻입니까? 제가 볼 때 이 현상에 적합한 설명은 하나뿐입니다. 그분은 문자 그대로 심장이 파열되어 죽으신 것입니다. 그 이유가 무엇입니까? 죽음을 무서워했기 때문입니까? 절대 아닙니다! 그의 심장이 파열된 것은 인류의 죄가 그에게 전가되었기 때문입니다. 하나님께서 그를 "죄로 삼으"셨기 때문입니다고후 5:21. 그의 영혼이 속죄제물로 바쳐졌기 때문입니다. 우리 대신 하나님의 진노의 잔을 받으셨기 때문입니다. 그는 단순히 기절하신 것도 아니었고 일시적으로 의식을 잃으신 것도 아니었습니다. 군병은 창으로 옆구리를 찔러 물과 피가 흐르게 함으로써 그 사실을 단번에 입증해 보였습니다. 그것들은 역사적인 증거물이며 법적 증거물입니다. 그는 진짜로 죽어서 장사되었습니다. 그후에 그는 다시 살아나셨고 무덤은 비었습니다.

사도들은 이 일들을 계속 증거했습니다. 그들은 주님이 부활하신 후에 다락방에 있던 자신들에게 나타나신 일과 자신들이 크게 놀랐던 일을 기억하고 있었습니다. 그는 사도들을 꾸짖으시며 성경을 설명해 주셨습니다.

주님이 죽은 자들 가운데서 일어나신 날 오후, 제자 두 사람이 엠마오라는 마을로 걸어가고 있었습니다. 그들은 자신들이 구주로 믿었던 분이 무력하게 십자가에서 죽은 것을 몹시 슬퍼했습니다. 그때 어떤 낯선 사람이 끼어들어 물었습니다. "무슨 문제라도 있습니까? 왜 그렇게 풀이 죽어있습니까? 대체 무슨 이야기를 하던 중입니까?"

그들은 놀란 눈으로 그를 쳐다보며 말했습니다. "아직 그 소식을 못 들었습니까?"

"무슨 소식 말입니까?"

누가는 두 사람의 대답을 전해 주고 있습니다.

나사렛 예수의 일이니 그는 하나님과 모든 백성 앞에서 말과 일에 능하신 선지자이거늘 우리 대제사장들과 관리들이 사형 판결에 넘겨주어 십자가에 못박았느니라. 우리는 이 사람이 이스라엘을 속량할 자라고 바랐노라. 이뿐 아니라 이 일이 일어난 지가 사흘째요 또한 우리 중에 어떤 여자들이 우리로 놀라게 하였으니 이는 그들이 새벽에 무덤에 갔다가 그의 시체는 보지 못하고 와서 그가 살아나셨다 하는 천사들의 나타남을 보았다 함이라. 또 우리와 함께한 자 중에 두어 사람이 무덤에 가 과연 여자들이 말한 바와 같음을 보았으나 예수는 보지 못하였느니라.눅 24:19-24.

그 낯선 사람은 그들을 보며 말했습니다. "미련하고 선지자들이 말한 모든 것을 마음에 더디 믿는 자들이여, 그리스도가 이런 고난을 받고 자기의 영광에 들어가야 할 것이 아니냐." 그러고 나서 누가는 이렇게 덧붙이고 있습니다. "이에 모세와 모든 선지자의 글로 시작하여 모든 성경에 쓴 바 자기에 관한 것을 자세히 설명하시니라"눅 24:25-27.

나중에 두 제자는 말했습니다. "길에서 우리에게 말씀하시고 우리에게 성경을 풀어 주실 때에 우리 속에서 마음이 뜨겁지 아니하더냐." 주님은 그들의 보지 못함과 깨닫지 못함을 꾸짖으셨습니다.

40일 후 제자들과 함께 감람산에 오르신 주님은, 권능이 임할 때까지 예루살렘에 머물라고 말씀하셨습니다$^{행 1:8}$. 그리고 제자들과 말씀하시던 중에 그들이 보는 앞에서 갑자기 하늘로 올라가 구름 사이로 사라지셨습니다. 과연 열흘 후에 성령이 임하셨고 그들은 약속된 권능으로 충만해졌습니다.

사도행전 2장과 똑같이 5장에서도 사도들은 말합니다. "우리가 증언하는 이 사실들이 그가 누구신지 입증하고 있음을 깨닫지 못하겠습니까? 그 일들은 다 옛 예언의 성취입니다. 돌아가서 당신들의 성경을 읽으십시오. 당신들은 우리를 이해할 수 없습니다. 당신들은 우리더러 배우지 못한 무식한 사람들이라고 말하고 있고, 그 말은 전적으로 옳습니다. 그렇다면 전문가인 당신들은 이 일을 어떻게 설명하겠습니까? 그분만이 유일한 해답입니다. 우리는 객관적인 사실과 사건들을 증언하는 증인들입니다. 우리는 이 일들이 보여주는 권능과 진리를 증언하는 증인의 삶을 살고 있으며, 그렇기 때문에 당신들의 명령을 따를 수 없습니다. 우리는 앞으로도 계속 이 일을 전할 것입니다."

그러므로 제가 드릴 간단한 질문은 이것입니다. 이 사실들, 제가 여러분에게 상기시킨 이 역사적 사건들이 여러분에게는 무엇을 의미합니까? 여러분은 이 사실들에 대해 결단을 내려야만 합니다. 이 사실들을 단순히 밀어내 버릴 수는 없습니다. 이 사실들은 교회의 기원과 존속을 설명해 주는 유일한 단서입니다. 이것이 바로 기독교 메시지입니다. 이것만이 각 시대에 등장한 성인들의 존재를 설명해 줄 수 있으며, 복음의 역동적인 힘을 설명해 줄 수 있습니다. 이 사실들을 참으로 직시한 적이 있습니까? 대산헤드린 공회원들의 어리석음과 맹목과 편견이 보이지 않습니까? 사실을 직시하십시오. 그리고 성령으로 여러분의 편견을 없애 달라고, 새로운 생명과 새로운 지각과 새로운 능력을 달라고, 이 일들이 보여주는 진리와 그 은혜의 기사^{奇事}들을 증언하는 산 증인이 되게 해달라고 구하십시오.

09

부활, 하나님의 선포

베드로와 사도들이 대답하여 이르되 사람보다 하나님께 순종하는 것이 마땅하니라. 너희가 나무에 달아 죽인 예수를 우리 조상의 하나님이 살리시고 이스라엘에게 회개함과 죄사함을 주시려고 그를 오른손으로 높이사 임금과 구주로 삼으셨느니라. 우리는 이 일에 증인이요 하나님이 자기에게 순종하는 사람들에게 주신 성령도 그러하니라 하더라.

사도행전 5:29-32

지금까지는 교회와 기독교 메시지의 참된 본질을 찾기 위해 베드로를 비롯한 사도들이 산헤드린 앞에서 한 말을 살펴 왔습니다. 이번에는 부활의 증인 된 사도들에 대해 여러분과 함께 고찰하고 싶습니다.[1]

　이 주제 전반에 접근하는 가장 좋은 방법은, 이 문단을 전체 맥락 속에서 보는 것이라고 생각합니다. 사도들은 복음을 전했다는 이유로 체포되어 재판에 회부되었고, 베드로는 자신들이 계속 전할 수밖에 없는 이유를 설명했습니다. 사도들이 이렇게 말한 이유가 무엇입니까? 상대방—유대 최고법정인 대산헤드린—은 권세를 가진 자들이었기에 자칫하면 목숨을 잃을 수도 있었습니다. 그들은 헤롯왕과 친하게 지냈고, 로마 통치자들과도 친하게 지냈습니다. 그런데 어부, 장인匠人, "학문 없는 범인", 보잘것없는 사도들이 감히 그들에게 도전하면서 자신들은 침묵할 수 없다고 말한 것입니다.

　사도들은 자신들이 전하는 메시지, 하나님이 "임금과 구주"로 높이신 예수에 관한 메시지의 성격과 본질 때문에 계속 전하지 않을 수 없다고 말했습니다. 그리고 "우리는 이 일의 증인"이라고 말했습니다. 더 나아가 그들은 새로운 생명과 용기로 충만해 있었습니다. 그들의 삶은 대변혁을 겪었습니다. 그들은 완전히 딴사람이 되었고, 아무도 빼앗을 수 없는 기쁨과 행복과 평강으로 가득 찼습니다. 그들은 하나님이 자신들의 삶에 일으키신 변화의 증인들로서, 어떤 것도 그들을 침묵시킬 수 없었습니다.

　그런데 저는 사도들이 계속해서 말씀을 전해야 했던 더 중요한 이유가 있었다고 생각합니다. 그들은 다른 사람들을 돕고 싶은 열망에

1　이 설교는 1966년 부활절 주일 저녁에 전해졌다.

차 있었습니다. 그들은 복음이 자신들을 변화시킨 것처럼 남들도 변화시킬 능력을 가지고 있음을 알았습니다. 사람들의 영혼을 향한 그 사랑, "이 일"을 모르는 자들을 향한 그 연민이 사도들로 하여금 말씀을 전하게 했습니다. 그들은 복되신 하나님의 영광스러운 복음을 전하기 위해서라면 어떤 높은 권위에도 도전했을 것이며, 이 복음을 전하지 못하느니 차라리 죽는 편을 택했을 것입니다.

사도들이 산헤드린에 도전한 데에는 이러한 이유들이 있었습니다. 우리는 그들이 무슨 일의 증인이었는지, 그 내용을 몇 가지 살펴보았습니다. 그들은 우리 주님의 위격과 3년 동안 행하신 놀라운 기적, 비할 데 없이 뛰어난 가르침의 증인이었습니다. 그들은 주님의 죽음에 대한 가르침을 직접 들은 증인이었고, 그가 자신의 죽음을 예언하시고 그 의미를 짚어 주신 말씀을 직접 들은 증인이었습니다. 그들은 그가 십자가에 못박혀 죽으시는 장면을 목격했습니다.

이제 거기에서 더 나아가 봅시다. 주님이 돌아가시자 사도들은 완전히 희망을 잃었습니다. 유대인이었던 그들은 주님이 정치적인 의미에서 자신들을 해방해 주시리라는 기대를 품고 있었습니다. 그들은 주님께 희망을 걸었지만, 정작 주님은 십자가에 무력하게 못박혀 죽으신 후 장사되셨습니다. 성경은 이 일 후에 심한 낙심과 비탄에 빠진 제자들의 모습을 보여주고 있습니다. 복된 구주되신 주님이 죽으신 후, 사도들은 그 누구보다 심한 절망에 빠졌습니다. 그런데 상황을 역전시키는 사건이 벌어졌습니다. 그것이 무엇입니까? 부활절 아침이 밝은 것입니다! 주께서 죽으신 지 사흘째 되는 날 다시 살아나신 것입니다! 이른 아침 아직 어두울 때 몇 명의 여인들이 향품을 들고 무덤을 찾았는데, 무덤이 텅 비어 있었습니다. 여인들은 달려와 그 소식을 전했지만 제자들은 믿지 않았습니다.

누가는 여인들이 돌아와 주님이 부활하셨다고 고했을 때 "사도들은 그들의 말이 허탄한 듯이 들려 믿지" 않았다고 말합니다 눅 24:11. 사도들은 여인들이 미쳤다고 생각했습니다. '부활? 말도 안되는 소리! 그런 일은 일어날 수 없어'라고 생각했습니다. 그런데 여인들이 너무 확신 있어 보이는 것이 이상해서, 베드로와 요한이 무덤으로 달려가 보았습니다. 먼저 도착한 요한이 무덤 안을 들여다보니 세마포가 보였습니다. 그러나 무덤 안에 들어가지는 않았습니다. 좀더 충동적인 베드로는 무덤 안으로 직접 들어가 시신을 쌌던 천이 한쪽에 놓여 있고 머리를 쌌던 수건은 따로 개켜 있는 것을 보았습니다. 그들은 크게 놀랐습니다.

그후에 주님이 이들에게 나타나셨다고 성경은 기록하고 있습니다. 첫번째 주일 저녁, 주님이 갑자기 그들 가운데 찾아오셨습니다. 주님은 몹시 무서워하는 제자들에게 "왜 두려워하느냐? 나는 유령이 아니다"라고 말씀하셨습니다. "영은 살과 뼈가 없으되 너희 보는 바와 같이 나는 있느니라"눅 24:39. 그리고 나서 "여기 무슨 먹을 것이 있느냐?"라고 물으셨고, 구운 생선과 꿀을 조금 드리자(개역성경에는 구운 생선만 드린 것으로 되어 있음 – 옮긴이) 그들이 보는 앞에서 잡수셨습니다. 유령들은 그런 것을 먹지 않습니다!

요한복음에는 도마 – '의심하는 도마' – 이야기가 나옵니다. 다른 모든 제자들처럼 도마도 주님이 임박한 죽음과 부활에 대해 가르치신 내용을 이해하지 못했습니다. 복음서는 아주 솔직하게 그들이 주님의 가르침을 이해하지 못했다고 말합니다. 그들은 각자 자기 생각에 매여 있었습니다. 그것이 죄인들의 문제입니다. 이미 살펴보았듯이, 죄인들은 맹목과 편견에 사로잡혀 있습니다. 그들은 가르침을 듣는 대신 자신들의 잘난 생각을 고집하다가 영광을 놓쳐 버립니다.

주님이 처음 나타나신 주일 저녁, 그 자리에 없었던 도마는 "우리가 주를 보았노라"라는 제자들의 말에 "내가 그의 손의 못자국을 보며 내 손가락을 그 못자국에 넣으며 내 손을 그 옆구리에 넣어 보지 않고는 믿지 아니하겠노라"고 대꾸했습니다.

일주일 후, 다시 제자들 가운데 나타나신 예수님은 도마를 보며 말씀하셨습니다. "네 손가락을 이리 내밀어 내 손을 보고 네 손을 내밀어 내 옆구리에 넣어 보라. 그리하여 믿음 없는 자가 되지 말고 믿는 자가 되라."

도마는 그 발 앞에 무릎을 꿇고 "나의 주님이시요 나의 하나님이시니이다"라고 말씀드리지 않을 수 없었습니다. 그러자 주님이 말씀하셨습니다. "너는 나를 본 고로 믿느냐. 보지 못하고 믿는 자들은 복되도다".요 20:24-29.

부활 후에 사도들은 완전히 변했습니다. 자신들의 주님을 여러 번 목격했을 뿐 아니라 그의 교훈-성경을 훑어 주시며 자신의 죽음과 장사와 부활이 전부 어떻게 예언되었는지 보여주신 내용-까지 들은 사도들은 확신을 얻었습니다. 그후에 주님은 그들에게 사명을 주셨습니다. 그의 말씀은 요컨대 이런 것이었습니다. "이제 나는 너희를 떠나간다. 세상의 기초를 놓기 전, 아버지와 함께 누리던 천국의 영광으로 돌아간다. 나는 너희를 내 증인으로 두고 간다. 너희를 파송한다." 이 말씀은 누가복음 말미에 나옵니다. 누가는 다음과 같이 쓰고 있습니다.

> 이에 그들의 마음을 열어 성경을 깨닫게 하시고 또 이르시되 이같이 그리스도가 고난을 받고 제삼일에 죽은 자 가운데서 살아날 것과 또 그의 이름으로 죄사함을 받게 하는 회개가 예루살렘에서 시작하여 모든 족속에게 전파될 것이 기록되었으니 너희는 이 모든 일의 증인이라. 볼지어다, 내가 내 아버지께서 약속하신 것을 너희에게 보내리니 너희는 위로부터 능력으로 입혀질 때까지 이 성에 머물라 하시니라.눅 24:45-49.

이처럼 주님은 산헤드린이 지금 금지하려 드는 바로 그 일을 사도들에게 맡기셨습니다. 주님은 "능력이 임할 때까지 기다려라. 그리고 능력이 임하면 가서 증거하라"고 하셨습니다. 사도들이 산헤드린에 도전하면서 침묵하기를 거절한 이유가 여기 있습니다. 그들은 이 사실들의 본질 때문에 침묵하기를 거절했습니다. 베드로는 이 사실들의 의미와 중요성을 이렇게 요약했습니다. "이스라엘에게 회개함과 죄사함을 주시려고 그를 오른손으로 높이사 임금과 구주로 삼으셨느니라." 유대인들이 거부해서 나무에 달아 죽인 예수는 하나님이 세우신 임금이요 온 우주의 임금이시며 세상의 구주십니다. 그는 유일한 구주로서, 그를 떠나서는 구원을 얻을 수 없습니다. 사도들이 산헤드린의 명령에 도전한 이유가 여기 있습니다.

이 모든 의미를 이해하기 위해, 부활을 통해 이 일을 살펴보겠습니다. 바울처럼 사도들은 "예수와 부활"을 전했습니다행 17:18. 그들은 왜 특별히 부활을 강조했을까요?

무엇보다 먼저, 주님이 누구신지 최종적으로 입증해 준 사건이 바로 부활이었기 때문입니다. 유대 지도자들에게 멸시당하던 예수―목수 예수, 배운 적은 없지만 학식은 있었던 사람, 사기꾼, 신성모독자, 자신과 하나님이 동등하다고 주장하던 이 사람―가 자신에 대해 주장한 내용이 참으로 옳다는 것을 최종적으로 확증해 준 사건이 바로 부활입니다. 부활은 그가 다름 아닌 하나님의 독생자이며, 사람이지만 단순한 사람이 아니라 영원하신 하나님 아들임을 보여주는 최종적인 증거입니다.

여러분은 말할 것입니다. "아, 하지만 나사로의 경우는 어떻게 되는 겁니까? 나사로도 죽은 자들 가운데서 살아나지 않았습니까?" 아닙니다. 나사로는 부활한 것이 아니라 소생한 것입니다. 나사로는 단지 생명을 되찾은 것이며, 결국에는 다시 죽었습니다. 반면에 주님은 "죽은 자들 가운데에서 먼저 나"신 자가 되셨습니다계 1:5. 그는 죽음을 통과하여 그 너머로 살아 나온 첫 사람입니다. 바로 그것이 그가 하나님의 아들이시라는 증거입니다. 사도 바울은 수년 후에 로마 교회에 편지를 쓰면서 같은 말로 이 점을 설명했습니다. 그는 말합니다.

예수 그리스도의 종 바울은 사도로 부르심을 받아 하나님의 복음을 위하여 택정함을 입었으니 이 복음은 하나님이 선지자들을 통하여 그의 아들에 관하여 성경에 미리 약속하신 것이라. 그의 아들에 관하여 말하면 육신으로는 다윗의 혈통에서 나셨고 성결의 영으로는 죽은 자들 가운데서 부활하사 능력으로 하나님의 아들로 선포되셨으니 곧 우리 주 예수 그리스도시니라롬 1:1-4.

부활은 최종적인 증거입니다. 그리고 앞서 지적한 대로, 부활이야말로 사도들에게 최종적인 확신을 심어 준 사건이었습니다. 전에는 주님을 반신반의했습니다. 베드로는 가이사랴 빌립보에서 "주는 그리스도시요 살아계신 하나님의 아들이시니이다"라는 위대한 고백을 했지만마 16:16 그 말의 뜻은 몰랐고, 그래서 나중에 실망하여 자신의 고백을 저버렸습니다. 그러나 부활을 목격한 후에 의심은 사라졌습니다.

오순절 날 설교를 통해 부활이야말로, 주님이 하나님의 아들이심을 입증하는 사건임을 놀랍게 변론해 낸 사람이 바로 베드로입니다. 그는 예루살렘 사람들이 어떻게 주님을 십자가에서 죽였는지 상기시킨 후에 연이어 이렇게 말했습니다.

하나님께서 그를 사망의 고통에서 풀어 살리셨으니 이는 그가 사망에 매여 있을 수 없었음이라.

그러고 나서 그는 시편 16편을 인용합니다.

다윗이 그를 가리켜 이르되 내가 항상 내 앞에 계신 주를 뵈었음이여, 나로 요동하지 않게 하기 위하여 그가 내 우편에 계시도다. 그러므로 내 마음이 기뻐하였고 내 혀도 즐거워하였으며 육체도 희망에 거하리니 이는 내 영혼을 음부에 버리지 아니하시며 주의 거룩한 자로 썩음을 당하지 않게 하실 것임이로다. 주께서 생명의 길을 내게 보이셨으니 주 앞에서 내게 기쁨이 충만하게 하시리로다 하였으므로.

베드로는 그 구절을 이렇게 해설하고 있습니다.

형제들아, 내가 조상 다윗에 대하여 담대히 말할 수 있노니 다윗이 죽어 장사되어 그 묘가 오늘까지 우리 중에 있도다. 그는 선지자라 하나님이 이미 맹세하사 그 자손 중에서 한 사람을 그 위에 앉게 하리라 하심을 알고 미리 본 고로 그리스도의 부활을 말하되 그가 음부에 버림이 되지 않고 그의 육신이 썩음을 당하지 아니하시리라 하더니 이 예수를 하나님이 살리신지라. 우리가 다 이 일에 증인이로다.^{행 2:24-32}

베드로는 다윗이 시편 16편을 썼다고 말합니다. 그러나 우리가 아는 대로 다윗은 죽어서 장사되었기 때문에 이것은 분명히 다윗 자신에 대한 이야기가 아닙니다. 그의 묘는 지금도 있어서 언제든지 원하면 가볼 수 있습니다. 그의 몸은 무덤에서 여전히 썩고 있습니다. 이처럼 다윗은 죽은 자 가운데서 살아나지 못했지만 이분은 살아나셨습니다. 즉 다윗은 선지자로서 자신의 자손 중 한 사람에 대해 예언한 것입니다. 예수는 다윗의 후손으로 태어나셨습니다. 다윗의 말은 부활이 이미 구약에 예언되었음을 보여주고 있으며, 주 예수 그리스도는 그 예언을 성취하셨습니다. 부활은 이분이 바로 다윗이 말한 하나님의 아들이라는 증거입니다.

이것이 사도들이 부활을 강조한 첫번째 이유입니다. 부활은 세상에 지금껏 알려진 일이나 앞으로 알려질 일 중에서 가장 놀라운 일입니다. 하나님이 친히 찾아오셔서 그 백성들을 구속하셨습니다. 하나님이 보내신 선지자와 스승들이 많았지만, 그들은 구원을 이루지 못했습니다. 그후에 하나님은 친아들, 독생자를 보내셨습니다. 이것이 이 부활절 저녁, 교회가 세상에 전하는 메시지입니다.

우리는 인간의 손에 맡겨져 있지 않습니다. 하나님이 우리를 염려하셔서 친아들을 시간 안으로 보내 주셨습니다. 아들은 이 땅에서 사셨고, 죽으셨고, 다시 살아나셨습니다. 하나님은 세상을 구원하시되, 독생자를 통해 구원하십니다. 부활은 이 사실들이 참됨을 확증해 주는 사건입니다. 사도들은 이 복되신 위격과 그에 관한 진리를 증언하는 증인들이었습니다.

둘째로, 사도들이 부활을 강조한 이유는 부활이 하나님께서 아들의 사역에 만족하신다는 선포였기 때문입니다. 이것은 신약성경 곳곳에 나오는 위대한 주장으로, 기독교 메시지에서 절대적으로 중요한 부분을 차지하고 있습니다. 사도 바울은 로마서 4:25에서 이것을 다음과 같이 표현하고 있습니다. "예수는 우리가 범죄한 것 때문에 내줌이 되고 또한 우리를 의롭다 하시기 위하여 살아나셨느니라." 그는 3장에서도 비슷한 말을 했습니다. "이 예수를 하나님이 그의 피로써 믿음으로 말미암는 화목제물로 세우셨으니 이는 하나님께서 길이 참으시는 중에 전에 지은 죄를 간과하심으로 자기의 의로우심을 나타내려 하심이니 곧 이때에 자기의 의로우심을 나타내사 자기도 의로우시며 또한 예수 믿는 자를 의롭다 하려 하심이라"롬 3:25-26. 또한 하나님은 그 아들을 죽은 자들 가운데서 일으키심으로써 "그는 내가 하라고 보낸 일을 이루었다"고 온 세상에 알리셨습니다.

그 일이 무엇이었습니까? 하나님의 율법을 성취하는 것이었습니다. 하나님의 아들 외에는 아무도 우리를 구원할 수 없는 이유가 여기 있습니다. 하나님은 인간을 자신의 형상대로 만드셨습니다. 인간을 완벽하게 만드시고 사는 법을 가르쳐 주셨습니다. 그리고 그렇게 살지 않으면 형벌을 받게 되는데, 그 형벌은 죽음이라고 말씀해 주셨습니다. "범죄하는 그 영혼은 죽으리라"겔 18:4. "죄의 삯은 사망이요"롬 6:23.

하나님은 거룩하고 공의로우십니다. "하나님은 빛이시라. 그에게는 어둠이 조금도 없으시다는 것이니라"요일 1:5. 감히 이렇게 표현해도 될지 모르겠지만, 그는 자신의 거룩함을 가지고 장난치실 수 없습니다. 죄를 보고서도 못 본 척하실 수 없다는 말입니다. 여러분과 저는 그렇게 합니다. 우리는 사기꾼이고 협잡꾼이며 거짓말쟁이입니다. 우리는 진실하지 못하고 공의롭지 못합니다. 모든 인간은 하나님의 율법 앞에 서 있습니다. 그 율법을 지키지 못하면 형벌을 받아야 하는데, 그 형벌은 영원한 죽음, 즉 하나님의 생명에서 쫓겨나는 것입니다.

주 예수 그리스도는 우리를 그 형벌에서 구하려고 오셨습니다. 이것이 그가 오신 직접적인 목적입니다. 부활은 그가 그 목적을 이루셨다는 증거입니다. 사도 바울의 말을 다시 한번 인용하겠습니다.

> 형제들아, 내 마음에 원하는 바와 하나님께 구하는 바는 이스라엘을 위함이니 곧 그들로 구원을 받게 함이라. 내가 증언하노니 그들이 하나님께 열심이 있으나 올바른 지식을 따른 것이 아니니라. 하나님의 의를 모르고 자기 의를 세우려고 힘써 하나님의 의에 복종하지 아니하였느니라. 그리스도는 모든 믿는 자에게 의를 이루기 위하여 율법의 마침이 되시니라 롬 10:1-4.

율법을 지키고 율법의 행위를 준수함으로써 자기 의를 얻기 위해 온갖 고역과 노력과 수고를 다하는 유대인들이 있다고 바울은 말합니다. 율법을 지킬 수 있는 사람도 없고, 이제는 아무도 율법을 지켜서 의를 얻고자 애쓸 필요가 없는데도 그렇게 하는 것은 비극입니다. 하나님은 독생자를 세상에 보내 주셨고, 그는 율법을 다 지키셨습니다. 그는 율법의 마침이십니다. 그는 율법을 성취하셨습니다.

똑같은 진리가 성경 전체에서 가장 감동적인 말씀 중 하나인 영광의 장章-고린도전서 15장-에 또 한번 나옵니다. 우리는 장례예배 시간에 이 말씀을 듣지만, 언어 자체의 영광에 매료된 나머지 그 내용까지 이해하는 경우는 거의 없습니다. 그러나 지금 저는 그 말씀에 담긴 의미를 밝히고자 합니다.

바울은 말합니다. "사망아, 너의 승리가 어디 있느냐. 사망아, 네가 쏘는 것이 어디 있느냐. 사망이 쏘는 것은 죄요 죄의 권능은 율법이라. 우리 주 예수 그리스도로 말미암아 우리에게 승리를 주시는 하나님께 감사하노니" 고전 15:55-57. 바울은 죄가 우리로 하여금 죽음을 무서워하게 한다고 말합니다("사망이 쏘는 것은 죄요"). 왜냐하면 우리는 죽을 때 죄의 심판이 임한다는 것을 알기 때문입니다. 그렇습니다. 죄는 율법으로 강력해지는데("죄의 권능은 율법이라"), 그것은 어떤 행동에 유죄판결을 내리는 주체가 바로 율법이기 때문입니다. 율법은 죄가 얼마나 강력한지 보여줍니다. 죄, 그리고 그 죄에 죽음을 선고하는 율법의 심판은 우리가 피할 수 없는 문제입니다.

그러나 바울은 부활이 "사망아, 네가 쏘는 것이 어디 있느냐"는 질문에 답하며 그 문제를 해결해 버린다고 말합니다. 그리스도가 죽은 자들로부터 다시 살아 나오셨다는 사실, 하나님이 친히 그를 죽은 자들 가운데서 끌어내셨다는 사실은 하나님의 율법이 높임을 받았으며 완전히 성취되었음을 의미합니다("우리 주 예수 그리스도로 말미암아 우리에게 승리를 주시는 하나님께 감사하노니"). 어떻게 그렇게 되었습니까? 자, 그는 율법을 성취하셨습니다. 그는 일생동안 율법의 모든 요구에 능동적으로 따르셨기 때문에, 율법은 그에게 유죄를 선고하지 못했습니다. 또한 그는 죽음을 통해 수동적으로 우리 죄에 대한 벌을 감당하셨습니다. 그럼으로써 율법은 성취되었습니다. 이제 율법은 할 말이 없게 되었습니다. 주님은 그를 믿는 모든 사람을 대신해서 율법의 모든 요구를 채우셨습니다. 부활은 바로 그 사실을 확증해 줍니다.

주님이 무덤에서 일어나지 못하셨다면, 그도 율법의 형벌을 받아 죽임을 당함으로써 모든 상황이 끝나 버렸다는 뜻이 될 것입니다. 그러나 그는 죽음을 통과해 나오셨습니다. 그리고 다시는 죽지 않으십니다. 그는 형벌-죽음-을 받았는데도 살아나셨습니다. 그는 자신의 일을 다 이루셨습니다. 하나님의 거룩한 법이 요구하는 모든 것을 적극적으로도 만족시키셨고 소극적으로도 만족시키셨습니다.

고린도전서 15장은 58절로 이루어진 아주 긴 장이지만 주제는 한 가지입니다. 15장은 부활을 다루고 있으며, 그리스도가 몸으로 부활하셨음을 믿는 일의 결정적인 중요성을 다루고 있습니다. 사도는 1세기에도 몸의 부활을 부인하는 똑똑한 사람들이 있었기 때문에-1세기에도 똑똑한 사람들이 **있었습니다**. 어떤 이들의 생각처럼 20세기에만 그런 사람들이 있는 것은 아닙니다!-이 장을 썼습니다. 그러므로 몸의 부활을 부인하는 것은 그리 새로운 일이 못됩니다. 1세기 사람들은 부활이 과거지사로서, 이제 문자적인 몸의 부활 따위는 없다고 말했습니다.

"부활이 없다고?" 하고 바울은 묻습니다. 그리고 죽은 자들이 몸으로 부활하는 일이 없다면 "그리스도도 다시 살아나지 못하셨으리라. 그리스도께서 만일 다시 살아나지 못하셨으면 우리가 전파하는 것도 헛것이요 또 너희 믿음도 헛것이며……그리스도께서 다시 살아나신 일이 없으면 너희의 믿음도 헛되고 너희가 여전히 죄 가운데 있을 것이요."고전 15:13-14, 17, "또 우리가 하나님의 거짓 증인으로 발견되리니"라고 덧붙입니다고전 15:15. 이것은 절대적으로 중요한 사실입니다. 오직 부활만이 하나님이 만족하셨다는 확신, 율법이 높임받고 성취되었다는 확신을 주며, 다음과 같은 확신을 줍니다.

율법도, 하나님도
나는 두려워하지 않도다.
구주의 순종과 피
내 모든 죄 가려 주시니.
-오거스터스 탑레이디

셋째로, 사도들은 부활을 자랑했으며, 어떤 것도 그들이 부활을 증거하고 전파하는 일을 막을 수 없었습니다. 왜냐하면 부활은 바로 이 복되신 주님께서 우리의 모든 원수를 정복하셨다는 증거였기 때문입니다. 우리를 대적하는 세력과 힘들이 있습니다. 우리는 그것들에 대해 잘 알고 있지 않습니까? 세상과 육신은 우리의 원수입니다. 세상은 우리를 오염시킵니다. 베드로는 죄를 통해 세상에 들어온 오염에 대해 말하고 있으며, 우리는 오늘날 그 실상을 보고 있습니다. 일요신문을 보십시오. 오염이 보입니다. 텔레비전에 나오는 이른바 똑똑한 풍자가들도 보십시오. 무엇이 보입니까? 오물과 진창입니다. 베드로는 그 더러움을 이렇게 표현합니다. 자기 죄로 되돌아가는 사람은 "돼지가 씻었다가 더러운 구덩이에 도로" 눕는 것과 같다는 것입니다벧후 2:22. 세상의 더러움과 불결함과 부정함에 대한 완벽한 묘사 아닙니까?

세상은 도발과 그 모든 미묘한 매력, 그 모든 불법의 자랑으로 우리를 오염시키며 우리 안에 있는 가장 좋은 것, 가장 고상한 것, 가장 숭고한 것을 빼앗아 갑니다. 세상과 육신이라는 원수는 모든 사람을 넘어뜨립니다. 세상에는 죄를 짓지 않는 사람이 아무도 없습니다. 우리는 모두 이 악한 세상의 진창에 오염되어 있으며 얼룩져 있습니다. 우리는 세상을 정복할 수 없습니다. 우리도 정복을 시도했고, 이전 구약시대 사람들도 정복을 시도했지만, 모두 패하고 말았습니다. 그런데 여기 패하지 않은 사람이 있습니다. 세상은 그를 넘어뜨리지 못했습니다. 그는 육신에도 지지 않았습니다. 그는 죄와 상관없이 완벽하고도 순결하게 세상을 통과하셨습니다.

그뿐 아니라 우리에게는 마귀라는 원수도 있습니다. 세상은 이 세상 신인 사탄에 대해 아는 바가 없습니다. 세상은 이 주제에 대해 이야기하는 것을 미친 짓으로 생각합니다. 사람들은 "20세기에 살면서 아직도 마귀를 믿다니!" 하고 말합니다. 그렇다면 이 세상의 악은 다 어디에서 왔겠습니까? 정치인들이나 다른 이들의 노력이 매번 좌절로 돌아가는 이유가 무엇이겠습니까? 인류의 뒤를 줄곧 따라다니면서 거의 승리를 얻었다고 생각하는 순간에 그것을 앗아 가는 것이 무엇이겠습니까? 그것이 대체 무엇이겠습니까? 성경은 완벽한 답을 제시합니다. 그것은 마귀입니다.

바울은 말합니다. "우리의 씨름은 혈과 육을 상대하는 것이 아니요 통치자들과 권세들과 이 어둠의 세상 주관자들과 하늘에 있는 악의 영들을 상대함이라"엡 6:12. 우리는 항상 우리를 둘러싼 채 해로운 힘을 행사하는 악한 영들과 지옥, 마귀와 싸우고 있습니다. 세상에서 마귀와 그의 모든 세력이 가진 권세를 무너뜨릴 분은 예수밖에 없습니다. 그는 세상에서 사는 내내 마귀에게 패배를 안기셨습니다. 마귀가 시험하려 할 때마다 좌절시키셨으며, 무엇보다 십자가에서 무너뜨리셨습니다. 바로 그곳에서 주님은 마귀의 정체를 결정적으로 폭로하셨고, 모든 사람의 눈앞에서 우습게 만들어 버리셨습니다.

히브리서 기자는 2장에서 주님이 마귀를 이기신 일을 다음과 같은 매우 인상적인 말로 표현하고 있습니다.

> 자녀들은 혈과 육에 속하였으매 그도 또한 같은 모양으로 혈과 육을 함께 지니심은 죽음을 통하여 죽음의 세력을 잡은 자 곧 마귀를 멸하시며 또 죽기를 무서워하므로 한평생 매여 종노릇하는 모든 자들을 놓아주려 하심이니^{히 2:14-15}.

주님은 십자가 죽음을 통해, 특히 부활을 통해 마귀의 권세를 빼앗아 버리셨습니다. 사탄은 이제 더 이상 전처럼 죽음을 지배할 수 없습니다.

또한 부활절의 놀라운 점은 맨 나중에 정복될 원수가 죽음이라는 것을 가르쳐 준 데 있습니다. 여러분은 이 땅에서 살면서 세상과 육신과 마귀와 싸우고 있는데, 그 모든 원수의 배후에 있는 것은 죽음과 무덤입니다. 이것이 우리의 맨 나중 원수입니다. 이 원수는 모든 사람을 거꾸러뜨립니다.

> 명문가의 자랑과 권력의 영화,
> 그 모든 아름다움과 부가 준 모든 것을
> 피할 길 없는 시간이 똑같이 기다린다.
> 영광의 길도 무덤으로 나아갈 뿐.
> ―토마스 그레이^{Thomas Gray}

위대한 인물도, 위대한 정치가도, 위대한 왕도, 위대한 철학자도 모두 죽습니다. 살아있는 사람은 반드시 죽게 되어 있습니다. 그렇습니다. 죽음은 모든 사람을 무너뜨리는 마지막 적수, 마지막 우두머리입니다. 모든 사람이 이 원수의 손에 희생당합니다. 이 원수를 정복한 분은 오직 한분뿐입니다. 바로 이 예수뿐입니다.

베드로는 동료 사도들을 대표하여 산헤드린 앞에서 말했습니다. "너희가 나무에 달아 죽인 예수를 우리 조상의 하나님이 살리시고……오른손으로 높이사." 전능하신 하나님의 능력이 그를 무덤에서 붙잡아 일으켜 죽음과 무덤까지 정복하게 했습니다. 맨 나중 원수는 정복되었습니다. 우리는 그리스도의 빛 안에서 똑같이 말할 수 있습니다. "이 썩을 것이 썩지 아니함을 입고 이 죽을 것이 죽지 아니함을 입을 때에는 사망을 삼키고 이기리라고 기록된 말씀이 이루어지리라"^{고전 15:54}.

그리스도는 맨 나중 원수를 정복하셨고, 이미 말씀드린 대로 여러분이 죽은 후에 하나님의 심판대 앞에서 받을 율법의 고소에 이미 답변을 마치셨으며, 최종적인 처리까지 끝내셨습니다. "누가 능히 하나님께서 택하신 자들을 고발하리요. 의롭다 하신 이는 하나님이시니 누가 정죄하리요. 죽으실 뿐 아니라 다시 살아나신 이는 그리스도 예수시니 그는 하나님 우편에 계신 자요 우리를 위하여 간구하시는 자시니라"^{롬 8:33-34}.

이 점을 히브리서 기자의 웅변적인 언어로 다시 한번 제시해 보겠습니다. 히브리서 7장에는 여러분을 위한 부활의 메시지가 나옵니다. 히브리서 기자는 주 예수 그리스도와 그가 열어 놓으신 길을 성전과 제사장들이 좇았던 옛 길과 비교하면서 이렇게 말합니다.

> 제사장된 그들의 수효가 많은 것은 죽음으로 말미암아 항상 있지 못함이로되 예수는 영원히 계시므로 그 제사장 직분도 갈리지 아니하느니라. 그러므로 자기를 힘입어 하나님께 나아가는 자들을 온전히 구원하실 수 있으니 이는 그가 항상 살아계셔서 그들을 위하여 간구하심이라^{히 7:23-25}.

우리에게는 지상의 제사장이 필요 없습니다. 교황과 추기경이 필요 없습니다. 우리에게는 유일한 한 제사장, 하나님의 아들 예수가 있기 때문입니다. 그는 불변하시며 항상 살아서 우리를 위하여 간구하는 분이십니다. 하나님은 한분이시며 중보자도 한분이십니다. 하나님과 인간들 사이의 유일한 중보자는 인간 그리스도 예수밖에 없습니다.

그의 어머니 마리아는 필요 없습니다. 예수 한분으로 충분합니다. 그는 부활로 이 점을 입증하셨습니다.

그는 우리를 도우시며 지원하십니다. 이 약속은 당연히 신약성경 기자들의 머리와 가슴을 전율하게 했습니다. 히브리서 2장의 말씀을 다시 들어 보십시오.

> 그러므로 그가 범사에 형제들과 같이 되심이 마땅하도다. 이는 하나님의 일에 자비하고 신실한 대제사장이 되어 백성의 죄를 속량하려 하심이라. 그가 시험을 받아 고난을 당하셨은즉 시험받는 자들을 능히 도우실 수 있느니라히 2:17-18.

저는 그가 하나님이시며 하나님 우편에 계신 분임을 압니다. 그런데도 그는 인간이 되셨고, 고난을 당하며 시험을 받는다는 것이 어떤 것인지 몸소 체험하셨습니다.

> 그러므로 우리에게 큰 대제사장이 계시니 승천하신 이 곧 하나님의 아들 예수시라. 우리가 믿는 도리를 굳게 잡을지어다. 우리에게 있는 대제사장은 우리의 연약함을 동정하지 못하실 이가 아니요 모든 일에 우리와 똑같이 시험을 받으신 이로되 죄는 없으시니라히 4:14-15.

우리에게는 미쁘고 자비로우신 대제사장이 계십니다. 그는 우리에 대한 모든 것을 알고 계십니다.

> 그 슬픔의 사람은
> 가슴을 찢는 모든 고통을 겪으셨다.
> —마이클 브루스Michael Bruce(히 4:14-16에 기초한 의역 57번)

그는 영광 중에 계신 분이지만, 하나님인 동시에 사람이시기에 우리와 공감하시며 우리를 도우십니다. 히브리서 기자는 계속해서 말합니다.

> 그러므로 우리는 긍휼하심을 받고 때를 따라 돕는 은혜를 얻기 위하여 은혜의 보좌 앞에 담대히 나아갈 것이니라^{히 4:16}.

부활에는 이 모든 이야기가 들어 있습니다. 이 세상에서 살면서 죄인들이 자기에게 거역한 일을 참으셨던 분이 지금 하늘에 계십니다. 그는 동일한 분입니다. 나는 그분에게 갈 수 있으며, 그가 나를 결코 거부하지 않으실 것과 내 모든 필요를 채우실 것을 압니다. 그러나 그것이 전부는 아닙니다. 주님은 임금이 되셨습니다. 우주가 다 그의 손안에 있습니다. 하늘로 돌아가시기 직전에 그는 말씀하셨습니다. "하늘과 땅의 모든 권세를 내게 주셨으니"^{마 28:18}. 바울은 이 모든 내용을 빌립보서 2장의 엄청난 진술 속에 담아 놓았습니다.

> 그는 근본 하나님의 본체시나 하나님과 동등됨을 취할 것으로 여기지 아니하시고 오히려 자기를 비워 종의 형체를 가지사 사람들과 같이 되셨고 사람의 모양으로 나타나사 자기를 낮추시고 죽기까지 복종하셨으니 곧 십자가에 죽으심이라. 이러므로 하나님이 그를 지극히 높여 모든 이름 위에 뛰어난 이름을 주사 하늘에 있는 자들과 땅에 있는 자들과 땅 아래에 있는 자들로 모든 무릎을 예수의 이름에 꿇게 하시고 모든 입으로 예수 그리스도를 주라 시인하여 하나님 아버지께 영광을 돌리게 하셨느니라^{빌 2:6-11}.

부활은 이것을 입증합니다. 세상은 그의 손에 넘어갔습니다. 세상은 그의 것입니다. 그는 좌정하여 통치하시면서 원수들이 그의 발등상 되기까지 기다리고 계십니다.

마지막으로, 그가 부활하고 승천하여 돌아가신 일은 공의로 세상을 심판하러 다시 오실 것을 보여주는 확실한 증거입니다. 그는 자신이 인자^子이기 때문에 아버지께서 심판권을 맡기셨다고 말씀했습니다. "아버지께서 자기 속에 생명이 있음같이 아들에게도 생명을 주어 그 속에 있게 하셨고 또 인자됨으로 말미암아 심판하는 권한을 주셨느니라"^요 5:26-27. 사도 바울의 표현—여러 곳 중에서도 아덴에서 했던 말—을 들어 보십시오. 아덴 시민들은 아주 철학적인 사람들이었습니다. 그들은 심판과 지옥을 믿지 않았습니다. 그런 부류의 사람들은 지금도 이런 것을 믿지 않을 뿐 아니라, 아마도 자신들의 회의론에 동참하지 않는 사람이 있다는 사실을 놀라워할 것입니다.

사도 바울은 그런 사람들에게 설교하면서 이렇게 말했습니다. "이와 같이 하나님의 소생이 되었은즉 하나님을 금이나 은이나 돌에다 사람의 기술과 고안으로 새긴 것들과 같이 여길 것이 아니니라." 바울은 눈에 보이는 형상을 믿지 말라고 합니다. 과거로 회귀하여 그런 것들을 예배하고 싶어 하는 사람들도 있습니다. 그렇지 않습니까? 그러나 하나님은 형상으로 나타낼 수 없습니다. 제2계명은 하나님을 그런 식으로 예배하는 것을 금하고 있습니다.

바울은 연이어 말합니다. "알지 못하던 시대에는 하나님이 간과하셨거니와 이제는 어디든지 사람에게 다 명하사 회개하라 하셨으니 이는 정하신 사람으로 하여금 천하를 공의로 심판할 날을 작정하시고 이에 그를 죽은 자 가운데서 다시 살리신 것으로 모든 사람에게 믿을 만한 증거를 주셨음이니라"^행 17:29-31.

예수 그리스도의 부활은 하나님이 이 위격을 통해 전 세계를 심판하신다는 선포이자 선언입니다. 그것은 이생에서든 영원한 세계에서든 그분에 대한 태도에 따라 우리의 운명이 결정된다는 뜻입니다. 예수는 인간에 불과하다고 말하면서, 유대인들처럼 약간은 그를 언짢아하며 무시하고 죽임으로써 그를 제거했다고 생각하는 사람은 심판을 받을 것입니다. 그 심판은 영원한 형벌입니다. 그러나 하나님이 이 예수를 일으켜 임금과 구주를 삼으셨음을 믿는 사람, 오직 예수 안에서만 죄사함을 받으며 하나님의 자녀가 되어 영광의 소망을 얻는다는 것을 믿는 사람은 그 믿음대로 다 받아 누리라는 판결을 받을 것입니다! 사도들이 산헤드린을 향해 "사람보다 하나님께 순종하는 것이 마땅하니라"고 말한 이유가 여기 있습니다.

사도들의 말은 요컨대 이런 것입니다. "우리는 당신들에게도 복음을 전합니다. 여러분은 반드시 죽을 것입니다. 지금은 당신들이 남을 심판하지만 곧 당신들 자신이 심판을 받게 될 것입니다. 그때 어떻게 하나님을 대면하려 합니까? 어떻게 하나님의 율법을 대면하려 합니까? 당신들은 대면할 수 없습니다. 당신들을 율법의 형벌에서 구해 주실 분은 당신들이 나무에 매달아 죽인 이분뿐입니다. 그는 임금이요 구주요 메시아십니다. 그분만이 율법을 성취하고, 우리의 모든 원수를 정복하며, 우리를 하나님과 화목하게 하여 그의 자녀로 삼아 주실 수 있습니다. 우리는 오직 그분 안에서만 회개할 수 있습니다. 그분을 떠나서는 죄사함을 받을 수 없습니다. 공회원들이여, 우리는 침묵할 수 없습니다. 우리는 사람이 아니라 하나님께 순종해야 하기 때문입니다. 지금 사람들의 영혼은 위험에 빠져 있습니다. 이 부활되신 예수밖에는 희망이 없습니다. 우리를 죽이고 싶으면 죽이십시오. 그래도 그의 이름은 계속될 것이며 그 이름의 권세 또한 지속될 것입니다."

이 모든 것이 사도들이 침묵하지 않은 이유이며, 감히 이렇게 말해도 될지 모르겠지만 제가 강단에서 이 메시지를 다시 전하는 단 한 가지 이유입니다. 저는 오늘이 부활절이기 때문에 이 메시지를 전한 것이 아닙니다. 하나님의 진리이기 때문에 전한 것입니다. 이날은 우리에게 역사적 사실을 상기시킵니다. 한분이 죽은 자들 가운데서 일어나셨습니다. 그는 유일한 구주 되신 하나님의 아들 예수십니다. 그는 이생에서 우리를 구원할 수 있는 유일한 분이시며, 죽음을 안전하게 통과시켜 줄 수 있는 유일한 분이십니다. 그는 하나님의 거룩한 법 앞에서 우리를 의롭다 하며, 하나님 앞에 있는 영원한 지복의 기쁨과 축복으로 우리를 이끌어 줄 유일한 분이십니다.

그런데 어떻게 침묵을 지킬 수 있겠습니까! 이토록 영광스러운 복음이 있는데도 사람들은 죄와 무지 속에 죽어가고 있습니다. 비웃을 테면 비웃고 조롱할 테면 조롱하라고 하십시오. 하고 싶은 대로 하라고 하십시오. 우리는 여전히 이 복음을 전할 것입니다. 우리는 전하지 않을 수가 없습니다. 우리가 이 일의 증인임을 거듭 밝히지 않을 수가 없습니다. 그리스도는 유일한 소망이십니다. 유일한 구주십니다. 그를 믿으십니까? 이 사실들을 믿으십니까? 이 사실들이 여러분에게 갖는 의미와 관련성을 깨달았습니까? 그에게 나아가 자신을 드리며 받아 주실 것을 구했습니까? 그렇게 구했다면, 그의 권위를 힘입어 말하건대 여러분을 받아 주실 것입니다. 그 이름을 찬양할지어다. 그는 두려워하는 영혼에게 영광으로 말씀해 주십니다. "내게 오는 자는 내가 결코 내쫓지 아니하리라" 요 6:37.

10

성령의 증거

베드로와 사도들이 대답하여 이르되 사람보다 하나님께 순종하는 것이 마땅하니라. 너희가 나무에 달아 죽인 예수를 우리 조상의 하나님이 살리시고 이스라엘에게 회개함과 죄사함을 주시려고 그를 오른손으로 높이사 임금과 구주로 삼으셨느니라. 우리는 이 일에 증인이요 하나님이 자기에게 순종하는 사람들에게 주신 성령도 그러하니라 하더라.

사도행전 5:29-32

이제 제가 특별히 다루고 싶은 진술은, 베드로가 산헤드린 앞에서 행한 위대한 연설의 마지막 부분인 32절 맨 끝구절입니다. "하나님이 자기에게 순종하는 사람들에게 주신 성령도 그러하니라." 우리가 베드로의 연설을 살펴보는 이유는 하나뿐입니다. 우리는 산헤드린이 사도들에게 말한 바로 그 내용을 지금도 많은 이들이 다양한 방식으로 말하고 있는 시대에 살고 있습니다. 사람들은 기독교가 현대세계에 뒤처지는 시대착오적인 종교로서, 우스꽝스러우면서도 어리석다고 말합니다. "이런 걸 믿다니 어이가 없군!"

일요신문을 구독하는 똑똑한 이들은 아직도 기독교를 믿는 사람이 있다는 데 놀랍니다. 그들은 말합니다. "기독교는 시효가 끝난 구시대의 유물이야. 현대인들에게 기독교를 믿으라는 건 모욕이라고!" 그들은 다양한 방식으로—서구에서는 옥에 가둠으로써가 아니라 조롱하고 비웃음으로써—기독교에 종지부를 찍으려 합니다.

그에 대한 우리의 답변은 사도들이 산헤드린에 제시한 답변과 동일합니다. 이것이 우리가 내놓을 수 유일한 답변인 동시에, 반대자들의 모든 주장을 무시하고 '늘 새롭고 참된' 이 옛날 옛적 복음을 계속해서 전하는 이유입니다.

우리는 지금까지 복음 메시지 자체를 고찰하면서, 이런저런 사상으로 구원받는 것이 아니라 주 예수 그리스도—우리를 위해 십자가에서 죽으심으로 완전한 구원을 이루신 하나님의 유일하신 독생자—로 인해 구원받는다는 사실을 살펴보았습니다. 더 나아가 사도들이 "우리는 이 일에 증인이요"라고 말할 수 있었던 것도 살펴보았습니다. 그들은 거기에서 그치지 않고 연이어 말했습니다. "하나님이 자기에게 순종하는 사람들에게 주신 성령도 그러하니라." 교회의 기원과 존속을 설명해 주는 것은 바로 "이 일", 오직 "이 일"뿐입니다. 오늘날 교회에 어려움이 있다는 것은 저도 압니다. 그러나 전에도 교회에는 어려움이 있었으며, 만약 사도들과 성령이 증언했던 "이 일"이 없었다면 이미 오래전에 사라져 버렸을 것입니다.

성령도 이 일에 증인이라는 베드로의 말은 무엇을 의미합니까? 이 질문은 우리가 함께 생각할 만한 가장 중요한 문제 한 가지를 부각시킵니다. 교회 모임을 유일무이하게 만드는 특징이 무엇입니까? 순전히 인간적인 모임-아무리 최상의 고상한 모임이라도-과 교회를 구별짓는 특징이 무엇입니까? 바로 성령의 임재입니다. 보이지 않는 임재! 우리에게는 성령 하나님이 계십니다! 만약 성령이 계시지 않다면, 교회의 전망은 완전히 어둡다고 해야 할 것입니다. 그러나 성령이 증인으로 계시기에 교회의 미래는 희망으로 가득 차 있습니다. 저는 그 점을 여러분께 보여드리려 합니다.

그렇다면 성령은 어떻게 증인이 되실까요? 첫번째로 해야 할 말은, 오순절에 성령이 오신 일 자체가 "이 일에 증인"이 된다는 것입니다. 이번에도 역시 우리는 역사적 사실의 영역으로 들어가게 됩니다. 주님이 승천하신 지 열흘째 되는 날, 사건이 벌어졌습니다. 현장에는 주님과 3년 동안 함께 지냈던 이 제자들이 있었습니다. 그들은 부활을 목격하고 기쁨과 희망으로 충만해졌지만, 그럼에도 그들의 삶에는 무언가 부족한 것이 있었습니다. 그래서 그들은 주님의 명령에 순종하여 예루살렘에 머물면서 기도하며 기다렸습니다. 그들이 다락방에 모여 있던 어느 날, 갑자기 "급하고 강한 바람" 같은 소리가 났습니다행 2:2. 그것은 하나님의 강력한 바람, 불시에 교회를 생겨나게 한 바람이었습니다. 성령이 교회 위에 임하셨고 교회 안으로 들어오셨습니다. 어떤 의미에서는 그것이 교회의 시작이었습니다. 구약시대에도 교회는 있었지만-이 점을 잊지 맙시다-우리가 아는 교회는 오순절 날 시작되었습니다.

물론 현대인들은 오순절 성령강림을 받아들이지 않는다는 것을 저도 알고 있습니다. 현대인들은 이 밖에도 많은 사건들을 사실로 받아들이지 않습니다. 그들은 산헤드린 공회원들처럼 자기가 믿고 싶은 것만 믿습니다. 마음에 들지 않는 것은 어떻게 해서든지 설명해서 치워 버립니다. 주님이 부활하셨을 때 유대 지도자들이 그렇게 했고, 이후 그들의 후계자들도 그렇게 했습니다. 그러나 분명한 사실은, 성령강림이 없었다면 교회도 생겨나지 않았을 것이고 그후에 이어진 사건들 또한 발생하지 않았으리라는 것입니다.

성령이 오셨기 때문에 기이한 일들이 일어나기 시작했고, 예루살렘 전역에서 사람들이 몰려들어 "이것이 어찌 된 일인가?"라고 묻는 상황이 벌어졌습니다. 로마제국 각국에서 모인 사람들은 이 단순하고 무식한 자들이 각각 자신들의 출신지 언어로 말하는 데 심히 놀라며 당황해했습니다. 그때 사도 베드로가 설교를 통해 이 모든 일의 의미를 설명해 주었고, 성경은 이 한 번의 설교로 3천 명이 교회에 더해져 신도가 되었다고 말합니다.^{행 2:41}

그 당시에 유대인으로서 그리스도인이 된다는 것은 결코 쉬운 일이 아니었습니다. 그것이 얼마나 힘든 일이었는지 오늘날 다 헤아리기는 어렵습니다. 그것은 곧 박해와 추방을 의미했습니다. 가족에게 의절당하고 족보에서 제명되는 일을 의미했습니다. 그리스도인이 된다는 것은 초대교회시대에도 지극히 어려운 일이었습니다. 그럼에도 불구하고 3천 명이나 그리스도인이 되었고, 곧 2천 명이 더 그리스도인이 되었습니다.

교회의 등장은 역사적 사실에 해당하는 문제입니다. 그것은 성령강림이 가져온 결과였습니다. 성령강림과 교회의 등장은 모두 성령이 증거하신 "이 일"에 속합니다. 우리는 사실에서 출발해야 합니다. 오순절 성령강림도 일련의 강력한 사건들 가운데 하나였음을 알아야 합니다. 오순절 날 예루살렘에서 사도들을 직접 보고 그 말을 들었던 사람들이 이 일을 어떻게 표현했는지 보십시오. 그들이 놀란 점은 이것이었습니다. "보라, 이 말하는 사람들이 다 갈릴리 사람이 아니냐. 우리가 우리 각 사람이 난 곳 방언으로 듣게 되는 것이 어찌 됨이냐. 우리는……그레데인과 아라비아인들"—또 여러 다른 나라 출신들—"이

라. 우리가 다 우리의 각 언어로 **하나님의 큰일**을 말함을 듣는도다"행 2:7-8, 11. 사도들은 하나님이 행하신 일들을 자세히 설명했습니다.

성경은 인간의 사상과 포부를 기록한 책도 아니고, 하나님을 아는 지식에 도달하려는 인간의 시도를 기록한 책도 아닙니다. 정반대로 성경은 하나님의 행동을 기록한 책입니다. "태초에 하나님이 천지를 창조하시니라……" 성경은 하나님의 행동에서 출발하며, 계속해서 그것을 기록합니다. 구약은 하나님이 한 나라를 창조하시고 선지자와 스승들을 통해 이스라엘 자손들을 대하신 방식을 자세히 이야기합니다. 그리고 나서 여러분이 듣게 되는 말은 이것입니다. "때가 차매 하나님이 그 아들을 보내사 여자에게서 나게 하시고 율법 아래에 나게 하신 것은"갈 4:4. 행동하시는 하나님! 그 하나님이 아들을 죽음에 내어주셨습니다. 하나님은 갈보리에서 그 일을 하셨습니다. 그에게 못을 박은 것은 사람의 손이었지만, 그 일을 하신 분은 하나님이었습니다. "곧 하나님께서 그리스도 안에 계시사 세상을 자기와 화목하게 하시며"고후 5:19. "그가 하나님께서 정하신 뜻과 미리 아신 대로 내준 바 되었거늘 너희가 법 없는 자들의 손을 빌려 못박아 죽였으나"행 2:23. 그리고 나서 하나님은 아들을 죽은 자들 가운데서 일으키셨습니다. 부활과 승천이라는 중대한 사실들은 모두 하나님이 행하신 것입니다.

하나님이 행하신 또 한 가지 놀라운 일은, 오순절 날 성령을 보내신 것입니다. 단순히 제자들이 서로 이야기를 나누던 끝에 어떤 영이 나타난 것이 아닙니다. 결코 아닙니다! "홀연히 하늘로부터 급하고 강한 바람 같은 소리가" 임했고, 성령이 최고의 영광과 기이한 능력으로 사도들 위에 임하셨습니다. 이처럼 성령강림은 성령이 "이 일"을 증언하신 첫번째 방식이었습니다. 그는 친히 오심으로써, 그 구체적인 역사적 사건을 통해 "이 일"을 증언하셨습니다.

둘째로, 성령강림은 예언의 성취였습니다. 성령강림은 전부 미리 예견되었던 사건입니다. 우리 그리스도인들은 마태복음에서 출발할 것이 아니라 창세기에서 출발해야 합니다. 사도 베드로도 산헤드린 앞에서 진술할 때 그렇게 했습니다. 우리는 그의 진술방식을 이미 살펴본 바 있습니다. "우리 조상의 하나님이." 그는 유대인으로서 유대인을 향해 말했습니다. "우리는 누구도 전에 생각지 못했던 새 사상을 갑자기 얻었다"고 말하지 않았습니다. 그렇습니다. 그의 말은 요컨대 이런 것이었습니다. "당신들이 이해 못하는 이 일이야말로 당신들이 믿는다고 주장하는 모든 예언의 성취임을 모르겠습니까? 당신들은 깨닫지 못하지만, 이 일은 예언을 성취하고 있습니다. '우리 조상의 하나님!' 우리뿐 아니라 당신들 조상의 하나님, 구약의 하나님, 우리 성경의 하나님, 우리가 늘 자랑하는 하나님, 열방의 우상들과 비교하여 우리 하나님이라고 주장하는 하나님, 바로 그분이 이 모든 일을 행하신 장본인입니다. 거기에는 연속성이 있습니다."

기독교 신앙에 의심이 생깁니까? 현대세계의 비판에 마음이 흔들립니까? 여기, 그 답변이 있습니다. 신약은 구약의 성취입니다. "이 일"은 모두 예언되었던 것들입니다. 이것은 놀라운 사실입니다. 확증되고 성취된 예언보다 더 사람을 놀라게 하는 것은 없습니다. 베드로는 노인이 되어 죽음을 눈앞에 두고 쓴 마지막 편지에서 이렇게 말했습니다. "우리 주 예수 그리스도의 능력과 강림하심을 너희에게 알게 한 것이 교묘히 만든 이야기를 따른 것이 아니요. 우리는 그의 크신 위엄을 친히 본 자라"벧후 1:16. 우리는 베드로가 어떻게 변했는지 알고 있습니다. "지극히 큰 영광 중에서 이러한 소리가 그에게 나기를 이는 내 사랑하는 아들이요 내 기뻐하는 자라 하실 때에"벧후 1:17. 베드로는 자신이 산 증인이라고 썼습니다. 그는 현장에 있었던 사람입니다.

그러나 베드로는 편지를 읽는 사람들이 단지 자기의 말과 증거에만 의존하기를 바라지 않았습니다. 그래서 이렇게 덧붙이고 있습니다. "또 우리에게는 더 확실한 예언이 있어." 이 말씀은 "또 우리에게 더 확실해진 예언이 있어"라고 번역하는 편이 더 좋습니다. 어떻게 더 확실해졌습니까? 이미 일어난 사건들이 구약의 예언들을 확증하고 성취함으로써 더 확실해졌습니다. 베드로는 연이어 말합니다. "먼저 알 것은 성경의 모든 예언은 사사로이 풀 것이 아니니 예언은 언제든지 사람의 뜻으로 낸 것이 아니요"-그러면 어떻게 나온 것입니까?-"오직 성령의 감동하심"-움직이심, 이끄심, 사로잡으심-"을 받은 사람들이 하나님께 받아 말한 것임이라"^{벧후 1:19-21}. 베드로후서 1장의 이 구절은 베드로가 산헤드린 앞에서 한 말을 설명해 줍니다.

구약으로 되돌아가 선지자들의 글을 읽을 때 발견하는 사실이 무엇입니까? 하나님이 한 구원자를 일으키실 일을 선지자들이 예언했다는 것입니다. 그들은 놀라울 정도로 상세한 지식을 가지고 있었습니다. 그들은 구원자가 유다 지파 다윗의 후손으로 오신다는 것을 알았습니다. 또한 그가 베들레헴이라는 작은 마을에서 태어나실 것을 800년 전에 예언해 놓았습니다. 그들은 그의 죽으심과 나귀 새끼를 타고 예루살렘에 입성하실 일에 대해 기록해 두었습니다. 그리고 그가 장사된 후에 부활하실 것을 예견했습니다.

그러나 선지자들은 부활을 예견하는 데서 그치지 않았습니다. 그들은 주님이 일을 다 이루신 후에 자신의 영을 백성에게 보내실 일도 예언했으며, 베드로는 오순절 날에 바로 그 예언을 인용했습니다. 여기, 성령세례를 받고 성령으로 충만해져서 알 수 없는 말로 이야기하는 사도들과 그들 앞에 모여든 군중이 있습니다. 성경이 연이어 하는 말은 이것입니다.

또 어떤 이들은 조롱하여 이르되 그들이 새 술에 취하였다 하더라. 베드로가 열한 사도와 함께 서서 소리를 높여 이르되 유대인들과 예루살렘에 사는 모든 사람들아, 이 일을 너희로 알게 할 것이니 내 말에 귀를 기울이라. 때가 제삼시니 너희 생각과 같이 이 사람들이 취한 것이 아니라. 이는 곧 선지자 요엘을 통하여 말씀하신 것이니 일렀으되 하나님이 말씀하시기를 말세에 내가 내 영을 모든 육체에 부어 주리니 너희의 자녀들은 예언할 것이요 너희의 젊은이들은 환상을 보고 너희의 늙은이들은 꿈을 꾸리라. 그때에 내가 내 영을 내 남종과 여종들에게 부어 주리니 그들이 예언할 것이요 또 내가 위로 하늘에서는 기사를 아래로 땅에서는 징조를 베풀리니 곧 피와 불과 연기로다. 주의 크고 영화로운 날이 이르기 전에 해가 변하여 어두워지고 달이 변하여 피가 되리라. 누구든지 주의 이름을 부르는 자는 구원을 받으리라 하였느니라. 이스라엘 사람들아, 이 말을 들으라.……행 2:13-22

베드로는 뒤이어 이 모든 예언이 나사렛 예수 안에서 어떻게 성취되었는지 이야기하기 시작했습니다. 이것은 그들 가운데 일어난 일에 대한 유일한 설명이었습니다. 그는 말했습니다.

형제들아, 내가 조상 다윗에 대하여 담대히 말할 수 있노니 다윗이 죽어 장사되어 그 묘가 오늘까지 우리 중에 있도다. 그는 선지자라. 하나님이 이미 맹세하사 그 자손 중에서 한 사람을 그 위에 앉게 하리라 하심을 알고 미리 본 고로 그리스도의 부활을 말하되 그가 음부에 버림이 되지 않고 그의 육신이 썩음을 당하지 아니하시리라 하더니 이 예수를 하나님이 살리신지라. 우리가 다 이 일에 증인이로다. 하나님이 오른손으로 예수를 높이시매 그가 약속하신 성령을 아버지께 받아서 너희가 보고 듣는 이것을 부어 주셨느니라행 2:29-33.

이것이 논증의 요점입니다. 구약의 선지자들-요엘, 에스겔을 비롯한 선지자들-은 하나님에게서, 성령에게서 계시를 받았습니다. 성령이 친히 그들에게 이같은 지식과 지각을 주셨습니다. 구약의 선지자들을 단순히 현명한 철학자나 책에 둘러싸여 살았던 이들로 생각하는 것, 이 사상과 저 사상을 비교하고 자신의 시대를 이해하고자 애쓰면서 당대에 해당하는 메시지를 주었던 이들로 생각하는 것은 성경의 가르침을 아주 우습게 만드는 짓입니다. 그들에게는 당대에 해당하는 메시지도 있었지만 미래에 해당하는 메시지도 있었습니다. 그들은 사후事後에도 말했고 사전事前에도 말했습니다. 예언이라는 이 요소를 절대 잊지 마십시오. 이 위대한 논증은 사도들만 한 것이 아니라 주 예수 그리스도께서도 친히 하셨습니다. 그는 늘 성경을 언급하셨습니다. "내가 그 예언들을 성취하고 있음을 모르겠느냐?"고 물으셨습니다.

이처럼 성령은 선지자들에게 지식을 주셨고, 오순절 날 교회에 임하심으로 그 예언들을 성취하셨습니다. 성령은 "이 일"이 보여주는 진리의 증인이셨습니다. 그의 강림은 "하나님의 큰일", 그 일련의 큰일들 중 마지막을 장식한 사건이었습니다.

또는 이런 식으로 설명할 수도 있습니다. 세례 요한이라는 기이한 인물은 주님의 길을 예비한 선구자였습니다. 말라기 선지자가 책을 쓰고 약 400년간 침묵의 기간이 흐른 후, 광야에서 한 경이로운 사람의 소리가 들리기 시작했습니다. 그가 바로 요한이었습니다! 요한은 죄사함을 받게 하는 회개의 세례를 전파했습니다. 사람들은 그의 말을 듣기 위해 몰려들었습니다.

사람들은 요한처럼 형형한 눈빛에 금욕적인 삶을 사는 사람을 본 적도 없었고, 그런 사람의 말을 들은 적도 없었습니다. 그는 약대 털옷을 입었고, 메뚜기와 석청만 먹었습니다. 그는 권위 있게 이야기했으며 회개를 촉구했습니다. 바리새인들과 율법학자들을 두려워하지 않고 누구나 동일하게 대하면서 죄와 위선을 고발했습니다. 그들은 아브라함의 자손이라고 불릴 자격이 없으며 하나님은 돌들로도 아브라함의 자손을 만들 수 있다고 말했습니다.

백성들은 그의 말을 들으면서 마음속으로 '이 사람이 그리스도가 아닐까?' 생각하며 묻기 시작했습니다. 그러나 요한은 그것을 부인했습니다. 자신은 그리스도가 아니라고 잘라 말하면서 "나는 물로 너희에게 세례를 베풀거니와 나보다 능력이 많으신 이가 오시나니 나는 그의 신발끈을 풀기도 감당하지 못하겠노라. 그는 성령과 불로 너희에게 세례를 베푸실 것이요 손에 키를 들고 자기의 타작마당을 정하게 하사 알곡은 모아 곳간에 들이고 쭉정이는 꺼지지 않는 불에 태우시리라"고 말했습니다.$^{눅\ 3:16-17}$ 요한은 "그렇다. 나는 그리스도가 아니다. 그리스도는 성령으로 세례를 주실 것이다"라고 말했습니다.

그리고 성령이 오시면서 성령세례가 임했습니다. 무슨 뜻입니까?

오, 이분이야말로 그리스도라는 뜻입니다! 예수야말로 그리스도라는 뜻입니다! 이 사실을 입증하는 증거가 부활만 있는 것은 아닙니다. 성령강림과 성령세례는 그 사실의 최종적이며 궁극적인 증거입니다.

또는 요한복음 7장에 나오는 아주 중요한 진술, "명절 끝 날 곧 큰 날에 예수께서 서서 외쳐 이르시되"라는 말을 통해 성령의 오심을 생각해 보시기 바랍니다. 사랑하는 여러분, 이분이 외치는 말씀에 귀를 기울이십시오! 지금 곤경에 빠져 있습니까? "수고하고 무거운 짐"을 지고 있습니까? 지치고 고갈되었습니까? 좌절하여 삶에 갈증을 느끼고 있습니까? 그는 말씀하십니다. "누구든지 목마르거든 내게로 와서 마시라. 나를 믿는 자는 성경에 이름과 같이 그 배에서 생수의 강이 흘러나오리라." 요한은 그 뒤에 이런 설명을 덧붙이고 있습니다. "이는 그를 믿는 자들이 받을 성령을 가리켜 말씀하신 것이라. (예수께서 아직 영광을 받지 않으셨으므로 성령이 아직 그들에게 계시지 아니하시더라)" 요 7:37-39.

"명절 큰 날"에 하신 주님의 말씀은 예언이었습니다. 그는 친히 성령강림을 예언하셨습니다. 그는 곧 성령을 보내 주겠다고 말씀하셨으며, 성령이 오시면 사람들이 깊은 만족감을 얻음으로써 자아 가장 깊은 곳에서부터 "생수의 강"이 흘러날 것이라고 말씀하셨습니다. 성령이 오시지 않았다면 주님은 거짓 선지자가 되셨을 것입니다. 그러나 성령은 오셨습니다! 그러므로 성령은 증인이십니다. 거듭 말하지만, 성령은 주님이 자신에 대해 주장하신 것들이 전부 참되다는 것을 입증하는 최종적인 증거입니다. 사도들은 자신들만 그 증인은 아니라고 말했습니다. "하나님이 자기에게 순종하는 사람들에게 주신 성령도 그러하니라."

요한복음 14장에 나오는 말씀도 생각해 보십시오. 주님이 죽음을 맞이하시기 직전에 하신 말씀을 들어 보시기 바랍니다. "내가 아버지께 구하겠으니 그가 또 다른 보혜사를 너희에게 주사 영원토록 너희와 함께 있게 하리니 그는 진리의 영이라. 세상은 능히 그를 받지 못하나니 이는 그를 보지도 못하고 알지도 못함이라" 요 14:16-17. 사람들이 성령도 믿지 못하고 오순절 날 임한 성령세례도 믿지 못하는 것은 놀랄 일이 아닙니다. 주님은 세상이 성령을 믿을 수 없다고 말씀하셨습니다. 세상은 지금까지도 믿지 않았고 앞으로도 믿지 않을 것입니다.

불신앙은 새로운 현상이 아닙니다. 복음과 성령에 대한 메시지를 거부하는 태도가 마치 현대성의 표지인 양 착각하지 마십시오. 자기 의에 사로잡혀, 거듭나서 성령으로 충만해지지 않고서도 하나님을 기쁘시게 할 수 있다고 생각했던 바리새인들 역시 오래전에 같은 죄를 저질렀습니다. 주님은 성령에 대해 이렇게 말씀하셨습니다. "……세상은 능히 그를 받지 못하나니 이는 그를 보지도 못하고 알지도 못함이라. 그러나 너희는 그를 아나니 그는 너희와 함께 거하심이요 또 너희 속에 계시겠음이라. 내가 너희를 고아와 같이 버려두지 아니하고 너희에게로 오리라. 조금 있으면 세상은 다시 나를 보지 못할 것이로되"요 14:17-19. 주님은 제자들에게 약속을 주셨습니다.

그리고 계속해서 "내가 떠나가는 것이 너희에게 유익이라"고 말씀하셨습니다. 무슨 뜻입니까? 정말 떠나시는 것이 유익이 되겠습니까? 스승이 떠나는 일이 어떻게 그를 따르는 자들과 제자들에게 유익이 될 수 있습니까? 그는 3년 동안만 제자들과 함께 계셨고, 그들은 그 3년 동안 기록조차 남기지 못했습니다. 그런데 이제 그가 떠나시면서 이것이 오히려 제자들에게 유익이라고 말씀하시는 것입니다! 그는 연이어 말씀하셨습니다. "내가 떠나가지 아니하면 보혜사가 너희에게로 오시지 아니할 것이요 가면 내가 그를 너희에게로 보내리니 그가 와서 죄에 대하여, 의에 대하여, 심판에 대하여 세상을 책망하시리라"요 16:7-8. 그가 와서! 이 '그'가 바로 성령이십니다.

주님은 이미 "내가 너희를 고아와 같이 버려두지" 않겠다고 말씀하셨습니다요 14:18. 그는 자신을 따르는 자들을 홀로 두지 않으실 것입니다. 또 다른 보혜사를 보내 주실 것입니다. 오순절 날 성령이 오시지 않았다면 이 점에서도 그리스도는 거짓 선지자요 거짓 선생으로 판명났을 것입니다. 성령은 사도들보다 더 이 일에 증인이셨습니다. 이것이 여기 사도행전 5:32에 담긴 의미입니다.

주님은 이 땅의 삶을 마치시고 부활하신 다음, 승천하기 직전에 제자들에게 예루살렘에 머물라고 하시면서, 자신이 전에 말씀하신 것, 즉 "아버지께서 약속하신 것"을 기다리라고 말씀하셨습니다. 그리고 이렇게 덧붙이셨습니다. "요한은 물로 세례를 베풀었으나 너희는 몇 날이 못되어 성령으로 세례를 받으리라"행 1:4-5. 바로 이것입니다! "오직 성령이 너희에게 임하시면 너희가 권능을 받고 예루살렘과 온 유대와 사마리아와 땅 끝까지 이르러 내 증인이 되리라"행 1:8. 이것이 그분의 약속이요 주장입니다. 주님은 오순절 날 성령을 보내심으로써 이 약속과 주장을 성취하시고 그 진실성을 입증하셨습니다. 이처럼 친히 오셔서 예언의 진실성을 입증하신 것이 성령의 두번째 증거방식입니다.

세번째 방식은 사도들 안에 변화를 일으키신 것입니다. "우리는 이 일에 증인이요……성령도 그러하니라." 사도들에게 어떤 변화가 나타났습니까? 오, 복음서를 먼저 읽고 사도행전을 읽어 보십시오. 지금의 모습과 과거의 모습을 비교해 보십시오. 성경은 산헤드린 공회원들이 오만하게도 "그들을 본래 학문 없는 범인으로 알았다"고 말하고 있습니다행 4:13. 사실 그것은 맞는 말이었습니다. 정확하게 맞는 말이었습니다. 그들은 지식도 없었고 훈련받은 적도 없었습니다. 그들은 바리새인도, 서기관도, 사두개인도 아니었습니다. 장인에 어부에 평범한 노동자였을 뿐입니다.

게다가 그들은 비겁하기까지 했습니다. 예수는 그들이 알고 지낸 친구들 중에 가장 위대한 분이었음에도 불구하고 막상 그가 체포되어 죽음의 위기에 처하게 되자, 모두 내버리고 도망쳐 버렸습니다. 정말 비겁하지 않습니까! 베드로는 그를 모른다고 부인하면서, 그 말을 뒷받침하기 위해 맹세와 저주까지 서슴지 않았습니다. 주님이 돌아가신 후에도 제자들은 유대인들을 두려워하여 다락방에 모여서 문을 잠근 채 숨어 있었습니다. 이것이 과거 그들의 모습이었습니다.

그런데 지금 베드로와 사도들의 모습을 보십시오. 그들의 말을 들어 보십시오. 베드로는 오순절 날 사람들 앞에 서서 두려움 없이 설교했습니다. 그리고 사도행전 5장에서는 감옥에 두 번이나 다녀오고 죽음의 위협까지 받는 상황에서 또다시 설교하고 있습니다. 그는 이 지체 높은 당국자들, 산헤드린 공회원들의 얼굴을 빤히 들여다보면서 말합니다. "사람보다 하나님께 순종하는 것이 마땅하니라." 대체 무슨 일이 있었던 것입니까? 대체 이것이 어찌 된 노릇입니까?

기독교는 이런 것입니다! 단순히 남아프리카의 인종격리 정책을 비판하는 것이 기독교가 아닙니다. 그런 것은 기독교가 아닙니다. 그런 일은 그리스도인이 아니어도 할 수 있습니다. 그것도 아주 잘할 수 있습니다. 기독교는 단순히 원자폭탄과 전쟁에 지속적으로 항의하는 것도 아닙니다. 그런 일 역시 그리스도인이 아니어도 할 수 있습니다. 그렇습니다. 사도들에게서 알 수 있듯이, 기독교는 사람을 완전히 변화시켜서 새로운 출생과 새로운 마음, 새로운 지각을 갖게 하는 것입니다. 이로 인해 하나님께 감사하십시오! 기독교는 대학을 졸업해야만 간신히 따라갈 수 있는 철학용어와 전문용어들로 구성된 놀라운 사상이나 이론이 아닙니다. 절대 아닙니다! "많은 사람들이 즐겁게 듣더라"막 12:37. 성령강림은 사도들에게 일어난 변화를 설명해 주는 유일한 사건입니다. 다른 것으로는 이 변화를 설명할 길이 없습니다. 그렇기 때문에 성령이 이렇게 보잘것없는 사람들과 그들이 전하는 복음 메시지의 진리를 통해 증언하실 수 있는 것입니다.

오늘날 사람들은 자신들의 똑똑함과 이른바 지혜로 기독교를 전부 설명해 낼 수 있다고 설득하려 듭니다. 그중에서도 20세기가 가장 선호하는 것은 심리학적인 설명입니다. 그들은 말합니다. "이 그리스도인들을 좀 보라. 무엇으로 설명할 수 있는가?" 그리고 다수의 사람들을 분석한 다음, 일정한 성격 유형 중에 정서적이고 종교적인 유형도 있다는 결론을 내립니다. 그렇기 때문에 태어날 때부터 종교적인 사람들도 있고 그렇지 않은 사람들도 있다는 것입니다.

그들은 이렇게 덧붙입니다. "좋습니다. 싸울 필요는 없습니다. 종교와 종교에 수반된 모든 방법으로부터 도움을 받았다고 해서 남들도 종교를 가져야 한다거나 종교가 본질적인 것이라고는 말하지 마십시오. 당신은 종교적인 유형의 사람으로서, 종교적 콤플렉스를 가지고 있는 것일 뿐입니다." 그리고 오순절 날 일어난 사건들을 '집단 히스테리'로 치부해 버립니다.

그러나 문제는, 이처럼 심리학적인 설명을 제시하는 사람들이 산헤드린 공회원들처럼 사실에 정면으로 대항한다는 것입니다. 그들은 자기들의 편협한 이해에 편협한 이론을 짜맞추려 합니다. 집단 히스테리 환자라는 말로는 사도들을 설명할 수가 없습니다. 히스테리 환자가 로마서와 에베소서를 쓸 수 있다고 생각합니까? 사소한 지적 연습을 하고 싶다면, 여기 그 방법이 있습니다. 에베소서를 읽고 그 내용이 정말 이해가 되는지 저에게 와서 말씀해 주십시오. 아마도 시간이 만만찮게 걸릴 것입니다!

'종교적 유형'이 따로 있다는 이론과 관련해서 짚고 넘어가야 할 사실은, 사도들 중에도 기질과 심리 성향이 다른 이들이 많았다는 것입니다. 이 말은 초대교회를 이루고 있었던 좀더 넓은 범위의 그리스도인들에게도 적용됩니다. 저는 바울과 요한만큼, 또는 요한과 베드로만큼 상이한 사람들을 상상할 수가 없습니다. 교회에는 온갖 유형의 사람들이 다 있습니다.

역사를 죽 살펴볼 때 드러나는 사실은 무엇입니까? 글을 모르는 무식한 사람들만 그리스도인이 되었습니까? 아닙니다. 역사상 가장 뛰어난 지성의 거장들 중에도 겸손한 그리스도인들이 있었습니다. 저는 그 목록을 얼마든지 길게 나열할 수 있으며, 언제든지 그렇게 할 용의가 있습니다. 그것은 정말 멋진 일입니다! 예컨대 아타나시우스Athanasius라는 사람이 있습니다. 뛰어난 지성을 갖추었던 그는 한 개인의 몸으로 이를테면 세상 전체, 교회 전체와 싸웠습니다. 성 어거스틴은 또 얼마나 대단한 지성인이었습니까! 얼마나 위대한 인물이었습니까! 얼마나 큰 거인이었습니까!

여러분, 왜 사실을 직시하지 않습니까? 우리는 기질과 재능이 각기 다른 사람들, 굉장한 지성인이나 죄 많은 자들, 위대한 현인, 철학자, 어린아이를 비롯한 온갖 유형의 다양한 사람들이 한 공통분모를 가지고 같은 메시지를 믿으며 같은 새 생명에 참여하고 같이 큰 구원을 기뻐했음을 압니다. 심리학으로는 그것을 설명할 수가 없습니다. 몇 년 전에 그런 시도를 했던 사람이 있었습니다. 저는 그에게 작은 반박의 글을 쓸 특권을 얻었고,[1] 그는 곧 답변을 주겠다고 했습니다. 그러나 아직도 답변은 오지 않고 있습니다. 그 이유는 단 하나, 답변이 불가능하기 때문입니다.

그렇습니다. 제자들의 변화와 교회의 기원을 설명할 수 있는 길은 단 하나뿐입니다. 그것은 집단 히스테리도 아니었고 심리 유형의 문제도 아니었습니다. 그것은 성령충만으로 이루어진 일이었습니다. 사도들의 기쁨과 환희를 보십시오. 그들의 용기를 보십시오. 어떻게 갑자기 두려움을 떨쳐 버렸는지 보십시오. 다른 나라 말과 자기 나라 말로 어떻게 말하고 있는지 보십시오. 성경을 새롭게 이해하는 사도들의 지각과 성경을 해설하는 베드로의 능력을 보십시오. 전에는 이런 일을 할 수 없었습니다.

이 모든 일을 어떻게 설명하겠습니까? 이것은 성령의 능력으로 된 일이며, 복음의 본질에 속한 일입니다. 복음은 사람이 할 수 있는 일에 관한 이야기가 아니라, 하나님이 사람들에게 가능하게 하시는 일에 관한 이야기입니다. 복음은 성령으로 사람들 안에 오셔서 그들의 삶을 새롭게 하시며 새로운 능력을 주시고 모든 필요를 채우시는 하나님에 관한 이야기입니다.

사도들이 행한 기적을 보십시오. 실제로 그것은 사도들이 재판에 회부된 이유의 하나였습니다. 저와 마찬가지로 베드로와 요한도 기적을 행할 능력이 없는 사람들이었습니다. 그들은 앉은뱅이를 고친 뒤에 이렇게 말했습니다. "우리 개인의 권능과 경건으로 이 사람을 걷게 한 것처럼 왜 우리를 주목하느냐"행 3:12. 이 일을 행한 장본인은 자

---

1 이에 대한 로이드 존스 박사의 응답이 『회심: 심리적인 회심과 영적인 회심』 *Conversions: Psychological and Spiritual*이라는 제목으로 1959년 IVP에서 출간되었고, 1989년 『시대를 분별하라』*Knowing the Times*는 제목으로 Banner of Truth Trust에서 재출간되었다.

신들이 아니라는 것입니다! "그 이름[생명의 임금]을 믿으므로 그 이름이 너희가 보고 아는 이 사람을 성하게 하였나니……너희 모든 사람 앞에서 이같이 완전히 낫게 하였느니라"행 3:16. 베드로는 하나님이 그의 영을 자신들 위에, 자신들 안에 보내어 신적인 에너지를 충만히 채워 주셨기 때문에 앉은뱅이를 고칠 수 있었다고 말했습니다. 그들은 그리스도께서 육체로 계실 때 행하셨던 기적을 재연하고 있었습니다. 이것이 사도들의 주장이었습니다.

이것이 기독교가 확산되는 방식입니다. 한 무리의 어부와 여인과 글 모르는 자들이 함께 모여 기도했기 때문에 세상이 뒤엎어졌다는 것이 말이 됩니까? 그야말로 터무니없는 생각입니다. 정신 나간 생각입니다! 이 일을 설명할 길은 하나뿐입니다. 즉 그리스도를 따르던 자들이 변화되고 변모되고 새로워지고 능력을 받아서 그렇게 되었다는 것입니다. 그들은 자신들 안에서, 자신들을 통해 일하시는 성령의 능력을 전달하는 통로이자 매개체가 되었습니다. 이것이 신약성경 곳곳에서 주장하는 바입니다. 히브리서 기자는 우리가 복음을 들어야 하는 이유를 다음과 같이 말합니다.

> 그러므로 우리는 들은 것에 더욱 유념함으로 우리가 흘러 떠내려가지 않도록 함이 마땅하니라. 천사들을 통하여 하신 말씀이 견고하게 되어 모든 범죄함과 순종하지 아니함이 공정한 보응을 받았거든 우리가 이같이 큰 구원을 등한히 여기면 어찌 그 보응을 피하리요. 이 구원은 처음에 주로 말씀하신 바요 들은 자들이 우리에게 확증한 바니 하나님도 표적들과 기사들과 여러 가지 능력과 및 자기의 뜻을 따라 성령이 나누어 주신 것으로써 그들과 함께 증언하셨느니라히 2:1-4.

이것이 복음이 확산되는 방식입니다. 이런 증언이 없었다면 교회도 생겨나지 않았을 것입니다. 그런데도 사람들은 20세기 중반의 과학적 지식을 이유로 성령을 믿지 않고 표적과 기사와 이적을 믿지 않는 것입니다! 저는 그런 주장을 하는 사람들의 교회가 텅텅 비는 데 놀라지 않습니다! 그런 말이나 듣자고 찾아가는 수고를 하는 이가 한 명이라도 있다면 오히려 더 놀랄 것입니다. 그런 말은 신문에서도, 골목에서도 들을 수 있습니다. 그것은 복음을 전하는 것이 아니라 부인하는 것입니다. 그렇습니다! "하나님도……증언하셨느니라"히 2:4. 거듭 말하지만, 그가 증언하지 않으셨다면 교회는 존재하지 못했을 것이며 존속되지도 못했을 것이 분명합니다. 그러나 성령은 임하셨고, 사도행전 2장에 기록된 방식으로 지금도 행하고 계십니다.

성령은 불가능한 일을 하실 수 있습니다. 저도 다른 사람도 영혼을 구원할 수 없습니다. 물론 어떤 이들은 그렇게 할 수 있다고 주장하기도 하지만, 사실 그들이 하는 일은 결단을 이끌어 내는 것뿐입니다. 영혼을 구원할 수 있는 분은 성령밖에 없습니다. 그 누구도, 그 어떤 연설과 논증도 죄와 의와 장차 올 심판에 대해 사람들을 설복할 수 없습니다. 오직 성령만 그렇게 하실 수 있습니다. 바로 그 성령께서 오순절 날에 베드로처럼 무지한 어부의 입을 통해 사람들을 설복하셨습니다. 성경은 베드로가 설교했을 때 사람들이 "마음에 찔려……형제들아, 우리가 어찌할꼬"라고 소리쳤다고 말하고 있습니다행 2:37. 그 일을 한 이는 베드로가 아니라 성령이었습니다.

오순절 날 3천 명이 새로이 믿었습니다. 그것은 오로지 성령 하나님이 역사하신 결과였습니다. 첫 회심자들을 새로운 생명으로 충만하게 하신 분은 성령이셨습니다. 성경은 그들이 "기쁨과 순전한 마음으로 음식을 먹고 하나님을 찬미하며 또 온 백성에게 칭송을 받"았다고 말합니다행 2:46-47. 그뿐 아니라 그들은 "사도의 가르침을 받아 서로 교제하고 떡을 떼며 오로지 기도하기를 힘"썼습니다행 2:42. 그들은 아무도 두려워하지 않았습니다! 그들에게는 새 생명이 있었습니다. 그들은 죽은 자들 가운데서 새로이 태어났으며, 죽음은 그 위력을 잃었습니다. 그들은 영원한 세계에서 하나님과 함께하는 영광을 볼 수 있는 눈을 얻었고, 어렴풋하게나마 그 영광을 보았습니다. 이 모든 것을 주신 분은 성령이셨습니다. 그는 오순절 날과 1세기 초대교회에서 그 일을 시작하셨고, 감사하게도 지금까지 계속해서 그 일을 해오고 계십니다!

성령은 그 무엇도, 그 누구도 할 수 없는 방식으로 우리 자신의 모습을 직시하게 하심으로써 죄를 입증하십니다. 그는 우리의 공허함과 불행함을 보여주십니다. 우리를 지극히 무력하게 만드십니다. 그러고 나서 예수-그 이름을 찬양할지어다-가 하나님의 아들이심을 알아보게 하십니다. 그는 예수의 십자가 죽음의 의미를 간파할 통찰력을 주십니다. 세례 요한의 말처럼, 우리는 그가 "세상 죄를 지고 가는 하나님의 어린양"이심을 깨닫게 됩니다.요 1:29. 성령은 주님을 하나님의 유월절 어린양으로 계시하십니다. 우리는 하나님이 우리를 용서하시려고 아들에게 우리 모든 사람의 허물을 지워서 처벌하셨음을 알게 됩니다.

사실 그런 일을 이해할 사람은 아무도 없습니다. 저는 사람들이 속죄의 교리를 믿지 않는 것에 놀라지 않습니다. 인간의 지혜로 볼 때 그것은 있을 수 없는 일일 뿐 아니라 우스꽝스럽기까지 한 일입니다. 그러나 성령의 깨우침을 받은 사람들이 볼 때에는 그렇지 않습니다. 그들은 기꺼이 "그리스도는 하나님의 능력이요 하나님의 지혜"라고 고백할 준비가 되어 있습니다.고전 1:24.

그 성령께서 오늘날도 계속 일하고 계시기 때문에 저는 아무리 상황이 불리해져도 낙심치 않으며 절망치 않습니다. 제게는 믿음이 있습니다. 무엇에 대한 믿음입니까? 현대학문에 대한 믿음입니까? 당연히 아닙니다! 인간의 이해력에 갇힌 학문은 성령의 능력을 부인합니다. 현대학문은 우리의 모든 것을 빼앗아 가려 합니다. 진정한 복음의 모든 것, 즉 성령을 통한 하나님의 능력을 빼앗아 가려 합니다. 그것은 절대 안될 일입니다. 저는 그 능력을 믿습니다. 이 일의 증인 되신 성령을 믿습니다.

무슨 뜻입니까? 모든 시대에 걸친 교회역사를 보십시오. 무엇을 발견하게 됩니까? 자, 성령의 큰 부으심이 있었던 오순절로부터 시작되는 이야기가 여기 있습니다. 문제는 신약시대부터 있었습니다. 시대를 죽 살펴 내려올수록 교회가 제도화되는 현상이 나타납니다. 교회는 점점 중요한 기관이 됩니다. 주교가 등장하고 그 밖의 부가물들도 생겨납니다. 교회는 부유해져서 더 이상 베드로처럼 "은과 금은 내게 없으나"라고 말할 수 없게 됩니다. 너무 많아서 대중에게 규모를 밝히기가 무서울 정도로 엄청난 부가 축적됩니다.

그러나 놀라운 점은, 어찌 되었든지 교회가 지금까지도 존재한다는 것입니다! 사람들은 교회를 멸하기 위해 수없이 노력해 왔습니다. 그런데도 교회가 존속되어 온 이유를 설명할 길은 하나뿐입니다. 그것은 바로 성령의 존재입니다. 우리는 교회사에 나오는 개혁과 부흥의 이야기를 읽으면서, 오순절 사건이 계속 반복되어 왔음을 발견합니다. 교회가 약해지고 무지해지고 세속화되고 침체되고 있던 중에 갑자기 설명할 수 없는 방식으로 한 개인이나 집단에 다시금 성령이 부어집니다. 그러면 그들은 새로워지고 능력으로 충만해집니다. 그들의 말은 저항할 수 없는 힘을 갖게 되며 교회는 새로운 부흥과 갱신과 재각성의 시기로 접어듭니다. 거듭 말하지만, 그런 일이 없었다면 교회는 이미 오래전에 사라졌을 것입니다.

심리학과 집단 히스테리라는 말로는 부흥을 설명할 수가 없습니다. 여러분이 대답해야 할 질문은 이것입니다. 부흥의 시발점 역할을 했던 사람들은 어떻게 변화되었습니까? 휫필드와 웨슬리에게 무슨 일이 일어났습니까? 그에 대한 유일한 설명은, 사도들에게 처음 임하신 성령이 그후의 제자들에게도 임하셨다는 것입니다. 모든 교파는 부흥의 결과로 생겨났습니다. 우리는 이러한 사실에서 오늘날 유일한 희망을 발견하게 됩니다. 왜냐하면 성령은 지금도 여전히 이 땅에 계시면서 "이 일"의 증인으로 일하시기 때문입니다.

우리가 계속해서 복음을 전하는 이유가 여기 있습니다. 감히 사도들과 함께 언급될 가치조차 없음에도 불구하고 제가 그들처럼 말하는 이유, 학식―선한 삶을 낳지 못하는 학식, 혼돈과 수치와 죄의 세상으로 나아가게 만드는 학식―을 자랑하는 이 타락한 20세기에 살면서 "사람들이 뭐라고 하든 상관없다. 사람보다 하나님께 순종하는 것이 마땅하다"고 말하는 이유가 여기 있습니다. 이 메시지는 하나님의 진리입니다. 이 사실로 인해 하나님께 감사드리십시오!

11
복음에 따라 형성되다

베드로와 사도들이 대답하여 이르되 사람보다 하나님께 순종하는 것이 마땅하니라. 너희가 나무에 달아 죽인 예수를 우리 조상의 하나님이 살리시고 이스라엘에게 회개함과 죄사함을 주시려고 그를 오른손으로 높이사 임금과 구주로 삼으셨느니라. 우리는 이 일에 증인이요 하나님이 자기에게 순종하는 사람들에게 주신 성령도 그러하니라 하더라.

사도행전 5:29-32

이번에도 저는 32절 마지막 부분을 다루고 싶습니다. "우리는 이 일에 증인이요 하나님이 자기에게 순종하는 사람들에게 주신 성령도 그러하니라." 베드로는 이 말로 설교를 마치고 있습니다. 우리 또한 베드로와 똑같이 이 말을 크게 강조하지 않은 채 이 본문, 이 메시지에 대한 고찰을 끝낼 수는 없습니다. 베드로는 당국자들에게 단순히 진술만 한 것이 아니라, 그들을 설복하고 돕기 위해 애썼습니다. 당국자들이 자신을 비롯한 사도들과 반목하는 입장이었음에도 불구하고 그들을 설득하기 위해 애쓴 것입니다. 산헤드린은 지극히 불공평하고 불의하게 행동하고 있었지만, 사도들은 그들을 염려함으로 간청했습니다. 베드로는 "우리 조상의 하나님"이라는 말로 그들의 성경지식을 일깨웠으며, 이와 같이 자신이 신뢰하는 논증을 활용함으로써 그들에게 호소하고자 했습니다. 사도들은 당국자들도 자신들처럼 성령의 선물을 받게 되기를 간절히 바랐습니다.

사도들이 이런 모습으로 이런 놀라운 일들을 하게 된 것은 다 성령 때문이었습니다. 그래서 베드로가 산헤드린 공회원들에게 그들도 같은 선물만 받으면 자신들처럼 될 수 있다고 말한 것입니다. 그러나 거기에는 한 가지 조건이 있었습니다. 그것은 순종이었습니다. "하나님이 자기에게 **순종하는** 사람들에게 주신 성령도 그러하니라." 다시 말해서 베드로는 반응을 요구한 것입니다. 순종은 기독교 메시지의 핵심을 이루는 요소입니다.

그러므로 저는 이렇게 말하려 합니다. 우리는 복음에 순종해야만 합니다. 이 점을 분명히 합시다. 어떤 이들은 베드로의 말을 오해해서, 사람이 하나님께 순종하고 계명을 지키며 선한 삶을 살면 성령이라는 선물을 보상으로 받는다고 생각합니다. 그러나 이 말은 그런 뜻이 아닙니다. 이제부터 보여드리겠지만, 그것은 복음에 정반대되는 생각입니다. 행함으로 하나님께 보상받을 수 있는 사람은 아무도 없습니다. 하나님이 주시는 것은 전부 은혜로 주시는 것들입니다. 전부 거저 주시는 선물입니다. 따라서 베드로의 실제 말뜻은 복음을 믿는 자들에게 성령을 주신다는 것입니다. 여기에서 순종은 복음에 대한 순종을 가리킵니다.

자, 첫번째 명제부터 살펴봅시다. 이 메시지, 곧 예수 그리스도의 복음은 순종을 요구합니다. 이것은 성경 여러 곳에 나오는 말씀입니다. 사도 바울은 로마서 도입부에서 자신을 전도자요 사도로 칭하면서 이렇게 이야기합니다. "그[주 예수 그리스도]로 말미암아 우리가 은혜와 사도의 직분을 받아"―무엇을 위해서입니까?―"**그의 이름을 위하여 모든 이방인 중에서 믿어 순종하게 하나니**" 롬 1:5. 바울은 이것이야말로 그리스도인이 되는 방식이라고 말합니다. 즉 믿어 순종해야 한다는 것입니다.

또 다른 곳에서는 이렇게 말합니다. "하나님의 의를 모르고 자기 의를 세우려고 힘써 하나님의 의에 복종하지 아니하였느니라" 롬 10:3. 그는 자신의 동포인 유대인들로 인해 마음이 찢어진다고 고백합니다. "내 마음에 원하는 바와 하나님께 구하는 바는 이스라엘을 위함이니 곧 그들로 구원을 받게 함이라" 롬 10:1. 그는 유대인으로서 이방인들에게 복음을 전했는데, 이방인들은 복음을 믿어 하나님 나라로 몰려 들어간 반면, 정작 자기 민족은 대부분 복음을 거부했습니다. 바리새인과 서기관, 사두개인과 그 밖의 사람들은 극렬히 복음을 반대하기까지 했습니다. 바울은 말합니다. "내가 증언하노니 그들이 하나님께 열심이 있으나 올바른 지식을 따른 것이 아니니라" 롬 10:2. 그들은 자기 의를 세우려고 온 천지를 다니며 이런저런 일들을 하느라 바쁘지만, 실상 하나님의 의에는 복종치 않는다는 것입니다.

이러한 가르침은 로마서 10:13-16에 훨씬 더 뚜렷하게 나타나고 있습니다. 바울은 말합니다. "누구든지 주의 이름을 부르는 자는 구원을 받으리라." 그리고 나서 연달아 질문을 던집니다. "그런즉 그들이 믿지 아니하는 이를 어찌 부르리요. 듣지도 못한 이를 어찌 믿으리요. 전파하는 자가 없이 어찌 들으리요. 보내심을 받지 아니하였으면 어찌 전파하리요. 기록된 바 아름답도다, 좋은 소식을 전하는 자들의 발이여 함과 같으니라." 바울은 계속해서 말합니다. "그러나 그들이 다 복음을 순종하지 아니하였도다." 바울이 지금 어떤 표현을 쓰고 있는지 여러분도 알아챘을 것입니다. 그는 저희가 다 복음을 믿지 않았다고 말하지 않습니다. 저희가 다 복음을 **순종하지** 않았다고 말합니다.

'순종'은 피해 갈 수 없는 단어입니다. 바울은 로마서 끝부분에서 복음에 대해 이렇게 말합니다. "나의 복음과 예수 그리스도를 전파함은 영세 전부터 감추어졌다가 이제는 나타내신 바 되었으며 영원하신 하나님의 명을 따라 선지자들의 글로 말미암아 모든 민족이 믿어 순종하게 하시려고 알게 하신 바 그 신비의 계시를 따라 된 것이니"롬 16:25-26.

우리는 언제나 순종의 문제로 돌아가게 되며, 따라서 아무도 이것을 사도 바울만의 교리로 치부할 수 없습니다. 베드로가 첫번째 서신에서 한 말을 들어 보십시오. 그는 그리스도인들을 "하나님 아버지의 미리 아심을 따라 성령이 거룩하게 하심[구별하심]으로 순종함과 예수 그리스도의 피뿌림을 얻기 위하여 택하심을 받은 자들"이라고 말하고 있습니다벧전 1:2. 다른 예도 얼마든지 더 찾을 수 있습니다.

베드로가 산헤드린 연설 마지막에서 강조한 이 큰 요점, 즉 순종의 필요성은 대단히 중요한 문제입니다. 복음은 거리를 두고 들을 수 있는 것이 아닙니다. 사람들은 말합니다. "아, 좋습니다. 저도 당신들의 복음에 관심이 있습니다. 저는 모든 종교에 관심이 있지요. 그래서 다른 종교에 대한 책들도 읽고, 기독교에 대한 책들도 즐겨 읽습니다. 또 이 종교의 내용과 저 종교의 내용을 비교 평가하기를 즐기지요. 종교마다 약간의 좋은 점은 있게 마련이고, 기독교에도 물론 좋은 점이 있다고 생각합니다." 아닙니다. 복음은 이처럼 견해만 표명하고 넘길 대상이 아닙니다.

복음은 여러분과 제가 그저 즐겁게 듣고 넘길 대상이 아닙니다.

물론 복음에는 크게 경탄할 만한 내용들이 있습니다. 그러나 그렇게 경탄만 하고 끝낼 수는 없습니다. 복음은 반드시 행동으로 옮겨져야 합니다.

좀더 자세히 살펴보겠습니다. 복음은 단순히 지적으로만 받아들일 대상이 아닙니다. 우리 중에도 이것을 특별한 경고로 새겨들어야 할 사람들이 있습니다. 저는 지적으로만 복음을 받아들인다는 것이 무엇인지 개인적인 경험을 통해 알고 있습니다. 몇몇 위대한 스승들-예컨대 성 어거스틴이나 토마스 아퀴나스, 또는 존 칼빈처럼 권위 있는 정신을 가진 인물들-이 설명한 기독교 철학에 비견할 만한 것은 세상 어디에도 없습니다. 기독교의 체계는 경이롭습니다. 그것은 삶에 대한 관점 중에 유일하게 흠 없고 완전한 관점입니다. 그래서 이 지적인 체계를 받아들였다는 이유만으로 스스로 그리스도인이 되었다고 생각하는 이들이 있습니다. 그러나 '순종'이라는 한마디는 그런 생각을 완전히 무색하게 만들어 버립니다.

복음은 반응을 요구합니다. 행동을 요구합니다. 결단을 요구합니다. 순종을 요구합니다. 예수 그리스도의 복음은 한 사람의 삶 전체에 영향을 끼치게 되어 있습니다. 한 사람의 견해 전체를 다스리는 지배자의 자리, 삶의 중심을 차지하게 되어 있습니다. 이것이 '순종'이라는 말의 의미입니다.

로마서 6:17을 보면, 그 점을 아주 잘 설명해 주는 진술이 또 한번 나옵니다. 사도는 말합니다. "하나님께 감사하리로다. 너희가 본래 죄의 종이더니 너희에게 전하여 준 바 교훈의 본을 마음으로 순종하여." 어떤 주석가들은 바울이 여기에서 한 가지 예를 들고 있다고 말하는데, 꽤 일리 있는 견해라고 생각합니다. 그들은 "너희에게 전하여 준 바 교훈의 본을 마음으로 순종하여"라는 구절이, 사실은 "너희가 너희 속으로 들어온 교훈의 본을 마음으로 순종하여"라고 번역되어야 한다고 말합니다.

바울이 든 예는 이것입니다. 기술자가 특별한 물건으로 만들고 싶어 할 만한 철이나 쇠, 또는 쇳물이 있다고 합시다. 기술자가 그런 재료를 보았을 때 어떻게 하겠습니까? 자, 그는 쇳물을 거푸집에 부은 다음 식혀서 거푸집 모양대로 굳힐 것입니다. 사도에 따르면, 사람이 그리스도인이 될 때에도 같은 일이 일어납니다. 그리스도인은 복음의 거푸집 안으로 부어진 사람들입니다. 즉 그 거푸집의 모양과 크기와 형태를 그대로 갖게 된다는 뜻입니다. 이 점이 아주 중요합니다.

여기에서 한 걸음 더 나아가 봅시다. 순종에 대한 가르침은 순종에 이르지 못한 모든 시도가 무가치하다고 말합니다. 복음이 여러분을 바꾸어 놓지 못한다면, 아무리 기독교 신앙을 훌륭하게 생각하고 그것에 경탄한다고 말한들 아무 소용이 없다는 것입니다. 복음은 여러분의 삶에 지배적인 요인이 되든지 아무 의미 없는 것이 되든지 둘 중에 하나입니다. 물론 이렇게 말할 수도 있습니다. "아니오, 나는 거기에 동의하지 않습니다. 복음을 듣고 그 영향을 받아 정말이지 더 나은 삶을 살겠다고 결심한 적이 얼마나 많은데요. 나는 그 결심대로 살고자 노력해 왔습니다."

여러분, 그것도 좋지만 그것으로는 충분치 못합니다. 지옥으로 가는 길은 좋은 의도들로 포장되어 있습니다. 그리스도인은 복음에 순종하는 자들입니다. 거푸집에 부어진 자들입니다. "하나님이 자기에게 순종하는 사람들에게 주신……"이라는 가르침에 전적으로 지배받고 통제되고 결정되는 자들입니다.

그러나 묻겠습니다. 그렇게 순종해야 하는 이유는 무엇일까요? 왜 순종이 필요합니까? 여기에서 우리는 구원의 복음과 관련된 또 다른 핵심적인 문제에 도달하게 됩니다. 순종이 꼭 필요한 이유는, 죄의 본질이 하나님께 불순종하는 것이기 때문입니다. "육신의 생각은 하나님과 원수가 되나니 이는 하나님의 법에 굴복하지 아니할 뿐 아니라 할 수도 없음이라"롬 8:7. 성경은 율법을 위반하고 하나님의 법을 어기는 것을 죄라고 설명합니다. 하나님이 만드신 거푸집에 맞추어지기를 거부할 때 죄는 발생합니다. 하나님은 인간을 자신의 형상대로, 자신의 모습대로 만드셨습니다. 그것이 거푸집입니다. 그러나 인간은 그 거푸집을 깨뜨리고 하나님께 반역했습니다. 달리 말하자면 하나님의 형상을 훼손한 것입니다.

　복음을 듣기에 앞서 절대적으로 필요한 일, 반드시 선행되어야 할 일은 죄가 무엇인지 깨닫는 것입니다. 단순히 잘못을 저지르는 것을 죄로 생각해서는 안됩니다. 우리는 그렇게 생각하려는 경향이 있습니다. 좋은 행동과 나쁜 행동을 갈라놓고, 특정한 나쁜 행동을 저질렀을 때에만 죄를 지었다고 생각하는 것입니다. 물론 그것도 죄이지만, 죄의 본질은 아닙니다. 거듭 말하건대, 죄의 본질은 하나님께 불순종하는 것입니다.

　죄의 본질을 명확히 아는 일은 아주 중요합니다. 죄를 특정 유형의 행동과 관련된 문제로 볼 때, 자신은 결코 죄인이 아니라고 주장할 사람들이 많기 때문입니다. 실제로 저는 그런 사람들을 많이 만나 보았습니다. 그들은 진심으로 자신은 죄인이 아니라고 생각합니다. 직접 그렇게 말하는 사람들도 있습니다. "아시다시피 전 제가 죄인이라고 느낀 적이 정말 한번도 없어요"라고 말하던 여자분이 생각납니다. 이 교회에 다니던 또 다른 여자분-그분이 그토록 비판적인 태도를 취한 것도 이해가 됩니다-은 저에 대해 이렇게 말하기도 했습니다. "마치 우리가 죄인인 것처럼 설교하는군요!" 그 여자분은 술에 취한 적이 없었습니다. 간음을 저지른 적도 없었습니다. 살인을 저지른 적도 없었습니다. 그러니까 자신은 죄인이 아니라는 것입니다.

　한 가지 예를 들어 보겠습니다. 질병의 증상과 질병 자체는 완전히 다른 것입니다. 어떤 사람이 아픈지 안 아픈지 어떻게 결정합니까? 자, 어떤 이들은 "열이 40도를 넘으면 아픈 사람이고, 헛소리를 하면 아픈 사람"이라고 말합니다. 그런 사람들한테 열도 높지 않고-심지어 정상체온 이하이고-헛소리도 하지 않으며 조용하고 평온하게 누워 있는 사람을 보여주면 "이 사람은 아무 문제도 없어요"라고 말할 것입니다. 말하자면 그들은 무언가 극적인 증상, 직접적이며 겉으로 요란하게 드러나는 증상을 병으로 보는 것입니다. 그러나 그것은 잘못된 기준입니다. 질병 중에는 신체기관 안에서 조용히 진행되어 무슨 일이 일어나고 있는지 거의 알아채기 힘든 것들도 있습니다.

그럼에도 불구하고 그 병은 계속 진행됩니다. 중요한 것은 증상이 아니라 질병 그 자체입니다. 전반적인 죄의 문제도 이와 똑같습니다.

우리는 존경받는 인물들은 죄인일 리가 없다고 생각하는 경향이 있습니다. 비그리스도인이자 전형적인 현대인 - 저는 그 사람을 '교외 거주자'라고 부르려 합니다. 저도 교외에 살고 있기는 합니다만! - 으로서 남의 도움 없이 점잖고 도덕적이며 선한 삶을 사는 사람을 예로 들어 봅시다. 그는 교회에도 가지 않고 복음서도 읽지 않습니다. 왜 그렇습니까? 그런 것들이 필요 없기 때문입니다. 그는 잘못을 저지른 적이 없고, 따라서 죄인이 아닙니다. 이런 식의 생각을 하게 되는 이유가 무엇입니까? 죄의 본질이 하나님께 대한 반역이라는 것을 전혀 모르는 탓입니다.

사회에서 존경받는 이 사람은 일요일을 자기 정원에서, 그것도 자녀들과 함께 보냅니다. 그의 집에는 테니스장이나 수영장까지 갖추어져 있을지 모릅니다. 그는 술에 취하는 법이 없고, 아내에게 충실하며, 사업상 거래에서도 완벽하게 정직합니다. 그러나 오늘 햇빛을 주신 하나님께는 과연 감사를 드렸을까요? 자기 목소리와 마음을 드높여 다른 이들과 함께 위대하고 영광스러운 창조자를 환호했을까요? 인간이 원래 들어가 있어야 할 거푸집, 즉 하나님의 형상에 따라 하나님께 영광 돌리는 삶을 살고 있을까요? 아닙니다! 그는 남의 도움 없이 살 수 있는 자부심 강한 사람이지만, 하나님의 법을 어겼다는 점에서는 여느 주정뱅이나 아내를 때리는 남편, 간음죄를 저지른 죄인과 다를 바가 없습니다. 하나님이 보실 때에는 여느 극악한 죄인들과 똑같이 가증한 죄인입니다.

또 사람들은 그저 자신을 슬프게 만드는 일을 죄라고 생각하는 것 같은데, 죄는 그런 것이 아닙니다. 사람들은 잘못을 저질렀을 때 느끼는 비참함 때문에 도움을 구하러 다닙니다. 서로서로 찾아다니기도 하고 설교자를 찾아가기도 합니다. 사교^{邪敎}에도 의지해 보고 다양한 치료나 심리치료 등도 받아 봅니다. 그들은 그 비참함에서, 자신을 침울하게 만드는 일에서 해방되기를 갈망합니다. 그들은 말합니다. "저는 이 일에서 헤어 나오지 못하고 있습니다. 저를 도와주실 수 없습니까?"

제가 종종 발견하는 사실은, 그런 사람들로 하여금 자기의 비참함과 실패에서 눈을 돌려 하나님의 눈으로 자기 모습을 보게 만들기가 너무나 어렵다는 것입니다. 저는 일반적으로 이런 질문으로 그들을 납득시키려 합니다. "이 일만 해결되면 괜찮을 것 같습니까?" 그러면 그들은 항상 "그럼요"라고 대답합니다.

저는 말합니다. "자, 진정한 문제는 당신을 침울하게 만들고 비참하게 만든 이 특정한 일에 있지 않음을 깨닫지 못하는 한, 이 일은 해결될 수 없습니다. 당신의 문제는 하나님을 아예 생각조차 하지 않는다는 것입니다. 당신은 하나님을 계산에 넣어 본 적도 없고, 그분께 순종하며 그분을 기쁘시게 하는 삶, 그분의 영광을 위해 사는 삶에도 전혀 관심이 없지요. 그것이 바로 죄입니다."

이것이 죄의 문제를 바라보는 방식입니다. 하나님은 우리를 만드신 분입니다. 그는 모든 삶의 통제자이십니다. 그는 자신을 위해 사람을 만드셨습니다. 자신의 거푸집, 자신의 본에 따라, 자신의 형상과 모습대로 사람을 만드셨습니다. 그가 이렇게 사람을 만드신 것은 그들과 친구가 되어 즐거이 교제하시기 위해서였습니다. 더 나아가 그는 십계명과 산상설교, 구약 선지자들의 설교와 신약 서신서들의 가르침을 통해 그가 원하시는 삶이 어떤 것인지 명확히 보여주셨습니다.

하나님은 하늘의 태양을 통제하시고 달이 뜨게 하시며 자연에 법칙을 두신 것처럼, 사람도 자신을 위해 만드셨습니다. 하나님은 사람으로 하여금 하나님의 본과 법에 따라 살게 하려 하셨습니다. 그러나 그들은 거부했습니다. 반역했습니다. 거푸집을 박살내 버렸습니다. 그들은 하나님이 필요 없다고, 자기 힘으로도 살 수 있다고 말합니다. 그래서 하나님께 순종하지 않습니다. 거듭 말하지만 이것이 죄의 본질입니다.

정치연설을 듣거나 기록을 읽어 보면, 몇몇 정치인들이 인간의 자기중심성을 인정하기 시작했음을 알게 됩니다. 최근에 상당한 지위에 있는 책임자 한 사람도, 이 나라가 망하지도 않고 재정적으로 좌초하지도 않으려면 노동시간도 줄이고 임금도 인상하겠다는 생각을 포기해야 한다고 말했습니다. 이런 어리석은 일이 가능하다고 믿게 만드는 것이 무엇입니까? 재정의 측면에서나 산업의 측면에서 노동자들을 자살하게 만들고 고용주들도 자살하게 만드는 것이 무엇입니까? 바로 이기심입니다. 사람은 이기적이 되면서 거푸집을 부수고 하나님 대신 자신을 위해 살게 되었습니다. 영국 지도자들 중에 의회법령으로는 이런 일들을 해결할 수 없다고 말하는 이들이 몇 명 있는데, 참으로 맞는 말입니다. 법으로는 해결되지 않습니다. 새 법을 제정한다고 해서 사람의 본성이 바뀌지는 않습니다. 문제는 여기 있습니다. 즉 인간은 하나님께 불순종했기 때문에 곤경에 빠진 것입니다. 불순종의 결과, 인간은 하나님의 진노 아래 놓이게 되었습니다.

복음이 개입하는 지점이 바로 여기입니다. 사도들이 산헤드린에게 진술한 내용 그대로입니다. 그들은 말했습니다. "들어 보십시오. 당신들은 우리에게 복음 전파를 멈추라고 말합니다. 이분의 이름으로 더 이상 가르치지도 말고 아무 짓도 하지 말라고 말합니다. 그러나 우리는 계속 전할 것입니다. 우리는 침묵을 지킬 수가 없습니다. 왜 그렇겠습니까? 이것은 하나님의 명령이며, 우리는 사람보다 하나님께 순종해야 하기 때문입니다. 우리를 보내신 분은 바로 하나님입니다."

사도 바울도 같은 주장을 했습니다. 그는 "보내심을 받지 아니하였으면 어찌 전파하리요"라고 썼습니다롬 10:15. 구주에 대해 듣지 못한다면 어떻게 믿겠습니까? 또 복음전도자가 없다면 무슨 수로 그것을 듣겠습니까? 그런데 그 전도자는 어디에서 옵니까? 그를 전도자로 만드는 것이 무엇입니까?

답은 오직 하나, 하나님이 전도자를 부르신다는 것입니다. 하나님이 그에게 명령하십니다. 저는 이런 강단에 서겠다는 결심을 한 적이 없습니다. 저는 전도자가 될 생각이 전혀 없었습니다. 이것은 하나님 앞에서 정직하게 드리는 말씀입니다. 저는 다른 일을 할 수도 있었고, 실제로 다른 일을 하고 있었습니다. 그런데 하나님이 명령하셨습니다. 저는 제 이론을 전하는 것도 아니고 제 독창적인 생각을 전하는 것도 아닙니다. 저는 이 말씀을 설명하는 사람일 뿐입니다. 저는 그저 제 앞에 있는 이 메시지, 이 성경에 기록된 메시지, 하나님이 성령으로 사람들을 감화시켜 오류 없이 기록하게 하신 가르침을 여러분 앞에 펼쳐 놓을 뿐입니다. 저는 임무를 부여받은 사람입니다. 그렇기 때문에 감히 다른 것은 전할 수가 없습니다. 저는 명령을 받았고 그 명령에 순종하는 중입니다. 제가 전하는 말은 곧 사도들이 전한 말이기도 합니다. 어떤 복음전도자도 다른 말은 전할 수가 없습니다.

우리에게 주어진 메시지가 무엇입니까? 하나님과 그 아들에 관한 것입니다. "너희가 나무에 달아 죽인 예수를 우리 조상의 하나님이 살리시고 이스라엘에게 회개함과 죄사함을 주시려고 그를 오른손으로 [능력으로] 높이사 임금과 구주로 삼으셨느니라." 이것이 우리에게 주어진 메시지이며, 사도들이 산헤드린 앞에서 전한 메시지입니다. 그들의 말은 요컨대 이런 것이었습니다. "들어 보십시오. 당신들은 그를 거부했습니다. 그러면서도 자신들이 무슨 짓을 하는지 깨닫지 못했습니다. 그가 바로 임금이요 구주요 하나님이 주신 구원의 길임을 모르겠습니까? 이 메시지를 믿고 순종하기만 하면, 당신들도 용서받고 새 생명을 얻을 수 있으며 성령을 선물로 받을 수 있습니다."

그러므로 복음은 또한 명령입니다. 십계명처럼 하나님이 주신 명령입니다. 이 말에 놀라셨습니까? 놀랄 일이 아닙니다. 하나님은 가서 이 복음을 전하라고 명령하시며, 사람들에게 이 복음을 믿으라고 명령하십니다. 그러므로 복음을 믿으십시오. 거듭 말하지만, 이것은 하나님의 명령입니다.

제가 무슨 권위로 이런 말을 하는지 알고 싶으시다면 주님의 말씀을 인용해 드리겠습니다. 주님은 어느 날 사람들에게 이렇게 말씀하셨습니다. "썩을 양식을 위하여 일하지 말고 영생하도록 있는 양식을 위하여 하라. 이 양식은 인자가 너희에게 주리니 인자는 아버지 하나님께서 인치신 자니라. 그들이 묻되 우리가 어떻게 하여야 하나님의 일을 하오리이까"요 6:27-28. 다시 말해서 그들은 하나님의 무슨 명령을 따라야 주님이 말씀하신 영생을 얻게 되느냐고 물은 것입니다. 그러자 주님이 대답하셨습니다. "하나님께서 보내신 이를 믿는 것이 하나님의 일이니라"요 6:29. 주님은 하나님의 보내심을 받은 분이므로 그를 믿는 것이 곧 그들이 할 일이라고 말씀하셨습니다. 이것이 여러분이 할 일입니다. 이것이 여러분이 지켜야 할 명령입니다.

로마서 1장 말씀도 기억하십시오. "믿어 순종하게 하나니"롬 1:5. 요한일서도 똑같이 기록하고 있습니다. "그의 계명" – 하나님의 계명 – "은 이것이니 곧 그 아들 예수 그리스도의 이름을 믿고"요일 3:23.

순종은 곧 실천이라는 말의 의미는 무엇일까요? 복음이 삶 전체를 변화시키지 않는다면 아무리 복음을 들어도 소용이 없다는 뜻입니다. 순종이 없으면 아무것도 없습니다. 그렇다면 우리가 순종해야 할 명령은 무엇입니까? 첫번째 명령은 회개하라는 것입니다. 사도 바울이 아덴에서 전한 메시지의 핵심이 그것이었습니다. 그는 다음과 같이 말을 꺼냈습니다.

> 아덴 사람들아, 너희를 보니 범사에 종교심이 많도다. 내가 두루 다니며 너희가 위하는 것들을 보다가 알지 못하는 신에게라고 새긴 단도 보았으니 그런즉 너희가 알지 못하고 위하는 그것을 내가 너희에게 알게 하리라.

그리고 나서 바울은 이런 결론을 내립니다.

> 이제는 어디든지 사람에게 다 명하사 회개하라 하셨으니 이는 정하신 사람으로 하여금 천하를 공의로 심판할 날을 작정하시고 이에 그를 죽은 자 가운데서 다시 살리신 것으로 모든 사람에게 믿을 만한 증거를 주셨음이니라 하니라행 17:22-23, 30-31.

첫번째 명령은 회개하라는 것입니다. 그렇다면 회개의 의미는 무엇입니까? 첫째로, 바울이 아덴 사람들에게 강력히 권고했고 베드로가 산헤드린 공회원들에게 강력히 권고한 것처럼, 잠시 멈추어 서서 자신의 삶에 대해 생각해 보는 것입니다. 하루하루 벌어먹고 살아가기를 멈추는 것이며, 그때그때 발생하는 일에 따라 움직이기를 멈추는 것입니다. 마치 무한히 살 수 있을 것처럼, 결코 죽지 않을 것처럼 살기를 멈추는 것입니다. 그리고 생각하는 것입니다. 묵상하는 것입니다. 묻는 것입니다. '나는 누구인가? 어떻게 살고 있는가? 이 모든 일의 목적은 무엇인가? 끝은 무엇인가?' 그렇게 생각하기 시작하면 자신에게 영혼이 있다는 사실을 알게 됩니다. 그리고 그때부터 하나님에 대한 진리를 깨닫기 시작합니다.

더 나아가 회개는 자기 자신에게 하나님에 대한 질문을 던지는 것입니다. '하나님은 내 삶의 어디에 들어와 계시는가? 그분으로 인해 나에게 무슨 변화가 일어났는가? 어떤 식으로든 내 삶은 그의 거룩한 법을 따르고 있는가?' 그러면 얼마 지나지 않아 자신이 하나님을 잊고 지냈다는 것을 깨닫게 됩니다. 여러분은 여왕 앞에서 합당치 않게 행동한 사람이 어떻게 되는지 알 것입니다. 그러나 하늘의 왕 앞에서는 과연 어떻게 행동하고 있습니까? 사람들은 여왕에게 등을 보이면 안된다고 말합니다. 그러나 하늘의 하나님께 감히 등을 돌리고 그를 비웃으며 일부러 그의 법을 어기면서 오만하게 그 앞을 박차고 나오는 사람들을 보십시오.

회개한 사람은 자신이 하나님을 쫓아냈다는 사실과, 하나님이 그 일에 대해 해명을 요구하신다는 사실을 깨닫습니다. 하나님은 해명을 요구하실 권리가 있습니다. 시편기자의 말처럼 "그는 우리를 지으신 이요 우리는 그의 것이"기 때문입니다.시 100:3. 우리의 연한과 생명은 그의 손안에 있습니다. 우리가 재판장이 아니라 그가 재판장이십니다. 이것을 깨달은 사람은 자신이 잘못했으며 하나님께 반역했음을 고백합니다.

여러분은 자신이 그의 법을 무시했으며 그의 신성한 것들을 더럽혔음을 알게 됩니다. 자신이 악한 사람이요 타락한 죄인임을 알고, 아무 이의 없이 그것을 인정합니다. 변명할 말이 없음을 깨닫고, 마땅히 벌을 받아야 한다는 점을 인정합니다. 여러분은 자신이 이제껏 누려 온 모든 것-생명이라는 선물, 건강과 힘, 먹을 것과 입을 것, 사랑과 돌봄과 관심으로 자신을 둘러싸고 있는 가족의 품에 태어나게 하신 것-을 주신 하나님의 법을 업신여겼습니다. 하나님이 모든 것을 주셨는데도 그를 외면했습니다.

그러나 이제는 자신의 반역과 죄를 전적으로 인정하며 하나님 앞에 엎드립니다. 항변할 말이 전혀 없음을 고백합니다. 그리고 소리쳐 자비를 구합니다. 바울은 "누구든지 주의 이름을 부르는 자는 구원을 받으리라"고 말했습니다롬 10:13. 회개하라는 명령에 순종한 사람들은 이미 주의 이름을 부르기 시작한 것입니다. 그저 하나님께 자비와 긍휼과 용서와 사랑을 외쳐 구하기만 하면 됩니다. 이것이 우리에게 주어진 명령입니다. "이제는 어디든지 사람에게 다 명하사 회개하라"행 17:30.

두번째로, 하나님은 이 복음을 믿으라고 명령하십니다. 그는 말씀하십니다. "나는 지금 이 메시지를 너희 앞에 제시하고 있다. 나는 무엇보다 내 아들 예수를 구주로 일으켜 세웠다. 하늘에서 나와 함께 영원 중에 있던 그를 육신으로 세상에 보냈다. '죄 있는 육신의 모양'을 지닌 인간으로 보냈다롬 8:3. 그리고 너희를 구원하기 위해 그를 낮추었다. 또한 그후에는 전도자들을 보내어 이 아들을 너희 앞에 제시하게 했다."

따라서 하나님이 복음을 믿으라고 명령하셨다는 것은, 나사렛 예수가 다름 아닌 하나님의 영원한 아들이요 유일한 독생자라는 사도들의 증거, 여기 기록된 증거를 믿으라는 뜻입니다. 베드로는 말합니다. "우리는 이 일에 증인이요 하나님이 자기에게 순종하는 사람들에게 주신 성령도 그러하니라." 우리는 무엇에 순종해야 합니까? 우리 주 예수 그리스도에 관한 메시지에 순종해야 합니다. 베드로가 오순절 날 이 메시지를 전했을 때, 3천 명이 순종했습니다. 그들은 예수에 관한 진리, 즉 그가 하나님의 아들이시며 하나님이 친히 주신 구원의 길이라는 사실, 하나님이 그를 보내 십자가에 죽게 하시고 우리의 죄를 그에게 전가하여 그 안에서 벌하셨다는 사실을 믿었습니다. 이것이 복음에 순종하는 것입니다.

여러분은 나사렛 예수가 장사지낸 바 되었다가 사흘 만에 육신으로 다시 살아나셨음을 믿습니까? 이것은 그가 인간일 뿐 아니라 하나님이시라는 증거입니다. 그는 승천하여 하나님 우편에 앉아 계시며, 모든 원수를 심판하고 자신의 영광과 은혜의 나라를 세우기 위해 다시 오실 것입니다. 그것을 믿으십니까? 그것을 믿으라는 것이 하나님의 명령입니다.

더 자세히 말하자면, 하나님은 그의 아들을 유일한 구원의 길로 믿으라고 명령하십니다. 오직 믿음으로 의롭다 하심을 얻는다는, 이른바 이신칭의의 교리를 믿으라고 명령하십니다. 이것은 복음에 순종하기만 하면 이 자리에서 즉시 그리스도인이 될 수 있다는 뜻입니다.

어떤 이는 말합니다. "하지만 지금 바로 그리스도인이 될 수는 없습니다. 가서 좀더 나은 삶을 살아야지요. 성경 읽기도 시작해야 하고, 기도도 시작해야 합니다. 이것도 해야 하고 저것도 해야 합니다."

아니, 그렇지 않습니다. 여러분, 그렇게 말하는 것은 복음에 순종하지 않는 것입니다. 그렇게 말하는 사람은 예수를 단지 인간 스스로 구원할 방법을 가르쳐 준 스승으로만 보는 것입니다. 그것은 복음에 배치되는 생각입니다. 복음은 그가 하신 일 때문에 우리가 구원받는다고 말합니다. 십자가에서 죽으신 일, 부활하여 다시 살아나신 일, 우리를 대신해 주신 일 때문에 구원받는다는 것입니다. 여러분은 "너희의 죄가 주홍 같을지라도 눈과 같이 희어질 것이요"라는 말씀을 참으로 믿어야 합니다.사 1:18 마음 깊은 곳에서부터 다음과 같이 고백해야 합니다.

변명할 길 없는 날 위해
주 보혈 흘려 주시고
또 나를 오라 하시니
오, 하나님의 어린양께로 제가 갑니다.

불쌍하고 비참하고 눈먼 나,
볼 수 있는 눈과 치료와 마음의 풍성함,
내 모든 필요가 주께 있사오니
오, 하나님의 어린양께로 제가 갑니다.¹
- 샬럿 엘리엇Chalotte Elliot

복음을 믿는다는 것은 자신의 모든 의, 자신의 선행과 노력을 의지하는 태도를 전부 포기하는 것입니다. 여러분은 하나님이 경건한 자들뿐 아니라 경건치 못한 자들도 의롭다 하심을 알게 됩니다. 그리스도의 말씀 그대로입니다. "건강한 자에게는 의사가 쓸데없고 병든 자에게라야 쓸데 있느니라.……나는 의인을 부르러 온 것이 아니요 죄인을 부르러 왔노라"마 9:12-13. 지금 있는 모습 그대로 나아오지 않는 사람은 복음에 순종하지 않는 것입니다.

"제가 당신을 잊고 무시해 왔음을 이제 알겠습니다. 저는 당신의 계명을 어겼습니다. 그래서 지금부터는 더 나은 삶을 살기로 결심하며 결단합니다. 이제부터는 당신의 계명에 순종하며 살겠습니다"라는 말로는 하나님을 감동시킬 수 없습니다. 만약 하나님께 그렇게 말씀드린다면 이전에 살면서 불순종한 것보다 더 크게 불순종하고 있다고 말씀하실 것입니다.

왜 그렇습니까? 하나님은 "이스라엘에게 회개함과 죄사함을 주시려고 그를 오른손으로 높이사 임금과 구주로 삼으"신 분이기 때문입니다. 그는 여러분이 스스로 할 수 없는 일을 하셨으며, 그가 하신 이 일을 받아들이지 않는 것이야말로 그에게 불순종하는 일이라고 말씀하십니다. 그러므로 여러분은 이렇게 말씀드려야 합니다. "저는 이 일이 이해되지 않습니다. 그러나 믿고 당신의 명령에 순종하여 나아가겠습니다." 여러분은 하나님의 말씀을 완전히, 전적으로 의지해야 합니다. 그것이 복음에 순종하는 것입니다. 그것이 그리스도인이 되는

1 찬송가 282장 참조-옮긴이.

길입니다.

물론 여러분은 자신이 참으로 복음에 순종했다는 증거를 바로 내놓아야 합니다. 하나님을 속일 마음도 없고 실제로 속이는 것도 아니라는 증거를 내놓아야 합니다.

어떻게 내놓습니까? 지금까지 섬겼던 우상들을 버리고 떠남으로써, 온 힘을 다해 세상과 육신과 마귀에게서 떠남으로써 전심으로 하나님께로 돌이켰음을 보여드려야 합니다. 이제 여러분은 하나님을 기쁘시게 하려는 갈망, 자신을 이토록 사랑하여 놀라운 일을 행하신 하나님, 거룩한 아들 예수를 일으켜 임금과 구주로 삼으신 하나님께 감사를 표현하고 싶다는 갈망을 품게 됩니다.

여러분은 더 이상 그리스도를 부끄러워하지 않습니다. 더 이상 사무실이나 공장이나 학교나 대학에서 비웃음 사는 일을 두려워하지 않습니다. 전혀 두려워하지 않습니다. 여러분은 그리스도를 자랑합니다. 입술로, 삶으로 믿음을 고백합니다. 이것이 순종입니다. 하나님이 우리를 위해 이 일을 행하셨다면, 이것 말고 다른 일은 할 필요가 없습니다.

순종은 여러분이 믿는 바를 행동으로 옮기는 것이며, 이 가르침에 맞추어 형성되어 가는 것입니다. 그리하여 여러분은 눈에 보이는 그리스도의 몸, 즉 교회의 일원이 됩니다. 여러분은 "세상은 무모하게 지옥으로 달려가고 있지만 나는 구속받은 백성 중에 있다"고 말하는 자들과 나란히 서게 됩니다. 오순절 날 믿었던 사람들처럼 교회에 더해집니다. 그리고 필요하다면 그들처럼 세례를 받고—세례는 자신의 죄를 공적으로 인정하고 고백하는 한 가지 방법에 지나지 않습니다—그리스도 안에서 용서받고 새 생명을 얻어 새사람이 되었다는 하나님의 확언을 공적으로 받게 됩니다.

이제 여러분의 가장 큰 갈망은 이 일에 대해 좀더 아는 것입니다. "그들이 사도의 가르침을 받아 서로 교제하고 떡을 떼며 오로지 기도하기를 힘쓰니라.……날마다 마음을 같이하여 성전에 모이기를 힘쓰고 집에서 떡을 떼며 기쁨과 순전한 마음으로 음식을 먹고 하나님을 찬미하며 또 온 백성에게 칭송을 받으니"행 2:42, 46-47. 여러분은 이제 무엇보다 하나님과 그의 사랑하는 아들이요 우리 구주이신 복되신 주님의 영광을 위해 살기를 갈망합니다.

사도 요한은 말합니다. "하나님의 아들을 믿는 자는 자기 안에 증거가 있고 하나님을 믿지 아니하는 자는 하나님을 거짓말하는 자로 만드나니 이는 하나님께서 그 아들에 대하여 증언하신 증거를 믿지 아니하였음이라"요일 5:10. 복음을 믿지 않는다는 것이 무엇을 의미하는지 이제 아셨습니까? 복음에 순종하지 않는다는 것이 어떤 것인지 이제 아셨습니까? 영감 받은 사도인 요한은 "너희는 하나님을 거짓말쟁이라고 말하고 있다. 그뿐 아니라 가장 영광스러운 사랑의 발현이신 하나님께 등을 돌리고 있다"라고, 저로서는 감히 할 수 없는 말을 하고 있습니다. "하나님이 세상을 이처럼 사랑하사 독생자를 주셨으니 이는 그를 믿는 자마다 멸망하지 않고 영생을 얻게 하려 하심이라"요 3:16. 이 말이 여러분에게 아무 의미도 주지 못합니까? 이제야말로 "참으로 다른 것은 중요치 않습니다. 이 말씀만이 중요합니다. 앞으로 저는 이 말씀에만 관심을 쏟겠습니다"라고 말해야 한다는 것을 모르겠습니까?

그러므로 저는 또 하나의 질문으로 말씀을 마치고자 합니다. 여러분은 이 복음에 순종했습니까? 이미 여러 번 들은 적 있는 이 복음이 어떤 결과를 가져왔습니까? 여러분은 이 복음의 거푸집에 자신을 맞추었습니까? 하나님은 이 복음을 여러분 앞에 제시하고 계시며, 이 복음을 믿으라고 명령하고 계십니다.

12

불신앙의 본질

그들이 듣고 크게 노하여 사도들을 없이하고자 할새 바리새인 가말리엘은 율법교사로 모든 백성에게 존경을 받는 자라. 공회 중에 일어나 명하여 사도들을 잠깐 밖에 나가게 하고 말하되 이스라엘 사람들아, 너희가 이 사람들에게 대하여 어떻게 하려는지 조심하라. 이 전에 드다가 일어나 스스로 선전하매 사람이 약 사백 명이나 따르더니 그가 죽임을 당하매 따르던 모든 사람들이 흩어져 없어졌고 그후 호적할 때에 갈릴리의 유다가 일어나 백성을 꾀어 따르게 하다가 그도 망한즉 따르던 모든 사람들이 흩어졌느니라. 이제 내가 너희에게 말하노니 이 사람들을 상관하지 말고 버려두라. 이 사상과 이 소행이 사람으로부터 났으면 무너질 것이요 만일 하나님께로부터 났으면 너희가 그들을 무너뜨릴 수 없겠고 도리어 하나님을 대적하는 자가 될까 하노라 하니 그들이 옳게 여겨 사도들을 불러들여 채찍질하며 예수의 이름으로 말하는 것을 금하고 놓으니 사도들은 그 이름을 위하여 능욕받는 일에 합당한 자로 여기심을 기뻐하면서 공회 앞을 떠나니라. 그들이 날마다 성전에 있든지 집에 있든지 예수는 그리스도라고 가르치기와 전도하기를 그치지 아니하니라.

사도행전 5:33-42

베드로는 산헤드린 앞에서 이제 막 변론을 마쳤습니다. 우리는 그의 말을 공부하면서, 복음은 언제나 순종과 굴복과 전적인 충성을 요구한다는 점에 주목했습니다. 그런데 사도행전 5장의 이야기를 계속 읽어 내려가면 이런 구절이 등장합니다. "그들[산헤드린]이 듣고 크게 노하여 사도들을 없이하고자 할새." 그때 산헤드린의 일원이자 바리새인인 가말리엘이 일어나, 사도들을 그 자리에서 죽이지는 말라고 동료들을 설득했습니다. 그래서 "그들이 옳게 여겨 사도들을 불러들여 채찍질하며 예수의 이름으로 말하는 것을 금하고" 풀어 주었다고 성경은 기록하고 있습니다.

이 이야기는 이처럼 죽음의 위협 앞에 놓였다가 잠시 풀려난 사도들이 "그 이름을 위하여 능욕받는 일에 합당한 자로 여기심을 기뻐하면서" 자신들의 길을 계속 갔다는 놀라운 서술로 끝을 맺습니다. 그리고 우리는 이들이 예수 그리스도의 이름으로 가르치기와 전도하기를 계속했다는 말씀을 읽게 됩니다.

지금 우리가 살펴보려는 것은 사도들의 답변에 대한 대공회의 반응입니다. 사도들은 자신들의 주장을 진술하되 합리적이면서도 간략하게 진술했지만, 공회는 "크게 노하여 사도들을 없이하고자" 했습니다. 우리는 복음을 듣고도 반응하지 않는다는 것은 불가능한 일임을 이미 살펴보았습니다. 또 그 반응은 복음에 굴복하여 순종하거나 아니면 반대하거나 둘 중에 하나라는 것도 살펴보았습니다. 신약성경이 이 두 가지 반응을 다 이야기해 준다는 데 저는 항상 놀라움을 느낍니다.

복음은 언제나 어떤 결과를 낳는다는 사실을 우리는 이 본문에서 아주 분명하고 명확하게 보게 됩니다. 신약성경은 교회나 교회의 복음 전파가 일으킨 반응을 아주 정직하게 이야기해 주고 있습니다. 우리에게 주어진 것은 완벽한 성공의 그림이 아닙니다. 오히려 그 반대입니다! 제가 볼 때 이것은 성경이 어떤 사건들을 유리하게 윤색한 이야기가 아니라 신적인 영감으로 기록된 이야기라는 증거입니다. 물론 우리는 항상 좋은 대차대조표를 얻기 위해 노력합니다. 그리고 항상 좋은 결과를 얻은 척 가장합니다. 그러나 신약성경은 좋은 결과뿐 아니라 나쁜 결과도 기록합니다. 아무것도 숨기지 않습니다. 하나님의 진리는 이런 것입니다.

그러나 사도행전은 역사적 사건들에 대한 정직한 이야기 그 이상입니다. 성경이 사도행전 5장의 이런 기록(이것은 많은 기록 중 하나일 뿐입니다)을 우리에게 남긴 이유가 무엇입니까? 제가 볼 때 그 답은 한 가지입니다. 이 복음과 관련하여 인간의 정신을 괴롭히는 몇 가지 큰 오류를 보여주기 위해서인 것입니다. 저는 하나님께서 그 무한한 인자와 자비로 복음이 일으키는 다양한 반응을 가르쳐 주심으로써 값진 교훈을 배우게 하셨다고 믿습니다.

사람은 언제나 남의 경험을 통해 더 쉽게 배운다는 사실을 잘 알지 않습니까? 우리는 항상 방어적입니다. 너무 직접적인 말은 좋아하지 않습니다. 나단 선지자가 다윗을 찾아갔던 옛이야기를 기억하십니까? 다윗은 무서운 죄를 저지르고서도 아주 만족하고 있었습니다. 그는 위기를 잘 모면한 것 같았습니다. 그때 하나님이 자신의 종 나단을 보내셨는데, 나단은 아주 현명하게도 다윗을 직접 걸고넘어지지 않았습니다. 그는 간접적으로 접근하는 전략을 썼습니다. 나단은 극심한 불의가 자행된 사례를 제시했고, 다윗은 의분에 휩싸여 "이 일을 행한 그 사람은 마땅히 죽을 자라"고 단언했습니다. 그러자 나단이 다윗을 바라보며 말했습니다. "당신이 그 사람이라"삼하 12:1-7.

우리는 놀랄 만큼 다윗과 닮아 있습니다. 자기 자신과는 그렇게 잘 지낼 수가 없습니다. 우리는 자기 변명의 전문가들입니다. 그래서 하나님이 산헤드린의 사례를 통해 우리 마음의 실상을 들여다보게 하신 것입니다. 본문에는 불신앙의 한 가지 형태가 선명하게 묘사되어 있습니다. 물론 불신앙에 이런 형태만 있는 것은 아니지만, 분명히 이런 형태도 있습니다. 여기 나오는 것은 사도들을 죽임으로써 기독교의 가르침을 끝장내기로 결정한 노골적이고도 폭력적인 형태의 불신앙입니다.

지금 우리가 살펴보고 있는 본문은 여러 가지 이유에서 중요합니다. 그중에 한 가지는 이 사건을 통해 오늘날 세상의 모습을 이해할 수 있다는 것입니다. 모든 사태를 바로잡을 수 있는 복음이 있는데도, 왜 이 모든 곤경과 고통과 아픔이 존재하며 이 모든 재난과 실패가 존재합니까? 왜 세상은 이런 메시지를 거부하는 것입니까? 이것은 중대한 문제입니다. 이 사건은 인간의 죄가 얼마나 깊은지 보여줌으로써 한 가지 답을 찾도록 도와줍니다.

현대세계의 비극 중에서도 큰 비극은, 우리가 문제들을 많이 알기는 하지만 그 깊이와 진정한 본질은 여전히 모른다는 것입니다. 정책과 교육과 문화로 인류의 문제를 풀 수 있다고 생각하는 한, 희망은 없습니다. 이것은 특별히 20세기가 겪고 있는 비극입니다. 우리는 사태를 바로잡을 지식을 가졌다고 믿었습니다. 그러나 지금 세상의 상태를 보십시오! 세상의 상태는 우리 눈앞에서 급속히, 공공연하게 악화되고 있습니다. 언제가 되어야 문제의 본질을 깨닫겠습니까? 언제가 되어야 진정한 문제는 인간의 마음속, 죄의 심연에 있음을 깨닫겠습니까?

대산헤드린의 공회원들을 봅시다. 그들은 당대의 주요인사들이었다는 사실을 잊지 마십시오. 그들은 분명히 예루살렘에서 가장 유력한 사람들이었습니다. 우리는 사도행전 4장 도입부에서 이미 이들에 대한 묘사를 읽었습니다. 산헤드린은 "관리들과 장로들과 서기관들", "대제사장 안나스와 가야바와 요한과 알렉산더와 및 대제사장의 문중"으로 구성되어 있었습니다행 4:5-6. 그들은 사회의 중진들이었고, 종교계와 정치계의 지도자들이었으며, 당대의 위대한 사상가들이었습니다. 바로 이런 인물들이 복음을 거부한 것입니다.

우리는 산헤드린의 반응을 관찰하면서, 또 그들의 말과 계획을 들으면서, 거듭나지 않고 하나님 없이 사는 인간의 진정한 본질에 대한 통찰을 얻게 됩니다. 산헤드린의 일원이었던 가말리엘의 충고는 그것을 더욱 선명하게 드러내 주고 있습니다.

저는 이 사건에서 몇 가지 원리-이 사건에 아주 명백하게 드러나는 원리-를 끌어내고자 하는데, 그 첫번째는 불신앙이 전혀 새롭지 않다는 것입니다. 제가 이 점을 가장 먼저 다루는 이유는, 복음을 거부하는 것이야말로 20세기에 새롭게 나타난 현상이라는 가정이 오늘날 대중 사이에 널리 퍼져 있기 때문입니다. 그런 가정이 흔히 어떻게 표출되는지 여러분도 알 것입니다. 사람들은 말합니다. "당신도 그런 건 믿지 않지요? 성경 이야기가 신화에 불과하다는 건 이제 모두가 아는 사실입니다." 그들은 오늘날 평범한 불신자도 100년 전에 살았다면 신자가 되었으리라고 생각합니다. 옛날 사람들은 모두 초자연적이고 기적적인 일들을 믿는 시대에 살았고 지식도 부족한 탓에 그리스도인이 되었다는 것이 대중적인 생각입니다. 그러나 오늘날은 다르다는 것입니다.

여러분의 시간을 낭비하지 않겠습니다. 본문에 나오는 이 이야기 하나만으로도 그런 생각이 무지와 자기기만의 소산에 불과함을 충분히 입증할 수 있습니다. 교회가 막 시작된 당시에도 복음은 오늘날과 똑같은 방식으로 거부당했습니다. 1900년이 넘는 세월을 거슬러 올라가 보십시오. 사람들이 현대성의 표지로 생각하는 바로 그 태도를 발견할 것입니다. 사람들이 복음을 믿지 않는 것은 당연한 일입니다. 그러나 거기에는 새로울 것이 없습니다. 불신앙은 기독교만큼이나 오랜 역사를 가지고 있습니다.

오늘날 사람들은 불신앙의 이유를 종종 이렇게 설명합니다. 즉 20세기의 지식 때문에 복음을 거부한다는 것입니다. 오, 그 말에 묻어나는 자부심을 보십시오! 사람들은 말합니다. "현대과학에 비추어 볼 때, 그런 말들을 여전히 믿는다는 건 불가능하지." 제가 계속 이 관점에 반대를 표명하는 것은 사람들이 이런 말을 너무도 자주 하기 때문입니다. 참으로 한 영혼은 지극히 귀중한 것입니다. 그렇기 때문에 저는 그런 말도 안되는 소리를 믿는 사람이 하나만 있어도 반대하기를 쉬지 않을 것입니다. 사람들은 원자를 분할할 수 있게 되었기 때문에 복음을 거부한다고 말합니다! 그 지식이 어떤 식으로든 복음을 믿지 못하게 만든다고 생각합니다. 그러나 사도행전에 기록된 이 한 가지 사건만 보아도 그 생각이 완전히 틀렸음을 충분히 알 수 있습니다. 거듭 말하지만, 여기 등장하는 사람들도 현대인들과 똑같은 방식으로 복음을 거부했습니다.

불신앙과 현대지식 사이에 아무 연관성도 없다는 사실을 입증할 방식은 무수히 많습니다. 그렇다고 제가 현대지식 자체에 반대하는 것은 아닙니다. 그런 짓은 바보나 할 것입니다. 현대지식이 놀랍다는 데에는 저도 동의합니다. 원자 분할! 중력의 정복! 그야말로 경이로운 일입니다. 저도 100퍼센트 동의합니다. 그러나 그런 지식이 인간의 존재와 무슨 상관이 있습니까? 인간의 도덕과 무슨 상관이 있습니까? 신문에 보도되는 끔찍한 사건들을 보십시오. 그것들은 과학자들이 원자를 분할한 이후에 자행된 일들입니다. 이제야말로 분명하고도 솔직하게 생각할 때 아닙니까? 우리의 관심사는 인간과 하나님, 생명, 삶, 순결함, 정결함, 정숙함, 정직함에 있습니다. 그런데 현대지식은 이런 문제에 아무 영향도 끼치지 못합니다. 또한 죽음이나 영원한 세계에도 빛을 비추지 못합니다. 우리는 1세기 사람들과 정확히 같은 자리에 서 있습니다. 그러니 현대지식에 대한 착각은 이제 치워 버립시다.

이제는 생각을 해야 합니다. 우리는 모두 편견에 사로잡힌 존재들입니다. 우리는 표어와 판에 박힌 말들을 반복합니다. "그런 것을 믿는 사람은 더 이상 없다"고 말합니다. 그러나 멈추어 서서 그 말을 검토해 보십시오. "더 이상"이라는 표현은 쓸 수 없습니다. 시대와 불신앙은 아무 상관이 없기 때문입니다. 불신앙의 문제는 1세기이든, 그 이전이든, 지금이든 달라진 것이 없습니다. 불신앙은 타락 이후 지금까지 보편적으로 존재해 온 문제입니다.

불신앙은 현대지식의 결과물이 아니며, 이성과 지성과 이해력에 기초한 태도도 아닙니다. 이것이 현대가 범하고 있는 두번째 대중적인 오류입니다. 그렇지 않습니까? 오늘날 사람들은 자신들의 추론 능력 때문에, 지성 때문에 종교를 가질 수 없다고 생각합니다. 어떤 이는 말합니다. "좋습니다. 과학지식에 대한 당신의 말은 받아들이지요. 그러나 사고하는 인간이라면 당연히 종교의 주장들을 꿰뚫어 보아야 한다는 제 생각에는 변함이 없습니다."

사람들은 종교가 최루제이자 감상주의이며 인민의 아편이라고 말합니다. 이것이 지금까지 종교에 사용된 용어로서, 사람들은 그런 용어를 무턱대고 받아들여서 지겹게도 되풀이해 왔습니다. 그리스도인들은 지적인 자살을 감행했으며 어리석음을 자초했다는 것이 그들의 주장입니다. 반면에 불신자들은 지성의 지배를 받는다고 말합니다. 자신들은 감정에 치우치지 않고, 오로지 지각과 사고력에 따라서만 움직인다는 것입니다! 그렇다면 이런 주장에 비추어 산헤드린 공회원들을 검토해 봅시다.

불신앙이 지성에 기초하고 있기는커녕, 완전히 불합리한데다가 변명의 여지가 없을 정도로 비이성적임을 입증하기는 그리 어렵지 않다고 생각합니다. 제 말이 심하게 들리겠지만, 저는 이 말을 실증해 보일 수 있습니다. 본문에 나오는 배치를 보십시오. 저쪽에는 산헤드린 공회원들이 있고, 이쪽에는 사도들이 있습니다. 성경은 베드로의 메시지를 들은 산헤드린 공회원들이 "크게 노하여 사도들을 없이하고자" 했다고 말합니다. 그들은 사도들을 죽이고 싶어 했습니다.

그러나 잠깐만 기다리십시오! 몇 가지 질문을 던져 봅시다. 산헤드린은 왜 사도들을 죽이고 싶어 했을까요? 그들이 무슨 일을 했기에 죽이고 싶어 했을까요? 그들이 무슨 범죄라도 저질렀습니까? 무슨 법이라도 어겼습니까? 그들이 유죄라는 증거가 무엇입니까? 그런 증거는 없다는 것이 그 대답입니다. 그들은 무죄했습니다. 그들은 법을 어긴 적도 없었고, 비난 들을 일을 한 적도 없었습니다. 사도들은 주님과 똑같은 대접을 받았습니다. 주님은 이런 일이 있을 것을 이미 예고하셨습니다. 그는 인간의 본질을 이해하고 계셨습니다. 전부 알고 계셨습니다. 원수들은 그를 고소하려고 안간힘을 썼지만, 고소할 거리가 없었습니다. 그런데도 그들은 주님을 죽여 버렸습니다. 이것이 과연 합리적인 태도입니까? 차분하고 냉정하며 논리적으로 대처하는 태도입니까? 여러분은 그렇다고 말할 수 없을 것입니다. 그렇다면 우리 자신을 살펴봅시다. 제가 지적한 사항들을 자기 자신에게도 물어 보십시오. '나는 왜 복음을 거부하는가? 나는 산헤드린 공회원들과 똑같은 사람은 아닌가?'

그러고 나서 이 1세기 재판의 또 다른 측면을 살펴보시기 바랍니다. 사도들에 대한 기소 내용도 없고, 투옥이나 매질이나 사형계획의 정당성을 설명하는 말도 없습니다. 사도들의 메시지를 보십시오. 그들은 말했습니다. "너희가 나무에 달아 죽인 예수를 우리 조상의 하나님이 살리시고 이스라엘에게 회개함과 죄사함을 주시려고 그를 오른손으로 높이사 임금과 구주로 삼으셨느니라." 사도들은 백성들이 하나님과 화목하게 될 수 있으며, 과거의 모든 죄를 씻고 새로운 삶을 시작할 수 있다고, 새 능력과 새 갈망과 새 희망을 가지고 살 수 있다고 말했습니다. 하나님이 친히 그들의 아버지가 되어 모든 필요를 채워 주실 것이라고 말했습니다. 그런데 그 메시지를 들은 공회원들은 사도들을 죽이기 위해 논의했습니다.

이 점에 대해 생각해 본 적이 있습니까? 오늘날 사람들은 왜 복음을 거부합니까? 복음에 잘못된 부분이 있어서입니까? 사람들은 복음을 비웃고 빈정거리며 조롱합니다. 미워하고 모욕합니다. 그 이유가 무엇입니까? 복음 메시지에 반대할 만한 내용이 있어서입니까? 제가 자주 했던 말을 다시 반복하겠습니다. 오늘날 세상 모든 사람이 십계명에 따라 살기만 한다면 세상은 이런 상태에 머물지 않을 것이 분명합니다. 오늘날 땅 위에 사는 모든 사람이 산상설교에 따라 살기만 한다면 우리가 지금 직면하고 있는 산업적·도덕적·사회적 문제들은 발생하지 않을 것입니다. 세상 어디에서도 전쟁이 일어나지 않을 것입니다. 모든 사람이 이렇게 살기만 한다면! 각 개인이 하나님의 자녀로서 그의 선물인 성령과 새 성품을 가지고 살기만 한다면, 세상은 변혁

될 것입니다. 그런데도 이런 복음을 거부하는 이유가 무엇입니까? 현대인은 이런 종류의 질문을 직시하지 않습니다.

저는 여러분의 이성을 사용하기를 촉구합니다. 복음이 여러분을 어디로 이끌어 갑니까? 실제로 여러분의 삶에 도움이 됩니까? 인생의 문제들을 이해하는 데 도움이 됩니까? 바르게 사는 데 도움이 됩니까? 이 모든 것을 제공하는 복음, 바로 이 사도들이 증언했기에 참된 것이 분명한 이 메시지에 반대하는 이유가 무엇입니까? 그것은 이성적인 태도가 아닙니다. 비이성적인 태도입니다. 불합리한 태도입니다.

이야기를 계속해 봅시다. 사도들은 체포되었습니다. 그러나 그들이 대체 무슨 짓을 했습니까? 그들이 한 일이라고는 날 때부터 걷지 못하던 사람을 고쳐 준 것밖에 없습니다. 모든 백성이 그 불쌍한 사람을 알고 있었습니다. 그는 마흔 살이었습니다. 사람들은 수년 동안 그를 성전 미문 앞에 메어다 주었고, 산헤드린 공회원들 역시 기도하러 성전에 들어갈 때마다 그 앞을 지나쳤습니다. 그런데 바로 그 사람이 공회원들 앞에 꼿꼿이 서서 하나님을 찬양하며 걷고 뛰는 것입니다. 이것은 구체적인 증거였습니다! 사도들은 바로 이런 일을 했습니다. 그런데도 산헤드린은 그들을 죽이려 했습니다. 이것이 과연 이성적인 태도입니까?

마찬가지로, 교회와 기독교 복음이 수세기에 걸쳐 어떤 영향과 효력을 끼쳤는지 보십시오. 저는 그에 관한 이야기를 몇 시간이라도 할 수 있습니다. 고트족과 반달족이 로마를 무너뜨렸을 때 남은 문명을 보존한 곳이 교회였다는 데 이제는 모든 사람이 동의하고 있습니다. 이른바 '암흑시대'에 유일한 빛이 흘러나온 곳도 교회였습니다. 또 종교개혁을 떠나서는 현대 유럽역사를 이해할 수 없습니다.

인류역사상 교회가 전파한 복음보다 더 큰 문명세력은 없었습니다. 구빈법이 언제 시작되었습니까? 정치인들의 생각이 채 미치기도 전에, 그것도 수세기 전에 교회가 먼저 빈민구제를 시작했습니다. 교육과 건강관리 부문도 마찬가지입니다. 런던에서 가장 오래된 병원인성 바솔로뮤 병원은 800년 전 한 수도사의 손에 세워졌습니다. 가장 크고 유익한 기관들은 다름 아닌 그리스도인들을 매개 삼아 등장했습니다. 기독교는 이런 것입니다.

그런데도 세상은 누구보다 그리스도인들을 멸절시키려 하며, 그들을 조롱하고 무시하는 것을 똑똑한 짓으로 여기고 있습니다. 이것이 과연 이성적인 태도입니까? 사람들은 하나님과 초자연적인 일은 더 이상 필요 없고, 의회의 법으로 모든 문제를 바로잡을 수 있다고 말합니다. 친애하는 여러분, 모든 문제는 사람들이 더 이상 생각하지 않는 데서 나옵니다. 그들은 코미디언들과 똑똑한 신문 칼럼니스트들의 판에 박힌 말들-경멸, 빈정거림, 교묘한 풍자-을 반복하고 있습니다. 스스로 생각하십시오. 사실을 충분히 숙지하십시오. 불신앙이 이성에 기초하고 있지 않다는 것을 곧 발견할 것입니다.

그리고 나서 산헤드린의 비이성이 최종적으로 어떻게 나타나는지 보시기 바랍니다. 그들은 사도들을 즉시 죽이고 싶어 했지만, 가말리엘은 신중할 것을 권했고 겉보기에는 그의 설득이 먹혀든 것 같았습니다. 그들은 사도들을 죽이지 않기로 결정했습니다. 그러나 가말리엘의 충고는 반만 수용되었습니다. 사도들을 죽이지는 않았지만 매질한 것입니다. 죽일 이유가 없는 만큼이나 때릴 이유 또한 없었는데도 말입니다. 이 역시 극심한 불합리성의 표징입니다.

다음 단계의 원리로 나아가 봅시다. 만약 불신앙이 현대지식의 결과물도 아니고 지적인 능력과도 상관없는 것이라면, 대체 그 원인은 어디에 있는 것일까요? 그에 대한 분명하고도 간단한 대답은, 불신앙은 언제나 마음의 문제, 감정의 문제라는 것입니다. 사람들은 언제나 도덕적인 문제 때문에 복음을 거부합니다. 바로 이 구절이 그 점을 알려 주고 있습니다. 성경은 "그들이 듣고 크게 노하여"라고 기록합니다. 그리스어로 "크게 노하여"는 아주 강력한 단어입니다. 그것은 그들이 조각조각 잘려 나갔다, 이를테면 그 마음이 두 조각 났다는 뜻입니다. 그들의 속이 심하게 부대껴서 내부의 분노가 솟구쳤습니다. 그들은 사도들을 죽이고 싶은 열망에 문자 그대로 거의 폭발할 지경이 되었습니다. 그것은 이성이 아니라 분노입니다. 광란 그 자체입니다.

산헤드린 공회원들과 사도행전 2장에 묘사된 사람들이 얼마나 다른지 보십시오. 2장에는 군중에게 설교하는 베드로의 모습과 함께 이런 말씀이 나옵니다. "그들이 이 말을 듣고 마음에 찔려 베드로와 다른 사도들에게 물어 이르되 형제들아, 우리가 어찌할꼬 하거늘"행 2:37. 마음이 찔리는 것과 갈가리 찢기는 것은 다릅니다. 마음이 찔리는 것은 좋은 현상입니다. 그것은 마음이 동요되면서 죄를 깨달았다는 뜻입니다. 진리를 보게 되었으며, 그 진리가 회개로 이끌고 있다는 뜻입니다. 그러나 마음이 갈가리 찢긴다는 것은 생각을 한쪽으로 몰고 가는 격렬하고 무감각하며 통렬한 분노에 사로잡힌다는 뜻입니다. 지금 이곳은 사람을 재판하는 법정입니다. 그러나 이 법정에는 이성이 존재하지 않습니다.

제가 이런 이야기를 하는 것은 아주 오래전에 있었던 옛 산헤드린에 관심이 있기 때문이 아니라, 이미 말씀드린 대로 이 일이 현대인의 모습을 아주 완벽하게 묘사해 주고 있기 때문입니다. 산헤드린은 왜 그토록 격노했습니까? 왜 사도들을 죽이고 싶을 만큼 큰 분노에 사로잡혔습니까? 첫째로, 양심의 문제에 부분적인 이유가 있었습니다. 종교 지도자들은 자신들이 주 예수 그리스도를 못박은 방식에 분명 불편함을 느끼고 있었습니다. 그래서 "너희가 너희 가르침을 예루살렘에 가득하게 하니 이 사람의 피를 우리에게로 돌리고자 함이로다"라고 말한 것입니다행 5:28. 그들은 자신들이 그를 못박았음을 알고 있었습니다. 그들은 예수를 거부했습니다. "그를 없이하소서"라고 외쳤습니다. 빌라도에게 그를 죽여 달라고 탄원했습니다. 빌라도는 그를 석방하고자 애썼지만 그들은 못박을 것을 고집했습니다요 19:15. 사도들이 상기시키고 있는 내용 그대로입니다. "너희가 나무에 달아 죽인 예수를 우리 조상의 하나님이 살리시고." 그런 일을 저지르고서도 편하게 살 수 있는 사람은 없습니다. 양심이 그들을 정죄했습니다. 양심이 괴로우면 언제나 쉽게 분노가 일어나는 법입니다. 그들은 불쾌했습니다. 자신들 앞에 그 불쾌한 일이 있었고, 그들은 그것을 치워 버리고 싶었습니다.

오, 사람들은 지적인 이유 때문에 복음에 맞서 싸우는 척 가장합니다. 그러나 거듭 말하는 바, 진짜 이유는 대개 양심의 영역에 있습니다. 우리는 자신의 잘못을 덮어 버리려 합니다. 이 메시지가 절대 옳다는 소리가 속에서 들리지만, 그 말을 듣고 싶어 하지 않습니다. 우리는 어둠을 더 좋아합니다. 주님이 말씀하신 대로입니다. "그 정죄는 이것이니 곧 빛이 세상에 왔으되 사람들이 자기 행위가 악하므로 빛보다 어둠을 더 사랑한 것이니라"요 3:19. 그래서 우리는 양심과 싸웁니다. 다소의 사울이 그러했듯이, 마음의 찔림에 저항합니다행 9:5. 이것이 작금의 전반적인 문제 아닙니까?

복음은 하나님의 법에 순종하는 삶을 가르치지만, 자연인은 그 법을 좋아하지 않는다는 데 어려움이 있습니다. 사람들은 정절을 지키는 쪽보다 방탕한 쪽을 더 좋아합니다. 사람들은 혼전 성관계를 원하는데 복음은 "안된다"고 금하며, 십계명은 "간음하지 말라"고 명합니다.

사람들은 "하지만 난 원한다"고 말합니다. 그래서 복음을 미워하는 것입니다. 제가 지금까지 보여드렸듯이 이것은 이성적인 태도가 아닙니다. 복음은 사람들의 마음을 어지럽히며 양심은 그 증인의 역할을 합니다. 그래서 사람들은 양심에 맞서 싸웁니다. 이것은 견디기 힘든 상태입니다. 그래서 사람들은 격분합니다.

또 다른 요인이 있습니다. 산헤드린은 사도들을 "학문 없는 범인"으로 여겼습니다. 그런데도 사도들의 연설이 대중의 큰 호응을 얻는 것을 보았습니다. 이것이 그들을 격분시켰습니다. 그들은 생각했습니다. '이자들이 대체 뭔데? 이자들이 대체 뭘 안다고? 이들은 남을 가르친 적도 없고 남에게 배운 적도 없어. 하지만 우리는 선생이요 산헤드린 공회원이라고.' 이처럼 산헤드린의 반응에는 자부심의 요소가 끼어들었습니다. 이 자부심 역시 불신앙의 일부 원인이 됩니다. 복음이 설사 2천 년 전에는 진리였다 해도 20세기에도 적합한 진리일 수는 없다고 말하게 만드는 무언가가 사람들 속에 있습니다. 이런 생각

역시 태어날 때부터 우리를 지배하는 편견의 하나입니다. 우리는 20세기에 살고 있기 때문에 필연적으로 우월한 위치를 점한 것이며, 따라서 이런 우리에게 1세기 사람들이 믿었던 복음을 들이미는 것은 모욕이라고 말합니다.

이런 종류의 자부심에 대해 우리 모두 아는 바가 있지 않습니까? 어떻게 평생 책 한 권 안 읽어 본 사람에게 적합한 복음이 위대한 철학자에게도 똑같이 적합할 수 있습니까? 그것은 부당한 일 아닙니까? 선생을 자처하는 이 사도들이 대체 누구입니까? 어떻게 과거에 살았던 이 평범한 그리스도인들이 우리 같은 20세기 사람들을 가르칠 수 있다는 말입니까? 참으로 어처구니없는 일입니다! 그러나 이런 것은 합리적인 반응이 아닙니다. 가르침이 얼마나 오래되었느냐가 뭐가 중요합니까? 중요한 것은 가르침의 연수가 아니라 가르침의 특징과 질입니다. 그러나 편견에 사로잡힌 사람들은 거기에서 생각을 멈추지 않습니다. 그들은 자부심에 차서 말합니다. "그러니까 당신은 지금 이 순간 세상 어딘가에 살고 있을 대부분의 무지한 사람들을 구원해 줄 종교를, 이렇게 뛰어난 두뇌와 지식과 지각을 갖춘 나에게 믿으라는 겁니까?"

복음은 우리를 겸손하게 만듭니다. 우리의 자부심에 상처를 입힙니다. 복음을 이해할 수 없다는 것을 깨달은 사람은 설상가상으로 아예 이해 자체가 불가능하다는 사실까지 깨닫게 됩니다. 우리는 말합니다. "복음이란 무엇일까? 어떻게 이 무지한 사람들이 이런 말을 할 수 있었을까? 어떻게 이런 기적을 행할 수 있었을까? 도무지 이해할 수가 없다!" 우리는 원자와 다른 모든 과학의 경이에 대해서는 어느 정도 이해하고 있다고 생각합니다. 그러나 여기 이해할 수 없는 무언가가 있습니다. 그래서 우리는 초자연적인 일 같은 것은 일어날 수 없다고 주장합니다. 우리는 그것을 따라갈 수 없기 때문에 무시해 버립니다. 거듭 말하지만, 이런 것은 이성적인 태도가 아니라 순전히 감정적인 태도입니다.

이제 우리는 문제의 가장 큰 근원에 이르렀습니다. 그것은 복음이 언제나 우리 자신에 대한 진리를 말해 준다는 것입니다. 복음 외에 그 어떤 것도 이런 일을 해주지 않습니다. 복음은 우리가 다 죄인이며, 두뇌와 지식으로는 그 사실을 조금도 바꿀 수 없다고 말합니다. 위대한 천재일수록 여느 사람들보다 도덕적으로 큰 실패를 경험합니다. 무식한 사람들만 취하는 것이 아닙니다. 위대한 교양을 갖춘 이들 중에도 알코올 중독자가 있습니다. 다른 모든 메시지는 우리의 지식과 두뇌와 지각을 칭송합니다. 오직 이 메시지만이 정직하게 다가와 "너는 다른 모든 사람들과 다를 바 없는 죄인"이라고 말해 줍니다. 복음은 말합니다. "모든 사람이 죄를 범하였으매 하나님의 영광에 이르지 못하더니"롬 3:23. "의인은 없나니 하나도 없으며"롬 3:10. 모든 사람이 실패했습니다. 모든 사람이 눈멀어 있으며, "허물과 죄로 죽"어 있습니다엡 2:1.

더 나아가 복음은 우리 스스로 여기에서 해방되기란 불가능하다고 말합니다. 이것도 물론 자신감 넘치는 현대인들에게는 끔찍한 모욕입니다. 우리가 하지 못할 일이 무엇이 있습니까? 지금 하고 있는 일들을 보십시오. 지금 가지고 있는 지식을 보십시오. 심리학, 사회학, 철학의 원리들을 적용한다면 확실히 우리 자신과 세상을 바로잡을 수 있지 않겠습니까? 그러나 복음은 그럴 수 없다는 말로 시작됩니다. 이제껏 살았던 사람들이 무력했던 것처럼, 20세기에 사는 우리들도 무력합니다. 우리는 도덕적이고 영적인 의미에서 우리 자신을 회복시킬 수 없습니다.

그러므로 복음은 우리 모두 길을 잃었고, 무력하고 절망적인 상태에 있으며, 절대 스스로 구원할 수 없다는 결론을 내립니다. 선지자들은 우리를 구원하지 못했습니다. 모든 위대한 사상가들과 스승들도 우리를 구원하는 데 실패했습니다. 세상이 너무 부패했기 때문에 하나님은 우리를 구원하기 위해 하늘에서 독생자를 보내셨습니다. 그러나 아들의 말씀대로 세상은 그를 미워했습니다. 그는 제자들에게 "세상이 너희를 미워하면 너희보다 먼저 나를 미워한 줄을 알라"고 하셨습니다요 15:18. 왜 세상이 그를 미워했습니까? 하나님의 아들이 세상에 계시다는 것 자체가 세상에 정죄가 되었기 때문입니다. 주님의 존재 자체가 사람은 스스로 구원할 수 없다는 선언이 됩니다.

복음은 연이어 그리스도조차 우리를 구원하고 해방하기 전에 죽으셔야 했다고 말하는데, 사람들은 그 때문에 복음을 더 거슬리고 불쾌하게 생각합니다. 십자가의 거슬림! "십자가의 도가 멸망하는 자들에게는 미련한 것이요……유대인에게는 거리끼는 것이요 이방인에게는 미련한 것이로되"고전 1:18, 23. 그리스도는 십자가에 못박히셨습니다. 이것이 산헤드린이 증오를 품은 원인이었고, 오늘날에도 여전히 증오의 원인이 되고 있습니다.

예수 그리스도가 인간에 불과했다면 아무도 그를 미워하지 않았을 것입니다. 위대한 스승이나 도덕적 본보기에 불과했다면 아무도 반대하지 않았을 것입니다. 그러나 그는 하나님의 아들이십니다. 왜 그가 꼭 오셔야 했습니까? 왜 죽으셔야 했습니까? 그 이유가 여기 있습니다. 그는 여러분이 개선될 수 없으며 아예 다시 만들어져야 한다고, "거듭나야 하겠다"고 말씀하십니다요 3:7. 여러분은 근본부터 다시 태어나야 합니다. 여러분에게는 새로운 본성, 새로운 출발이 필요합니다. 그 말을 들은 사람들은 말합니다. "정말 화나는 소리로군. 우리는 그 말에 따를 수 없어. 이 사람들을-그리스도든 그를 따르는 자들이든-없애 버리자. 이런 자들은 근절시켜야 해. 그들을 없애 버려! 죽여 버려!" 산헤드린이 복음을 거부한 이유가 여기 있으며, 사람들이 지금도 여전히 복음을 거부하는 이유가 여기 있습니다.

다시 한번 묻겠습니다. 여러분은 왜 복음에 반대합니까? 조용히, 합리적으로 생각해 보십시오. 복음에 무슨 문제라도 있기 때문입니까? 복음이 어떤 것인지 제가 지금까지 말씀드리지 않았습니까? 1세기 사람들에게 통했던 복음을 20세기에 사는 여러분에게 제시한다는 데 모욕감을 느끼고 있지 않습니까? 여러분의 내적 본성이 너무나 부패해 있기 때문에 아무것도 여러분을 구원할 수 없고, 오로지 새로운 본성을 얻어야 한다는 말에 모욕감을 느끼고 있지 않습니까? 인간이 그토록 무력하게 죄와 악에 잡혀 있기 때문에 인간을 해방하기 위해 하나님의 아들이 하늘에서 내려와 십자가에서 죽어야 했고 다시 살아나야 했다는 것을 현대인에 대한 모욕으로 생각하고 있지 않습니까? 그렇지 않습니까? 복음은 여러분의 자부심을 건드립니다.

다음으로 이 본문에 아주 명백히 드러나는 마지막 원리를 살펴봅시다. 불신앙은 항상 하나님을 대적합니다. 산헤드린 공회원들은 사실상 사도들을 대적한 것이 아니라 하나님을 대적한 것입니다. 가말리엘은 이 점을 감지했기 때문에 다음과 같이 말했습니다. "이 사람들을 상관하지 말고 버려두라. 이 사상과 이 소행이 사람으로부터 났으면 무너질 것이요 만일 하나님께로부터 났으면 너희가 그들을 무너뜨릴 수 없겠고 도리어 하나님을 대적하는 자가 될까 하노라."

불신앙의 가장 소름끼치고 무서운 측면은, 그것이 하나님을 향한 증오에 기초하고 있다는 점입니다. 신약성경에는 그 결과에 대한 진술이 많이 나옵니다. "육신의[천성적인] 생각은 하나님과 원수가 되나니 이는 하나님의 법에 굴복하지 아니할 뿐 아니라 할 수도 없음이라"롬 8:7. "육에 속한 사람은 하나님의 성령의 일들을 받지 아니하나니 이는 그것들이 그에게는 어리석게 보임이요, 또 그는 그것들을 알 수도 없나니 그러한 일은 영적으로 분별되기 때문이라"고전 2:14. 불신앙은 얼마나 무서운 것입니까!

처음에 지적한 대로, 인간은 하나님께 반역한 상태에 있습니다. "그 정죄는 이것이니 곧 빛이 세상에 왔으되"-그리스도 안에서-"사람들이 자기 행위가 악하므로 빛보다 어둠을 더 사랑한 것이니라"요 3:19. 이것이 불신앙의 심연입니다. 세상은 하나님이 미워서 그 아들을 거부했습니다. 세상은 하나님께 반역했을 뿐 아니라 하나님을 향한 악의와 적대감으로 가득 차 있습니다. 거룩하신 하나님을 증오하는 것입니다! 사람들이 왜 십계명을 미워합니까? 이른바 '복음의 편협함'을 조롱합니까? 이 '편협함'이야말로 결혼서약을 지키게 하고 정결과 순결을 보전하게 하며 도둑질과 강도질과 폭력과 악의와 증오와 원한을 삼가게 하는 것인데도, 사람들은 그것을 미워하고 있습니다. 이 얼마나 무서운 상태입니까!

가말리엘의 지적처럼, 불신앙은 사람들을 하나님과 싸우게 만든다는 점에서 무섭습니다. 가말리엘은 말했습니다. "여러분이 무슨 짓을 하고 있는지 주의해서 보십시오. 잘못하면 하나님과 싸우게 될 수도 있습니다. 이 일이 하나님께로서 나왔다면 결코 막지 못할 것입니다."

복음을 거부하는 사람은 저와 싸우는 것도 아니고 교회와 싸우는 것도 아닙니다. 궁극적으로 하나님과 싸우는 것입니다. 그의 "거룩한 종 예수"를 일으키신 분은 하나님입니다행 4:27. 자신의 아들을 세상에 보내신 분은 하나님입니다. 우리는 이 증오에서 불신앙의 최종적인 어리석음을 보게 됩니다. 산헤드린과 그 구성원들의 맹목성이 보입니까? 왜 그들은 사실을 직시하지 않았을까요? 왜 자신들의 그 뛰어난 머리를 쓰지 않았을까요? 왜 스스로에게 "우리는 이들이 학문 없는 범인이라는 걸 안다. 그런데 어떻게 이런 행동을 할 수 있을까"라고 묻지 않았을까요? 그들은 격정과 분노에 사로잡힌 나머지 그런 지적인 질문을 던지지 못했습니다. 그런 질문을 던졌다면 그 답이 하나밖에 없음을, 즉 산헤드린이 죽인 예수가 부활하고 승천하여 사도들을 지휘하고 있음을 깨달았을 텐데 말입니다. 예수께서 성령을 보내셨고, 그의 능력이 사도들을 통해 역사하고 있었습니다. 만약 산헤드린이 이런 식의 추론을 했다면, 자신들이 사람과 싸우고 있는 것이 아니라 하나님과 싸우고 있음을 금세 알아챘을 것입니다.

가말리엘이 아주 정확하게 주장한 대로, 만약 복음이 사람에게서 나왔다면 얼마 가지 않아 사라졌을 것입니다. 그러나 복음은 지금까지 존재하고 있습니다. 복음은 여전히 "구원을 주시는 하나님의 능력"입니다롬 1:16. 이것이 수세기 동안 지속되어 온 교회역사를 설명할 유일한 방법입니다. 거듭 말하지만, 복음을 거부하는 사람은 날 때부터 걷지 못하던 사람을 온전하게 하실 수 있는 하나님, 죽음과 무덤을 정복하실 수 있는 하나님과 맞서 싸우는 것입니다. 하나님의 전능하신 능력에 대항하는 것입니다.

오, 산헤드린의 무모함과 어리석음이여. 그들은 증인들을 침묵시키기 위해 하나님께 저항했습니다. 우주의 심판자에 맞서 싸웠습니다. 그것은 완전히 불합리한 일이었습니다. 죄의 맹목성에서 비롯된 일이었습니다. 인간이 이 세상의 신 때문에 하늘에 계신 하나님의 영광을 보지 못한 데서 비롯된 일이었습니다. 다시 한번 말하건대, 우리는 1세기에 일어난 이 일을 단순히 옛날이야기로 회고하며 즐길 수 없습니다. 우리는 여전히 같은 세상에 살고 있으며, 같은 문제를 안고 있고, 같은 하나님을 대면하고 있기 때문입니다. 구원의 길은 지금도 하나뿐입니다. 그 길은 "예수 그리스도와 그가 십자가에 못박히신 것" 안에 있습니다.^{고전 2:2}.

그러므로 산헤드린 공회원들에게서 교훈을 배우십시오. 불신앙의 진정한 본질을 보고 돌이키십시오. 하나님의 자비와 긍휼을 구하십시오. 그러면 구한 그것을 얻을 것입니다.

13

가말리엘

바리새인 가말리엘은 율법교사로 모든 백성에게 존경을 받는 자라. 공회 중에 일어나 명하여 사도들을 잠깐 밖에 나가게 하고.

사도행전 5:34

이제 저는 예루살렘 대공회 산헤드린의 구성원이었던 가말리엘의 사례를 함께 살펴보려 합니다. 가말리엘을 살펴보려면 지금까지 일어났던 일들을 상기하는 일이 중요한데, 그렇게 하지 않으면 가말리엘 자신이나 가말리엘이 말하고 제안했던 내용에 제대로 접근할 수가 없기 때문입니다.

사도들은 침묵하기를 거절한 탓에 산헤드린 앞에서 재판을 받았습니다. 베드로는 변론을 시작할 때에도, 끝낼 때에도 순종의 필요성을 역설했습니다. "사람보다 하나님께 순종하는 것이 마땅하니라.……우리는 이 일에 증인이요 하나님이 자기에게 순종하는 사람들에게 주신 성령도 그러하니라." 우리는 산헤드린 대다수가 베드로의 말에 어떻게 반응했는지 살펴보았습니다. "그들이 듣고 크게 노하여 사도들을 없이하고자 할새." 아마 가말리엘의 충고가 없었더라면, 불신앙의 폭력성에 휘둘려 사도들을 정말 없애 버렸을 것입니다.

⓭ 가말리엘

성경 전체를 읽고 성경이 말하는 모든 내용에 주의를 기울이는 일이 얼마나 중요한지 다시 한번 강조해야겠습니다. 성경은 하나님의 진리만 설명하지 않습니다. 사람들이 진리를 받아들이지 않는 이유에 대해서도 많은 이야기를 해줍니다. 가끔은 불신앙을 명쾌하게 분석하여 분명하고 명백하게 밝혀 주기도 합니다. 예컨대 성경은 이렇게 말합니다. "육신의 생각은 하나님과 원수가 되나니"롬 8:7. 이것은 교훈적인 가르침입니다. 그러나 어떤 이야기를 들려주거나 역사적인 사건을 보고함으로써 불신앙의 실체를 보여줄 때도 있습니다. 우리는 모두 생생한 이야기를 들을 때 도움을 받습니다. 그렇기 때문에 항상 성경 전체를 읽어야 하는 것입니다. 성경에 나오는 역사는 직접적인 가르침 못지않게 중요합니다. 역사에도 가르침이 담겨 있으며, 때로는 직접적인 교훈보다 개인의 삶에 구현된 가르침이 더 큰 영향력을 발휘하기 때문입니다.

실례의 중요성은 우리가 지금 공부하고 있는 본문만 보아도 분명히 알 수 있습니다. 우리는 가끔씩 불신앙의 형태는 하나뿐이며, 사람들은 항상 같은 방식으로 복음을 거부한다고 생각하는 경향이 있습니다. 그러나 그렇지 않습니다. 그러기에는 마귀가 너무 영리하고 교묘합니다. 그렇습니다. 마귀는 다양한 방법을 동원하기 때문에 도대체 마귀가 무슨 짓을 하고 있으며 어떻게 우리를 속이고 있는지 알아채지 못할 때가 종종 있습니다. 그래서 성경에 나타나는 불신앙의 예를 전부 살펴보는 일이 중요한 것입니다. 그럼으로써 우리는 불신앙의 진정한 특질을 알게 되며, 흔히 불신앙이 취하는 여러 가지 외양과 형태를 알게 됩니다.

지난번에는 산헤드린 공회원 대다수의 격렬한 증오와 악의와 격노가 노골적으로 드러난 사례를 살펴보았는데, 그다음 단계로 관찰할 인물은 가말리엘입니다. 그는 동료들과 완전히 달라 보이지 않습니까? 실제로 가말리엘을 아주 좋게 생각하는 이들이 많다는 사실에는 의심의 여지가 없습니다. 가말리엘은 훌륭한 기독교 정신을 보여주었으니 분명히 그리스도인이 분명하다고 확신하는 이들이 많습니다. 그러나 가말리엘에게 나타나는 것은 여전히 똑같은 불신앙의 영-훨씬 교묘한 형태를 띠고 있기는 하지만-입니다. 저는 그 점을 여러분에게 보여드리고자 합니다. 이런 식으로 위장된 불신앙은 훨씬 더 알아보기가 어렵다는 점을 생각할 때, 이런 기록을 우리에게 주신 하나님께 마땅히 감사드려야 할 것입니다.

우리는 '관용의 시대', '계몽의 시대'를 자처하며 그것을 자랑하고 싶어 하는 시대에 살고 있습니다. 그러나 그것은 사실 자랑거리가 아니라 우리 시대의 큰 문젯거리입니다. 지금은 '모두가 그리스도인이며, 특히나 이성적인 사람은 누구나 그리스도인'이라는 말까지 들리는 지경입니다. 편견 없이 볼 때 관용의 정신이야말로 기독교의 핵심적인 본질이요 표지라는 말도 나오고 있습니다. 그래서 자기가 무엇을 믿는지도 알고 성경을 토대로 확실한 신앙고백을 하고 있으면서도, 자신은 그리 관용적이지 않기 때문에 그리스도인이 아니라고 말하는 이들이 그토록 많은 것입니다. 이런 시대에는 가말리엘의 사례를 살펴보는 일이 특히 더 중요하다고 생각합니다.

이제 이 인물을 살펴봅시다. 그에게서 교훈을 배워 봅시다. 시대가 워낙 절망적이고 상황이 심각하니 만큼, 단순히 옛 역사 탐구에 빠져들 수는 없습니다. 아무리 그 일이 재미있다고 해도 말입니다. 사람들이 그런 것을 좋아한다는 것은 저도 압니다. 여러분이 영화관이나 텔레비전에서 보고 싶어 하는 것도 그런 것 아닙니까? 사람들은 역사에 나오는 극적인 이야기나 인물 앞에 감동과 흥분을 느낍니다. 그러나 그것은 실제가 아니라 연기이며, 따라서 아무것도 아닙니다. 한 프로그램이 시작되고 끝납니다. 그리고 다음 프로그램이 시작되면서 이전 프로그램은 잊힙니다. 그런 놀이에 빠져들 기력이 제게는 없다는 것, 또 그러기에는 시대 상황이 너무나 심각하다는 것을 하나님은 아십니다.

제가 가말리엘에게 여러분의 주의를 집중시키는 이유는 그가 불신앙의 그림을 보여주기 때문이며, 그것이 우리에게 무서운 경고가 되기 때문입니다. 우리가 지금 다루는 것은 지금 이 세상에서의 지위뿐 아니라 사후에 영원토록 지속될 지위까지 좌우하는 문제입니다. 불신앙은 세상에서 가장 긴급하고도 중요한 주제입니다.

그렇다면 우리가 이 말씀에서 발견하는 내용은 무엇입니까? 자, 가말리엘의 좋은 점부터 살펴봅시다. 그에게는 분명히 좋은 점들이 있고, 성경기록도 그중에 몇 가지를 짚어 주고 있습니다. "바리새인 가말리엘은 율법교사로 모든 백성에게 존경을 받는 자라." 다시 말해서 우리가 지금 위대한 인물을 다루고 있다는 점에는 의문의 여지가 없습니다. 세상에는 위대한 인물들이 있게 마련입니다. 게다가 가말리엘은 학식까지 뛰어났습니다. 그는 "율법교사"였습니다. 그는 사도 바울이라는 또 다른 뛰어난 천재를 가르쳤습니다. 바울도 그에 대해 언급한 적이 있습니다. "이 성에서 자라 가말리엘의 문하에서 우리 조상들의 율법의 엄한 교훈을 받았고"행 22:3.

가말리엘은 유대인들의 위대한 스승 중 한 사람으로서, "모든 백성에게 존경을 받는 자"라는 성경구절처럼 당시에 큰 존경을 받았습니다. 산헤드린의 동료들도 그를 몹시 존경했습니다. 그 점은 공회원들이 기꺼이 그의 말을 경청한 데 잘 드러나고 있습니다.

그뿐 아니라 가말리엘의 처신은 그가 침착한 기질의 소유자이자 냉정하고 합리적인 사람이었음을 보여줍니다. 이미 설명한 대로, 다른 공회원들은 "크게 노하여" 폭력성을 드러냈습니다. 말하자면 분노와 격정으로 속이 터져 버렸던 것입니다. 그러나 가말리엘은 그 흥분의 도가니 속에서도 침착성을 유지할 만큼 절제력이 있었습니다. 이것은 고상하고 훌륭한 자질입니다. 군중은 항상 격정에 휘말리기 쉽고, 그러면 폭력행사로 큰 피해가 생기게 마련입니다. 그렇기 때문에 침착하고 냉정하며 차분한 사람의 존재가 사회에 그토록 소중한 것입니다.

좀더 자세히 살펴봅시다. 이 사람은 분명히 아주 탁월한 시각을 가지고 있었습니다. 그는 폭력에 반대했습니다. 격정과 증오를 싫어했습니다. 사람들이 통제되지 않고 폭력적인 감정에 휘둘리는 것을 싫어했습니다. 그뿐 아니라 그는 법을 준수하는 균형 잡힌 정신의 소유자로서, 정의와 공명정대함을 믿었습니다. 가말리엘은 어찌 되었든 사도들이 죽임을 당할 만큼의 죄를 짓지 않았다는 것을 알았습니다. 동료 공회원들은 그들을 죽이고 싶어 했지만, 가말리엘은 사형을 언도할 법적 근거가 없음을 아주 잘 알았습니다.

이런 것들은 전부 탁월한 미덕입니다. 이런 자질을 갖춘 사람들만 좀더 있어도, 세상은 좀더 나은 곳이 되지 않을까요? 세상의 많은 문제들을 일으키는 사람들은 격정에 휩싸여 생각하지 않고 행동하는 자들입니다. 전쟁도 그래서 일어나는 것입니다. 야고보가 말한 대로입니다. "너희 중에 싸움이 어디로부터 다툼이 어디로부터 나느냐. 너희 지체 중에서 싸우는 정욕으로부터 나는 것이 아니냐"약 4:1.

그런데 이 사람은 공명정대함과 정의를 믿었기 때문에 이런 종류의 폭력적인 행위를 용인할 수 없었습니다. 그래서 더 나은 방법을 제시했습니다. 그 이유가 무엇일까요? 자, 가말리엘이 사도들에게서 무언가 올바른 것을 보았다는 데에는 의심의 여지가 없습니다. 그는 다음과 같은 말로 그 점을 분명히 밝혔습니다. "이제 내가 너희에게 말하노니 이 사람들을 상관하지 말고 버려두라. 이 사상과 이 소행이 사람으로부터 났으면 무너질 것이요 만일 하나님께로부터 났으면 너희가 그들을 무너뜨릴 수 없겠고 도리어 하나님을 대적하는 자가 될까 하노라."

그러나 다른 공회원들은 사도들에게서 좋은 점을 하나도 찾지 못했습니다. 그래서 이 상황을 전면적으로 종결지어야 하며, 사도들을 죽여야 한다고 생각했습니다. 가말리엘은 "아니, 그러면 안됩니다"라고 말렸습니다. "조심하십시오. 여기에는 여러분이 미처 보지 못한 무언가가 있습니다." 물론 가말리엘도 지금 눈앞에 일어난 현상, 곧 사도들과 사도들의 설교와 특히 치유받은 장본인이 바로 앞에 서 있다는 엄연한 사실-지금까지 제가 계속 지적해 온 사실-이 빚어낸 현상을 이해하지 못했고, 설명할 수도 없었습니다. 그러나 어찌 되었든지 그의 눈은 이 일에 열려 있었습니다. 그래서 신중하고도 조심스럽게 '이 일이 하나님께로서 났을 수도 있다'고 생각했습니다.

그러나 다른 사람들은 편견에 눈이 먼 나머지 앉은뱅이의 존재조차 잊고 말았습니다. 그들은 그의 존재를 무시했습니다. 오로지 자신들이 보고 싶은 것만 보았습니다. "황달 걸린 사람의 눈에는 모든 것이 노랗게 보이는" 법입니다. 무언가를 극도로 미워하면 좋은 점은 하나도 눈에 띄지 않고, 뻔한 사실조차 눈에 들어오지 않습니다.

물론 가말리엘은 우리 주와 구주되신 분에 대한 사실들도 잘 알고 있었습니다. 그는 예루살렘에 사는 저명한 인물로서, 나사렛 예수에 대한 보고를 전부 들어서 알고 있었고 3년간 일어난 일들도 다 알고 있었습니다. 예수를 믿지는 않았지만, 그의 죽음에 대해 알고 있었으며 부활의 이야기도 전해 들었습니다. 오순절 날 일어난 현상과 사도들이 일으킨 기적에 대한 소문도 들었습니다. 그 결과, 여기에 단순히 무시하고 넘어갈 수 없는 무언가가 있다는 느낌을 갖게 된 것입니다.

이것은 좋은 일입니다. 오늘날 기독교에 대해 아무것도 모르면서 통째로 거부하려 드는 사람들이 너무나 많습니다. 그런 사람들을 불러 세워 물어보십시오. 다음번에 누군가 다가와 "기독교에는 아무것도 없어요. 다 쓰고 버린 쓰레기들만 가득하지요"라고 말하거든 이렇게 물어보십시오. "그렇다면 기독교가 정확히 어떤 것이라고 생각하십니까?" 그러면 기독교에 대해 어렴풋한 개념조차 없고, 성경도 읽어 본 적이 없으며, 교회사에 대해서도 아는 바가 없음을 발견할 것입니다. 그것은 지적이지도, 합리적이지도 않은 태도입니다.

그러나 가말리엘은 지적이면서도 합리적인 사람이었기 때문에 동료들에게 신중하라고 경고했습니다. 이 또한 훌륭한 특질입니다. 복음을 통째로 무시하면서 "난 그런 헛소리는 듣고 싶지 않아. 과학에 대해 조금이라도 아는 사람이라면 그런 걸 믿을 수가 없지"라고 말하는 사람보다는 복음의 주장을 기꺼이 들을 마음이 있는 사람, 복음에 기회를 주려는 마음이 있는 사람이 훨씬 낫습니다. 가말리엘은 과연 존경받을 만한 인물입니다! 마음이 열린 사람은 마땅히 존경받아야 합니다.

그뿐만이 아닙니다. 가말리엘은 분명히 하나님을 두려워했습니다. 그는 하나님을 믿었고, 그분을 대적하게 될까 봐 두려워했습니다. 그의 경고는 공명정대하게 처신하거나 무언가를 듣고 탐구하려는 열망 그 이상의 마음에서 나온 것이었습니다. 그의 경고에는 일종의 경외감이 담겨 있었습니다. 이것은 놀라운 일입니다. 지금 이 세상에서도 그 같은 경외감을 좀더 찾아볼 수 있다면 얼마나 좋겠습니까! 사람들이 하나님에 대해 어떤 식으로 말하는지 들어 보십시오! 그 말의 진정한 의미를 안다면 하나님의 이름을 그렇게 함부로 사용하지 못할 것입니다. 예전이나 지금이나 유대인들은 여호와나 야훼라는 이름 자체를 입에 올리지 않습니다. 그들은 그 이름 부르기를 두려워합니다. 유대인들은 하나님의 거룩함과 성스러움, 위대함, 영광, 능력, 위엄을 인식하고 있었습니다. 그리고 가말리엘도 그러한 두려움을 어느 정도 알고 있었습니다.

오, 과거에 종교를 놓고 얼마나 경박하게 논쟁했는지요! 저도 한때 그랬음을 하나님은 아십니다. 오직 하나님의 용서 덕분에 저는 그 잘못된 길에서 돌이킬 수 있었습니다. 감히 하나님에 대해 떠들다니! 논쟁하다니! 사람들은 흔히 "하나님은 이렇게 하셔야만 해! 하나님이 대체 왜 저런 일을 하시는 거지?"라는 식으로 말하지만, 가말리엘은 그렇게 하지 않았습니다. 그는 말했습니다. "조심하십시오. 잘못하면 하나님을 대적하게 될 수도 있습니다."

다 좋습니다. 사람은 누구나 잘못을 저지를 수 있고 혼동을 겪을 수 있습니다. 그러나 누군가 경외하는 정신과 두려워하는 마음을 조금이라도 가지고 있다면, "이것은 우리가 잘 모르는 영역"임을 인정할 만큼 겸손한 마음을 가지고 있다면, 그는 훌륭한 사람임이 틀림없습니다. 사람은 많이 알수록 겸손해지는 법입니다. 1학년은 모든 것을 아는 체합니다. 그러나 졸업반에 올라가 마지막 시험을 본 사람은, 자신이 그리 많이 알지 못한다는 사실을 깨닫게 됩니다. 제대로 공부할수록 신중해지게 마련입니다.

이런 것들은 모두 뛰어난 자질입니다. 그런 자질이 있었기 때문에 가말리엘은 사도들과 그들이 대변하는 메시지에 기회를 주라고 호소했습니다. 논의를 더 진전시키기 전에 한 가지 질문을 드릴까요? 여러분은 가말리엘의 수준에 이르렀습니까? 여러분이 이 일들을 살펴보는 것은 무시하고 비난하기 위해서입니까, 진심으로 듣고 배우고 싶어서입니까? 여러분의 마음은 열려 있습니까? 우리가 다루고 있는 이것이 단지 여러분에게만 관련된 문제가 아니라 하나님께도 관련된 문제임을 알겠습니까? 복음 듣는 일의 심각성을 아시겠습니까? 모든 것이 여기 달려 있음을 알겠습니까? 그 엄청난 가능성을 알겠습니까? 하나님과 싸우게 될까 봐 두려워한 적이 있습니까? 아니면 현대지식과 '최신 정보'에 대해 이야기하면서 자신감에 넘쳐 심드렁하게 지나쳐 왔습니까? 이것은 아주 중대한 문제입니다.

오, 여기까지만 이야기하고 끝낼 수 있다면! 많은 이들은 가말리엘의 선하고 고상한 특징에 비추어 볼 때 그는 그리스도인이 분명하다고 말합니다. 그들은 이런 것-관용, 열린 자세, 다른 사람과 다른 관점이 지닌 좋은 점을 기꺼이 찾아보려는 자세, 항상 정죄할 준비가 되어 있는 난폭한 이들에 맞서서 상대방을 옹호해 주는 결단성-이야말로 우리가 찾는 자질이라고 말합니다. 이것이야말로 기독교 정신 그 자체라고 말합니다. 이런 생각을 가진 이들이 볼 때 가말리엘은 가장 고상한 그리스도인이 분명합니다.

그러나 저는 이 성경기록을 통해 가말리엘 역시 다른 산헤드린 공회원들만큼이나 그리스도인이 아니라는 사실, 그들과 다름없는 불신자라는 사실, 그와 동석하고 있는 난폭한 동료들처럼 복음을 거부하는 죄를 범했다는 사실을 밝히고자 합니다. 어떻게 이런 일이 가능할까요? 그 증거를 보여드리겠습니다. 저의 관심이 가말리엘을 정죄하는 데 있지 않음을 하나님은 아십니다. 제가 이 자리에 선 것은 가말리엘에게 배우기 위해서입니다. 거듭 말하지만, 저는 진리보다 관용을 숭배하는 이 느슨하고 안이한 시대에 특별히 무서운 경고가 되는 내용을 그에게서 발견합니다.

우리가 배울 교훈이 무엇입니까? 자, 우리는 여기에서 단순히 좋은 사람과 영적인 특질을 가진 사람의 차이, 단순히 종교적인 사람과 그리스도인의 차이-이 차이는 매우 중요합니다-를 확실히 보게 됩니다. 가말리엘은 좋은 사람이었고, 도덕적인 사람이었으며, 공정하고 종교적인 사람이었습니다. 그러나 불쌍한 가말리엘의 진정한 문제는 그에게 영적인 인식이 전혀 없었다는 것입니다. 저는 이 점을 여러분에게 보여드리고 싶습니다. 그는 하나님에 대한 일반적인 믿음에 세상적인 지혜를 가장 잘 결합시킨 사람에 불과했습니다.

오, 이것은 특히 20세기에 흔한 유형입니다! 이 유형은 우리 세대에 큰 해를 끼치고 있습니다. 저는 이 점을 아주 잘 설명해 놓은 책을 읽은 적이 있습니다. 그것은 『선한 이방인의 실패』*The Good Pagan's Failure*[1]

---

[1] 로잘린드 머리Roslind Murray가 아버지 길버트 머리Gilbert Murray에 대해 쓴 책.

라는 책입니다. 아마도 20세기는 다른 누구의 가르침보다 '선한 이방인'의 가르침이 낳은 결과에 가장 큰 해를 입은 시대일 것입니다. 이런 사람들은 자신들의 탁월성과 타고난 재능 때문에 어떤 불신자들보다 확신에 넘쳐 있으며, 어떤 반대자들보다 극렬히 기독교 신앙을 반대합니다. 지금 제가 제시하고 있는 가말리엘은 '육에 속한 사람' 중에서도 최상에 속하는 인물입니다. 그러나 거듭 말하건대, 그가 가진 것은 약간의 경건과 결합된 세상의 지혜일 뿐입니다.

제가 왜 가말리엘에 대해 이런 결론에 도달했을까요? 무엇보다 그는 자신이 사도들의 말과 행동을 유일무이한 것으로 생각지 않는다는 사실을 모든 말로 명백히 드러냈습니다. 어떻게 그것을 알 수 있습니까? 자, 그의 논증이 그의 정체를 보여주고 있습니다. 우리는 그가 "이스라엘 사람들아, 너희가 이 사람들에게 대하여 어떻게 하려는지 조심하라"라고 말했다는 것을 압니다. 왜 그렇게 말했을까요? 그 이유가 여기 나옵니다. 그는 계속해서 말했습니다.

[너희가 기억할 것이 있는데] 이전에 드다가 일어나 스스로 선전하매 사람이 약 사백 명이나 따르더니 그가 죽임을 당하매 따르던 모든 사람들이 흩어져 없어졌고 그후 호적할 때에 갈릴리의 유다가 일어나 백성을 꾀어 따르게 하다가 그도 망한즉 따르던 모든 사람들이 흩어졌느니라.

가말리엘이 무슨 말을 하고 있는지 알겠습니까? 요컨대 "너무 흥분하지 말라"는 것입니다. "너무 감정에 치우치지 마십시오. 이들은 갑자기 출현했습니다. 사실 이들은 별 볼일 없는 자들입니다. 이들은 알려진 사람들이 아닙니다. 자격도 갖추지 못했습니다. 물론 군중을 매료시키고 있기는 합니다. 그 때문에 여러분의 일과 지위와 현재 누리는 명예가 위협을 받으니까 죽이고 싶은 것이겠지요. 그러나 어리석게 굴지 마십시오. 이런 일은 전에도 있었습니다. 드다의 경우에 어떠했습니까?"

드다가 정확히 누구인지에 대해서는 약간의 논쟁이 있습니다만, 그가 반란을 일으켰다는 사실만큼은 꽤 분명해 보입니다. 그에게는 불만을 품을 이유가 있었던 것 같습니다. 그는 아마도 훌륭한 연설가였을 것입니다. 그래서 군중을 매료시키고 선동해서 반역에 끌어들였을 것입니다.

곧이어 가말리엘은 두번째 인물을 언급합니다. "그후 호적할 때에 갈릴리의 유다가 일어나." 여러분도 기억하시겠지만 그 당시 유다는 로마에 점령당한 상태였고, 로마는 통상적으로 세금을 부과했습니다. 팔레스타인의 애국자들 중에는 그 세금에 반대하는 무리가 있었는데, 분명히 타고난 지도자에 웅변가였을 유다가 그 지도자가 되었습니다. 요컨대 가말리엘은 이런 이야기를 하고 있는 것입니다. "이런 일은 전에도 두 번이나 있었습니다. 그런데 결국 어떻게 되었는지 알고 있지 않습니까? 전부 흐지부지 무너져 버렸습니다."

저에게 의미심장하게 다가오는 것은 가말리엘의 비교입니다. 그는 이 새로운 현상과 몇 년 전에 일어난 정치적 반란의 본질적인 차이를 보지 못한 것이 분명합니다. 그가 볼 때 사도들은 반란의 형태를 띠든 대중운동의 형태를 띠든 그동안 산발적으로 발생해 왔던 소요를 일으킨 사람들에 불과했습니다. 그는 이런 식으로 자신에게 영적인 인식이 없음을 드러냈습니다.

우리는 여기에서 아주 중요한 원리를 한 가지 발견합니다. 제가 보기에 현대인들의 진정한 실패는, 예수 그리스도와 복음의 유일무이함을 보지 못한다는 것입니다. 가말리엘처럼 현대인들도 자신들의 말로 그 점을 드러내고 있습니다. 기독교 강단에서 큰 소리로 외치는 내용에도 드러나고, 그들이 쓴 글과 책에도 드러납니다. 그들은 '세기의 위대한 지도자들'에 대해 이야기합니다. 이를테면 모세로부터 시작해서 이사야, 예레미야, 세례 요한, 예수, 바울을 줄지어 언급하며, 소크라테스와 플라톤과 아리스토텔레스를 중간에 끌어들입니다.

예수를 정치 지도자로 보는 이들도 있고, 사회개혁가나 종교적 스승, 위대한 통찰력의 소유자로 보는 이들도 있습니다. 그들은 예수를 정치·사회운동을 이끈 위인들의 범주에 포함시킵니다. 예수를 한 명의 인간으로, 위대한 지도자들 중에서 가장 위대한 인물일 수도 있고 아닐 수도 있는 인물로 봅니다. 이것이 가말리엘의 잘못입니다. 그는 그리스도의 유일무이함을 보지 못했습니다.

물론 오늘날 사람들도 기독교 신앙에 대해 똑같은 잘못을 범하고 있습니다. 그들은 "기독교만 하나님께 도달하는 유일한 종교라고 주장하면 안됩니다"라고 말합니다. "다른 신앙을 정죄하는 것은 스스로 그리스도인이 아님을 입증하는 행동입니다. 기독교 신앙의 표지는 '관용의 정신'인데, 그것은 관용적인 태도가 아니지 않습니까? 절대 그러면 안되지요. 우리는 세계신앙대회, 세계종교대회 등을 개최해야 합니다. 이슬람교과 유교와 불교와 기독교의 통찰을 한데 모아야 합니다. 종교마다 진리도 있고 오류도 있는 법인데, 도대체 당신이 무슨 대단한 사람이라고 기독교만 옳다고 고집하는 것입니까?"

이런 주장을 선호하는 이들은 기독교 신앙을 격렬히 거부하지 않습니다. 그들은 보기 좋은 합리성을 과시합니다. 그들은 말합니다. "아주 흥미롭군요. 우리도 기독교 메시지가 어떤 것인지, 기독교에서 어떤 통찰을 제시하는지 듣고 싶습니다. 우리 대회에 그리스도인들도 꼭 모시기로 하지요. 하지만 다른 신앙을 대표하는 분들도 모실 겁니다." 그러면서 이런 태도를 기독교 정신의 절정으로 간주합니다! 저는 이런 잘못의 시발점을 가말리엘에게서 발견합니다.

좀더 강한 표현을 써보겠습니다. 가말리엘의 잘못은 그가 사도들의 문제, 즉 그들이 누구이며 무슨 일을 하고 있는가라는 문제를 진정으로 직시하지 않았다는 것입니다. 그는 단지 보편적인 관점에서만 그들을 바라보았고, 갑자기 출현한 하나의 운동으로 간주하고 넘어가 버렸습니다. 왜 그는 거기에서 더 나아가 실제로 그들을 관찰하며 검토하고 설명할 생각을 하지 않았을까요? 만약 그렇게 했다면 이런 말은 하지 않았을 텐데 말입니다.

가말리엘은 자기 자신이나 다른 이들이 동의하는 바, "학문 없는 범인"에 불과한 자들과 대면하고 있었습니다. 그들은 어부에, 장인에,

평범한 노동자들이었습니다. 그들의 차림새를 비롯하여 그들과 관련된 모든 요소가 그 점을 입증해 주고 있었습니다. 그들은 교양인이 아니었습니다. 바리새인의 학교에서 훈련받은 적도 없었습니다. 그러나 가말리엘은 그 점을 검토하지 않았던 것 같습니다. 그는 '저들을 어떻게 설명해야 할까? 저들을 어떻게 이해해야 할까? 저들의 말을 들어 보라. 저들이 사실을 정리하며 논의를 전개하는 방식을 보라. 저 무식한 자들로 하여금 이런 말을 할 수 있게 만드는 것이 뭘까?'라고 묻지 않았습니다. 그들이 보여준 권위와 권세, 능력, 기적을 직시하지 않았습니다.

사도들에게는, 그들의 얼굴과 외양에는 무언가 놀라운 것이 있었습니다. 빛과 평강과 확신이 있었습니다. 자신감이 있었습니다. 그들은 계속 이렇게 나가면 죽이겠다는 말을 두세 차례나 들었으면서도 겁을 내지 않았습니다. 대체 그들에게 무슨 일이 일어난 것입니까? 왜 가말리엘은 '오순절 사건을 어떻게 설명해야 할까? 그것은 정확히 어떤 사건이었을까? 이들은 방언을 말했다. 그것은 우리도 보고받은 바이다. 그런데 어떻게 방언을 했을까? 무엇이 방언을 하게 했을까?'라고 묻지 않았을까요?

가말리엘은 단지 "이것 역시 또 하나의 봉기이자 대중운동"이라고 말했을 뿐입니다. 그는 대단한 지혜와 공평한 사고방식을 가지고 있었지만, 영적 실재를 보는 눈만큼은 자신보다 시끄럽고 폭력적인 동료들처럼 닫혀 있었습니다.

제가 이 점을 상세히 설명하는 데에는 이유가 있습니다. 현대인들도 가말리엘과 같은 실패를 거듭하고 있기 때문인 것입니다. 사람들이 마땅히 던져야 할 질문들이 많이 있습니다. 예를 들어 기독교 신앙의 기원을 어떻게 설명할 것인지, 기독교 신앙이 세상에 끼친 영향을 어떻게 설명할 것인지, 교회의 존속을 어떻게 설명한 것인지 물어야만 합니다. 기독교를 직시하는 순간, 여러분은 이런 질문들을 던지고 거기에 대답해야 합니다.

사도들은 자신들의 능력으로 앉은뱅이를 고치지 않았다고 말했습니다. "우리가 뭐라고 이런 큰일을 하겠습니까? 마치 우리 개인의 권능과 경건으로 이 사람을 걷게 한 것처럼 우리를 쳐다보지 마십시오"라고 말했습니다. 당연히 그들은 이런 일을 할 수 없었습니다. 그들은 마술사가 아니었습니다. 그런데도 아무도 손쓸 수 없었던 앉은뱅이를 고쳐 주었습니다. 가말리엘은 왜 이 사실들을 직시하지 않았을까요? 그는 자신의 세상적인 지혜로 사도들을 잠시 방치해 두라고 요청하는 데 그치고 말았습니다. 그는 이런 식으로 자신에게 영적인 인식이 없음을 드러냈습니다.

가말리엘의 영적인 맹목을 더 상세히 드러낼 방법이 있습니다. 가말리엘이 그 모든 지혜와 지식으로 사도들에게 적용한 검증방법은 단 한 가지였는데, 그것은 영적인 검증방법이 아니라 세상적인 지혜에 기초한 검증방법이었습니다. 그는 시간과 성공이라는 검증방법을 적용했습니다. 그의 말을 들어 봅시다. "이제 내가 너희에게 말하노니 이 사람들을 상관하지 말고 버려두라. 이 사상과 이 소행이 사람으로부터 났으면 무너질 것이요"—너희가 이들을 죽일 필요 없이 이들 스스로 무너져 죽을 것이요—"만일 하나님께로부터 났으면 너희가 그들을 무너뜨릴 수 없겠고 도리어 하나님을 대적하는 자가 될까 하노라."

가말리엘에게는 즉석에서 검증할 방법이 없었습니다. 이미 일어난 모든 일이 그 자체로서 증거가 된다는 생각은 하지도 못했습니다. 그렇습니다. 그는 단순히 과거 사례를 토대로 추론했을 뿐입니다. 이것이야말로 전형적인 법조인의 정신 아닙니까? 변호사는 과거 사건의 판례를 인용합니다. 가말리엘도 말했습니다. "이들에게 손대지 마십시오. 드다와 유다의 사례를 잊었습니까? 그들은 결국 아무것도 아닌 것으로 드러났습니다. 여러분도 아시다시피 그때도 사람들은 흥분했고 몇몇 당국자들은 즉각적인 조처를 취하려 했습니다. 그러나 아닙니다. 그냥 내버려두십시오. 시간이 지나면 다 드러날 것입니다."

시간과 성공은 사람들이 흔히 사용하는 검증방법입니다. 단순히 이 두 가지에 부합된다는 이유만으로 그리스도인으로 대우받은 이들이 과거에도 많았습니다. 100년 전에 기독교는 영국에서 인기 있는 종교였습니다. 우리가 모여 있는 이 건물 역시 100년이 넘은 것입니다. 사람들은 1,500명을 수용하는 건물이 너무 작다고 이 큰 건물을 새로 지었습니다! 스펄전이 있었던 예배당은 이보다 더 컸습니다. 런던은 대교회로 가득 찼고 교회마다 사람들로 북적거렸습니다. 그 이유가 무엇입니까? 기독교가 성공한 종교였기 때문입니다. 그들은 기독교를 '할 일'로 생각했고, 마땅히 믿어야 할 대상으로 생각했습니다. 그러나 저는 그들 중 대다수가 신자가 아니었을 것이라고 생각합니다. 현대적인 표현으로 하자면 시류에 편승한 것입니다. 가말리엘의 정신이 바로 그런 것이었습니다. '만약 그들의 일이 성공한다면, 좋다, 우리도 그들과 잘 지내면 된다. 그러나 성공하지 못한다면 결국 무너질 것이고, 우리는 그 일에 연루될 필요가 없다'는 것입니다.

지금도 많은 이들이 그렇게 합니다. 그들은 '할 일'을 합니다. 종교든 캠페인이든 뭐든 조금만 분위기가 조성되면 참석해서 '그리스도를 위한 결단'을 내립니다. 무엇을 알고 그렇게 하는 것이 아닙니다. 늘 성공한 곳을 좇아 다닐 뿐입니다. 시간이 지나 성공의 조짐이 사라지는 듯할 때 가장 먼저 떠나는 자들도 바로 그들입니다. 그들 역시 가말리엘처럼 다른 검증방법, 영적인 검증방법을 가지고 있지 못합니다.

그러나 이것은 모두 서론에 불과합니다. 이런 말로는 가말리엘을 참으로 설명할 수 없습니다. 그의 진정한 문제점은 이 모든 일이 일어나는 와중에서도 개인적인 도전을 느끼지 못했다는 것입니다. 그것이 이런 유형에 나타나는 가장 무서운 점입니다. 모든 일을 객관적으로 관찰하는 가말리엘의 모습을 보셨습니까? 사도들의 사건은 산헤드린이 처리해야 할 또 하나의 사안에 불과했습니다. 가말리엘이 이 새로운 운동에 관심을 가진 이유는, 산헤드린의 일원이자 능력 있는 인물이요 율법교사로서 어떤 의견이든 제출해야 했기 때문이었습니다.

여러분도 눈치채셨겠지만, 그의 견해는 전적으로 객관적인 것이었습니다. 그는 스스로 냉정하고 공평하다고 생각하는 거리를 유지한 채 이 운동을 평가했고, 변화된 사도들과 고침받은 앉은뱅이를 평가했습니다. 이것은 나사렛 예수에 관한 이야기일 뿐, 가말리엘 자신이 들어야 할 이야기가 아니었습니다. 이것은 역사상 한 에피소드, 수면 위에 이는 작은 물결, 약간의 소동을 야기한 소소한 사건에 불과했습니다. 오늘날 사람들이 남아프리카의 인종차별 정책이나 미국의 흑백 갈등에 개인적으로 관여하지 않고 의견만 피력하는 것처럼, 가말리엘도 기독교에 대해 의견만 피력했습니다.

이처럼 자신은 발을 들여놓지 않는 태도는 치명적입니다. 가말리엘의 사례는 이런 부류의 사람들에게 경고가 됩니다. 가말리엘은 사도들의 얼굴을 들여다보고, 그들의 말을 직접 듣고, 고침받은 앉은뱅이를 관찰했으면서도 양심에 동요를 느끼지 않았습니다. 가말리엘의 반응은 철저히 머리에 국한된 것이었습니다. 그는 어떤 깨달음도 얻지 못했으며, 어떤 질문도 던지지 않았고, 자기 자신과 사도들을 비교해 보지도 않았습니다. '저들에게는 앉은뱅이를 고칠 능력이 있는데, 왜 나에게는 그런 능력이 없을까? 나는 학식 있는 종교 지도자다. 그런데 왜 나에게는 그런 능력이 없을까? 대체 이것이 어찌 된 일일까?'라고 묻지 않았습니다.

그렇습니다. 이처럼 개인적으로 전혀 개입하지 않는 것이야말로 이런 부류의 사람, 이런 부류의 태도를 정죄하는 최종적인 근거입니다. 그는 객관적인 거리를 유지한 채 기독교와 기독교의 가르침을 관찰합니다. 책을 읽고, 똑똑한 사람들이 텔레비전에 나와 토론하는 말을 듣고, 기독교 신앙과 다른 모든 종교 및 인생에 관한 이론을 다루는 라디오방송을 듣습니다. 그는 기독교 가르침을 집어 들었다가 내려놓습니다. 그것은 좋아해도 그만, 좋아하지 않아도 그만인 가르침입니다. 그 가르침에서 자신을 향한 말을 듣는 일은 일어나지 않습니다. 그는 절대 개인적으로 관여하지 않습니다. 절대 자기의 필요나 자기 인생의 문제라는 견지에서 기독교의 가르침을 바라보지 않습니다.

그런 사람은 냉정하고 공평한 거리를 유지하면서, 또 자신의 교양과 학식을 의식하면서, 마치 자신이 영원히 살기라도 할 것처럼 눈앞에 나타났다 사라지는 여러 운동들을 흥미롭게 관찰합니다. 여기, 우주의 보좌에 앉은 재판관이 있습니다. 그는 자신이 죽을 인간이라는 사실과 지금도 죽음을 향해 나아가고 있다는 사실, 절대 죽음을 피할 수 없다는 사실을 잊고 있습니다. 이것이야말로 무엇보다 가증한 태도입니다. 이런 일들을 접했으면서도 약간의 가책이나 동요도 느끼지 않으며, 자신의 필요 또한 인식하지 못하는 사람은 영적으로 눈먼 사람입니다. 가말리엘은 분노하는 산헤드린 동료들만큼이나 눈먼 사람이었습니다.

이것이 이 위대한 인물 가말리엘에 대한 우리의 분석입니다. 이 모든 내용에서 이끌어 낼 수 있는 결론이 무엇입니까? 우리는 여기에 대답해야만 합니다. 결론을 이끌어 내지 못한다면 헛되이 시간만 낭비한 셈이 되기 때문입니다. 가말리엘의 사례가 우리 모두에게 가르쳐 주는 교훈이 무엇입니까? 여러분 자신의 인생을 위해 생각해 보십시오. 가말리엘이라는 이 인물을 통해 하나님의 말씀이 여러분에게 전하는 내용에 귀를 기울여 보십시오. 가말리엘을 보십시오. 저는 이 인물을 공정하게 다루지 않았습니까? 그의 말 중에 제가 꾸며 낸 것이 있습니까? 덧붙인 것이 있습니까? 전혀 없습니다. 여러분은 제가 공정하게 분석했다는 사실을 인정해야 합니다.

그렇다면 우리가 배워야 할 교훈은 무엇입니까? 여러분이 좀더 기억하기 쉽게 정리해 보겠습니다. 첫째로, 재능과 교양과 합리성과 법적 공정성과 인간적인 지혜는 영적인 영역과 전적으로 무관합니다. 예배드리러 갈 때 가장 먼저 깨달아야 할 사실은, 여러분 모습이 어떻든 거기에는 아무 가치도 없다는 점입니다. 율법교사든지 지극히 열광적인 광신자든지 차이가 없습니다. 전혀 없습니다. 이것이 이 사건의 가장 표면에 드러나는 사실입니다.

그렇습니다. 영적인 영역에서 유일하게 중요한 것은 영적인 지각뿐입니다. 그리고 그것은 타고날 수가 없습니다. 그런 지각을 타고나는 사람은 아무도 없습니다. 바울은 이렇게 쓰고 있습니다. "육에 속한 사람은 하나님의 성령의 일들을 받지 아니하나니 이는 그것들이 그에게는 어리석게 보임이요, 또 그는 그것들을 알 수도 없나니 그러한 일은 영적으로 분별되기 때문이라"고전 2:14. "육신의 생각은 하나님과 원수가 되나니 이는 하나님의 법에 굴복하지 아니할 뿐 아니라 할 수도 없음이라"롬 8:7. "육에 속한 사람", 육에 속한 자아는 이렇습니다.

여러분도 가말리엘 같은 재능과 차분함과 공정함을 두루 갖추었을 수 있습니다. 그러나 그것은 아무 효용이 없을 뿐 아니라 오히려 가장 큰 장애가 될 수 있습니다. 무엇이든 여러분이 의지할 만하다고 여기는 것이야말로 가장 큰 원수입니다. 주님은 다음과 같은 말로 단번에 그 점을 지적해 주셨습니다. "진실로 너희에게 이르노니 너희가 돌이켜 어린아이들과 같이 되지 아니하면 결단코 천국에 들어가지 못하리라"마 18:3. 어린아이! 가말리엘도, 다른 모든 사람도 어린아이가 되어야 합니다. 우리의 자랑거리들, 예컨대 20세기의 학식은 전혀 쓸데없다는 사실을 알아야 합니다. 그런 것은 하등 도움이 되지 않습니다. 가말리엘이 그 점을 입증해 주고 있습니다.

둘째로, 여러분이 복음을 어떤 방식으로 거부하는지도 중요치 않습니다. 중요한 것은 거부한다는 사실 그 자체입니다. 산헤드린 공회원들처럼 격렬하게 거부하는 것만 거부하는 것이 아닙니다. 아주 정중하게, 한편으로는 복음을 칭송해 가면서, "몹시 흥미롭군요. 저는 기독교의 가르침에 아주 관심이 많습니다. 물론 종교들을 공부해 보니 전부 훌륭하더라고요. 종교마다 그 나름대로의 통찰이 있던데요"라는 식으로 공정한 거리를 유지한 채 거부할 수도 있습니다. 여러분은 복음을 욕하지 않습니다. 모독하지도 않습니다. 침을 뱉지도 않습니다. 저도 그것을 압니다. 그럼에도 여러분은 복음을 욕하고 모독하고 침을 뱉는 사람들처럼 분명히 복음을 거부하고 있는 것입니다. 정중하게 거부한다고 해서 무슨 가치가 있는 것이 아닙니다.

셋째로, 복음을 부분적으로만 받아들이는 태도 역시 아무 가치가 없습니다. 제가 보여드린 대로 가말리엘은 "그렇습니다, 그들에게도 무언가 중요한 것이 있습니다"라고 말했습니다. 뭐라고 분명히 말할 수는 없지만, 그들에게 기회를 주도록 공회원들을 설득할 만한 무언가가 있음을 그는 알았습니다. 그러나 성경에 기록된 가말리엘의 사례를 전체적으로 볼 때, 기독교에 중요한 무언가가 있음을 감지한다고 해서 무슨 가치가 있는 것은 아니라는 사실을 알게 됩니다. 기독교는 전부 받아들이든지 전부 거부하든지 둘 중에 하나입니다. 부분적으로 받아들이는 것은 곧 거부하는 것입니다.

복음을 일부만 받아들이는 사람들이 많습니다. 그들은 "우리는 예수라는 사람을 좋아합니다. 그는 세상에서 가장 위대한 인간이었지요"라고 말합니다. 그리고 그를 칭송합니다. "그의 가르침은 비할 데 없이 훌륭합니다. 산상설교 같은 말씀은 유례를 찾아볼 수가 없어요"라고 말합니다. 그렇습니다. 그들은 산상설교를 받아들입니다.

그런데 그 말을 들은 여러분이 말합니다. "하지만 당신들은 거듭나야 합니다."

그들은 대답합니다. "오, 아닙니다. 우리는 그런 교리는 믿지 않아요. 그것은 좀 1세기적인 사고방식이지요."

그러면 여러분이 묻습니다. "속죄의 교리는 어떻게 생각합니까? 그리스도께서 당신들의 죄를 위해 죽으셨다는 것은 믿습니까?"

"물론 그런 것도 믿을 수 없지요. 그것은 비도덕적인 일입니다"라는 것이 그들의 대답입니다.

이처럼 그들은 복음 메시지를 조금씩만 뜯어내서 칭송하며 놀랍다고 치켜세웁니다. 그러나 그것은 복음을 거부하는 태도입니다. 가말리엘도 복음의 좋은 면을 보았지만 거부했습니다. 누군가 기독교 가르침에서 좋은 부분을 발견했다고 해서 그리스도인이라고 할 수는 없습니다. 복음 전체를 받아들이지 않는 것은 복음을 거부하는 것입니다. 전부 받아들이든지 전부 거부하든지 둘 중에 하나입니다. 있는 그대로의 복음을 받아들이지 않는다면 아무것도 받아들이지 않는 것이나 다름없습니다. 이 점 역시 가말리엘이 입증해 주고 있습니다.

이제 최종적인 검증방법을 사용할 차례가 되었습니다. 여러분은 복음의 유일무이함을 알고 있습니까? 복음에 비견될 것은 아무것도 없음을 알고 있습니까? 더 이상 복음을 "위대한 무엇무엇 중에 하나"

라고 말하면 안된다는 것을 알고 있습니까? 홀로 우뚝 서 있는 복음의 완전하고도 절대적인 유일무이함을 알고 있습니까?

이 검증방법을 모든 것의 중심이 되는 문제에 적용해 봅시다. 여러분은 그리스도의 유일무이함을 알고 있습니까? "너희가 나무에 달아 죽인 예수를 우리 조상의 하나님이 살리시고 이스라엘에게 회개함과 죄사함을 주시려고 그를 오른손으로 높이사 임금과 구주로 삼으셨느니라." 모든 것은 "너희는 그리스도를 어떻게 생각하느냐"는 이 한 가지 질문으로 귀결됩니다. 여러분은 그를 알아보았습니까? 그가 누구신지 알고 있습니까? 그는 정말 한 인간에 불과했습니까? 시대마다 등장한 위대한 종교적 스승 중 한 사람이었습니까? 아니면 사람의 아들이자 하나님의 아들이신 유일한 존재입니까? 그는 육신을 입고 오신 하나님입니다! "말씀이 육신이 되"셨습니다. 그는 말씀하셨습니다. "내가……세상의 빛이로라"요 9:5. "내가 곧 길이요 진리요 생명이니 나로 말미암지 않고는 아버지께로 올 자가 없느니라"요 14:6. 바울은 썼습니다. "때가 차매 하나님이 그 아들을 보내사 여자에게서 나게 하시고"갈 4:4. 그러므로 문제는 이것입니다. 여러분에게도 그는 이런 분이십니까, 아닙니까? 답은 둘 중에 하나입니다.

이제 그리스도에 관한 사실들이 명확하게 다가옵니까? 성육신! 영원한 세계에서 시간 안으로 들어오신 일! 동정녀에게서 태어나신 기적! 직접 행하신 기적! 비할 데 없는 그 가르침! 여러분은 "이것은 세상에 출현한 여러 운동들 가운데 하나일 뿐"이라고 말하겠습니까, "단 한 번 일어난 유일무이한 일"이라고 말하겠습니까? 십자가의 죽음! 부활! 여러분은 부활을 믿습니까? 사도들의 말처럼 그가 문자 그대로 몸으로 부활하여 자신을 나타내셨음을 믿습니까? 그의 유일무이함을 깨달았습니까?

중요한 것은 현대세계의 다양한 문제들에 대해 어떤 견해를 갖느냐가 아닙니다. 여러분이 답해야 할 유일한 질문은 이것입니다. 여러분은 나사렛 예수에 대한 성경의 기록을 믿습니까? 그가 하나님의 아들이었다는 사실, 지금도 여전히 하나님의 아들이라는 사실을 믿습니까?

이분이 하나님의 아들이라면 왜 세상에 오셨으며, 왜 특별히 십자가에서 죽으셨을까요? 가말리엘은 이 질문을 던지지 않았습니다. 여러분은 이 질문을 던졌습니까? 그 답은 한 가지뿐입니다. "그를 오른손으로 높이사 임금과 구주로 삼으셨느니라." 그가 십자가에서 죽으신 것은 그것만이 우리를 용서하실 수 있는 유일한 길이었기 때문입니다. 하나님은 십자가에서 우리 모든 사람의 허물을 그에게 지우셨습니다. "하나님이 죄를 알지도 못하신 이를 우리를 대신하여 죄로 삼으신 것은 우리로 하여금 그 안에서 하나님의 의가 되게 하려 하심이라."고후 5:21.

여러분은 이 사실을 알고 있습니까? 그분의 필요성을 알고 있습니까? 그런데도 기독교를 법조인처럼 차분한 태도로 판단하고 평가할 수 있다고 생각합니까? 오직 여기만 안전한 피난처라는 것을 알고 있습니까? 여러분은 다음과 같이 고백한 적이 있습니까?

> 더러운 이 몸 생명샘으로 달려가오니
> 씻어 주소서, 구주여, 죽지 않도록.[2]
> -오거스터스 탑레이디

불쌍한 가말리엘! 그는 복음 메시지를 개인적으로 보지 못했습니다. 그렇게 했다면 이런 훌륭한 충고를 하는 데서 그치지 않았을 것입니다. 그렇다면 어떻게 했을까요? 산헤드린을 향해 이렇게 말했을 것입니다. "우리는 모두 죄인입니다. 우리는 율법을 의지합니다. 우리 힘으로 하나님과 바른 관계를 맺을 수 있다고 생각합니다. 그러나 저는 틀렸습니다. 여러분도 틀렸습니다. 이 사람들이 옳습니다." 그는 아마 죽음을 각오하고서라도 이렇게 말했을 것입니다.

복음은 우리의 견해를 원치 않습니다. 우리의 판단도 원치 않습니다

---

[2] 찬송가 494장 3절 참조-옮긴이.

다. 복음은 외아들을 구주로 보내신 하나님께 순종할 것을 요구합니다. 회개하고 이 메시지를 믿을 것을 요구합니다.

14

그 이름

사도들은 그 이름을 위하여 능욕받는 일에 합당한 자로 여기심을 기뻐하면서 공회 앞을 떠나니라. 그들이 날마다 성전에 있든지 집에 있든지 예수는 그리스도라고 가르치기와 전도하기를 그치지 아니하니라.

사도행전 5:41-42

5장 마지막 두 구절이 앞의 구절들과 얼마나 강하게 대비되는지 보십시오! 우리는 앞에서 사도들의 증언에 대한 산헤드린 공회원 대부분의 반응을 살펴보았고, 뒤이어 세상적인 지혜를 갖춘 가말리엘의 반응을 살펴보았습니다. 오늘 본문에 이르러 장면이 완전히 뒤바뀌는 것은 정말 감사한 일입니다. 이제 우리는 복음을 믿고 받아들인 사람들의 모습을 살펴볼 것입니다. 그 차이가 얼마나 큰지 모릅니다!

다시 한번 강조하건대, 우리가 이 말씀을 살펴보는 것은 단순히 옛이야기를 좋아해서도 아니고 역사적인 흥미를 느껴서도 아닙니다. 물론 그런 관점에서 보아도 이 구절들은 아주 중요하지만 말입니다. 이미 말씀드렸듯이, 기독교의 참된 본질을 알고 싶은 사람은 사도행전이라는 책을 많이 알면 알수록 좋습니다. 사도행전이야말로 기독교의 기원을 이야기해 주는 자료이기 때문입니다. 현대의 비극은 사람들이 이 자료를 무시한 상태에서 교회와 교회의 메시지는 어떠해야 한다는 자신들의 생각을 개진하는 것입니다. 그러나 신빙성 있는 유일한 자료는 이 사도행전뿐입니다.

우리가 이 본문을 공부하는 주된 이유는, 다른 이들의 반응을 살피는 일이 유익하기 때문입니다. 성경은 우리에게 눈높이를 맞추고 있습니다. 성경은 교훈적인 가르침도 주지만, 때로는 여기에서처럼 인간의 삶을 통해 똑같은 진리를 보여주기도 합니다. 앞서 우리는 불신앙의 특징을 관찰하면서 우리가 불신앙에 빠져 있는지 여부를 알아보았습니다. 이제는 적극적인 측면에서 신앙에 대한 묘사를 살펴보려 합니다.

초기 신자들을 관찰하면서 그들이 왜 믿었는지, 어떻게 행동했으며 어떻게 살았는지 검토하는 것은 아주 멋진 일입니다. 물론 우리는 그들을 통해 우리 자신을 검증하게 됩니다. 모두가 묻고 답해야 할 질문은 이것입니다. 이들에 대한 묘사는 우리 자신에게도 해당되는 것입니까? 그렇지 못하면서도 스스로 그리스도인이라고 생각할 수 있습니다. 이것은 교회 역사가 모든 시대에 걸쳐 몇 차례씩 충분히 보여준 교회에 임한 큰 재앙이었습니다. 역사는 그리스도인이 아니었으면서도 그리스도인으로 자처했던 자들을 보여주며, 그리스도인의 요건에 대한 그들의 오해를 보여줍니다. 이것은 지금도 여전히 교회의 주된 문제임이 분명합니다. 저는 우리 중에 그리스도인을 자처하는 사람들이 정말 그리스도인이 맞는지, 정말 자신의 신앙을 실천하고 있는지 검토하는 것이야말로 부흥에 이르는 확실한 길이라고 믿습니다.

사도행전은 초기 기독교의 확산과 승리가 사도들의 설교 때문만은 아니라는 사실을 계속해서 강조합니다. 물론 그것이 첫째가는 중대한 요인이기는 했지만 유일한 요인은 아니었습니다. 또 다른 큰 요인은 그리스도인들이 보여준 삶의 방식이었습니다. 그것이 고대세계를 뒤흔들었습니다. 사람들은 사도들을 "천하를 어지럽게" 하는 사람들로 묘사했으며[행 17:6], 성경은 평범한 그리스도인들도 흩어져서 "두루 다니며 복음의 말씀을 전"했다[퍼뜨리고 말했다]라고 전하고 있습니다[행 8:4].

기독교는 이른바 '세포 침투'의 과정을 통해 확산되었습니다. 20세기 공산주의의 성장방식도 그와 같습니다. 대중집회를 통해서가 아니라 자기 자리를 지키고 일하면서 양쪽에 앉은 동료들과 대화하는 개인들을 통해 성장한 것입니다. 이것은 어떤 가르침을 확산시키는 데 탁월한 방법입니다. 1세기 기독교는 개인의 증거와 삶이라는 방식을 통해 널리 퍼져 나갔습니다. 이것은 다른 시대에도 효과적인 방법이었고 오늘날에도 효과적인 방법입니다.

오늘 본문의 묘사를 살펴보면서, 그리스도인으로 자처하는 자들은 자신이 정말 참된 신자인지 검토하게 될 것이며, 하나님이 성령으로 역사하신다면 비그리스도인들 또한 사람을 참된 그리스도인으로 만드는 요소가 무엇인지 발견하게 될 것입니다. 수많은 1세기 사람들이 그러했고, 그후 개혁과 부흥의 시기마다 수많은 사람들이 그러했듯이, 오늘날의 불신자들 또한 자신이 발견한 것에 이끌리고 사로잡히기를 소원합니다.

그렇다면 본문에서 가르쳐 주는 원리는 무엇입니까? 몇 가지 자명한 원리가 있습니다. 저는 이 자리에서 단순히 그 원리들을 제시하려 합니다. 첫째로, 그리스도인은 불신자와 본질적으로 다른 사람들입니다. 여기에서 제가 강조하고 싶은 단어는 **본질적으로**입니다. 그래서 서두에서 사도들과 산헤드린 공회원들의 대비를 보면 누구라도 놀랄 것이라고 말한 것입니다. 성경은 말합니다. "그들이"-산헤드린이-"듣고 크게 노하여 사도들을 없이하고자 할새." 세상적인 지혜가 있었던 가말리엘은 그들처럼 악하지는 않았지만 그들과 같은 배에 타고 있었습니다.

또 다른 사람들은 똑같은 메시지에 어떻게 반응했는지 보십시오. 이보다 더 극명한 대조는 있을 수 없습니다. 그리스도인과 비그리스도인의 차이는 근소한 것이 아닙니다. 우리는 완전히 다른 영역에 속한 사람들입니다. 여기 나오는 이들은 예수의 이름 때문에 능욕받는 일에 합당한 자로 여기심을 기뻐하며 하나님께 감사를 드렸습니다.

제가 이 원리-극명한 대조-를 강조하는 것은, 현대인들이 너무 자주 이것을 잊기 때문입니다. 그리스도인이나 불신자나 다 똑같은 사람들인데, 그리스도인은 단지 특정 신앙을 갖겠다는 냉정한 결단을 내렸다는 점에서만 다를 뿐이라고 생각하는 이들이 있습니다. 양자 간에 어떤 본질적인 차이도 없다는 것입니다. 마찬가지로 그리스도인의 삶이나 불신자의 삶이나 본질적으로는 똑같은데, 그 정도 면에서만 그리스도인이 아주 조금 더 나은 삶을 살 뿐이라고 생각하는 이들도 있습니다.

그러나 본문에 비추어 볼 때 그것은 절대 성립될 수 없는 관점입니다. 신약성경 전체가 이 점을 강조하고 있습니다. 가말리엘을 비롯한 산헤드린 공회원들과 사도들이 완전히 다른 것처럼, 그리스도인과 비그리스도인은 완전히 다른 사람들입니다. 신약성경이 사용하는 용어는 이 두 부류를 의심의 여지 없이 확고하게 갈라놓고 있습니다.

그리스도인과 비그리스도인 사이에는 두 가지 주된 차이점이 있습니다. 신약성경에 따르면 그리스도인은 첫째로 거듭난 사람들, "물과 성령으로" 거듭난 사람들입니다.요 3:5. 육적인 출생과 영적인 출생보다 더 대비되는 일은 없습니다. 실제로 사도 바울은 훨씬 더 강력한 용어를 사용하고 있습니다. 그는 "누구든지 그리스도 안에 있으면 새로운 피조물이라"고 말합니다.고후 5:17. 말 그대로 "새로운 피조물"이 된다는 것입니다. 전에는 없었던 무언가가 새로이 생겨납니다. 원래 있던 것을 고치고 개선하고 칠하고 광내는 것이 아닙니다. 절대 그런 것이 아닙니다. 완전히 "새로운 피조물"이 되는 것입니다.

이것이야말로 결정적인 차이 아닙니까? 이것은 분명히 근본적인 차이입니다. 사도는 성경 다른 곳에서 그 점을 이렇게 표현하고 있습니다. "어두운 데에 빛이 비치라 말씀하셨던 그 하나님께서 예수 그리스도의 얼굴에 있는 하나님의 영광을 아는 빛을 우리 마음에 비추셨느니라"고후 4:6. 바울은 "나에게 일어난 일은 하나님께서 우주를 창조하실 때 일어났던 일에 비할 만큼 큰일"이라고 말합니다. 하나님이 아무것도 없는 데서 "빛이 있으라"고 말씀하시자 빛이 생겼습니다. 이것이 창조입니다. 무에서 유가 생기는 것입니다. 모든 그리스도인에게는 바로 이런 일이 일어납니다. "이전 것은 지나갔으니 보라, 새것이 되었도다"고후 5:17.

기독교는 이런 것입니다. 그리스도인과 비그리스도인의 차이는 사도행전 5장의 이야기 표면에 아주 선명하게 드러나 있습니다. 내적인 본질이 다르지 않는 한, 이토록 상반된 반응을 보일 수는 없는 법입니다. 이러한 차이는 삶과 죽음에 대한 시각을 완전히 갈라놓습니다. 그리스도인은 전적으로 새로워진 사람들이라는 점을 강조하는 이유가 여기 있습니다. 하나님은 그리스도인의 영혼을 다루시고, 새롭게 하시며, 새로운 존재로 만들어 놓으십니다.

새로운 출생을 강조하는 것이 중요한 이유는, 이 점을 놓칠 경우 자기 힘으로 그리스도인이 되려 할 가능성이 있기 때문입니다. 많은 이들이 그렇게 하고 있고, 우리도 모두 예전에 그렇게 했던 경험들이 있습니다. 사람들은 어떤 행동은 끊고 어떤 행동은 새로이 시작함으로써, 또 기도와 성경 읽기에 관심을 가짐으로써, 그리스도인이 될 수 있다고 생각합니다. 그러나 그것은 헛된 노력입니다. 반복하지만, 그리스도인이 된다는 것은 성령 하나님이 우리 안에 넣어 주신 새로운 삶의 원리가 우리의 시각 전체를 결정짓고 통제한다는 뜻입니다.

그리스도인과 비그리스도인의 두번째 차이점은, 주 예수 그리스도에 대한 태도와 관계입니다. 이것 역시 아주 근본적인 차이입니다. 이 문제는 지난번에 이미 언급했기 때문에 여기에서 오래 다룰 생각은 없습니다. 그래도 한 번 더 반복하는 이유는, 이것이 아무리 강조해도 지나치지 않을 만큼 중요하기 때문입니다.

우리는 정의定義를 좋아하지 않는 세상, 교리와 신학과 교의에 반대하는 세상, 불명확하고 모호하며 종합적인 태도를 선호하는 세상, 이른바 포괄적인 태도를 선호하는 세상에 살고 있습니다. 이 문제가 그토록 중요한 이유가 여기 있습니다. 우리는 "모든 종교는 똑같이 가치 있고, 똑같이 기여하는 바가 있으며, 똑같은 하나님께로 인도해 준다. 결국 중요한 것은 우리 모두 같은 하나님을 믿는다는 사실"이라고 말하는 시대에 살고 있습니다. 이것이 우리가 살고 있는 이 시대의 전반적인 풍토입니다.

그러나 그 자체만으로도 이런 포괄적인 관점의 거짓됨을 단번에, 노골적으로 폭로해 주는 이야기가 여기 있습니다. 가능한 한 분명히, 단도직입적으로 말씀드리겠습니다. 하나님을 믿는다고 해서 그리스도인이 되는 것은 아닙니다. 물론 그리스도인은 하나님을 믿습니다. 그러나 하나님을 믿는다고 해서 그리스도인이 되는 것은 아닙니다. 5장 끝부분에 나오는 두 부류, 즉 산헤드린과 사도들을 보십시오. 무슨 차이가 있습니까? 산헤드린 공회원들은 바리새인이요 사두개인이요 종교 지도자요 백성들을 가르치는 선생들이었습니다. 그들 모두 하나님을 믿었습니다.

이 점 역시 아주 중요합니다. "물론 저는 하나님을 믿습니다. 저는 언제나 하나님을 믿어 왔지요. 그리고 언제나 기도를 드렸습니다"라는 말을 사람들이 얼마나 자주 하는지 모릅니다. 그런 이유로 그들은 스스로 그리스도인이라고 생각합니다. 그러나 정통 유대인들도 하나님을 믿으며, 이슬람교도들도 다른 많은 사람들처럼 하나님을 믿습니다. 그렇습니다. 결정적인 요인은 하나님을 믿는 믿음이 아니라 주 예수 그리스도와의 관계입니다. 그리스도가 문제 전체의 중심이자 핵심입니다.

달리 설명해 보겠습니다. 단순히 종교적이라고 해서 그리스도인이라고 할 수는 없습니다. 산헤드린 공회원들은 사도들만큼이나 종교적인 사람들이었고, 어쩌면 사도들보다 더 종교적인 사람들이었습니다. 이것 역시 사람들이 흔히 갖는 오해입니다. 사람들은 무신론과 유물론이 넘쳐나는 이런 시대에도 종교적일 수 있는 사람은 필시 그리스도인일 것이라고 생각합니다. 그러나 그렇지 않습니다! 실제로 복되신 주님을 세상에서 가장 적대했던 자들은 바로 종교적인 사람들이었습니다.

마찬가지로, 요즘 사람들이 자주 말하듯이 선량하고 품행 바른 시민이라고 해서 곧 그리스도인은 아닙니다. 여러분은 '탁월하고 뛰어난 그리스도인'이나 '이 시대의 가장 위대한 그리스도인'으로 묘사되는 사람들이 주님의 위격을 부인하는 모습을 자주 볼 것입니다. 그런데도 사람들은 그들이 선한 삶을 살고 선한 행동을 하며 자신을 희생해서 남을 돕는다고 해서 그리스도인으로 간주해 버립니다. 산헤드린 공회원들은 선을 많이 행했던 정직한 사람들이었습니다. 그러나 그것은 요점이 아닙니다. 그렇습니다. 그리스도인과 비그리스도인을 구별 짓는 유일한 잣대는 우리가 여기에서 보듯이, 이 한분, 곧 우리 주와 구주되신 예수 그리스도에 대해 어떤 태도를 취하느냐 하는 것입니다.

이 점을 명확히 짚어 봅시다. 기독교는 배타적인 가르침입니다. 비관용적인 가르침입니다. 제가 이 말을 하는 것은 저 자신이 관용적이지 못해서가 아니라 여러분의 영혼이 염려되어서입니다. 기독교는 배타적인 종교도 아니고 비관용적인 종교도 아니라고 주장하려면 이 종교든 저 종교든 다 괜찮다고 말해야 하는데, 저는 바로 그것을 반박하기 위해 이 자리에 서 있습니다.

베드로는 전에도 산헤드린 앞에서 오직 그리스도를 통해서만 구원을 얻을 수 있다고 말한 적이 있었습니다^{행 4:12}. 그리고 다시 공회에 잡혀 와서도 "예수를 우리 조상의 하나님이 살리시고 이스라엘에게 회개함과 죄사함을 주시려고 그를 오른손으로 높이사 임금과 구주로 삼으셨느니라"고 주장했습니다. 이것은 구원이 이 한분, 오직 이 한분 안에만 있다는 말을 달리 표현한 것입니다. 다른 길은 없습니다. 차선책도 없습니다. 그분만, 오직 그분만 홀로 구주십니다.

주님도 백성들에게 말씀하실 때 같은 주장을 하셨습니다. "나는 세상의 빛이니"^{요 8:12}. 그가 없으면 빛도 없습니다. 저에게 불교니 유교니 이슬람교니 유대교를 들이밀지 마십시오! 다른 종교는 필요 없습니다. 그분 한분으로 충분합니다. 그에게는 다른 이의 가물거리는 빛이 필요 없습니다. 빛은 오직 그분 안에만 있습니다. 이것이 기독교입니다. 여러분도 산헤드린 공회원들처럼 기독교를 싫어할 수 있지만, 여하튼 이것이 여러분이 싫어하는 기독교의 참모습입니다.

주님은 또한 말씀하셨습니다. "내가 곧 길이요 진리요 생명이니 나로 말미암지 않고는 아버지께로 올 자가 없느니라"^{요 14:6}. 이보다 더 배타적인 주장은 있을 수 없습니다. 바로 이 문제가 산헤드린과 사도들을 갈라놓았습니다. 하나님을 믿는 믿음과 도덕이라는 측면에서는 두 부류가 일치했습니다. 그러나 우리 주와 구주되신 예수 그리스도에 대한 입장에서는 서로 갈라졌습니다.

그러므로 제가 이 시점에 던져야 할 질문은 여러분이 어떤 종류의 삶을 살고 있느냐, 또는 얼마나 선한 일을 하고 있느냐, 얼마나 많은 돈을 가치 있는 일에 쓰고 있느냐, 얼마나 많은 관심을 배고픈 자들을 돕는 일에 쏟고 있느냐가 아닙니다. 저는 전쟁이나 원자탄이나 흑백 문제에 대해 여러분이 어떤 관점을 가지고 있는지 알고 싶지 않습니다. 그렇습니다. 정말 여러분이 던져야 할 질문은 이것입니다. "너희는 그리스도에 대하여 어떻게 생각하느냐"마 22:42. 그는 칼이십니다. "내가 온 것은 사람이 그 아버지와……불화하게 하려 함이니"마 10:35. "화평이 아니요 검을 주러 왔노라"마 10:34. 주님은 진짜 그렇게 하셨습니다. 여러분에게 그는 어떤 분이십니까?

세번째 원리는 훨씬 더 도전적으로 이들의 차이를 드러내고 있습니다. 사도행전 5장 마지막 두 구절이 확연히 보여주는 것은, 그리스도인들이 주 예수 그리스도를 믿는 데서만 그치지 않고 그를 기뻐하며 자랑하는 자리까지 나아간다는 것입니다. 그리스도는 그리스도인의 전부입니다.

우리는 여기에서 두 가지 다른 행동방식을 봅니다. 산헤드린은 사도들을 죽이려 했고, 주님을 섬긴다는 이유로 그들을 제거하려 했습니다. 반면에, 그리스도인들은 기뻐했습니다! 그리스도인은 그리스도와의 관계가 그 생명과 삶 전체를 절대적으로 지배한다는 점에서 다르다는 것이 명백히 보이지 않습니까? 이 점을 분명히 짚어 봅시다. 기독교는 더 나은 삶을 살겠다고 결심하거나 교회에 다니겠다고 결심하는 것이 아닙니다. 절대 아닙니다. 반복하건대, 기독교는 주 예수 그리스도의 지배를 받는 것이며 그를 기뻐하는 것입니다.

41절은 사도들이 "그의 이름을 위하여for his name 능욕받는 일에 합당한 자로 여기심을 기뻐하면서 공회 앞을 떠나니라"라고 말하고 있습니다. 이보다 더 좋은 번역은 "그 이름을 위하여for the name 능욕받는 일에 합당한 자로 여기심을 기뻐하면서 공회 앞을 떠나니라"입니다(한글 개역성경에는 "그 이름을 위하여"라고 후자의 입장에서 번역되어 있다-옮긴이). 이것이 그리스도인에 대한 참된 묘사입니다. 하나님이 인류에게 제시하신 그 "이름"은 세상에 나타나신 인간 예수만 가리키는 말이 아니라, 모든 직무를 맡고 계신 이 복되신 분 전체를 가리키는 말입니다.

달리 말해서 그리스도인은 자신의 믿음을 부끄러워하지 않습니다. 자신이 그리스도를 따른다는 사실을 사무실이나 학교나 공장이나 집에서 숨기지 않습니다. 절대 그러지 않습니다. 그들은 자신이 그리스도를 믿는 것과 그에게 속한 것을 자랑스럽게 여깁니다. '그리스도인'이라는 이름을 자랑스럽게 여깁니다. '그리스도인'은 '그리스도께 속한 사람'이라는 뜻으로서-그 이름 자체에 이 뜻이 담겨 있습니다-그리스도인은 그 사실 드러내기를 무서워하지 않습니다. 그리스도의 이름은 그들의 전부입니다. 그들은 그 이름을 기뻐하며 높입니다. 자랑합니다.

실제로 성경은 사도들이 그 이름을 위하여 능욕받는 일까지 자랑스러워했다고 말합니다. 그들은 구타와 매질을 당하고 나서도-아주 고통스러운 과정을 겪고 나서도-오히려 "그 이름을 위하여 능욕받는 일에 합당한 자로 여기심을 기뻐"했습니다. 사람들은 이 구절을 "그 이름을 위하여 불명예스러워지는 것을 명예롭게 여겼다"고 번역해야 한다고 계속 주장해 왔습니다. 사도들은 그 이름을 위하여 모욕당하고 냉대당하는 것을 자랑으로 여겼습니다.

좀더 자세히 살펴봅시다. 사도들은 예수의 이름으로 말하지 말라는 엄중한 명령을 받았습니다. 위협도 세 번 이상 받았습니다. 산헤드린은 마지막 재판에서 그들을 죽이려 했고, 가말리엘이 관여치 않았다면 자신들의 뜻대로 처리했을 것입니다. 사도들은 자신들이 집행유예 상태에 있으며 큰 위험에 처해 있음을 알았습니다. 그런데도 "날마다 성전에 있든지 집에 있든지 예수는 그리스도라고 가르치기와 전도하기를 그치지" 않았습니다.

그들은 그 이름을 위해 죽을 준비가 되어 있었습니다. 그들은 그 이름을 부인하느니 차라리 죽기를 바랐습니다. 그 이름을 위해서라면 죽어도 상관이 없었습니다. 이것이 사람을 그리스도인으로 만드는 요소입니다. 어쨌든 도움이 되겠지라는 생각으로 기독교 입문을 결심한다고 해서 그리스도인이 되는 것이 아닙니다. 절대 아닙니다. 기독교가 여러분의 전부를 차지해야 합니다. 여러분이 모든 면에서 "그 이름"을 자랑하게 되어야 합니다. 그 이름을 위해서라면 못할 일이 없어야 합니다. 여러분의 목숨까지 내놓을 수 있어야 합니다.

이것이 기독교입니다. 이제 아시겠습니까? 기독교는 크고 영광스러운 것임을, 극적인 것일 뿐 아니라 가슴 떨리는 것임을 아시겠습니까? 여기 고귀한 영혼들이 있습니다. 우리가 영웅이라고 부르는 사람들이 있습니다. 그들을 필두로 각 시대에 이런 영웅들이 수없이 등장했습니다. 이런 것이 기독교라는 사실을 알고 있습니까? 아니면 산헤드린 공회원들처럼 무시하고 있습니까? 여러분은 이 이름 때문에 비판받을까 봐 두려운 마음 반, 자기 믿음을 부끄러워하는 마음 반으로 살아가는 그리스도인입니까? 기독교는 여기 나오는 이런 것입니다. 기독교의 참모습을 보았다면, 이제는 여러분도 이 초기 신자들과 같은 반응을 보여야 합니다.

마지막으로, 사도들은 왜 그리스도의 이름을 기뻐했을까요? 왜 그 이름을 위해 능욕받거나 죽는 일에 합당한 자로 여기심을 가장 큰 명예로 생각했을까요? 거기에는 몇 가지 이유가 있습니다.

첫째로, 그리스도인들은 주님의 주님되심 때문에 그 이름을 기뻐했습니다. 그들은 그런 분과 연관되는 것을 기뻐했습니다. 그는 어떤 분이십니까? 우리가 속해 있는 이 예수, 우리가 그 이름을 부르며 전파하는 그리스도는 어떤 분이십니까? 그에 대한 서술이 여기 있습니다.

> 옛적에 선지자들을 통하여 여러 부분과 여러 모양으로 우리 조상들에게 말씀하신 하나님이 이 모든 날 마지막에는 아들을 통하여 우리에게 말씀하셨으니 이 아들을 만유의 상속자로 세우시고 또 그로 말미암아 모든 세계를 지으셨느니라. 이는 하나님의 영광의 광채시요 그 본체의 형상이시라. 그의 능력의 말씀으로 만물을 붙드시며……히 1:1-3

주님은 이런 분이십니다! 사도들은 바로 이 예수에 대해 말하지 말라는 명령을 거부했습니다. 사도들은 이분을 위해 죽을 준비가 되어 있었습니다. 그는 영광의 주이십니다! 만왕의 왕이요 만주의 주이십니다! 인간 예수인 동시에 우주의 창조자이십니다. 그리스도인들이 그 이름을 즐겨 부르는 이유가 이것입니다. 그 이름과 연관되기를 바라는 이유가 이것입니다. 그는 지금 영원한 영광 가운데 하나님 우편에 앉아 계십니다.

사도 바울은 에베소 교인들에게 편지를 쓰면서, 그들이 알기를 바라고 기도하는 일들이 있다고 말합니다.

그의 부르심의 소망이 무엇이며 성도 안에서 그 기업의 영광의 풍성함이 무엇이며 그의 힘의 위력으로 역사하심을 따라 믿는 우리에게 베푸신 능력의 지극히 크심이 어떠한 것을 너희로 알게 하시기를 구하노라. 그의 능력이 그리스도 안에서 역사하사 죽은 자들 가운데서 다시 살리시고 하늘에서 자기의 오른편에 앉히사 모든 통치와 권세와 능력과 주권과 이 세상뿐 아니라 오는 세상에 일컫는 모든 이름 위에 뛰어나게 하시고 엡 1:18-21.

여러분은 위인들과 지체 높은 사람들, 왕, 군주, 황제, 대통령과 연관되는 것을 자랑스럽게 여깁니다. 그래서 "내가 그분들을 좀 알지. 전에 자리를 함께했거든"이라는 식으로 말합니다. 촌수가 멀더라도 어떤 위인과 한집안이라는 사실만 입증할 수 있다면, 사람들 앞에서 그 특권을 과시하려 들지 않겠습니까? 사람들은 자신이 특정 가문 출신, 특정 집안 출신임을 입증하는 데 많은 돈과 시간을 씁니다. 저는 그런 일을 비난하려는 것이 아닙니다. 좋습니다. 사람들은 그런 일을 합니다. 그들은 나라에도 같은 감정을 느껴서, 이를테면 '영국 국민의 이름으로'라는 표현을 씁니다. 사람들은 조국을 위해 죽을 준비가 되어 있습니다. 그리고 실제로 조국의 이름을 위해 죽습니다. 그 이름을 높이며 자랑하고 크게 기뻐합니다. 좋습니다. 여러분도 그런 생각을 가지고 있다면, 이제 논리적으로 판단해 보십시오. 존귀해지고 싶습니까? 영광을 얻고 싶습니까? 그렇다면 그분과 관계를 맺으십시오! "이는 하나님의 영광의 광채시요 그 본체의 형상이시라."

예수의 이름이 부끄럽습니까? 자신이 그의 것이라는 사실을 인정하기가 부끄럽습니까? 이 사실을 평상시에는 숨기고 있다가 주일에만 조용히 드러냅니까? 하나님께서 그 자비하심으로 여러분의 눈을 열어, 여러분이 지금 우주의 주, 만물이 그를 통해 창조되고 그로 말미암아 창조된 분, 하나님이 "만물의 으뜸"골 1:18을 삼으시는 분을 부끄러워하고 있다는 사실을 깨우쳐 주시기를 바랍니다.

골로새의 그리스도인들은 철학을 집적대는 것을 똑똑한 짓으로 생각했습니다. 그러나 그보다 더 어리석은 짓은 없습니다! 그들은 철학의 똑똑한 가르침을 바울의 복음에 덧붙여도 된다고 생각했습니다. 그러나 바울은 그들에게 "지금 무슨 짓을 하느냐?"고 묻습니다. "누가 철학과 헛된 속임수로 너희를 사로잡을까 주의하라. 이것은 사람의 전통과 세상의 초등학문을 따름이요 그리스도를 따름이 아니니라"- 왜 그렇습니까?-"그 안에는 신성의 모든 충만이 육체로 거하시고"골 2:8-9. 이 예수를 거부하란 말입니까? 이 예수를 더 이상 전하지 말란 말입니까? "아니, 그럴 수 없다"고 사도들은 말합니다. 이 예수는 하나님의 아들이십니다! 성육신하신 하나님이십니다! 신성의 절대적이고 완전한 충만함이 육신의 형체로 그 안에 거하고 있습니다. 이것이 사도들이 그리스도의 이름을 기뻐한 첫번째 이유였습니다.

두번째 이유도 있습니다. 그리스도인은 주님이 자신들을 위해 행하신 일 때문에 그 이름을 기뻐하며 그 이름을 위해 기꺼이 모든 일을 감수합니다. 하나님은 그 아들을 구주로 지명하셨습니다. 그래서 영광의 주님이 세상에 오신 것입니다. 그는 우리를 구원하러 오셨습니다. 다른 이유는 없었습니다. 재미삼아 오신 것도 아니고, 실험삼아 오신 것도 아닙니다. 그는 "인자가 온 것은 잃어버린 자를 찾아 구원하려 함이니라"고 말씀하셨습니다눅 19:10. 바울은 이렇게 썼습니다. "때가 차매 하나님이 그 아들을 보내사 여자에게서 나게 하시고 율법 아래에 나게 하신 것은 율법 아래에 있는 자들을 속량하시고"갈 4:4-5.

오, 인간이 복음 메시지를 전하는 것보다 더 말이 안되는 일은 없습니다! 하찮은 인간이 어떻게 이런 큰 주제를 다루겠습니까?

가장 높은 영광의 왕국에서
가장 낮은 저주의 십자가로.
―로버트 로빈슨Robert Robinson

예수 그리스도! 만유 위에 뛰어난 이름! 하나님 아들의 이름! 그는 하나님과 우리를 화목하게 하는 데 필요한 모든 일을 하셨습니다. "그가 우리를 대신하여 자신을 주심은 모든 불법에서 우리를 속량하시고 우리를 깨끗하게 하사 선한 일을 열심히 하는 자기 백성이 되게 하려 하심이라"딛 2:14. "친히 나무에 달려 그 몸으로 우리 죄를 담당하셨으니 이는 우리로 죄에 대하여 죽고 의에 대하여 살게 하려 하심이라"벧전 2:24. 그는 나를 위해 죽으셨습니다! 그런데 내가 어떻게 그를 부끄러워할 수 있겠습니까? 그것은 생각만 해도 우스운 일입니다! 사도들은 그 이름이 참됨을 알고 있었고, 따라서 기뻐하지 않을 수 없었습니다.

이번에는 주님이 우리를 어떤 존재로 만드셨는지 생각해 보십시오. 그는 "하나님을 위하여 우리를 나라와 제사장으로 삼으"셨습니다계 1:6. 용서와 죄사함을 받고 하나님과 화목하게 되는 데서 그치지 않고, 하나님의 자녀요 "신성한 성품에 참여하는 자"벧후 1:4, "하나님의 상속자요 그리스도와 함께한 상속자"롬 8:17가 되게 해주셨습니다. 그런데도 믿지 않는다니, 너무 어리석지 않습니까?

세상의 출세주의자들을 보십시오. 그들은 이름이 알려진 사람과 관계를 맺고자 애를 쓰며 위대한 집안 출신임을 입증하고자 애를 쓰면서도 복음은 원하지 않습니다. 산헤드린은 복음을 거부했으며 복음 전하는 자들을 죽이려 했습니다. 오늘날 사람들도 복음을 조롱하며 비웃는 것을 똑똑한 짓으로 생각합니다. 불신앙은 정말이지 눈멀어 있지 않습니까? 이것이야말로 마귀와 지옥의 맹목 아니겠습니까? 이 이름이 지금 여러분 앞에 주어져 있습니다. 요한의 말을 들어 보십시오. "보라, 아버지께서 어떠한 사랑을 우리에게 베푸사 하나님의 자녀라 일컬음을 받게 하셨는가, 우리가 그러하도다. 그러므로 세상이 우리를 알지 못함은 그를 알지 못함이라. 사랑하는 자들아, 우리가 지금은 하나님의 자녀라. 장래에 어떻게 될지는 아직 나타나지 아니하였으나 그가 나타나시면 우리가 그와 같을 줄을 아는 것은 그의 참모습 그대로 볼 것이기 때문이니"요일 3:1-2. 그는 우리를 위해 이 일을 해주셨습니다.

여러분의 주님은 값 주고 용서를 사주셨으며, 죄를 도말하여 새사람으로 만들어 주셨고, 하나님의 자녀로 하늘의 왕가에 편입시키심으로써 자신과 함께 장차 올 영광의 상속자가 되게 해주셨습니다. 또 성령을 보내서, 그분 안에 거하던 성령이 여러분 안에도 거하게 해주셨습니다. 그는 여러분을 위해 이런 일들을 해주셨습니다. 여러분을 이런 사람들로 만들어 주셨습니다. 그래서 사도들이 그를 기뻐하며 침묵하기를 거부한 것입니다.

이번에는 주님이 이 세상의 삶을 어떻게 바꾸어 주시는지 생각해 보십시오. 그는 우리에게 완전히 새로운 인생관을 주십니다. 저를 무엇보다 기쁘게 하는 것은 이 삶-이 세상에서의 삶-에 관한 진리를 깨닫도록 지각을 주신 일로서, 나이가 들수록 더욱더 그것이 기쁘게 느껴집니다. 신문을 읽다 보면 수년 전에 알고 지냈으나 저와 다른 길을 간 사람들의 부고를 발견하게 됩니다. 그러나 저는 하나님의 은혜로 하찮은 설교자가 되었고 그리스도인이 되었습니다. 제 눈을 열어 세상의 실상을 보게 해주신 하나님, 이른바 세상의 번쩍이는 목표들이 결국은 공허하고 허망한 것임을 보게 해주신 하나님께 감사를 드립니다.

이 세상의 힘, 세상과 육신과 마귀의 힘에서 놓여 나는 것보다 더 멋진 일은 없습니다. 모든 헛된 과시와 속임수와 가식을 꿰뚫어 보는 것, 베드로의 말처럼 "세상에서 썩어질 것을 피하"는 것보다벧후 1:4 더 멋진 일은 없습니다! 썩어질 것! 오염! 불결함! 그런 것에서 놓여 나는 것보다 더 멋진 일이 있겠습니까? 주님이 하시는 일이 바로 그것입니다. 주님은 그 모든 것에서 우리를 건져 내십니다. 저의 행복은 제 주변에서 일어나는 일에 좌우되지 않습니다. 저의 행복은 텔레비전 다음 프로그램이나 제가 먹고 마실 수 있는 음식의 양에 좌우되지 않습니다. 절대 그런 것에 좌우되지 않습니다. 저는 세상에 의지하지 않는 사람이 되었습니다.

그뿐 아니라 그리스도는 여러분이 세상에서 살아갈 수 있도록 도우시며 유혹을 이길 수 있도록 도우십니다. 그리스도인도 이 세상에 사는 한 유혹을 받고 시험을 받습니다. 그러나 이제는 혼자 감당할 필요가 없습니다. "그러므로 그가 범사에 형제들과 같이 되심이 마땅하도다. 이는 하나님의 일에 자비하고 신실한 대제사장이 되어 백성의 죄를 속량하려 하심이라. 그가 시험을 받아 고난을 당하셨은즉 시험 받는 자들을 능히 도우실 수 있느니라"히 2:17-18. 이런 분을 부끄러워하겠습니까? 이런 분을 부인하겠습니까? 이런 분을 전하지 않고 입을 다물겠습니까? 절대 그럴 수 없습니다! 그가 없으면 여러분은 멸망합니다.

내 죄의 권세 깨뜨려
그 결박 푸시고.
-찰스 웨슬리

오직 믿고 알고 구하기만 하면, 여러분이 도덕적으로 싸우고 투쟁하고 애쓸 때든지 실패해서 넘어질 때든지 그가 함께해 주실 것입니다. 그는 여러분의 대제사장이십니다. 우리가 어떻게 하나님께 기도할 수 있습니까? 이 위격이 없다면 우리는 기도할 수 없습니다. 여러분은 그의 이름으로 기도합니다. 히브리서 기자는 말합니다. "그러므로 우리는 긍휼하심을 받고 때를 따라 돕는 은혜를 얻기 위하여"-이 위대한 대제사장을 통해-"은혜의 보좌 앞에 담대히 나아갈 것이니라"히 4:16.

또한 그리스도는 여러분에게 권능을 주십니다. 사도들은 백성들을 향해 다음과 같이 말한 적이 있습니다. "우리 개인의 권능과 경건으로 이 사람을 걷게 한 것처럼 왜 우리를 주목하느냐"-아니, 그들이 한 일이 아닙니다!-"그 이름을 믿으므로 그 이름이……너희 모든 사람 앞에서 이같이 완전히 낫게 하였느니라"행 3:12, 16. 그들이 주님을 자랑한 이유가 여기 있습니다.

사도들은 고난받는 것까지 자랑스러워했습니다. 고난받는 그리스도인은 결과적으로 자신들의 주님과 같은 범주에 속하게 되기 때문입니다. 세상이 여러분을 비웃고 박해하고 조롱하며 그리스도인이라는 이유로 미쳤다고 말한다면, 여러분은 큰 칭찬을 받을 것입니다. 주님도 같은 말을 들으셨기 때문입니다. 여러분은 그의 자취를 따라가는 것입니다벧전 2:21.

주님이 이 세상의 삶을 얼마나 바꾸어 놓으시는지, 오, 죽음을 얼마나 바꾸어 놓으시는지! 사도들이 그의 이름을 위하여 능욕받는 것을 명예롭게 여긴 이유가 여기 있습니다. 그들이 "날마다 성전에 있든지 집에 있든지" 계속해서 전파한 이유도 여기 있습니다. 그들은 더 이상 죽음을 두려워하지 않았습니다. 그는 죽음을 변형시키셨으며 변모시키셨습니다. 죽음은 더 이상 공포의 대상이 아닙니다. 비그리스도인들은 죽음을 두려워해도 그리스도인들은 죽음을 대면할 수 있으며, 사도 바울처럼 "사망아, 너의 승리가 어디 있느냐. 사망아, 네가 쏘는 것이 어디 있느냐. 사망이 쏘는 것은 죄요 죄의 권능은 율법이라. 우리 주 예수 그리스도로 말미암아 우리에게 승리를 주시는 하나님께 감사하노니"라고 말할 수 있습니다고전 15:55-57.

여러분은 죽음을 앞에 두고서도 웃을 수 있습니다. 무덤을 무시할 수 있습니다. 그리스도는 승리자이십니다. 그는 부활하셨고 승천하셨습니다. 바울은 빌립보 사람들에게 "나는 옥에 갇혀 있다. 늙었고 죽음의 위협까지 받고 있다. 그러나 내 걱정은 하지 말라"고 말했습니다. "이는 내게 사는 것이 그리스도니 죽는 것도 유익함이라"빌 1:21. 유익함이니라! 왜 유익합니까? 죽음은 "떠나서 그리스도와 함께 있"는 더 좋은 일이기 때문입니다빌 1:23.

그러므로 우리는 노래합니다.

숨쉬는 동안 주의 사랑

쉬지 않고 전하겠네.

그다음 가사를 들어 보십시오!

숨질 때에도 음악 같은 그 이름으로
내 영혼 새롭게 하옵소서.¹
—존 뉴튼 John Newton

다른 이름은 숨질 때 여러분의 영혼을 새롭게 해주지 못합니다. 여러분이 좋아하는 영화배우와 가수와 연기자들도 여러분의 영혼을 새롭게 해주지 못합니다. 여러분이 응원하는 풋볼팀도 새롭게 해주지 못합니다. 그런 것들은 조롱거리로 전락할 것이며, 오히려 여러분에게 해가 될 것입니다. 그러나 이 이름은 여러분이 죽어서 영원한 미지의 세계로 들어갈 때 여러분의 영혼을 새롭게 해줄 수 있습니다. 이 얼마나 놀라운 이름입니까! 이런 이름을 부인하겠습니까? 이 이름을 부인하면 이 세상에서 아무것도 얻지 못할뿐더러, 죽을 때에는 더더구나 아무것도 얻지 못할 것입니다.

영원토록 저와 모든 그리스도인들을 사로잡을 주제를 마무리하기 위해, 이 이름이 살았을 때나 죽을 때뿐 아니라 영원에 이르도록 끼치는 효과에 대해 생각해 보시기를 권합니다. 그분이 저기 하나님 우편에 앉아서 "자기 원수들을 자기 발등상이 되게 하실 때까지 기다리"고 계십니다 히 10:13. 여러분은 어떤지 모르겠지만, 저는 승자의 편에 서고 싶습니다. 승리의 날, 마지막 대환호의 날, '대관식' 날에 참석하고 싶습니다. 제가 이 이름과 관계를 맺는 이유, 이 이름을 부인하지 않는 이유, 이 이름을 기뻐하는 이유가 여기 있습니다.

그는 "영원하신 왕 곧 썩지 아니하고 보이지 아니하"는 분이십니다 딤전 1:17. 그가 모든 원수들을 멸하러 오실 것입니다. 통치하러 오실

---

1 통일찬송가 81장 4절 참조-옮긴이.

것입니다. 그의 영광스러운 나라를 세우러 오실 것입니다. 저는 그가 오실 때 제 눈으로 그를 볼 것이며, 그를 보는 그리스도인들마다 "그와 같이" 되리라는 말씀을 믿습니다요일 3:2. 그는 영화로워지셨습니다. 우리도 영화로워질 것입니다.

바울은 빌립보서의 유명한 구절에서 이 점을 설명하고 있습니다. 그는 하늘로부터 오실 구주에 대해 이렇게 말합니다. "그러나 우리의 시민권은 하늘에 있는지라. 거기로부터 구원하는 자 곧 주 예수 그리스도를 기다리노니 그는 만물을 자기에게 복종하게 하실 수 있는 자의 [강력한] 역사로 우리의 낮은 몸을"–나의 이 부끄러운 몸을–"자기 영광의 몸의 형체와 같이 변하게 하시리라"빌 3:20-21.

그가 오실 것입니다! 그가 이 끝에서 저 끝까지 통치하실 것입니다. 그를 믿는 모든 자, 그의 편에 선 모든 자, 그에 대해 계속 전하기를 고집한 모든 자, 그를 자랑한 모든 자가 그와 함께 통치하면서 세상과 천사를 심판할 것입니다. 바울은 이렇게 쓰고 있습니다. "하늘에 있는 자들과 땅에 있는 자들과 땅 아래에 있는 자들로 모든 무릎을 예수의 이름에 꿇게 하시고 모든 입으로 예수 그리스도를 주라 시인하여 하나님 아버지께 영광을 돌리게 하셨느니라"빌 2:10-11. 이것을 아는 사람은 무슨 일이 벌어지든 상관없이, 칭송을 받든 비난을 받든 상관없이, 즐거움을 누리든 고통을 겪든 상관없이 그를 자랑합니다. 살았을 때든지 죽을 때든지 그와 관계를 맺는 것보다 더 중요한 일은 없습니다. 그리스도인들은 그를 믿는 모든 자, 그를 기뻐하는 모든 자에게 장차 주실 영광을 바라보며 기뻐합니다.

여러분, 그리스도를 이런 분으로 생각하고 있습니까? 그분과 이런 관계를 맺고 있습니까? 그분이 여러분의 전부를 차지하고 계십니까? 세상의 삶을 바라보는 관점, 주변에서 일어나는 모든 일을 바라보는 관점을 통제하고 계십니까? 여러분 삶의 중심이자 둘레가 되고 계십니까? 여러분은 그의 자발적인 종입니까? 그렇지 않다면 산헤드린 공회원들과 똑같이 눈멀어 있는 것입니다.

오, 간청하건대 그를 다시 바라보십시오. 성령께서 눈을 열어 주시고 지각을 주시기를 기도하면서 바라보면, 저와 함께 기꺼이 찰스 웨슬리의 고백을 하게 될 것입니다.

    예수! 만유 위에 뛰어난 이름
    지옥에서나 땅 위에서나 하늘에서나
    천사와 인간은 무릎 꿇고
    마귀는 무서워 도망가네.

    예수! 죄인에게 주신 이름이요
    죄인에게 귀한 이름일세.
    모든 죄의 두려움은 사라지고
    지옥도 천국으로 화하도다.

찰스 웨슬리의 입을 빌어 마지막 고백을 하겠습니다.

    유일한 그의 의를 나타내고
    그 구원의 은혜 선포하리.
    이 땅에서 내가 할 일은
    이렇게 외치는 것, 어린양을 보라!

    마지막 숨을 내쉴 때에도
    그 이름 말할 수 있다면 얼마나 좋을까.
    죽을 때에도 만민에게 전하며 외치리라.
    보라, 어린양을 보라!
    -찰스 웨슬리

15

성령의 역사

이제 내가 너희에게 말하노니 이 사람들을 상관하지 말고 버려두라. 이 사상과 이 소행이 사람으로부터 났으면 무너질 것이요 만일 하나님께로부터 났으면 너희가 그들을 무너뜨릴 수 없겠고 도리어 하나님을 대적하는 자가 될까 하노라 하니.

사도행전 5:38-39

오늘은 성령강림주일입니다. 이날의 의미는 무엇일까요? 어떤 사람은 "오, 그건 교회의 한 절기지요"라고 말합니다.

그렇다면 교회는 왜 성령강림주일을 한 절기로, 기념일로 지킵니까? 저는 그 점을 여러분과 함께 살펴보되, 특별히 가말리엘이 산헤드린 앞에서 진술한 내용을 통해 살펴보고자 합니다. 우리는 가말리엘이라는 인물을 고찰했으며, 그의 심각한 착오와 결함을 보았습니다. 그는 겉으로는 아주 훌륭해 보이는 사람이었지만, 진리에 대해서는 산헤드린에서 가장 펄펄 뛰며 분개하던 자들 못지않게 눈멀어 있었습니다.

그러나 이처럼 결함이 있었고 지각과 통찰의 측면에서 결함이 있었음에도 불구하고, 그가 아주 훌륭한 질문을 제기했다는 것만큼은 분명한 사실입니다. 그 질문이란 "어떻게 어떤 일이 하나님의 역사役事인지 사람의 역사인지 알 수 있겠느냐?" 하는 것입니다. 저는 여러분과 함께 이 질문을 고찰해 보고자 합니다. 그런데 이 질문과 성령강림주일은 서로 어떤 관계가 있을까요? 그 답은 이것입니다. 첫번째 성령강림주일에 예루살렘에는 아주 희한한 사건이 벌어졌습니다. 이른바 오순절 날에 일어난 이 사건, 지금 우리가 성령강림주일이라고 부르는 날 벌어진 이 사건이 없었다면, 사도들이 산헤드린 앞에서 재판받는 일도 없었을 것입니다.

복음서와 사도행전 앞장들을 읽어 보면 일이 여기까지 진행되어 온 과정을 알게 됩니다. 팔레스타인에 나사렛 예수라는 한 젊은 선생이 나타났습니다. 그는 갈릴리 나사렛이라는 작은 동네에서 목수로 일했으며, 그를 아는 사람은 소수에 불과했습니다. 그러던 그가 서른 살이 되면서 갑자기 공적인 사역을 시작했고, 그것을 본 사람들은 모두 깜짝 놀랐습니다. 그는 어디에서 훈련받은 적도 없었고 학문을 배운 적도 없었습니다. 그런데도 그의 가르침에는 권위가 있었고, 바리새인이나 서기관들과는 달리 깊이 이해하고 있다는 증거가 뚜렷이 나타났습니다. 게다가 그는 기적도 행했습니다.

이렇게 하여 그는 진기한 인물이 되었습니다. 3년이 지난 후 바리새인과 서기관과 사두개인과 헤롯당과 그 밖의 당국자들이 음모를 꾸미며 그를 체포했습니다. 그리고 어느 금요일 새벽, 부당하게 그를 정죄하여 매질했습니다. 그리고 십자가에 못박아 죽였습니다. 그의 친구 두 사람은 십자가에 달린 그의 시신을 내려 무덤에 장사지냈습니다. 그런데 중요한 사실은 그가 그 무덤에서 다시 살아났다는 것입니다!

이 젊은 선생이 활동하는 동안 많은 이들이 주변에 모여들었는데, 그중에서도 특별히 열두 명이 제자로 부름을 받아 나중에 사도가 되었습니다. 그들은 예수께서 분명히 연약한 모습으로 체포되어 십자가에서 죽는 모습을 보고 뿔뿔이 흩어졌습니다. 그것은 그들 자신이 정직하게 인정한 사실입니다. 모든 희망이 산산조각 난 상황에서 그들은 대체 무엇을 해야 좋을지 알 수가 없었습니다. 그런데 셋째 날이 되었을 때, 그들 중 몇 사람이 무덤의 돌이 치워져 있고 그 안은 텅 비어 있다는 소식을 전했습니다. 그후에 예수께서 문득 그들 가운데 나타나셨고, 40일에 걸쳐 거듭 나타나셨습니다. 그는 제자들에게 모든 것을 설명하시고 가르쳐 주셨습니다. 그리고 감람산 꼭대기에서 그들 중 일부가 지켜보는 가운데 갑자기 하늘로 올라가셨습니다. 그런데 주님은 그렇게 하늘로 올라가시기 전, 앞으로 무언가 강력한 일이 일어날 테니 예루살렘으로 돌아가 기다리라고 명하셨습니다. 즉 성령세례를 기다리라고 말씀하신 것입니다. 그는 제자들에게 이르셨습니다. "성령이 너희에게 임하시면 너희가 권능을 받고 예루살렘과 온 유대와 사마리아와 땅 끝까지 이르러 내 증인이 되리라"행 1:8. 그래서 사도들은 예루살렘으로 돌아가 열흘 동안 기다리며 기도했습니다.

누가는 사도행전 2장의 극적인 이야기를 통해 그후에 일어난 일을 기록하고 있습니다.

> 오순절 날이 이미 이르매 그들이 다 같이 한곳에 모였더니 홀연히 하늘로부터 급하고 강한 바람 같은 소리가 있어 그들이 앉은 온 집에 가득하며 마치 불의 혀처럼 갈라지는 것들이 그들에게 보여 각 사람 위에 하나씩 임하여 있더니 그들이 다 성령의 충만함을 받고 성령이 말하게 하심을 따라 다른 언어들로 말하기를 시작하니라 행 2:1-4.

이 사건은 큰 물의를 일으켰습니다. 사람들은 무지한 제자들이 각각 자신들이 사는 나라의 방언과 언어로 하나님의 큰일에 대해 말하는 기이한 현상을 보기 위해 몰려들었습니다. 군중은 큰 혼동과 혼란에 빠졌습니다. 그러자 베드로가 일어나 이 일이 대체 어찌 된 것인지 설명했습니다. 그는 군중이 십자가에 못박은 예수야말로 하나님의 아들이시라고, 그가 죽은 자들 가운데서 살아나신 일이 바로 그 증거라고 말했습니다. "하나님이 오른손으로 예수를 높이시매 그가 약속하신 성령을 아버지께 받아서 너희가 보고 듣는 이것을 부어 주셨느니라" 행 2:33. 그리고 계속해서 "주와 그리스도"되신 "이 예수"를 십자가에 못박은 것이야말로 그들의 극악무도한 죄임을 밝혔습니다. 설교가 끝나자 3천 명이 그 메시지를 믿고 신자들의 무리에 더해졌습니다.

우리는 사도행전 3장에서 5장까지 서술된 사건-못 걷는 사람을 고친 사건과, 그 결과 발생한 일들-을 함께 살펴보았습니다. 그리고 이제 우리의 주목을 끄는 가말리엘의 질문에 도달하게 되었습니다. 이 모든 일은 어떻게 일어났습니까? 사도들의 말대로입니까? 정말로 예수께서 사도들에게 성령을 보내 주신 것입니까? 사도들은 산헤드린 앞에서 이렇게 증언했습니다. "우리는 이 일에 증인이요 하나님이 자기에게 순종하는 사람들에게 주신 성령도 그러하니라 하더라" 행 5:32. 그들은 이 모든 것이 성령의 역사라고 말했습니다. 그러나 산헤드린 공회원들은 그 말에 동의하지 않았음이 분명합니다. 왜냐하면 사도들을 죽이려 했기 때문입니다. 그러나 일종의 균형을 유지하고 있었던 가말리엘은 동료들에게 질문을 던졌습니다. "이 일이 정말 하

15
성령의 역사

나님의 역사일까요, 아닐까요? 저는 이 문제를 여러분과 논의하고 싶습니다. 여러분은 어떻게 이 일이 하나님의 역사인지 아닌지 구별하겠습니까?"

어떤 이는 말합니다. "세상에, 내가 왜 그런 문제를 생각해야 합니까? 그것이 오늘날 세계의 상황과 무슨 상관이 있다고요? 자리에 앉아 책이나 읽고 이런 문제나 논하는 것밖에는 할 일이 없는 당신네 설교자들이나 흥미를 느낄 낡은 질문 아닙니까? 그것이 대체 나와 무슨 상관이 있단 말입니까?"

제가 말씀드리겠습니다. 이것은 지금의 삶과 이후의 삶을 결정짓는 질문이기 때문에 지극히 중요합니다. 이 일은 과연 하나님의 역사입니까? 그 대답 여하에 따라 우리의 영원한 운명 전부가 달라집니다. 사도들이 옳습니까, 산헤드린 공회원들이 옳습니까? 여러분은 과연 어떻게 대답하겠습니까? 하나님의 성령이 일으키신 역사임을 나타내는 신빙성 있는 표지는 무엇입니까? 우리는 그것을 찾아내야 합니다.

성령의 역사와 하나님을 대적하는 영의 역사를 구별하기가 늘 쉽지는 않다는 점부터 짚고 넘어갑시다. 그것이 분명하고 확실하게 구별되는 일이었다면 가말리엘 같은 사람이 이처럼 당황할 필요가 없었을 것입니다. 제가 이렇게 말할 수 있는 근거는 주님께 있습니다. 마태복음 24:24을 보십시오. "거짓 그리스도들과 거짓 선지자들이 일어나 큰 표적과 기사를 보여 할 수만 있으면 택하신 자들도 미혹하리라." 신약성경은 이런 경고로 가득 차 있습니다. 이것은 초대교회의 삶을 큰 곤경에 빠뜨렸던 문제임이 분명합니다.

거짓 그리스도와 거짓 선지자들은 늘 있었습니다. 그뿐 아니라 이른바 세계 주요 종교들도 수세기에 걸쳐 생겨났습니다. 그 종교들은 과연 하나님께로서 나왔을까요? 그 종교들이나 기독교나 대등한 것일까요? 하나님의 이름을 내세우는 운동들이 많이 있습니다. 현재 우리 주변에 있는 사교들을 보십시오. 여호와의 증인, 크리스천 사이언스를 비롯한 여러 사교들을 보십시오. 그 종교들은 하나같이 헌신을 요구하며, 어려운 자들에게 도움과 지원을 약속합니다. 하나님의 역사라고 주장하는 그런 종교들의 말이 사실인지 아닌지 어떻게 알 수 있습니까? 이것이 우리 앞에 주어진 문제이며, 우리가 직시해야 할 문제입니다.

거짓 가르침에 약간의 진리가 섞여 있거나 기독교의 본질적인 핵심을 은밀히 훼손하는 경우에 이 문제는 가장 풀기 어렵습니다. 그럴 때 참과 거짓을 어떻게 구별할 수 있습니까? 교회는 이 문제를 풀기 어렵다는 것을 경험으로 알고 있습니다. 부흥의 역사를 조금이라도 아는 사람이라면 이것이 자주 대두되었던 문제임을 알 것입니다.

한 강력한 세력이 세상에 영향을 끼치고 있습니다. 그것은 바로 악한 영들의 우두머리인 마귀의 세력입니다. 이것은 제 머리에서 나온 말이 아니라 신약성경의 가르침입니다. 사도 바울은 그 점을 이렇게 표현했습니다. "우리의 씨름은 혈과 육을 상대하는 것이 아니요 통치자들과 권세들과 이 어둠의 세상 주관자들과 하늘에 있는 악의 영들을 상대함이라"엡 6:12. 한 대적—강력한 권세, 마귀라고 불리는 타락한 천사—이 하나님께 반기를 들었다는 것이 성경 전체의 메시지입니다.

큰 세력을 가진 마귀의 가장 큰 야망은 언제나 하나님의 역사를 망치는 것입니다. 첫 창조 때에도 마귀는 그 일을 했습니다. 두번째 창조이자 새 창조인 교회의 삶과 관련해서도 마귀는 그 일에 진력하고 있습니다. 그것을 위해 마귀가 당연히 동원하는 방법은 하나님의 역사를 혼란스럽게 하는 것입니다. 그는 교회 안에 인간적인 요소를 끌어들이려 합니다. 마귀는 자주 이런 방법으로 사람들을 극단으로 몰고 갔으며, 진정한 부흥에 수치를 안겨 주었습니다. 지금 이 문제를 본격적으로 다룰 수는 없지만, 확실히 알아둘 필요는 있습니다. 두 역사를 분별하기 어려울 때가 종종 있기 때문입니다.

18세기 미국에 조나단 에드워즈Jonathan Edwards라는 위대한 인물이 있었습니다. 그는 여러 면에서 미국이 낳은 최고의 사상가였습니다. 그는 미국의 가장 위대한 성도 중 한 사람이었음이 분명합니다. 조나단 에드워즈는 엄청난 영적 각성과 부흥에 관여한 인물인 동시에 성경을 제대로 알고 있었던 영적 정신의 소유자로서, 부흥에는 무언가 이질적인 요소가 끼어들기 쉽다는 점을 인지했습니다. 마귀는 어떤 이들의 천부적 재능과 야심을 이용합니다. 그 결과 성령의 역사에 혼란을 야기합니다. 그래서 조나단 에드워즈는 『종교적 영향력에 관한 논문』*A Treatise concerning Religious Affections*[1]이라는 위대한 책을 써서 참과 거짓의 차이를 밝혀냈습니다. 그 차이를 깨닫기는 쉽지 않지만, 그래도 확신이 들 때까지 끈기 있게 구별해 내야 합니다. 그 일에 너무나 많은 것이 달려 있기 때문입니다.

그렇다면 그 차이를 어떻게 구별할 수 있습니까? 몇 가지 부정적인 원리부터 찾아보면 전혀 적합지 않은 검증방법이 몇 가지 있음을 알게 됩니다. 이 방법들부터 알아보는 것이 중요합니다. 이렇게 잘못된 검증방법으로 혼동을 겪는 사람들이 많은 만큼, 무엇이 잘못되었는지 분명히 알아 둘 필요가 있습니다. 첫째로, 기독교적인 용어를 쓴다고 해서 성령의 역사로 확신할 수는 없습니다. 저는 부흥의 역사를 통해 이 점을 쉽게 입증할 수 있습니다. 18세기 미국에 부흥이 일어났을 때 잘못된 요소를 끌어들인 자들도 분명히 기독교 용어를 사용했습니다. 사실 20세기 교회가 겪고 있는 비극이 전부 이런 것 아닙니까? 성경의 권위를 심하게 훼손한, 이른바 고등비평을 등장시킨 신학자들도 전통적인 언어를 계속 사용했습니다. 예컨대 그들도 "구주되신 그리스도"라는 말을 사용하지만, 그 말의 의미는 저나 여러분이 생각하는 의미와 다르며, 수세기에 걸쳐 교회가 사용해 온 의미와도 다르고, 사도들이 의도했던 의미와도 다릅니다. 그들은 같은 용어를 사용하지만 그 의미는 탈색시키고 있습니다. 어법은 고수하고 있지만 진리는 놓쳐 버렸습니다.

따라서 기독교적인 문구를 사용하느냐 아니냐로 진리를 검증할 수는 없습니다. 오히려 우리는 사람들이 주 예수 그리스도와 그의 십자가 죽음에 대해 이야기할 때, 단순히 사람의 역사로 보지 않고 하나님의 역사로 이해하느냐를 보아야 합니다.

---

[1] Republished London: Banner of Truth, 1961.

둘째로, 성공과 인기 역시 척도가 될 수 없습니다. 어떤 가르침이 지지를 얻었다고 해서 하나님께로서 나온 일이라고 볼 수는 없습니다. 거짓 운동에도 지지자가 따를 수 있습니다. 이 점을 입증하기란 전혀 어렵지 않습니다. 불교는 아주 인기 있는 종교입니다. 지난 10년간 실론에서 불교를 지향하는 대중운동이 일어났던 것을 아십니까? 다른 많은 종교나 운동들도 마찬가지입니다. 이슬람교가 거둔 성공을 생각해 보십시오.

셋째로, 단지 사람들이 도움을 받았다고 해서 성령이 임했다고 말할 수도 없습니다. 왜 사람들이 사교를 추종합니까? 분명히 도움이 된다고 느끼기 때문입니다. 저도 그런 사람들을 많이 알고 있습니다. 크리스천 사이언스를 비롯한 사교 신봉자들은 그 종교의 가르침이나 방법론이 자신들을 얼마나 놀랍게 변화시켰는지에 대해 증언합니다. 그렇습니다. 사람들이 이전보다 나아지고 행복해졌다고 느낀다거나 불면증에 시달리던 사람이 이제는 숙면을 취한다고 해서, 또는 병이 나았다고 해서 성령의 역사로 볼 수는 없습니다. 주님이 마태복음 24:24에서 친히 일깨우신 것처럼, 가짜들도 얼마든지 이런 일을 일으킬 수 있습니다.

마찬가지로, 특이한 현상이 나타난다고 해서 진정한 성령의 역사로 볼 수도 없습니다. 그런 현상은 거짓 운동에도 나타납니다. 다시 한번 마태복음 24:24을 보십시오. 주님은 거짓 그리스도들도 택하신 자들이 거의 속아 넘어갈 정도로 놀라운 표적과 기사를 행할 수 있다고 말씀하십니다. 영국의 유명한 심령술사 해리 에드워즈는 자신이 루이 파스퇴르의 매개자라고 주장합니다. 그가 사람들을 치유한다는 것은 명백한 사실입니다. 그 사실 자체를 놓고 왈가왈부할 필요는 없습니다. 사교에도 방언이 있습니다. 몰몬교도나 심령술사들도 방언을 합니다. 사람들은 심리적인 영향력을 행사함으로써 방언을 유도해 낼 수 있습니다.

다섯째로, 열심과 열정은 어떻습니까? 그것은 확실한 증거입니까? 그렇습니까? 사교 추종자들도 선전에 열심이지 않습니까? 토요일 오후 여가를 포기한 채 책자를 팔려고 돌아다니는 젊은이들이 저희 집에도 찾아온 적이 있습니다. 그들은 시간과 돈과 에너지를 바치며, 일부는 목숨까지 바칠 각오가 되어 있습니다. 이처럼 열심과 열정이 넘치고 전도에 관심이 있다고 해서 성령의 진정한 역사로 볼 수는 없습니다.

마지막으로, 가말리엘이 내놓은 검증방법 또한 좋은 방법은 아니라는 것을 말씀드려야겠습니다. 그가 제시한 방법은 이렇습니다. "이 사상과 이 소행이 사람으로부터 났으면 무너질 것이요 만일 하나님께로부터 났으면 너희가 그들을 무너뜨릴 수 없겠고." 어떤 일이 소멸되지 않고 지속된다면 곧 하나님의 역사라는 것이 그의 생각입니다. 그러나 그의 생각은 틀렸습니다. 유교와 불교와 힌두교와 이슬람교 역시 수세기 동안 지속되어 왔습니다. 로마 가톨릭도 성경의 가르침에서 벗어나자마자 붕괴된 것은 아니었습니다. 그렇습니다. 이 검증방법에도 맞는 구석이 없는 것은 아니지만, 사람을 오도할 가능성 또한 여전히 내포되어 있습니다. 이런 방법을 근거로 삼는다면, 여러분 앞에 나타난 기독교 신앙을 검증하려 드는 다양한 비평가들에게 답변하기 어려울 것입니다.

이상의 방법들은 겉보기에는 다 좋은 것 같아도, 사실은 믿을 만하지도 못하고 적합지도 못합니다.

어떤 이는 물을 것입니다. "그렇다면 당신이 제시하는 참된 검증방법은 대체 무엇입니까?"

그 질문에 답하기 위해 사람의 역사에 나타나는 특징부터 살펴본 후, 하나님의 역사와 서로 비교해 보겠습니다. 언제나 우리가 돌아가야 할 말씀은 사도행전 5:38-39입니다. "사람으로부터 났으면……하나님께로부터 났으면……." 이 말씀의 중요성을 생각하며 가능한 한 냉정하게 살펴보되, 우리 자신이 얼마든지 착각할 수 있고 속을 수 있는 존재임을 기억해 둡시다. 마귀는 태초에도 아담과 하와를 속였으며, 그후에도 계속해서 사람들을 속여 왔습니다. 우리가 거짓을 신봉할 때 마귀는 기뻐합니다. 속임수는 진리에서 우리를 격리시키기에 가장 좋은 방법입니다. 바울이 상기시키듯이 사탄은 광명의 천사로 가장하기도 하며고후 11:14, 우리를 오도하기 위해 훌륭한 그리스도인의 모습으로 나타나 성경을 인용하기도 합니다.

그렇다면 사람의 역사에 나타나는 특징은 무엇입니까? 첫째로, 여러분이 사용할 수 있는 지극히 중요한 검증방법은 "지금 벌어지고 있는 일을 이해하고 설명할 수 있는가?"라고 묻는 것입니다. 그럴 수 있다면 그것은 인간에게서 나온 일이라고 확신해도 좋습니다. 이 검증방법 하나만으로도 자칭 하나님의 역사라고 주장하는 많은 일들을 해석하고 간파할 수 있습니다. 어떤 일을 심리학 용어로 아주 쉽고 적절하게 설명할 수 있을 것 같을 때에는 그렇게 설명하고 넘어가면 됩니다.

예컨대 기적이 일어났을 때 이런 검증방법을 사용할 수 있습니다. 기적은 날마다 수도 없이 일어난다고 생각하는 듯한 사람들이 있습니다. 그러나 그것은 그 정의定義상 틀린 말입니다. 기적은 예외적인 현상입니다. 정말 기적이 일어났는지 어떻게 알 수 있습니까? 가장 좋은 검증방법 중 하나는 과학적인 설명이 가능한지 보는 것입니다. 과학적인 설명이 가능하다면 기적이 아니라고 확신해도 좋습니다. 기적은 자연적인 것을 뛰어넘는 초자연적 현상입니다. 따라서 사람은 기적을 이해할 수 없습니다. 설명이 가능하다면 설명하고 넘어가십시오. 저는 특별히 그리스도인들에게 이런 태도를 권하고 싶습니다. 순전히 과학적인 용어로도 설명되는 일을 기적이라고 주장하지 마십시오.

기독운동으로 추정되는 활동이나 일반 종교도 마찬가지입니다. 인간적으로 설명할 여지가 있을 경우에는—예를 들어 개인이나 군중이 심리적 영향을 받은 흔적이 보일 경우에는—하나님의 역사라고 말해서는 안됩니다. 대중심리나 군중심리라는 것이 있습니다. 불행히도 우리는 모두 이 부분에 대해 아는 바가 있습니다. 히틀러가 그 효력을 전부 가르쳐 주었습니다. 여러분은 히틀러의 말을 경청하던 군중과 그들의 함성을 기억할 것입니다. 그 장면이 담긴 영상을 본 사람은, 한 인간이 군중에게 어떤 힘을 행사할 수 있는지 목격했을 것입니다!

히틀러는 노래와 악대를 앞세운 다음 특별한 웅변술을 발휘함으로써 군중을 흥분시켜 자기 뜻대로 움직였습니다. 사람들은 히틀러를 위해 죽을 각오까지 되어 있었습니다. 그들은 열광했습니다. 확신에 넘쳤습니다. 그것은 전부 빛나는 심리공학이 빚어낸 성과였습니다. 마찬가지로 여러 별난 종교들에 대한 책을 읽거나 그런 종교가 텔레비전에 방영될 때에도 그들이 사람들을 어떻게 조작하는지 쉽게 알아볼 수 있습니다.

제가 이런 말을 하는 것은 사람들이 기독교를 불신하게 만들려는 의도로 내놓는 책들 때문입니다. 그런 자들은 텔레비전에 출연하여 남아프리카나 그 밖의 곳에서 성행하는 사이비 종교의 사진들과 뱀을 다루는 사람 등을 보여줍니다. 여러분은 불쌍한 사람들이 점점 더 흥분하다가 무아지경에 빠지는 모습을 봅니다. 그런 현상은 아주 간단히 설명될 수 있습니다. 즉 그것은 전적으로 심리적인 현상인 것입니다.

그러므로 어떤 일을 보았는데 그 실상이 명확치 않을 때에는 이렇게 물어보십시오. "이것은 이해가 가능한 일인가? 설명이 가능한 일인가?" 모든 사람이 이 검증방법을 사용할 필요가 있습니다. 복음 설교자들도 이 지침으로 계속해서 자신을 점검해야 합니다.

두번째 검증방법은 그 운동에서 사용되는 수단을 보는 것입니다. 사람의 역사라면 사람의 활동과 조직이라는 요소가 가장 뚜렷이 드러날 것입니다. 스가랴 선지자의 말을 들어 보십시오. "이는 힘으로 되지 아니하며 능력으로 되지 아니하고 오직 나의 영으로 되느니라"슥 4:6. 무엇이 힘입니까? 무엇이 능력입니까? 돈보다 더 능한 것이 있습니까? 돈, 영향력, 조직, 그것이 능력입니다. 사람의 역사에는 이러한 힘과 능력이 항상 뚜렷이 나타납니다. 사람은 그것을 의지합니다. 확실히 그것을 의지해야만 합니다. 사람은 능력 없이는 성공하지 못하기 때문에 능력을 조작합니다.

마찬가지로 사람은 자신의 수단과 기술을 의지합니다. 우리는 이런 수단들이 사용되는 것을 보며, 이런 수단들에 대해 쓴 책을 읽습니다. 심지어 말로는 복음을 전한다고 하지만 사실은 고작 심리학을 가르치는 사람들도 있습니다. 그들은 일정한 성과를 얻습니다. 추종자도 얻습니다. 거의 숭배에 가까운 존경을 받기도 합니다. 어떤 방법으로 그렇게 합니까? 때로는 조명을 조작합니다. 다채로운 조명을 사용하는 것입니다. 십자가에 중앙 조명을 맞추어 놓고, 예배가 진행되는 동안 전체 조명의 밝기를 서서히 줄이다가 정해진 시점에 거의 암흑 상태로 만들어 십자가와 그 밑에 선 설교자만 보이게 하는 식입니다. 우리는 이러한 심리기법을 익히 알고 있습니다.

반복하는 방법도 있습니다. 같은 행동을 하고 또 하는 것입니다. 심리학과 최면술을 좀 아는 사람들은 반복과 암시라는 수단을 기본적으로 사용합니다. 이런 방법을 써서 일정한 성과를 거두려 하는 운동이 있다면, 그것은 사람의 역사임이 분명합니다.

수단이라는 측면에서 특징적인 또 한 가지 사항은, 사람들을 설득하고 울면서 주저앉게 만들기 위해, 또 자신들을 지지하게 만들기 위해 항상 많은 압력을 가한다는 것입니다. 이런 수단을 사용한 사람들 중에서도 특히 두드러진 인물은 모하메드입니다. 실제로 그는 사람들에게 칼을 겨누어 메시지를 받아들이게 했습니다. 그는 "이것은 진리이며, 나는 이것이 옳다고 믿는다"고 말하면서 군대를 통해 억지로 자기 종교를 따르게 했습니다. 물론 이것은 극단적인 예일 것입니다. 그러나 정도가 아무리 미약하다 해도 그런 방법은 인간적인 것입니다. 인간은 사람들에게서 즉각적인 결단을 끌어내기 위해 가능한 모든 방법으로 압력을 가합니다.

인간의 역사에 두드러지게 나타나는 특징은 가말리엘이 예로 든 드다와 유다의 경우처럼 언제나 인간중심적이라는 것입니다. 눈에 띄는 한 인물이 언제나 중심에 서 있습니다. 그뿐만이 아닙니다. 그 메시지를 보면, 어떤 경우에든 사람에게서 시작되어 사람으로 끝난다는 것을 알 수 있습니다. 그들은 언제나 사람의 필요, 사람의 문제, 사람의 어려움에 대해 이야기합니다.

다시 사교의 경우를 살펴봅시다. 사교가 성공을 거두고 번창하는 것은 이처럼 사람들의 필요에 초점을 맞추기 때문입니다. 그들은 세상에 많은 고통이 있다는 사실과 사람들이 곤경에 빠져 있다는 사실을 알기 때문에 그들을 찾아가서 말합니다. "곤경에 빠지셨습니까? 걱정거리가 있습니까? 잠이 오지 않습니까? 초조합니까? 통증이나 고통이나 마비증상이 있습니까? 그렇다면 우리에게 오십시오. 우리가 고쳐 드릴 수 있습니다. 여러분의 문제를 처리해 드릴 수 있습니다. 그 때문에 우리 같은 사람들이 존재하는 것입니다. 우리가 전하는 바가 바로 그런 것입니다." 그들은 사람들이 필요로 하는 혜택을 제공하겠다고 약속합니다. 그들은 시종일관 사람 중심으로 움직입니다.

물론 사람의 역사에 나타나는 좀더 큰 특징은 그것이 피상적이라는 것입니다. 사람은 깊이 들어갈 수가 없습니다. 가끔 사람의 역사가 하나님의 역사처럼 보일 때가 있습니다. 그러나 사람의 역사는 지적인 내용에서 피상적이며, 사실은 그것이 성공의 일부 요인이기도 합니다. 더 나아가 사람의 역사는 정서적인 내용에서도 피상적입니다. 그 정서적인 측면은 아주 흥미로운데, 한쪽 극단에서 다른 쪽 극단으로, 즉 감정적인 상태에서 감상적인 상태로 바뀌는 것을 볼 때 그렇습니다. 이 두 가지 상태 모두 참된 감정은 아닙니다. 감상적인 상태는 조용하고 얌전하며 어떤 식으로든 강요하거나 공격하지 않는 반면, 감정적인 상태는 떠들썩하고 폭력적이며 비합리적입니다. 이런 것이 진리와 어떻게 대조되는지 곧 살펴보겠습니다.

인간이 일으킨 운동은 일반적으로 의지를 공략하며, 의지에 직접적으로 호소합니다. 그리고 이처럼 인간의 행동과 그 조작에 의지하는 탓에 그 성과가 일반적으로 오래가지 못합니다. 실례를 들기 위해 한 가지 이야기를 하겠습니다. 이렇게 제 경험을 이야기하는 것을 용서하시기 바랍니다. 저는 이 교회에 부임하기 전에 사우스웨일즈의 한 교회에 있었습니다. 그 교회 건물은 이 건물보다 훨씬 작았습니다. 저는 예배가 끝나면 출구에 서서 나가는 사람들과 악수를 나누곤 했습니다.

주일 저녁마다 저는 예배실 2층에 앉아 있는 남자를 주의 깊게 보곤 했습니다. 그는 우리가 다 잘 알고 지내는 정육점 주인이었습니다. 그 불쌍한 남자는 토요일마다 취하도록 술을 마셨으면서도 주일 저녁에는 빠지지 않고 예배에 참석했습니다. 그런데 어느 주일, 설교를 하다가 우연히 보니 그의 얼굴에 눈물이 흐르고 있었습니다. '오늘 밤 하나님의 역사가 일어난 건 아닐까?' 하는 생각이 들었습니다.

예배가 끝나고 문쪽으로 나가는데, 그 남자가 저를 뒤따라왔습니다. 저는 혼잣말을 했습니다. '이 사람한테 한번 도전해 볼까?' 그러나 그렇게 하지 않기로 하고, 평소처럼 그와 악수하며 하나님의 축복을 빌었습니다. 그는 교회를 나갔습니다.

다음날 밤, 기도모임에 가는 길에 누군가 저에게 다가왔습니다. 바로 그 사람이었습니다. 그는 저에게 이렇게 말했습니다. "박사님도 아시겠지만 어젯밤에 남으라고 하셨으면 남았을 겁니다."

제가 말했습니다. "그렇다면 지금 그렇게 하시지요."

"아니, 아닙니다." 그가 대답했습니다. "어젯밤에 남으라고 하셨으면 남아서 교회에 등록했을 거란 말이지요."

제가 말했습니다. "그러면 지금 저와 함께 기도모임에 갑시다."

"아니오." 그가 다시 말했습니다. "제 말은, 어제라면 그랬을 거라고요."

제가 말했습니다. "하지만 어젯밤에 있었던 일이 채 24시간도 유지되지 못한다면, 그것은 성령의 역사가 아닙니다."

그의 반응은 감정적인 것이었습니다. 아마 저에게도 일부 책임이 있었을 것입니다. 제가 복음을 제시할 때 해서는 안될 일을 했는지도 모르겠습니다. 여하튼 그의 지성이나 양심이나 마음이나 의지는 피상적인 영향을 받았고 일시적인 감정에 빠졌습니다.

역사상 위대한 부흥의 때에는 이른바 '일시적 신자들', 말하자면 부흥의 기세에 밀려 교회에 발을 걸치는 사람들이 늘 있었습니다. 그러나 그들은 오래가지 못했습니다. 겉보기에는 그들도 괜찮은 신자 같지만 실상은 그렇지 않습니다. 영향력도 사라지고 자극도 없어지면 금방 모든 열성을 잃고 맙니다. 그런 것은 피상적인 역사에 불과합니다다. 그런 사람들은 일정한 분위기가 유지되는 동안만 신자 행세를 할 뿐입니다.

피상적이고 일시적인 반응은 오늘날에도 아주 흔히 볼 수 있습니다. 제가 아는 대학생들도 대학에 다니는 동안에는 매일 기도모임이나 복음주의적인 기독 연합모임에 정기적으로 참석하면서 훌륭한 그리스도인의 모습을 보여줍니다. 그러나 대학을 졸업하고 자신들을 부추기던 분위기를 떠나 세상으로 돌아가면 금방 모든 열성을 잃어버립니다. 그들의 종교적인 열성은 일시적인 인간의 역사였던 것입니다. 그런데도 세상의 종교들이 지속되는 유일한 이유는, 그것이 두려움의 종교로서 두려움을 무기로 휘두르기 때문입니다.

인간의 역사에 나타나는 특징은 이런 것들입니다. 그렇다면 하나님의 역사에 나타나는 특징은 무엇입니까? 이 주제로 돌아오게 되어 얼마나 다행인지요! 하나님의 역사는 우리 앞에 있는 사도행전 앞장들에서도 발견되며, 세계 역사에 등장했던 모든 부흥의 이야기에서도 발견됩니다. 그렇다면 여기에 똑같은 검증방법을 적용해 봅시다. 일반적인 기준에서 보면 어떻습니까?

첫째로, 성령의 역사는 항상 설명 불가능합니다. 사도행전 2장 도입부의 단어를 보십시오. "홀연히!" 누가 무엇을 준비한 것도, 조절한 것도, 부추긴 것도 아니었습니다. 결코 아니었습니다! 하나님의 역사는 그냥 일어나는 것으로서, 사람으로서는 이해가 불가능합니다. 부흥, 즉 성령의 운동은 인간의 연약함과 상관없이 일어납니다. 사람은 절대 부흥을 일으키지 못합니다. 저는 부흥을 일으키고자 애썼던 사람들을 많이 알고 있습니다. 그러나 사람은 결코 부흥을 일으키지 못합니다. 그들은 "여러분이 이것도 하고 저것도 하고 다른 것도 하면 부흥을 경험할 수 있습니다"라고 말합니다. 그러나 그렇지 않습니다. 부흥은 항상 하나님이 일으키시는 일이며, 사람을 깜짝 놀라게 만드는 일입니다. 오순절 날에도 사람들은 물었습니다. "이 어찌 된 일이냐?"

심리학자들은 자기 이론으로 부흥을 설명하려 들지만, 그것은 불가능한 일입니다. 몇 년 전에 저는 윌리엄 사전트$^{William\ Sargant}$ 박사의 책『마음을 위한 싸움』$^{Battle\ for\ the\ Mind}$에 답하는 글을 쓸 특권을 얻었습니다.² 그런데 사전트 박사는 부흥을 설명할 수 없었기 때문에 저에게 답하지 못했습니다. 저는 그의 설명이 부흥에 적용될 수 없음을 밝혔습니다. 그는 오순절 사건을 설명하지 못했습니다. 단 한 건의 부흥에 대해서도 그 기원을 설명하지 못했을 뿐 아니라 부흥이 갑자기 중단되는 이유는 더더구나 설명하지 못했습니다. 인간적인 방법을 전부 동원해도 부흥을 일으킬 수 없는 이유를 설명하지 못했습니다. 인간이 부흥을 일으킬 수 없는 것은 부흥이 하나님의 역사이기 때문입니다. 부흥은 항상 불시에 일어납니다. 부흥은 항상 인간의 재간과 지각을 뛰어넘습니다. 이것은 중요한 검증방법입니다.

두번째 기준인 수단을 봅시다. "만군의 여호와께서 말씀하시되 이는 힘으로 되지 아니하며 능력으로 되지 아니하고 오직 나의 영으로 되느니라"$^{슥\ 4:6}$. 하나님의 역사는 인간의 조직력이나 특별한 기술에 좌우되지 않습니다. 의지에 인간적인 압력을 가함으로써 이루어지지도 않습니다. 제가 무슨 권위로 이런 말을 하는지 말씀드리겠습니다. 다행히도 위대한 사도 바울이 이 말의 근거를 제공해 주고 있습니다. 그는 고린도 사람들에게 이렇게 썼습니다.

> 형제들아, 내가 너희에게 나아가 하나님의 증거를 전할 때에 말과 지혜의 아름다운 것으로 아니하였나니 내가 너희 중에서 예수 그리스도와 그가 십자가에 못박히신 것 외에는 아무것도 알지 아니하기로 작정하였음이라. 내가 너희 가운데 거할 때에 약하고 두려워하고 심히 떨었노라. 내 말과 내 전도함이 설득력 있는 지혜의 말로 하지 아니하고 다만 성령의 나타나심과 능력으로 하여 너희 믿음이 사람의 지혜에 있지 아니하고 다만 하나님의 능력에 있게 하려 하였노라$^{고전\ 2:1-5}$.

2 이 책 212쪽 각주를 보라.

또 데살로니가 사람들에게는 이렇게 쓰고 있습니다.

> 우리의 권면은 간사함이나 부정에서 난 것이 아니요 속임수로 하는 것도 아니라. 오직 하나님께 옳게 여기심을 입어 복음을 위탁받았으니 우리가 이와 같이 말함은 사람을 기쁘게 하려 함이 아니요 오직 우리 마음을 감찰하시는 하나님을 기쁘시게 하려 함이라. 너희도 알거니와 우리가 아무 때에도 아첨하는 말이나 탐심의 탈을 쓰지 아니한 것을 하나님이 증언하시느니라. 또한 우리는 너희에게서든지 다른 이에게서든지 사람에게서는 영광을 구하지 아니하였노라 살전 2:3-6.

원칙은 분명하며 결코 변경되지 않습니다. 사도 바울은 의도적으로 자신의 인간적인 재능과 능력을 쓰지 않기로 결심했습니다. "내가 너희 중에서……아무것도 알지 아니하기로 작정하였음이라." 바울은 철학적 논증을 펼칠 능력이 있는 명석한 사람이었습니다. 그는 강력한 논리를 전개할 수 있었습니다. 본인만 원한다면 수사의 기술을 전부 동원하여 웅변을 토할 수도 있었지만―바울의 서신들이 그 점을 입증해 줍니다―의도적으로 그러한 수단을 동원하지 않았습니다. 그는 말합니다. "나는 그런 것들을 치워 버렸다. 나는 내 메시지가 사람의 것이 아니라 하나님의 것임을 분명히 알리고 싶다."

바울은 청중에게 아부하지 않았고, 청중을 기쁘게 하려 들지도 않았으며, 좋은 분위기로 몰고 가지도 않았고, 농담으로 웃기거나 재미를 주려 하지도 않았습니다. 절대 그러지 않았습니다. 그것은 바울에게 상상도 할 수 없는 일이었습니다. 그는 지금 일어나고 있는 일이 오직 살아계신 하나님의 영이신 성령의 역사임을 보여주려 했습니다. 하나님의 역사에 나타나는 표지를 분명하고도 명백하게 보여주려 했습니다. 성령이 행하시면 인간의 힘을 쓸 필요가 없습니다.

오순절 날 설교했던 베드로를 보십시오. 우리가 보기에는 성경을 설명하는 그의 설교가 다소 단조로운 것 같기도 합니다. 그러나 성경은 이렇게 기록하고 있습니다. "그들이 이 말을 듣고 마음에 찔려 베드로와 다른 사도들에게 물어 이르되 형제들아, 우리가 어찌할꼬 하거늘"행 2:37. 이런 것이 성령의 역사입니다. 그는 인간의 수단과 방법에 의존하지 않으시며 친히 사람들의 머리와 가슴과 양심을 살피십니다. 그가 사람들을 다루실 때, 사람들은 부르짖게 됩니다.

약 12년 전에 콩고에서 부흥이 일어났습니다. 후에 아이버 데이비스Ivor Davies라는 사람이 그때 일어난 일을 책으로 쓰기도 했습니다. 저는 그가 영국에 돌아왔을 때 했던 말을 잊을 수가 없습니다. 그는 자신이 20년간 콩고에서 사역했다고 말했습니다. 그는 마음을 다해 설교했고 예배를 마칠 때마다 결단하러 나오라고 호소하곤 했습니다. 그러나 반응하는 사람이 한 명도 없었습니다. 마침내 그의 가슴은 거의 터질 지경이 되었습니다. 그런데 그때 어딘가 다녀올 일이 생겼고, 그가 자리를 비운 사이에 부흥이 일어났습니다.

그는 말했습니다. "제가 돌아와서 설교를 시작했을 때 다음과 같은 일이 벌어졌습니다. 설교를 채 절반도 하지 않았는데, 영혼의 고통을 느낀 사람들이 앞으로 나아와 도움을 호소한 것입니다." 그가 사람들을 회심시키려고 애쓰던 동안에는 아무도 회심하지 않았습니다. 그는 자기 힘으로 사람들을 회심시킬 수가 없었습니다. 그는 심리학적 방법론의 전문가가 아니었습니다! 그 일을 하신 분은 성령이셨습니다.

세번째로, 저는 사람의 역사에 나타나는 특징이 그 피상성에 있다고 말씀드렸습니다. 그렇다면 하나님의 역사에 나타나는 특징은 무엇입니까? 성경을 읽어 보십시오. 신약성경을 읽어 보십시오. 그러면 그 메시지의 위대함과 영광과 위엄이 강하게 다가올 것입니다. 진리는 지배하는 힘을 가지고 있습니다.

또 무슨 특징이 있습니까? 사도행전 앞장들을 읽으면서 "두려워하다", "경외하다"라는 뜻을 가진 단어들에 주목해 보십시오. "우리 하나님은 소멸하는 불이심이라"히 12:29. 사람은 눈에 보이지 않습니다. 하나님이 그곳을 가득 채우십니다. 하나님이 임재하시면 그의 영광과 진리와 위엄이 분명히 드러나면서, 경외감과 깊은 진지함을 불러일으킵니다.

메시지는 또 어떻습니까? 자, 복음 메시지는 사람에게서 시작되지 않습니다. 여러분은 베드로가 산헤드린 앞에서 어떻게 그 점을 이야기했는지 알 것입니다. "사람보다 하나님께 순종하는 것이 마땅하니라." 베드로가 일어서서 "우리는 사람들을 도와주는 자들이고 좀더 행복하게 만들어 주는 자들이니 나가서 계속 전하자"고 말했습니까? 아닙니다! 그의 말을 들어 보십시오. "예수를 우리 조상의 하나님이 살리시고." 참된 메시지는 항상 하나님에게서 시작됩니다. 사람과 사람의 아픔과 고통과 작은 불행과 여러 문제들과 심리 상태에서 시작되지 않습니다. 전혀 그렇지 않습니다. 사람은 이 메시지에서 영원무궁하신 하나님을 마주하게 되며, 그의 존귀와 영광, 위엄, 구속의 위대한 계획과 목적을 마주하게 됩니다.

성경이 죄에 관심을 갖는 것은 죄가 우리에게 불행을 주는 일이기 때문이 아니라 하나님을 모욕하는 일이기 때문입니다. 하나님께 반역하는 일이기 때문입니다. 거룩하신 하나님 앞에 교만한 일이기 때문입니다. 우리는 주관적이고 자기중심적이며 이기적이어서 항상 나에게 좋은 것만 원합니다. 그러므로 우리가 가장 먼저 알아야 할 사실은, 우리 자신이 하나님의 다스림을 받고 있는 존재라는 것, 하나님은 분명히 계시다는 것, 정말 중요한 일은 그의 영광이라는 것입니다. 복음은 저와 여러분에 대해서도 정확한 말을 해주지만, 그 출발점은 항상 하나님께 두고 있습니다.

따라서 성령의 참된 역사에는 우리 조상들이 '율법의 일'이라고 불렀던 특징이 언제나 뚜렷이 나타납니다. 즉 하나님의 참된 역사는 항상 우리를 꺾으며 낮춘다는 것입니다. 하나님의 역사는 항상 우리의 죄를 입증합니다. 우리는 자신의 소소한 어려움이나 문제들을 잊어버린 채 하나님을 의식하고, 아들을 의식하고, 그를 거부하게 만든 내 속의 악함을 의식하며 스스로 죄인임을 깨닫습니다. "형제들아, 우리가 어찌할꼬 하거늘." 우리는 회개로 밀려가며, 자기 영혼에 대한 염려에 빠져듭니다. 설사 그 때문에 계속 몸이 아프고 불면증에 시달린다 해도 말입니다. 사실 불면증이 무슨 대수겠습니까!

또한 사도행전 앞장들에서 보게 되듯이, 하나님의 참된 역사는 당연히 주 예수 그리스도를 영화롭게 합니다. 정말 중요한 분은 주님이십니다. 가르침이 아니라, 경험이 아니라, 복되신 주님이 중요합니다. "너희가 나무에 달아 죽인 예수를 우리 조상의 하나님이 살리시고……오른손으로 높이사 임금과 구주로 삼으셨느니라." 이 메시지는 성性 문제를 비롯하여 오늘날 우리가 겪고 있는 하찮은 문제들에 대한 것이 아니라―이것들은 사소한 증상에 불과합니다―바로 이분에 대한 것입니다. 낱낱의 죄들은 중요치 않습니다. 인격 전체가 하나님과 맺고 있는 관계가 중요한 것이며, 인간이 그 지위를 상실했다는 사실이 중요한 것입니다. 문제의 핵심은 인간이 하나님 앞에서 원수와 외인이 되었다는 데 있으며, 반역하여 하나님의 진노 아래 들어갔다는 데 있습니다. 인간과 하나님을 화목하게 하실 수 있는 분은 이 복되신 하나님의 아들, 우리 주와 구주되신 예수 그리스도밖에 없습니다.

오, 이것은 크고 영광스러운 메시지입니다. 신약에 나오는 이 진리를 보십시오. 얼마나 큽니까! 저는 거의 40년간 그 진리를 전하고자 애써 왔는데도 여전히 초보자 같은 느낌이 듭니다. 이 진리는 제 앞에 계속해서 드넓게―그 영광과 깊이와 크기는 사도들이 설명하고 있는 그대로입니다―펼쳐지고 있습니다. 제 정신은 충만해지고 넓어집니다. 이 메시지의 내용은 또 얼마나 놀랍습니까!

더 나아가 복음은 마음 깊은 곳을 다룹니다. 복음은 열광적이고 비합리적인 무아지경으로 몰고 가거나 일종의 심약한 감상에 빠뜨리지 않습니다. 복음은 종종 "눈물도 나오지 않을 정도로 깊은" 생각을 하게 만듭니다. 내 마음과 감정 가장 깊은 곳으로 들어가게 만듭니다. 복음은 강력한 진리로 내 의지를 설득해서 모임이 끝나도, 시간이 지나도 요동하지 않게 합니다. 진리는 나를 붙들어 확신하게 하며, 죄를 깨닫게 하고, 밝히 이해하게 합니다. 나는 복음을 알고, 복음은 나를 지배합니다. 나는 예수 그리스도의 종, 복된 진리의 종이 됩니다. 이것이 성령의 역사입니다.

또한 성령은 우리 안에서 계속 열매를 맺으십니다. 우리의 삶이 완전히 변하지 않는다면 성령이 우리를 움직이시지 않는 것입니다. 사람도 많은 일을 할 수 있습니다. 추종자도 모을 수 있고, 결단도 이끌어 낼 수 있고, 교회등록도 시킬 수 있습니다. 이런 일은 우리도 다 해왔습니다. 기본적인 능력만 있으면 누구나 이런 일을 할 수 있습니다. 사람들을 결단시키거나 교인으로 만들거나 경건한 사람이 되겠노라 결심시키는 일은 어렵지 않습니다. 이런 일은 저도 할 수 있습니다. 그러나 사람들에게 새 본성을 주는 일은 할 수 없습니다. 사람의 인격 전체를 혁신하는 일도 할 수 없습니다. 오직 성령만이 혁신하실 수 있으며, 실제로 혁신하고 계십니다. 거듭난 사람은 삶에 그 표시가 나타나게 되어 있습니다.

성령이 주시는 새 생명은 계속해서 자라납니다. 깊어지고 또 깊어집니다. 사람들은 하나님의 말씀을 사랑하는 마음을 얻게 되는데, 이것이야말로 가장 좋은 검증방법입니다. 사람들이 감화받았다는 소식이 들리고, 모든 사람들이 그들을 그리스도인으로 간주합니다. 그러나 나중에 보면 그들이 성경의 심오한 가르침을 좋아하지 않는다는 사실을 알게 됩니다. 그들은 심오한 가르침을 원치 않습니다. "아니, 싫습니다. 그건 너무 심오해요"라고 말합니다.

정말 그렇습니까? 오순절 날 베드로의 설교를 듣고 구원받았던 사람들을 보십시오. 성경은 말합니다. "그들이 사도의 가르침을 받아 서로 교제하고 떡을 떼며 오로지 기도하기를 힘쓰니라"행 2:42. 바울의 강력한 서신을 받은 이들은 노예와 군사였음에도 그의 가르침을 받고 싶어 했고 그의 가르침 받는 것을 자랑스러워했습니다. 그들은 고작 20분짜리 설교만 듣고서도 "너무 심오해요. 이해가 안됩니다. 우리에게는 좀더 행복한 느낌을 줄 말씀이 필요합니다"라고 말하지 않았습니다. 결코 그러지 않았습니다! 사람이 거듭나면 성령이 그 안에 거하시기 때문에 알고 싶은 마음과 가르침을 듣고 싶은 마음, 말씀을 사랑하며 기도하고 싶은 마음, 하나님의 백성들과 교제하기를 즐거워하는 마음이 생겨납니다. 그러므로 여러분에게 무슨 일이 일어났든지 저는 상관치 않습니다. 여러분이 이 가르침에 목말라하지 않는다면 그 일은 성령의 역사가 아닙니다.

사람의 역사와 성령의 역사 사이에는 이처럼 크고 본질적인 차이가 있습니다. 여러분에게 일어난 일은 둘 중에 어느 쪽입니까? 자신이 경험한 것이 성령의 역사임을 알겠습니까? 하나님이 보시기에 가치 있는 일은 오직 그것뿐입니다. 신약성경 전체는 가짜 역사, 거짓 역사를 조심하라고 경고하고 있습니다.

여러분 안에 일어나고 있는 일이 성령의 역사인지 확인하십시오. 어떻게 그것을 검증할 수 있는지는 이미 말씀드렸습니다. 여러분은 자신의 경험과 자신에게 일어난 일 자체에 몰두하고 있습니까, 아니면 하나님과 그의 영광, 위대한 구원계획과 주 예수 그리스도께 집중하며, 그가 비참한 죄인인 나를 구원하셨다는 사실과 나를 위해 이 땅에 오셔서 십자가로 나아가 무덤에 누우셨다가 다시 살아나셨다는 사실에 집중하고 있습니까?

여러분은 항상 자기 이야기만 합니까, 아니면 그분 앞에서 경외감과 사랑으로 찬양하느라 자신을 잊어버립니까? 여러분은 낮아져 있습니까? 하나님과 주 예수 그리스도 안에 나타난 그의 은혜를 찬송하고 있습니까?

자신의 존재가 풀어야 할 숙제요 수수께끼가 되었습니까? 자기 자신에게 놀라며 자기 속에 있는 새 생명에 놀라고 있습니까? 만약 현재 자기 자신의 모습이 이해가 된다면, 분명히 말씀드리건대 여러분은 그리스도인이 아닙니다. 그리스도인은 자신을 이해할 수가 없습니다. 그들은 바울처럼 말합니다. "이제는 내가 사는 것이 아니요 오직 내 안에 그리스도께서 사시는 것이라"갈 2:20. 이것만이 자신을 유일하게 설명할 수 있는 말입니다.

하나님께서 우리 안에 일어난 일이 성령의 역사임을 확인하는 은혜를 주시기 원합니다.

16

우선순위

그때에 제자가 더 많아졌는데 헬라파 유대인들이 자기의 과부들이 매일의 구제에 빠지므로 히브리파 사람을 원망하니 열두 사도가 모든 제자를 불러 이르되 우리가 하나님의 말씀을 제쳐 놓고 접대를 일삼는 것이 마땅하지 아니하니.

사도행전 6:1-2

이제 다루려는 말씀은 열두 사도의 진술, 즉 "우리가 하나님의 말씀을 제쳐 놓고 접대를 일삼는 것이 마땅하지 아니하니"라는 것입니다. 사도행전 6장에서 우리는 초대교회의 삶에 발생한 새로운 사건, 교회의 성장과 발전에 대해 말해 주는, 여러 면에서 아주 중요한 사건에 이르게 됩니다.

하나님은 설교와 기적이라는 사도들의 사역을 축복해 주셨습니다. 성경은 오늘 본문의 상황이 "제자가 더 많아졌"을 때 일어났다고 말합니다. 5장에 서술된 어려움들에도 불구하고 교회가 어떻게 이렇게 계속적으로 강력해질 수 있었는지 생각하면 흥미롭습니다.

교회의 성장을 다루는 이 말씀은 발전하는 조직에 대한 첫번째 통찰을 제공해 준다는 점에서 특히 더 흥미롭습니다. 지금 본격적으로 다루지는 않겠지만, 이것은 중요한 주제입니다. 현대인들이 교회와 관련하여 겪는 많은 혼동은 교회 그 자체와 교회 조직을 구별하지 못한다는 사실과 맞물려 있습니다. 신약성경에 나오는 이 교회가 수백 년의 세월을 거치면서 수많은 사무실과 고위 성직자, 성당, 우리가 익히 아는 모든 것들을 갖춘 거대한 기관으로 변해 버린 것은 비극입니다.

물론 조직은 꼭 필요합니다. 교회생활에도 조직이 필요합니다. 그러나 문제는 그 한도가 어디까지냐 하는 것입니다. 이 질문이 중요한 이유는, 조직이 메시지보다 중시될 경우 신약성경의 순서가 뒤바뀌면서 앞서 말한 비극적인 상황이 초래되기 때문입니다. 지금 이 문제를 깊이 다루지는 않겠지만, 초대교회의 삶에 끼어든 한 가지 어려움 때문에 이 문제가 제기되었다는 것을 생각하면 흥미롭습니다.

성경은 말합니다. "헬라파 유대인들이 자기의 과부들이"-즉 헬라파에 속한 과부들이-"매일의 구제에 빠지므로 히브리파 사람을 원망하니." 여기에서 헬라파는 헬라인, 즉 그리스인을 가리키는 말이 아니라 그리스어를 사용하는 유대인들을 가리키는 말일 것입니다. 그 당시 유대인들은 여러 나라에 흩어져 살고 있었고, 그중 일부는 그리스어를 사용했습니다. 사도행전은 일반적으로 그들을 '헬라인'이라고 부르는데, 그 실제 의미는 '헬라파 유대인'입니다(KJV에는 'Grecians'라고만 되어 있으나 우리말 개역성경에는 '헬라파 유대인'으로 번역되어 있다-옮긴이). 그들 중에는 타국에서 살다가 아예 예루살렘에서 살려고 돌아온 사람들이 있는가 하면, 방문차 왔다가 오랜 기간 체류하게 된 사람들도 있었던 것 같습니다. "히브리파"는 물론 팔레스타인 출신의 유대인들을 가리키는 말입니다.

그런데 그들 사이에 다툼이 일어났습니다. 그리스도인들은 처음부터 서로의 집에 모여 함께 음식을 먹는 습관이 있었으며, 넉넉한 자들이 어려운 자들을 도와주는 습관이 있었다는 것을 우리는 2장 끝부분에서 이미 읽어 알고 있습니다. 그런데 이제 헬라파 사람들의 입에서 자기네 과부들이 히브리파 과부들과 똑같은 대접을 받지 못한다는 말이 흘러나오게 된 것입니다. 그들은 민족주의적 편견에 휘둘려 이 일이 공정치 못하다고 불평했습니다. 교회에는 "원망"이 생겼고, 그 다툼은 교회의 삶을 위협했습니다.

이것이 이 말씀의 배경입니다. 그러나 우리가 참으로 관심을 가져야 할 부분은 사도들의 반응, 즉 그들이 이 다투는 자들에게 무슨 말을 했고 어떻게 행동했느냐 하는 것입니다. 그들이 한 일은 확실한 자질과 특질을 갖춘 사람, "성령과 지혜가 충만하여 칭찬받는" 사람 일곱을 뽑도록 한 것이었습니다. 그래서 일곱 사람이 뽑혔고, 사도들은 그들을 따로 세워 "접대"를 맡겼습니다. 이것을 시초로 집사제도에 대한 전반적인 개념-교회에 집사를 세워 재정과 교회사업을 살피게 하고 가난하고 고통받는 사람들, 어려운 사람들을 책임지고 돌보게 하는 제도-이 생기게 되었습니다. 이것이 사도들이 한 일이었습니다.

그러나 지금 우리의 관심사는, 이처럼 그들이 한 일이 아니라 그들이 한 말에 있습니다. 그들이 일곱 집사를 임명한 이유는 이것이었습니다. "우리가 하나님의 말씀을 제쳐 놓고 접대를 일삼는 것이 마땅하지 아니하니." 교인 수가 늘고 회심하는 사람들-그들 가운데 이 과부들이 있었습니다-이 계속 늘면서 문제가 생겼습니다. 처음에는 과부들이나 다른 고통받는 교인들의 필요를 간단히 채워 줄 수 있었지만, 수가 늘면서 그 일이 점차 어려워졌습니다. 그뿐 아니라 사도들이 이 일에 시간을 전적으로 투자해야 한다는 의견도 있었던 것 같습니다. 그러나 사도들은 그 의견이 하나님께 합당치 못하며 자신들에게도 합당치 못하다고 대답했습니다.

저는 사도들의 이 대답을 여러분과 함께 숙고해 보고 싶습니다. 우리 시대의 아주 절실한 문제도 바로 이것이기 때문입니다. 저는 이 주제 전체를 세 가지 명제의 형태로 제시하려 합니다. 첫번째는 이것입니다. 이 본문은 우리에게 교회의 **일차적인** 임무가 무엇인지 알려 주고 있습니다.

오늘날 사용되는 경구-지금은 경구의 시대입니다-가운데 하나는 "우선순위를 바로잡으라"는 것입니다. 우리도 이 말을 아주 즐겨 쓰지 않습니까? 그러나 이 말은 실소를 자아냅니다. 이제부터 보여 드리겠지만, 우선순위가 잘못된 것이야말로 현대의 진짜 문제점이기 때문입니다! 그러면서도 세상은 늘 우선순위에 대해 이야기합니다. 오늘 본문은 우리에게 교회의 일차적인 임무가 무엇인지 일깨워 주고 있습니다.

교회는 무엇을 위해 존재하는 곳입니까? 이것은 현대에 상당한 다툼과 논쟁을 불러일으키고 있는 주제로서, 사람들은 교회의 존재 의미를 크게 오해하고 있습니다. 오늘날 인기를 누리는 가르침-유럽 대륙과 영국뿐 아니라 대부분의 다른 나라에서도 점점 더 인기를 얻고 있는 가르침-은 종종 '종교적이지 않은 기독교'라는 이름으로 불리는 개념에 대한 것입니다.

'종교적이지 않은 기독교'가 무엇입니까? 자, 그 개념의 옹호자들은 우리가 주일 오전 11시와 오후 6시 반에 예배당에 모여 설교자와 그 밖의 요소들을 두루 갖추고 예배드리는 전통을 그만 포기해야 한다고 말합니다. 그 전통은 전부 시효가 끝난 과거의 유물로서, 여하튼 기독교의 본질을 전적으로 오해한 데서 비롯되었다는 것이 그들의 생각입니다. 예전에는 이른바 '복음주의'라는 데 빠져서, 개인의 영혼에 관심을 갖고 개인적인 메시지를 전해야 한다는 생각을 가지고 있었습니다. 그러나 그런 유형의 기독교는 완전히 틀렸다는 것입니다. 그런 기독교는 이제 그만 청산해야 한다는 것입니다.

"오, 종교에 대해 토론하는 건 아주 좋은 일이지요"라고 그들은 말합니다. "사람들이 질문하면 얼마든지 대답해 주십시오. 그러나 당신에게 정말 필요한 일—이것이야말로 교회와 기독교 신앙의 일차적 임무임이 분명한데—은 세상으로 나가서 선행을 하는 것입니다. 베트남 전쟁은 물론이요 세상에 이처럼 고통스러운 일이 많고 심한 가난에 시달리는 나라도 많은데, 왜 꼭 복음을 전해야 한다는 것입니까? 남베트남과 그곳에서 일어나고 있는 비극, 또 다른 분쟁지역에서 일어나고 있는 비극에 대해 무언가 행동을 취해야 하지 않겠습니까?"

이처럼 현대인들은 기독교의 임무가 박애주의적인 사업에 참여하는 것이라고 생각하고 있습니다. 전에 이런 주장을 아주 강하게 내세우면서 다음과 같이 말하던 사람이 기억납니다. "이방인들을 그리스도인으로 만들고 싶다면 복음전도자를 보낼 것이 아니라, 그 나라 정계에 입문할 사람, 그들과 삶을 함께하면서 지방의회에 진출할 사람, 그들의 일부가 될 사람을 보내세요. 그러면 한 세대나 두 세대쯤 후에 그 나라 국민들과 그들의 시각 전체를 기독교화할 수 있을 겁니다." 다시 말해서 설교를 통해서나 하나님의 말씀을 사람들 앞에 제시함으로써가 아니라, 그들 사이에서 선을 행함으로써 회심자를 얻으라는 것입니다. 교회의 임무는 전쟁과 불의와 범죄를 종식시키고 모든 형태의 고통을 경감시키는 일이라는 것이 그들의 생각입니다.

오늘날 사람들은 복음 설교를 듣는 일과 공적 예배에 대한 개념 전부를 포기하고 있습니다. 그들은 "중요한 것은 실용적 기독교다. 삶으로 뛰어들어 사람들과 섞여 살아라. 그것이 기독교 정신과 기독교 가르침을 보여주는 현대적인 방법이다"라고 말합니다. 여러분은 이러한 현대인들의 주장을 익히 들었을 것입니다. 이것은 분명히 심각한 문제입니다.

물론 우리가 첫째로 짚고 넘어가야 할 것은, 이것이 그 옹호자들의 생각처럼 그리 현대적인 관점은 아니라는 사실입니다. 이것은 아주 오래된 관점입니다. 우리는 6장 첫 두 절에서 교회가 초창기부터 이 문제에 부닥쳤던 것을 알게 됩니다. 초대교회의 삶에 일종의 위기 상황이 찾아왔습니다. 만약 그때 잘못된 길로 들어섰다면 교회는 오늘날까지 살아남지 못했을 것입니다. 여기에서 우리는 성령이 사도들에게 주신 지혜를 보게 됩니다. 그것은 하나의 고비로서, 사도들은 그때 영영 잘못된 길로 들어설 수도 있었습니다. 그러나 그러지 않았습니다. 사도들은 오늘날 사람들이 옹호하는 것과 정반대되는 행동을 취했습니다.

지금 이 다툼이 일어나기 전에 이미 이 문제가 있었음을 생각하면 아주 흥미롭습니다. 우리의 복된 구주되신 주님도 이 싸움을 싸우셔야 했습니다. 5천 명을 먹이시는 기적을 경험한 사람들은 깜짝 놀랄 만한 반응을 보였는데, 그중 한 가지가 요한복음 6:15에 나옵니다. "그러므로 예수께서 그들이 와서 자기를 억지로 붙들어 임금으로 삼으려는 줄 아시고 다시 혼자 산으로 떠나가시니라."

기적을 목격한 사람들은 "이분이야. 이분이 바로 메시아라고. 이분이야말로 우리가 기다리던 구원자야"라고 말했습니다. 그러나 그들이 생각하는 구원자는 유대의 왕이 되어 대군을 소집하고 통솔하여 로마를 비롯한 모든 적군과 싸우는 자였습니다. 그 구원자는 세계를 정복하여 정치적인 왕국을 세워야 했습니다. 사람들은 주님을 "억지로 붙들어 임금으로 삼으려" 했습니다. 그러나 그는 "다시 혼자 산으로 떠나가"셨습니다.요 6:15 그는 이처럼 세상의 왕이나 정치적 구원자가 되라는 무서운 유혹에 또 한번 부딪치셨습니다.

다른 예를 들어 봅시다. 이것은 우리가 논하는 이 문제를 이해하는 데 아주 중요한 실례實例입니다. 하루는 주님이 제자들을 가르치고 계셨습니다. 그는 곧 보내심을 받아 복음을 전하고 기적을 행할 제자들에게 몇 가지 놀라운 일을 말씀하셨습니다. 그는 반대에 부딪칠 것을 각오하라고-실제로 그들은 곧 반대에 부딪쳤습니다-하셨습니다. 그러고 나서 염려하지 말고 근심하지 말라고 하셨습니다. 그들은 하나님의 백성이기 때문에 세상이 목숨을 빼앗아 가도 궁극적으로는 손끝 하나 대지 못한다고 말씀하셨습니다.[눅 12장]. 그것은 놀라운 설교였습니다! 주님은 제자들에게 몇 가지 중요한 약속을 하셨습니다. "너희에게는 심지어 머리털까지도 다 세신 바" 되었다고 하셨습니다[눅 12:7]. 주님은 제자들을 아버지와 성령의 영역으로 이전 어느 때보다 깊이 인도하셨고, 이전 어느 때보다 더 힘이 되는 말씀을 해주셨습니다.

그때 무슨 일이 일어났는지 기억나십니까? 거기에서 그 말씀을 다 듣고 있던 한 사람이 불쑥 끼어들어 말을 가로챘습니다. 아마도 그는 주님이 잠시 말씀을 멈추실 때를 기다렸던 것 같습니다. "무리 중에 한 사람이 이르되 선생님, 내 형을 명하여 유산을 나와 나누게 하소서 하니." 두 형제간에 유산을 놓고 다툼이 벌어졌습니다. 누군가 죽으면서 유산을 남겼는데, 이 사람은 자기가 정당한 몫을 받지 못했다고 생각했습니다. 그에게 중요한 일은 오직 형이 자기를 정당하게 대하지 않았다는 것이었습니다. 그러다가 위대한 선생을 만나게 되자 '아, 이분이 문제를 해결하는 데 도움이 되겠다'고 생각한 것입니다. 그래서 그는 이 놀라운 말씀 한가운데 불쑥 끼어들었습니다.

그러나 주님은 그를 보며 말씀하셨습니다. "이 사람아, 누가 나를 너희의 재판장이나 물건 나누는 자로 세웠느냐." 요컨대 "내가 가족 간의 분규나 조정하려고 하늘을 떠나 이 땅으로 온 줄 아느냐? 단순히 네가 얼마를 상속받아야 하는지 가려 주기 위해 하늘의 법정을 떠나온 줄 아느냐?"라고 물으신 것입니다. 그러고 나서 주님은 모인 무리에게 이르셨습니다. "삼가 모든 탐심을 물리치라. 사람의 생명이 그 소유의 넉넉한 데 있지 아니하니라"[눅 12:13-15]. 그리고 연이어 어리석은 부자의 비유를 말씀해 주셨습니다.

이처럼 주님은 계속해서 이 땅에 오신 목적을 묻는 질문에 부딪치셨습니다. 사람들은 "당신은 이러저러한 일들을 위해 오시지 않았습니까?"라고 물었습니다. 그때마다 주님은 자신이 오신 목적을 가르쳐 주셨습니다. 심지어 세례 요한도 이 문제로 고민에 빠지지 않았습니까? 요한은 "오실 그이가 당신이오니이까. 우리가 다른 이를 기다리오리이까"라고 물었습니다.눅 7:19.

주님은 요한의 심부름으로 이 질문을 가져온 두 사람에게 대답하셨습니다. "너희가 가서 보고 들은 것을 요한에게 알리되 맹인이 보며 못 걷는 사람이 걸으며 나병환자가 깨끗함을 받으며 귀먹은 사람이 들으며 죽은 자가 살아나며 가난한 자에게 복음이 전파된다 하라. 누구든지 나로 말미암아 실족하지 아니하는 자는 복이 있도다".눅 7:22-23.

불쌍한 구시대의 인물 요한! 옥에 갇혀 병들고 쇠약해진데다가 유대인들의 옛 메시아관을 가지고 있었던 그는 지금 벌어지고 있는 상황을 이해할 수가 없었습니다. 그는 전혀 기쁘지 않았습니다. "오실 그이가 당신이오니이까." 그러나 그에 대한 대답은 "그렇다!"는 것이었습니다. "네 생각을 내 모습에 맞추라"는 것이었습니다.

인상적인 예가 또 한 가지 있습니다. 어느 날 사람들이 주님을 찾아와 "아주 어려운 문제가 있는데요"라고 말했습니다. 그들은 헤롯당원이었고 정치인들이었습니다. 그들은 물었습니다. "당신은 훌륭한 선생이십니다. 그 명성은 익히 들어 알고 있지요. 우리가 당신의 가르침에 얼마나 탄복하고 있는지 모릅니다. 그러니 이제 가르쳐 주십시오. 우리[유대인들]가 가이사에게 세금을 바쳐야 합니까, 바치지 말아야 합니까?" 그들은 주님을 일종의 백과사전으로 취급했습니다.

주님은 대답하셨습니다. "가이사의 것은 가이사에게, 하나님의 것은 하나님께 바치라"마 22:21. 이 말씀 안에 주님의 강조점이 있었습니다. 주님은 성령을 통해 이 사람들을 이해시키고 깨우치셨습니다. 후에 사도 바울이 교회를 "진리의 기둥과 터"라고 표현한 것도 놀랄 일이 아닙니다딤전 3:15. 교회의 일차적인 임무는 사람들 앞에 진리를 들어올리며 내세우는 것, 진리를 기둥에 붙이고 벽보에 붙여 게시하는 것입니다.

오해를 피하기 위해 박애의 문제도 명확히 짚고 넘어갑시다. 저는 사람들에게 친절과 도움의 손길을 베풀고 박애를 실천하는 일이 기독교 메시지와 아무 상관없다고 말하는 것이 아닙니다. 오히려 그 반대입니다. 다만 지금 저의 관심은 우선순위의 문제에 있습니다. 저는 지금 교회의 일차적인 임무, 사실상 유일한 임무가 선을 행하는 것이며 잘못을 바로잡고 불의를 경감시키는 것이라고 말하는 현대인들의 주장을 검토하는 중입니다. 제 답변은 주님의 이 말씀에 있으며, 사도들이 여기에서 반복하고 있는 이 말씀에 있습니다. 박애사업은 앞자리에 끼어들 수 없습니다. 그것은 부차적인 일입니다.

주님의 사역을 보십시오. 일차적인 특징은 그분의 가르침에 있었습니다. 기적과 치유는 항상 부차적이었습니다. 실제로 요한은 자신의 복음서에서 그런 일들을 항상 "표적"이라고 칭하고 있습니다. 주님이 기적을 행하신 이유가 무엇입니까? 기적은 부분적으로는 선을 행하는 일이었고, 또 부분적으로는 그의 사랑과 긍휼과 인자하심을 나타내는 일이었습니다. 기적이 일어난 것은 당연합니다! 주님의 기적은 사랑의 표현이었습니다. 기적은 그리스도 예수 안에 있는 '새사람'의 특질을 암시해 준다는 점에서 중요한 일이었습니다.

그러나 그보다 훨씬 더 중요한 사실은, 주님이 자신의 위격을 증명하기 위해, 자신이 하나님의 아들이심을 입증하기 위해 기적을 행하셨다는 것입니다. 기적은 사람들에게 확신을 심어 주는 데 도움이 되었습니다. 기적은 주님의 가르침을 뒷받침했고, 그 가르침이 참됨을 명백히 입증했습니다. 다시 말하지만, 기적은 표적이었을 뿐 성육신의 일차적인 목적이 아니었습니다. 그는 "나는 세상의 빛"이라고 말씀하셨습니다.요 8:12 그는 선생이셨습니다. 그는 아무도 우리에게 알려 줄 수 없는 일을 알려 주기 위해 오셨습니다.

여러분이 참으로 박애사업에 관심이 있다면, 세상이 그토록 떠드는 선행과 박애사업이 전부 교회에서 시작되었음을 아주 쉽게 증명해 드릴 수 있습니다. 기독교가 등장하자마자 사람들은 과부들에게 관심을 기울였습니다. 우리는 최근에야 미망인 연금에 대해 논의하지 않았습니까? 우리는 영국이 대단한 일을 해냈다고 생각하며 자부심을 느끼고 있습니다. 그러나 그것은 교회가 1세기에 이미 했던 일입니다! 빈민구제도 정치인들과 사회학자들이 실천은커녕 생각도 해내기 전에 교회가 먼저 시작했습니다. 현대의 복지국가들을 보십시오. 복지조항? 그 대부분은 교회가 수세기에 걸쳐 선도한 것들입니다. 병원은 또 누가 시작했습니까? 그리스도인입니다. 공교육은 누가 시작했습니까? 그리스도인입니다. 교회는 과부와 가난한 자들, 아이들, 고통받는 자들, 상처받은 자들, 살면서 힘든 일을 겪은 자들을 향한 애정과 박애주의라는 영역에서 항상 세상을 선도해 왔습니다.

이제 우리도 사실을 알아야 할 때가 되었습니다. 역사에 무지한 자들에게 대답해야 할 때가 되었습니다. 교회는 복음도 전했지만, 그와 동시에 어려운 사람들도 돌보았습니다. 역사를 읽어 보십시오! 우리는 사도행전 3장에서 성전 미문 밖에 매일 앉아 있던 사람의 이야기를 이미 살펴보았습니다. 그는 왜 거기 앉아 있었을까요? 거지들은 언제나 성전 가까이 있는 것이 좋다는 사실을 알고 있었기 때문입니다. 교회 앞에 어려운 사람들이 몰리는 이유가 여기 있습니다. 그들은 기도의 힘을 믿는 자들에게 도움을 청할 때 더 쉽게 동정과 연민의 반응을 얻을 수 있음을 알기에, 기독교 신자들은 그들이 믿는 주님처럼 연민의 정이 크다는 것을 알기 때문에 교회로 오는 것입니다.

오, 그렇습니다. 교회는 어려운 사람들을 실제적으로 돌보아 줍니다. 그러나 그것이 교회의 첫번째 우선순위는 아닙니다. 교회가 접대를 해야 한다는 생각은 맞지만, 그 때문에 하나님의 말씀을 밀어내서는 안됩니다. 접대는 마땅히 해야 합니다. 그러니 능력 있는 사람들을 임명해서 그 일을 맡기십시오. 사도들은 말했습니다. "**우리가** 하나님의 말씀을 제쳐 놓고 접대를 일삼는 것이 마땅하지 아니하니."

그러나 우리는 여기에서 그칠 수 없습니다. 두번째 단계로 나아가, 왜 복음 전파를 그처럼 첫자리에 두어야 하는지, 왜 교회의 첫번째 임무로 삼아야 하는지 짚어 보아야 합니다. 여러분은 사도들이 한 말의 정당성을 어떻게 입증하겠습니까? 왜 설교를 박애행위보다 앞세우는 것이 옳겠습니까? 왜 제가 오늘날-이 20세기에!-'종교적이지 않은 기독교'는 용어상 모순되는 말이며 교회가 일차적으로 할 일은 여전히 "때를 얻든지 못 얻든지" 복음을 전하는 일이라고 말하는 것입니까?딤후 4:2 사실 저는 거기에서 더 나아가 오늘날 세상의 가장 큰 필요는 바로 이 메시지를 듣는 것이라고, 설교는 지금도 예전만큼 세상에 필요한 일이라고, 아니 더 절실히 필요한 일이라고 주장하는 바입니다. 박애활동을 계속하고 싶으면 하십시오. 우리는 더욱더 설교할 것입니다.

설교를 첫자리에 두는 이유는 여러 가지가 있습니다. 지금 그 이유를 다 언급할 수는 없지만, 그중에서 좀더 중요한 이유들은 몇 가지 말씀드리겠습니다. 사도들이 이렇게 하는 분명한 이유 한 가지는, 그것이 주님이 맡기신 사명이기 때문입니다. 주님이 그들을 부르시고 보내신 목적은 말씀을 전하려는 것이었습니다. 주님은 승천하기 직전에 말씀하셨습니다. "오직 성령이 너희에게 임하시면 너희가 권능을 받고 예루살렘과 온 유대와 사마리아와 땅 끝까지 이르러 내 증인이 되리라"행 1:8. 주님은 사도들에게 "내 증인이 되리라"고 하셨습니다.

주님은 이 땅에서 사역하시는 동안에도 제자들을 보내 말씀을 전하고 마귀를 쫓아내게 하셨습니다. 그리고 부활하신 후 다락방에 나타나셨을 때에도 제자들에게 성령을 불어넣으시면서 가라고 명하셨습니다. 그때 주님은 말씀하셨습니다. "너희가 누구의 죄든지 사하면 사하여질 것이요 누구의 죄든지 그대로 두면 그대로 있으리라"요 20:23. 또 마태복음 끝부분에는 크고도 장엄한 명령이 기록되어 있습니다. "그러므로 너희는 가서 모든 민족을 제자로 삼아 아버지와 아들과 성령의 이름으로 세례를 베풀고 내가 너희에게 분부한 모든 것을 가르쳐 지키게 하라. 볼지어다, 내가 세상 끝 날까지 너희와 항상 함께 있으리라"마 28:19-20. 그런데 아직 세상 끝 날은 오지 않았습니다.

사도들은 가서 가르치고 전하라는 사명을 받았습니다. 주님은 그들에게 권능을 주셨으며, 오, 그들이 전할 놀라운 일들도 주셨습니다! 베드로는 자신들에게 전할 사명이 주어졌음을 예루살렘 당국자들에게 명확히 밝혔습니다. 우리가 살펴본 대로 산헤드린은 몇 차례나 사도들의 설교를 저지하려 했습니다. 우리는 사도행전 4장에서 공회원들의 말을 읽었습니다.

> 이것이 민간에 더 퍼지지 못하게 그들을 위협하여 이후에는 이 이름으로 아무에게도 말하지 말게 하자 하고 그들을 불러 경고하여 도무지 예수의 이름으로 말하지도 말고 가르치지도 말라 하니 베드로와 요한이 대답하여 이르되 하나님 앞에서 너희의 말을 듣는 것이 하나님의 말씀을 듣는 것보다 옳은가 판단하라. 우리는 보고 들은 것을 말하지 아니할 수 없다 하니 행 4:17-20.

이미 살펴보았듯이, 베드로는 나중에 같은 공회 앞에 다시 잡혀 왔을 때에도 설교를 계속하겠다는 의지를 재확인했습니다 행 5:30-32. 그리고 지금 베드로와 사도들은 헬라파 사람들과 거기 속한 과부들, 그리고 공동체 전체를 향해서도 자신들은 설교를 멈출 수 없노라고 밝히고 있습니다. 그들은 말했습니다. "우리더러 하늘을 떠나 이 땅에 오신 이 복되신 위격, 하나님의 아들, 유일한 구주시요 구속자되신 분을 그만 전하라는 것입니까? 그분은 그만 전하고 대접만 하라는 것입니까? 그것은 터무니없는 생각입니다. 우리는 계속 전하지 않을 수 없습니다. 계속 전해야만 합니다. 우리는 하나님이 행하신 놀라운 일을 알리는 발표자이자 선포자이고 사자입니다."

사도들의 반응 한 가지만 보아도 교회의 일차적인 임무가 무엇인지 충분히 알 수 있습니다. 만약 기독교가 인간의 철학과 이론에 불과하다면, 아픈 자와 상처받은 자, 못 걷는 자, 눈먼 자, 저는 자들을 돌보며 배고픈 자를 먹이고 손으로 선행을 베푸는 일에 더 시간을 투자하고 설교에는 덜 투자하라고 말할 수 있을 것입니다. 그러나 이 주제에 귀를 기울여 보십시오! 이 이적과 기사를 보십시오! 하나님의 아들이 사람의 아들이 되어 세상의 구원자로 오셨습니다. 사도들은 바로 이 메시지를 전하는 사람들이었습니다.

사도들의 말이 옳은 또 다른 이유, 우리가 계속해서 같은 우선순위를 주장하는 또 다른 이유가 있습니다. 그것은 이 메시지만이 우리의 근본적인 필요를 다루고 있다는 것입니다. 헬라파 사람들은 먹고 입는 것, 돈과 사람의 관심을 근본적인 필요로 생각했던 것 같습니다. 오늘날도 그렇지 않습니까? 우리는 물질주의적인 시대에 살고 있습니다. 사람들의 마음은 먹고 마시고 입는 것, 쾌락과 소유에 쏠려 있습니다. 주님이 유산상속 문제를 들고 온 딱한 사람에게 말씀하시면서 다루신 문제가 바로 이것입니다. "이 사람아, 누가 나를 너희의 재판장이나 물건 나누는 자로 세웠느냐……삼가 모든 탐심을 물리치라. 사람의 생명이 그 소유의 넉넉한 데 있지 아니하니라"눅 12:14-15.

주님은 구약성경에 선포된 원칙을 거듭 말씀하셨습니다. "사람이 떡으로만 살 것이 아니라"눅 4:4. 몸과 몸의 필요, 몸의 상태가 우선이며, 생명을 구하고 전쟁을 추방하는 일, 음식과 건강이 기독교의 일차적 관심사라는 주장은 틀렸습니다. 거듭 말하지만, 절대 그렇지 않습니다!

사도들이 설교를 첫자리에 둔 것은 옳은 일이었습니다. 오직 이 복음을 전할 때에만 인간이 겪는 곤경의 근원을 알 수 있기 때문입니다. 인간의 사고는 너무 피상적입니다. 그래서 자꾸 잘못된 길로 들어섭니다. 여러분은 물리적인 필요와 전쟁, 탐욕과 이기심 등의 모든 문제를 다루기 전에 잠시 멈추어서, 왜 이런 문제들이 세상에 야기되었는지부터 물어야 합니다. 왜 이 세상에 고통이 있습니까? 미망인이 있습니까? 죽음이 있습니까? 그 죽음은 어디에서 비롯된 것입니까? 죽음이란 대체 무엇입니까? 우리는 그런 생각을 해본 적이 없지 않습니까? 우리는 너무 영악합니다. 죽음에 대비해서 보험도 들어 놓고, 자기 장례식 비용을 충당하기 위한 대비책까지 세워 놓습니다. 그러면서도 멈추어 서서 죽음의 의미를 생각지는 않습니다. 여기에서 우리의 피상성이 드러납니다. 우리는 항상 겉치레에만 관심을 둘 뿐, 그 실상은 전혀 알지 못합니다.

사도들이 말하는 이 "말씀", 이 복음만이 곤경의 진짜 근원과 인류의 근본적인 필요를 파헤칩니다. 오직 이 말씀만이 우리의 인생관 전체가 잘못되었기 때문에 세상이 이렇게 되었다고 가르쳐 줍니다. 왜 전쟁이 일어납니까? 야고보가 그 대답을 제시하고 있습니다. 그는 전쟁이 우리 안의 "싸우는 정욕" 때문에 생긴다고 말합니다^{약 4:1}. 전쟁은 어디에서 시작됩니까? 궁극적으로는 돈과 음식과 옷에 대한 사람들의 관심에서 시작됩니다. 한 나라가 다른 나라보다 많은 양의 광석과 기름을 생산할 때, 더 좋은 땅이나 그 밖의 좋은 것들을 가지고 있을 때, 지도자들은 탐욕스러운 눈으로 그것을 탐내며 음모를 꾸밉니다. 제국들은 다 그렇게 건설되었습니다. 강력한 지도자가 남의 부를 보고 그것을 움켜잡은 것입니다. 그것이 인류의 내력이자 우리가 자랑하는 역사입니다. 심지어 우리는 남들 위에 올라서려는 약탈 본능을 허용하는 전쟁에서 이겼다고 펄펄 뛰며 좋아하기까지 합니다. 얼마나 부끄러운 일입니까! 그러나 그것이 현대의 사고방식입니다. 그 사고방식은 애초에 잘못된 것입니다. 사도들은 말합니다. "우리가 하나님의 말씀을 제쳐 놓고 접대를 일삼는 것이 마땅하지 아니하니."

이렇게 표현해 봅시다. "접대"를 하나님의 말씀보다 앞에 놓는 것은 잘못입니다. 사람을 하나님 앞에 놓는 것은 언제나 잘못이기 때문입니다. 간단히 말해서, 이것이 세상의 진짜 문제입니다. 지금 세상의 중심에는 인간이 있습니다. 인간이 전부입니다. 그렇다면 하나님은 어떻습니까? 하나님은 끼어들 자리가 없습니다. 똑똑한 사람들은 그의 존재조차 믿지 않습니다. 그들은 하나님을 추방해 버렸습니다. 그들은 '신의 죽음'에 대해 말하고 씁니다. 신이 죽었다니! 참 대단한 주장입니다! 여러분은 종교잡지에서도 그런 주장을 읽을 수 있습니다. 책에서도 읽을 수 있습니다. 가끔은 라디오에서도 들을 수 있습니다.

인간을 중심에 놓는 태도는 사도들의 교회에도 아주 미묘한 유혹거리가 되었습니다. 사람들에게 필요가 있다는 것은 분명한 사실이었습니다. 어찌 되었든 과부들은 고통을 겪고 있었습니다. 먹을 것도 충분치 않았고 입을 것도 적당치 않았으며 돈도 넉넉지 않았습니다. 그러니 사도들은 무엇보다 이들을 보살피는 일에 부르심을 받은 것이 확실치 않습니까? 그러나 사도들이 그 일에 전적으로 시간을 투자했다면, 복음은 전혀 전하지 못했을 것입니다. 그리고 인간은 하나님에 대해 알지 못했을 것입니다. 오늘날 세상의 모든 문제는 하나님을 알지 못한 데서 비롯된 것입니다. 사람들은 내 문제, 내 고난, 내 아픔, 내 고통, 내 작은 불행, 내 불면증, 온통 내 이야기만 합니다. 인간이 전부입니다! 하나님 이야기는 하지도 않습니다. 그러나 이 "말씀"은 바로 그 하나님의 말씀, 살아계신 하나님의 말씀입니다.

여러분이 사람을 하나님 앞에 두면 안되는 이유는, 하나님이 만유 위에 계신 분이기 때문입니다. 하나님은 그런 분입니다. 세상이 어디에서 왔습니까? 인간이 어디에서 왔습니까? 삶이란 무엇입니까? 삶의 의미는 무엇입니까? 삶의 목적은 무엇입니까? 하나님을 모르면 이런 질문들에 대답할 수 없습니다. 하나님은 생명을 지으신 분이요 모든 존재를 만드신 분입니다. 그는 만유를 통치하시며 다스리십니다. 이 하나님을 출발점으로 삼지 않으면 잘못된 길로 갈 수밖에 없습니다. 세상이 잘못된 길로 간 것은 이 때문입니다.

사람은 스스로 하나님의 자리에 올라섰습니다. 모든 인간이 신이 되었습니다. 우리 모두 신이 되었습니다. 그래서 서로 싸우는 것입니다. 나라들도 신이 되었습니다. 각 나라는 스스로 신성시하고 있으며 자신의 기록과 역사를 숭배하고 있습니다. 그러니까 서로 싸울 수밖에 없습니다. 그들은 싸움을 피할 수가 없습니다. 모든 경쟁의 이유가 여기 있습니다. 헬라파와 히브리파가 경쟁한 이유, 우리가 오늘날 목도하는 모든 경쟁의 이유가 여기 있습니다.

하나님은 세상을 완전하게 만드셨고, 사람도 완전하게 만들어 그 가운데 두셨습니다. 에덴동산에는 아무 문제도 없었습니다. 어리석은 인간이 하나님에 대해 충만한 진리를 얻어야 한다는 사실을 깨닫기만 했어도, 반역만 저지르지 않았어도, 가난이나 죽음이나 미망인의 문제는 생기지 않았을 것입니다. 사람이 반역했기 때문에 세상은 혼돈에 빠졌습니다. 부유한 나라는 식량이 넘쳐서 바다에 내다 버리거나 태워 버립니다. 굶주리는 나라들이 바로 옆에 있는데도 이런 짓을 하는 이유가 무엇입니까? 답은 오직 하나, 하나님의 통치 아래 살고 있지 않기 때문입니다.

우리는 스스로 똑똑하다고 생각합니다. 사람의 필요를 먼저 챙기고 서로서로를 먼저 챙겨야 한다고 말하며, 계명은 오직 하나 "네 이웃을 네 자신같이 사랑하라"는 것이라고 말합니다. 언젠가 신문에서 당시 글래스고 장관이 한 말을 읽은 적이 있습니다. 글래스고에서 종교회의가 열렸는데, 요즘도 마찬가지겠지만 그때도 대회 주최자가 이 세속적인 인물을 개최모임에 초대했습니다. 그리고 예우 차원에서 연설을 부탁했습니다. 종교회의가 그런 사람에게서 무슨 들을 말이라도 있는 것처럼 말입니다! 교회는 지금까지도 그처럼 정신 나간 짓을 하고 있습니다. 그런 사람들은 말할 것이 아니라 들어야 합니다. 그들은 설교를 들어야 합니다. 그런데도 그 어리석은 사람은 자리에서 일어나, 자신은 지극히 평범한 사람으로서-그런 사람들은 언제나 평범합니다!-신학과 교리와 교조 같은 것들을 살펴볼 시간이 없었다고 말했습니다. 그러고는 "제가 그저 바라는 바는 어떻게 해야 이웃을 내 자신같이 사랑할 수 있는지 알려 주십사 하는 것입니다"라고 말했습니다. 현대인들의 관점을 그야말로 완벽하게 표현해 주는 말 아닙니까? 그는 둘째 계명을 첫자리로 끌어올렸으며, 첫째 계명은 아예 언급조차 하지 않았습니다.

한번은 한 똑똑한 남자가 주님을 찾아와 질문을 던졌습니다. 그는 "선생님, 율법 중에서 어느 계명이 크니이까"라고 물었습니다. 그러자 주님이 대답하셨습니다. "네 마음을 다하고 목숨을 다하고 뜻을 다하여 주 너의 하나님을 사랑하라 하셨으니 이것이 크고 첫째 되는 계명이요 둘째도 그와 같으니 네 이웃을 네 자신같이 사랑하라 하셨으니"마 22:36-39. 이 순서를 아시겠습니까? 하나님을 먼저 사랑하지 않으면 이웃을 내 자신처럼 사랑할 수 없습니다. 하나님을 출발점으로 삼지 않는 사람은 자기 자신을 올바로 사랑할 수 없습니다. 하나님을 모르면 자신에 대해서도 잘못된 개념을 갖게 되고, 따라서 이웃에 대해서도 잘못된 개념을 갖게 되며, 그 결과 그들을 사랑할 수 없게 됩니다.

다시 말하지만, 여러분은 둘째 계명에서 출발할 수 없습니다. 둘째 계명은 첫째 계명 뒤에 와야 합니다. 오직 하나님에 관한 진리를 깨달을 때에만, 사람은 그 밖의 것들에 대해서도 바른 관점을 가질 수 있습니다.

우리가 계속해서 하나님의 말씀을 전하는 데 우선권을 두는 이유가 여기 있습니다. 우리는 무엇보다 먼저 하나님부터 이야기해야 하며, 사람들과 하나님의 관계부터 이야기해야 합니다.

이처럼 사람을 하나님 앞에 두는 것은 잘못입니다. 우리가 두번째로 생각할 점은, 첫번째와 정확히 같은 맥락에서 몸을 영혼 앞에 두는 일도 잘못이라는 것입니다. 다시 말해서 우리는 하나님에 대해서만 잘못을 저지르고 있는 것이 아니라 사람에 대해서도 잘못을 저지르고 있습니다. 인간은 어떤 존재입니까? 현대이론에 따르면, 인간은 육체에 불과하기 때문에 육체로 하는 모든 일에 정성을 들여야 합니다. 먹고 마실 것을 충분히 제공하고, 옷과 집을 제공하며, 건강을 관리하고, 성性도 충분히 제공해야 합니다. 이것이 인간이라는 것입니다! 오, 인간은 하나님을 떠나 자기 자신을 찬미하고 추켜세우며 몸의 필요에 집중하는 것이야말로 비극이라는 사실을 생각해야 합니다. 하나님의 말씀은 그런 태도에 반대하며, 그런 태도를 고발합니다. 인간은 어떤 존재입니까? 복음 메시지만이 그 답을 가르쳐 줄 수 있습니다.

주님은 복음을 전하기 위해 제자들을 보내면서 말씀하셨습니다. "내가 내 친구 너희에게 말하노니 몸을 죽이고 그후에는 능히 더 못하는 자들을 두려워하지 말라. 마땅히 두려워할 자를 내가 너희에게 보이리니 곧 죽인 후에 또한 지옥에 던져 넣는 권세 있는 그를 두려워하라. 내가 참으로 너희에게 이르노니 그를 두려워하라"눅 12:4-5. 몸을 첫자리에 두지 마십시오. 영혼을 첫자리에 두십시오.

다시 말하지만, 현대인의 비극은 영혼에는 관심도 없이 이생의 쾌락만 생각한다는 데 있습니다. 실제로 그들은 자신에게 영혼이 있다는 사실조차 모릅니다. 이것을 말해 줄 수 있는 것은 오직 하나님의 말씀뿐입니다. 그래서 사도들이 "접대를 일삼는 것이 마땅하지" 않다고 말한 것입니다. 사람에게 몸만 있다고 말하는 것은 모욕입니다. 사람이 동물에 불과하다고 말하는 것도 모욕입니다. 그렇지 않습니다. 사람은 산 영입니다. 하나님은 사람에게 "영혼을 사모하는 마음을 주셨"습니다전 3:11. 그는 사람을 자신의 동료로 만드셨습니다.

주님은 이 점을 다음과 같이 표현하셨습니다. "사람이 만일 온 천하를 얻고도 자기 목숨soul을 잃으면 무엇이 유익하리요. 사람이 무엇을 주고 자기 목숨과 바꾸겠느냐"막 8:36-37. 주님은 여러분의 우선순위가 잘못되었다고 말씀하십니다. 주님은 이 점을 여러 번 지적하셨습니다. 저는 지금 몸을 폄하하는 것이 아닙니다. 그것은 기독교적인 주장이 아닙니다. 몸은 중요하며, 우리는 몸을 건강하게 지켜야 합니다. 몸의 필요도 채워 주어야 합니다. 우리에게는 음식도 필요하고 옷도 필요하고 모든 것이 필요합니다. 그런 필요는 지극히 옳고 정당한 것들입니다. 그러나 다시 말하건대, 그 필요 자체를 위해 사는 것은 우선순위가 잘못된 것입니다.

남성들이여! 여성들이여! 여러분 안에는 세상보다 큰 것이 들어 있습니다. 여러분 안에 "더 광대한 창공, 더 신성한 공기"를 소리쳐 갈구하는 무언가, 무한을 탐색하는 무언가가 있음이 가끔 느껴지지 않습니까? 그것이 바로 영혼입니다! 여러분은 영적인 존재들입니다. 세상 그 무엇으로도 만족할 수 없는 이유가 여기 있습니다. 그런데도 현대세계는 영혼에 관심을 갖지 않습니다.

죽음! 오, 세상 사람들에게 죽음은 무서운 존재입니다. 왜 그렇습니까? 이 세상의 삶 말고 다른 삶이 있음을 모르기 때문입니다. 영혼에 대해 아무것도 모르기 때문입니다. 그들은 몸을 지키고 세상을 얻으려다가 영혼을 잃고 있습니다. 이처럼 몸을 영혼보다 앞세우는 것은 얼마나 무서운 일인지 모릅니다.

우리 중에도 낮은 차원에서나마 이 진리를 아는 이들이 많지 않습니까? 제가 알기에 여러분은 지적인 사람들로서, 책이라고는 읽지 않는 자들이나 셰익스피어나 위대한 산문작가들의 작품을 감상할 줄 모르는 자들을 종종 안쓰럽게 여깁니다. 위대한 그림도 감상할 줄 모르고 베토벤의 음악을 들어도 아무 느낌이 없는 사람들에게 느끼는 안쓰러움이 어떤 것인지 알지 않습니까?

여러분은 그런 사람들을 볼 때 "참 안된 일이야. 저들은 사람보다는 동물에 가깝군"이라고 말합니다.

그 말이 맞습니다. 그들은 동물처럼 살고 있습니다. 육신에만 관심을 쏟을 뿐, 좀더 높은 차원에 대해서는 아는 바가 없습니다. 그런데 예술과 문화를 전부 합친 것보다 한없이 높은 차원이 있습니다. 그것은 하나님과 교제하며 보이지 않는 영원한 세계에 들어가는 일, 영의 세계에 거하는 일입니다. 여러분 안에 있는 영혼은 하나님이 주신 것으로서 세상 전부를 합친 것보다, 문화 전부를 합친 것보다 큽니다. 영혼은 영원 그 자체에 속해 있습니다. 우리는 현대세계가 무시하고 있는 그것을 일깨우기 위해 하나님의 말씀을 전해야 합니다.

마지막으로, 유한한 시간을 영원보다 앞세우는 것이야말로 사실상 가장 큰 비극이요 어리석음의 극치가 아닐까요? 몸을 먹이는 것은 오직 시간에 속한 일입니다. 우리가 먹는 것에 관심을 두지 않을 날, 먹는 것이 우리를 전혀 도와줄 수 없는 날, 먹는 것을 뛰어넘게 될 날이 우리 모두의 인생에 다가오고 있습니다.

그런데도 세상은 몸을 위해 살고 있지 않습니까? 사람들은 "선을 행하십시오"라고 말합니다. "우리가 보고 싶은 것은 작고 실질적인 기독교입니다. 우리가 당신에게 원하는 것은 강단을 떠나 술집으로 가는 것입니다. 사람은 근본적으로 아주 선한 마음을 가지고 있으며 아주 친절합니다. 그들에게 필요한 것은 그저 작은 도움과 지원뿐입니다. 세상의 모든 고통을 어떻게 해결하렵니까? 일요일마다 웨스트민스터 채플 강단에서 설교하는 일 따위는 집어치우고, 교회 밖으로 나가 베트남 전쟁을 저지하거나 남아프리카를 위한 일을 하십시오." 이것이 그들이 말하는 종교적이지 않은 기독교입니다. 그들은 "예배당을 태워 버리고 설교도 집어치우고 성경도 없애 버리고 선을 행하십시오. 오직 중요한 것은 사랑의 영입니다" 하고 외칩니다.

그러나 그렇지 않습니다. 그것은 시간을 영원의 앞에 두는 태도입니다. 제 말을 들어 보십시오. 마지막 날이 다가오고 있습니다. 복지 국가와 국민건강보험제도와 기적의 명약을 마련해도, 수백만 달러를 의학에 투자해도, 현상적으로 볼 때는 20세기가 진보하고 있는 것 같아도, 인간은 여전히 죽음을 맞이합니다. 몸의 종말을 맞이하는 것입니다. 남편이 있는 여자든 없는 여자든, 아내가 있는 남자든 없는 남자든, 어린아이든, 다 죽어서 영원한 세계로 들어가야 합니다. 현대세계는 이 점을 잊어버렸기 때문에 이 모양이 된 것입니다. 20세기? 과학적 성취? 지금 이 순간 우주에 나가 있는 두 미국인을 생각해 보십시오.[1] 이것은 경이롭고 놀라운 일이며 우리가 소원하던 일입니다! 얼마든지 세상을 개선하고 과학을 사용하십시오. 세상을 한껏 향상시키십시오!

그러나 그 세상은 곧 종말을 맞이할 것입니다. 시간에는 끝이 있습니다. 역사에도 끝이 있습니다. "보이는 것은 잠깐이요 보이지 않는 것은 영원함이라"고후 4:18. 사람들에게 이 사실을 말해 주는 것은 오직 복음 메시지뿐입니다. 복음을 가장 앞자리에 두어야 하는 이유가 여기 있습니다. 오늘날 세상 모든 사람들이 죽어서 심판하시는 하나님 앞에 서야 한다는 사실을 깨닫는다면, 세상은 지금과 완전히 다른 모습이 될 것입니다. 모든 인간이 선한 일이든 악한 일이든 몸을 가지고 있을 때 행한 일들에 대해 설명해야 한다는 사실을 깨달은 후에도 예전과 똑같이 살면서 영혼과 죽음과 삶의 진정한 의미는 생각지도 않고 영과 혼의 존재도 잊은 채 육체적인 것과 저열한 본능만 채우기 위해 살 수 있겠습니까?

이것을 기억하십시오. 그 심판은 영원을 결정하는 심판입니다. 두 번째 기회는 없습니다. 여러분이 이 땅에서 사는 동안 장차 어떤 영원한 존재로 살 것인지 결정되는 것입니다.

여러분은 말할 것입니다. "아, 하지만 현대인은 그런 걸 믿지 않

---

[1] 1966년 6월 3일, E. A. 서년과 T. P. 스태퍼드가 제미니 9호를 타고 우주로 나갔다. 우주에서 생활하기 위한 기술을 개발하려는 것이 그 목적이었다.

아요."

저도 압니다. 현대인들은 참된 진리들을 많이 믿지 않습니다. 그들이 지금처럼 어리석어진 이유가 여기 있습니다. 여러분은 심판이 없음을 증명할 수 있습니까? 그저 "교양 있고 건전한 정신을 가진 사람, 교육을 받은 이성적인 사람이라면 그런 걸 믿지 않지요"라고 말하기는 아주 쉽습니다. 그러나 교육이 이 일과 무슨 상관이 있습니까? 교육이 장막 너머에 있는 일에 대해 말해 줍니까? 당연히 말해 주지 않습니다. 교육은 그것에 대해 아무것도 모릅니다. 지금 우주에 나가 있는 두 사람도 천국과 하나님과 영원에 대해 우리보다 많이 알지 못합니다. 눈꼽만큼도 더 알지 못합니다. 그 두 사람을 우주로 보낸 똑똑한 사람들도 마찬가지입니다. 우리 앞에 영원한 세계가 놓여 있음을 가르쳐 주는 것, 그 영원한 세계는 말할 수 없는 지복이 되거나 말할 수 없는 비극과 수치와 회한이 되거나 둘 중에 하나임을 가르쳐 주는 것은 성경밖에 없습니다.

제가 이 메시지, 즉 하나님의 말씀에 언제나 우선권을 두어야 한다고 말하는 이유, 심지어 선의와 자비의 행위보다 우선시해야 한다고 말하는 이유가 여기 있습니다. 다른 일을 첫자리에 놓는 것은 절대 뒤집어서는 안될 순서를 뒤집는 것입니다. 사람 앞에 하나님입니다! 몸 앞에 영혼입니다! 시간 앞에 영원입니다!

실제로 현대세계는 사도들이 여기에서 확정지은 진리를 입증해 주고 있습니다. 사도들은 다른 것을 통해서도 몸의 필요나 외부적인 필요는 돌볼 수 있다고 주장했습니다. 이것은 오늘날 사람들이 당연히 알고 있는 사실입니다. 그래서 그토록 많은 이들이 교회에 다니지 않는 것입니다. 그런 일은 복지국가가 다 알아서 해줍니다. 먹을 것도 주고, 미망인들에게 연금도 주고, 입을 것도 주고, 살 집도 주고, 건강도 챙겨 주고, 국민건강보험도 무료로 제공해 줍니다. 교회가 이 지점에서 길을 잘못 접어들어 단순히 물리적인 필요나 돌보면서 복음 전하기를 그만둔다면, 과연 무슨 일이 일어나겠습니까? 아마 지금 이 세상의 처지와 똑같은 처지가 되고 말 것입니다.

지금 이 세상의 처지는 어떻습니까? 우리는 물질주의의 시대, 극심한 혼돈의 시대에 살고 있습니다. 구약성경은 오래전에 "묵시가 없으면 백성이 방자히 행하거니와"라고 말했습니다 잠 29:18. 골드스미스도 그 점을 알았습니다.

> 땅은 황폐해지고 흉년의 제물이 되며,
> 부는 축적되나 인간은 쇠락한다.
> ─올리버 골드스미스 Oliver Goldsmith

20세기에 사는 모든 사람, 우리 같은 보통 사람들의 생활형편은 100년 전보다 훨씬 나아졌습니다. "이보다 더 좋은 시절은 없었다!" "풍요한 사회!" "부의 축적!"

그러나 인간은 어떻습니까? 인간은 세상에서 어떻게 살고 있습니까? 주말을 어떻게 보내고 있습니까? 사람들이 말씀을 들으며 주말을 보내던 시절이 있었습니다. 월요일에는 들은 말씀에 대해 토론했고, 그에 대한 책과 주석을 읽고 토론했습니다. "부는 축적되나 인간은 쇠락한다." 우리가 그 모든 혜택 가운데 부차적인 것들에 집중하면서, 우선시해야 할 것들을 잊어버리면서 이 나라는 활력을 잃고 무너지게 되었습니다. 숭고한 모든 것이 사라지고 있으며 없어지고 있습니다. 도덕적인 혼란과 쇠퇴만 이어집니다! 도둑질, 강도질, 비행! 사람들은 위대하고 신성한 것을 자랑하는 대신 조롱합니다. 퇴보가 지금 이 나라의 두드러진 특징이 되어버렸습니다.

비슷한 퇴보의 역사가 전에도 아주 많이 있었습니다. 대로마제국의 쇠망을 보십시오. 이미 살펴보았듯이 로마시민들은 무엇에 열중했습니까? "빵과 서커스"입니다! 그들은 몸을 영혼 앞에 두었습니다. 인간을 하나님 앞에 두었습니다. 시간을 영원 앞에 두었습니다.

제가 성경 전체에서 가장 큰 경고 중 하나라고 생각하는 말씀이 구약에 있습니다. 하나님은 한 선지자를 통해 이스라엘에게 경고하시면서 이렇게 말씀하셨습니다. "주 여호와의 말씀이니라. 보라, 날이 이를지라. 내가 기근을 땅에 보내리니 양식이 없어 주림이 아니며 물이 없어 갈함이 아니요 여호와의 말씀을 듣지 못한 기갈이라"암 8:11. 말씀을 듣지 못하면 아무것도 남지 않는다는 점에서 이것은 최종적인 재앙입니다. 말씀을 듣지 못하는 사람은 이전에 삶의 수단으로 삼았던 가시적인 것들을 다 빼앗긴 채 절망적인 빈털터리가 될 것이며, 그 어디에서도 위로를 얻지 못하고 일말의 희망조차 찾지 못할 것입니다. "여호와의 말씀을 듣지 못한 기갈이라." 이것은 먹을 것이 없어 굶주리는 것보다, 옷이나 집이 없어서 죽어가는 것보다, 건강을 돌보지 못해서 죽어가는 것보다 훨씬 더 무서운 일입니다.

이처럼 인간의 가장 큰 필요이자 최고의 필요는 하나님의 말씀을 듣는 것으로서, 그 필요를 채워 줄 수 있는 곳은 교회뿐입니다. 정치인들이나 정치가들은 말씀을 알지도 못하고 믿지도 않습니다. 철학자들은 말씀을 조롱하며 과학자들은 말씀을 비웃습니다. 하나님에 대해, 나 자신에 대해, 영원한 세계에 대해 나의 바른 자리를 찾아줄 이 '말씀'을 어디에서 찾을 수 있습니까? 바로 여기, 여기에서만 찾을 수 있습니다! 사람의 말이 아니라 하나님의 말씀에서만 찾을 수 있습니다. 하나님의 아들, 주 예수 그리스도의 모습으로 오신 살아있는 말씀에서만 찾을 수 있습니다.

그는 일어서서 말씀하셨습니다. "나는 세상의 빛이니 나를 따르는 자는 어둠에 다니지 아니하고 생명의 빛을 얻으리라"요 8:12. 또한 그는 "수고하고 무거운 짐진 자들아, 다 내게로 오라. 내가 너희를 쉬게 하리라.……나의 멍에를 메고 내게 배우라"고 하십니다마 11:28-29. 그분만이 하나님에 대해 말씀해 주실 수 있습니다. 그분만이 인간이 왜 존재하는지 가르쳐 주실 수 있습니다. 그분만이 천국문을 열어 주실 수 있습니다. 그분만이 이런 일들을 몰라서 길을 잃고 위험에 처한 우리를 건져 내실 수 있습니다. 그는 "잃어버린 자를 찾아 구원하려"고 오신 분이기 때문입니다눅 19:10.

사도들이 계속해서 "우리가 하나님의 말씀을 제쳐 놓는 것이 마땅하지 않다"고 말한 이유가 여기 있습니다. 과부들을 돌보며 접대하는 일, 그처럼 바르고 고상하며 훌륭한 일 때문이라 해도 말씀을 제쳐 놓는 것은 옳지 않습니다.

여러분은 하나님을 출발점으로 삼고 있습니까, 인간이나 여러분 자신이나 과학적 성취를 출발점으로 삼고 있습니까? 어느 쪽입니까? 여러분은 영혼을 몸보다 앞에 두고 있습니까?

너는 흙이니 흙으로 돌아가라는 것은
영혼에게 하신 말씀이 아니었다.
−H. W. 롱펠로우 H. W. Longfellow

여러분 안에 불멸하는 영혼이 있음을 아십니까? 죽음을 넘어 심판하시는 하나님을 만난다는 사실, 영원한 세계가 기다리고 있다는 사실을 아십니까? 그것을 아십니까?

여러분은 시간을 영원 앞에 두고 있습니까? 바울은 말합니다. "우리가 잠시 받는 환난의 경한 것이 지극히 크고 영원한 영광의 중한 것을 우리에게 이루게 함이니 우리가 주목하는 것은 보이는 것이 아니요 보이지 않는 것이니 보이는 것은 잠깐이요"−그것은 사라질 것입니다−"보이지 않는 것은 영원함이라" 고후 4:17-18.

여러분은 삶의 토대를 하나님의 말씀에 두고 있습니까? 여러분의 우선순위는 올바릅니까?

17

하나님의 말씀

열두 사도가 모든 제자를 불러 이르되 우리가 하나님의 말씀을 제쳐 놓고 접대를 일삼는 것이 마땅하지 아니하니 형제들아, 너희 가운데서 성령과 지혜가 충만하여 칭찬받는 사람 일곱을 택하라. 우리가 이 일을 그들에게 맡기고 우리는 오로지 기도하는 일과 말씀 사역에 힘쓰리라 하니 온 무리가 이 말을 기뻐하여……하나님의 말씀이 점점 왕성하여 예루살렘에 있는 제자의 수가 더 심히 많아지고 허다한 제사장의 무리도 이 도에 복종하니라.

사도행전 6:2-5, 7

이제 저는 특별히 2절, 4절, 7절 말씀에 여러분의 주의를 집중시키려 합니다.

> 2절: "열두 사도가 모든 제자를 불러 이르되 우리가 하나님의 말씀을 제쳐 놓고 접대를 일삼는 것이 마땅하지 아니하니."
>
> 4절: "우리는 오로지 기도하는 일과 말씀 사역에 힘쓰리라 하니."
>
> 7절: "하나님의 말씀이 점점 왕성하여 예루살렘에 있는 제자의 수가 더 심히 많아지고 허다한 제사장의 무리도 이 도에 복종하니라."

제가 이 세 구절을 고른 것은, 여러분께 제시하고 싶은 내적 연관성이 여기에 있기 때문입니다. 우리는 이미 이 구절들에 대한 고찰을 시작했습니다. 이미 지적한 대로 이 본문은 교회의 삶이 처음으로 조직화되던 단계의 이야기를 해준다는 점에서 중요합니다. 우리는 여기에서 일종의 집사제도가 형성되는 장면, 즉 집사를 세우고 임명하는 장면을 보게 되는데, 이것은 그 자체로도 아주 흥미로운 주제입니다. 물론 이 주제를 다루는 것이 오늘의 목적은 아니지만, 이 주제의 중요성만큼은 강조하고 싶습니다. 저는 우리 세대 사람들이 교회의 교리를 무시해 왔다고 생각합니다. 특별히 우리 복음주의자들은 여러 운동에 지나친 관심을 기울인 나머지 교회를 희생시켜 버렸습니다. 그런데 교회는 신약의 가르침에서 아주 중심적인 자리를 차지하고 있습니다. 지금 우리가 이 본문을 공부하는 이유는, 이 본문이 하나님의 교회가 지니는 특징과 본질, 할 일, 그 일을 실천하는 방식에 대해 이야기해 주기 때문임을 기억하시기 바랍니다.

이미 살펴보았듯이 사도들은 심각한 위기에 처해 있었습니다. 이 위기 앞에서 그들은 어떻게 해야 합니까? 과부들의 가난을 덜어 주는 자선사업에 헌신해야 합니까, 헌신하지 말아야 합니까? 그들의 결정은 교회가 지금까지 내려야 했던 결정 중에 가장 중요한 것이었습니다. 지난번 공부에서 우리는 사도들이 어떻게 성령의 인도를 받아서 '교회의 일차적인 임무는 하나님의 말씀에 진력하며 복음을 전하는 것'이라고 선포하게 되었는지 살펴보았습니다. 그 밖의 일들은 아무리 사랑과 친절에서 나온 것이라 해도 그다음 자리에 놓아야 합니다. 우리는 사도들이 이런 결정을 내린 이유들도 살펴보았습니다.

그 모든 내용을 살펴보았으니, 이제는 그 결정에 따르는 다른 문제를 다룰 차례입니다. 접대가 아닌 복음 전파가 교회의 일차적 임무라면, 교회는 어떻게 그 일을 해야 합니까? 감사하게도 오늘 본문은 그 답을 아주 분명히 제시해 주고 있습니다.

이것 역시 지극히 중요한 문제입니다. 오늘날 세상이 겪고 있는 모든 혼란 중에서도―세상은 정치적으로나 철학적으로나 그 밖의 모든 측면에서 혼란을 겪고 있습니다―가장 비극적인 혼란은 교회가 사람들에게 전하는 메시지와 관련되어 있습니다. 교회, 오직 교회만이 메시지를 전하는 임무를 맡았습니다. 그렇다면 교회가 전할 그 메시지란 과연 무엇입니까? 이것은 현재 많은 논쟁과 논란을 일으키고 있는 주제입니다. 우리는 권위―이 메시지의 권위―라는 주요하고도 기본적인 문제에 직면해 있습니다. 이 문제를 명확히 하지 않고서 논의를 계속 진전시키는 것은 의미가 없습니다. 우리는 어떻게 이 메시지가 무엇인지 알 수 있으며, 그것을 확신할 수 있을까요?

놀랍게도 바로 지난주에 이 문제의 본질을 아주 간결하게 보여주는 글을 우연히 읽게 되었습니다. 그것은 주말 종교신문에 게재된 글로서, 어느 유명한 사람이 쓴 것이었습니다. 그 글의 내용은 다음과 같습니다.

삶의 한 방식으로서의 기독교는 예수의 가르침과 정신을 현대적으로 변형시킨 형태로 제시될 경우에, 이전 어느 때보다 많은 이들에게 호소력을 발휘하는 것 같다. 그와 동시에 하나님이나 천국이나 지옥, 특히 형이상학에 대한 일련의 명제로서의 기독교는 점점 더 의혹의 눈길을 받고 있다. 이 분야에서 기독교는 인간의 경험에 대한 여러 가지 해석 가운데 한 가지로 간주되고 있는데, 사실 기독교를 반드시 참된 해석이나 최종적인 해석으로 볼 필요는 없다. 복음주의가 마땅히 사용해야 할 접근방식을 결정짓는 요소는 바로 이 현실의 상황이다. 내가 이 글에서 말하고 싶은 점은, 권위주의적인 접근방식은 점점 효력을 잃고 있다는 것이다. 사실 그러한 접근방식은 그 본질상 배제되어야 한다.

글쓴이는 계속해서 성경의 권위를 내세우는 설교에는 어떤 효력도 없다고 말합니다. 그에 따르면, 교회의 메시지는 "예수의 정신에 대한 가르침"이 되어야 합니다. 그는 진리와 신앙―교리, 교의, 신학―의 명제들을 기껏해야 쓸모없는 것, 여하튼 완전히 잘못된 것으로 치부하여 비난합니다. 현대인이라면 당연히 그런 명제들을 받아들이지 않는다는 것입니다.

이 주장에 대해 여러 가지 이야기를 할 수 있겠지만, 거기에 시간을 낭비하고 싶지는 않습니다. 신학과 설교에 효력이 없다고 말하는 것으로 보아 이 사람은 결과물에 관심이 있는 것 같은데, 그의 지명도에도 불구하고 '그의 복음'이 그다지 효력을 발휘하지 못하는 듯 보이는 것은 흥미로운 현상이 아닐 수 없습니다. 그러나 그것은 우리의 주된 관심사가 아닙니다. 우리가 지금 던져야 할 질문은 이것입니다. 그의 말이 과연 맞습니까? 이 사람은 상황을 정확하게 진단하고 있습니까?

저는 그 답이 사도행전 6장에 분명하고도 명백하게 나와 있다고 생각합니다. 그러므로 우리는 사도들과 초기 그리스도인들이 무슨 일을 했는지 살펴보기만 하면 됩니다. 왜냐하면 교회는 바로 그들이 한 일 때문에 존재하게 되었기 때문입니다. 성경은 이렇게 쓰고 있습니다. "그때에 제자가 더 많아졌는데……하나님의 말씀이 점점 왕성하여"-여기에서 같은 말이 다시 반복됩니다-"예루살렘에 있는 제자의 수가 더 심히 많아지고 허다한 제사장의 무리도 이 도에 복종하니라"^{행 6:1, 7}. 교회는 처음부터 말씀을 전했고, 개혁과 부흥의 시기마다 그 일로 되돌아갔습니다. 그것이 말씀 전하는 일에 아무 효력도 없다는 주장에 대한 우리의 답변입니다. 지금까지 효력을 발휘한 것은 오직 말씀 전하는 일뿐이었습니다. 교회는 말씀 전하는 일로 시작되었습니다. 따라서 그 일로 돌아가는 것이 진정한 지혜입니다.

교회는 접대가 아니라 "말씀" 전하는 일에 시간을 투자해야 합니다. 이에 대한 강조가 사도행전 전체를 관통하고 있습니다. 바울도 디모데에게 "너는 말씀을 전파하라. 때를 얻든지 못 얻든지 항상 힘쓰라"고 권면했습니다^{딤후 4:2}. 사도행전 오늘 본문에 나오는 단어들, "하나님의 말씀", "말씀 사역"(또는 "말씀의 봉사." 개역성경 주 참조-옮긴이), "이 도"라는 표현에 주의하십시오.

다시 한번 강조하지만, 저는 논쟁을 즐기기 때문에 이 문제에 관심을 갖는 것이 아닙니다. 절대 아닙니다. 하나님은 누구라도 그렇게 하는 것을 금하십니다. 오늘 밤 제가 이 강단에 올라올 때 사도가 일깨워 준 말씀은 "주의 종은 마땅히 다투지 아니하고"였습니다^{딤후 2:24}. 저는 다투고 싶지 않습니다. 논쟁하거나 토론하고 싶지 않습니다. 그러나 여러분의 영혼과 사람들의 영혼에 작은 관심이 있기 때문에, 또한 그리스도의 보좌와 심판대 앞에서 저의 사역에 대해 답변해야 할 것을 알기 때문에, 다시 한번 교회의 메시지와 진리를 부인하는 위험과 현대인의 오류를 경고하는 것입니다. 이것이 저의 유일한 동기입니다. 하나님께서 신령과 진정으로 이 메시지를 제시할 수 있게 해주시며, 제 말을 듣는 여러분들에게도 같은 영을 허락하시기를 소원합니다.

교회의 할 일은 무엇입니까? 봉사하는 것입니다. "하나님의 말씀"과 이 도에 봉사하는 것입니다. 그 사실은 우리가 전하는 메시지에 대해 무엇을 말해 줍니까? 우리의 권위는 어디에서 나오는 것입니까? 제가 지금까지 여러분에게 분석해 드리려 한 문제가 바로 이것입니다.

첫째로, 우리는 우리의 메시지가 하나님의 말씀이라는 점을 분명히 해야 합니다. 이 메시지는 하나님이 주신 말씀입니다. 사도는 말합니다. "우리가 하나님의 말씀을 제쳐 놓고 접대를 일삼는 것이 마땅하지 아니하니." 이것이 모든 것의 출발점이자, 그토록 많은 현대의 사상들이 대책 없이 헤매고 있는 지점입니다. '현대인'과 '현대사상'을 논하는 사람들은 이미 초대교회의 실천에서 떠난 것입니다. 기독교는 인간의 사상이 아닙니다. 인간이 이론화한 것도, 철학적으로 설명해 낸 것도 아닙니다. 사도들은 그런 일을 할 능력이 없었습니다! 우리는 그들이 "학문 없는 범인"에 불과했으며, 철학이나 정치이론이나 사회학이론을 만들어 낼 능력이 없는 사람들이었음을 여러 번 확인했습니다. 위대한 그리스의 철학자들이라면 몰라도 어부와 평범한 노동자, 장인들로서는 그런 일을 할 수가 없었습니다. 만약 교회의 메시지가 인간의 철학이요 사상이었다면, 사도들은 결코 그 전파자가 되지 못했을 것입니다.

이것이 우리의 첫번째 명제입니다. 기독교의 메시지는 인간이 생각해 내거나 고안해 낸 것이 아닙니다. 후에 베드로는 두번째 서신에서 이렇게 썼습니다. "우리 주 예수 그리스도의 능력과 강림하심을 너희에게 알게 한 것이 교묘히 만든 이야기를 따른 것이 아니요."벧후 1:16. 배운 사람들은 공교한 이야기를 만들어 내는 데 익숙합니다. 그들은 그런 일에 전문가입니다. 그러나 사도들은 아니었습니다. 절대 아니었습니다. 복음은 어떤 모양, 어떤 형태로든 인간적인 것과 거리가 멉니다. 그렇다면 복음이란 무엇일까요? 우리가 알 수 있는 가장 중요한 사실은 이것입니다. 복음은 유일무이한 것, 완전히 다른 것입니다. 복음은 어떤 부류에도, 어떤 범주에도 속하지 않습니다. 복음은 홀로 우뚝 서 있습니다. 복음은 살아계신 하나님의 말씀이기 때문입니다. 이것이 이 메시지에 대한 성경 전체의 주장입니다. 우리가 성경을 전하는 이유는, 그것이 사람의 말이 아니라 하나님의 말씀이기 때문입니다.

이렇게 표현해 봅시다. 성경은 처음부터 끝까지 그것이 하나님의 계시임을 주장합니다. 하나님이 계시로 말씀을 주셨다는 것은 세상의 삶을 바꾼 거대한 분수령 가운데 하나로서, 사람들이 이 부분에 혼동을 느낀다는 사실이 저는 놀랍기만 합니다. 계시는 탐색의 반대말이자 인간의 추구 및 노력의 반대말이며, 상상력이나 시적 영감 내지는 '시상'詩想의 반대말입니다. 계시는 하나님이 열어젖히신 장막입니다. 사람에게 주신 진리이며, 분명하고도 명백하게 밝혀 주신 진리입니다.

저는 성경 메시지가 하나님의 계시로 주어졌다는 사실을 지지하는 구절들을 성경에서 얼마든지 인용할 수 있습니다. 창조의 문제 전반에 대해 언급하는 유명한 구절이 여기 있습니다. "믿음으로 모든 세계가 하나님의 말씀으로 지어진 줄을 우리가 아나니 보이는 것은 나타난 것으로 말미암아 된 것이 아니니라"히 11:3. "믿음으로!" 우리는 믿음으로 이것을 아는 지각을 얻었습니다. 모세나 다른 누군가가 창조이론을 착상해서 이론화한 것이 아닙니다. 계시로 일러 주신 것입니다.

계시라는 말 속에는 하나님이 그 무한한 자비와 인자와 긍휼로 자신에 대해 말씀해 주시기를 기뻐하셨다는 뜻이 담겨 있습니다. 욥기는 이렇게 말합니다. "네가 하나님의 오묘함을 어찌 능히 측량하며"욥 11:7. 철학자들은 수세기에 걸쳐 하나님을 찾으려 했지만 찾지 못했습니다. "하나님의 지혜에 있어서는 이 세상이 자기 지혜로 하나님을 알지 못하므로 하나님께서 전도[전파된 것]의 미련한 것으로 믿는 자들을 구원하시기를 기뻐하셨"습니다고전 1:21. 하나님은 그 정의상 인간의 지각에 포착되지 않는 분입니다.

제가 앞서 인용한 글을 쓴 사람은 계속하여 '현대인'에 대해 언급하면서, 현대인이 무엇을 취하고 무엇을 취하지 않는지 이야기합니다. 얼마나 우스운 생각인지요! 현대인이든 고대인이든 인간은 하나님을 아는 지식에 이를 수가 없습니다. 하나님은 모든 면에서 인간이 절대 도달할 수 없는 저 너머, 영원한 세계에 계시기 때문입니다.

이처럼 하나님은 자신과 세계와 인간에 관한 진리, 악의 원인과 우리의 문제를 해결해 줄 유일한 방법에 관한 진리를 일정 정도 계시하며 나타내시기를 기뻐하셨습니다. 복되신 주님도 아버지를 의지하며 기도드리시면서, 누구보다 분명하고 명백하게 이 점을 밝히셨습니다. "천지의 주재이신 아버지여, 이것을 지혜롭고 슬기 있는 자들에게는 숨기시고 어린아이들에게는 나타내심을 감사하나이다. 옳소이다. 이렇게 된 것이 아버지의 뜻이니이다"마 11:25-26. 여기에서 관건은 어린아이의 능력이 아니라 계시입니다. 하나님이 분명하고 명백하게 밝혀 주시느냐 하는 것입니다. 하나님은 "어린아이들에게는 나타내"셨습니다. 보이시고 알리시고 명백히 하시고 드러내시고 열어 주셨습니다. 이런 것이 계시입니다!

계시는 본질적으로 우리에게 필요한 지식, 즉 이 메시지의 내용과 관련되어 있습니다. 사도 바울이 고린도인들에게 보낸 편지에서 이 점을 어떻게 표현하고 있는지 보십시오. "기록된 바 하나님이 자기를 사랑하는 자들을 위하여 예비하신 모든 것은 눈으로 보지 못하고 귀로 듣지 못하고 사람의 마음으로 생각하지도 못하였다 함과 같으니라. 오직 하나님이 성령으로 이것을 우리에게 보이셨으니 성령은 모든 것 곧 하나님의 깊은 것까지도 통달하시느니라"고전 2:9-10. 하나님은 "하나님의 깊은 것", 말하자면 그의 존재와 그 모든 위대하고 영광스럽고 은혜로운 목적에 관한 비밀의 심연을 명백히 밝혀 주셨습니다. 이것이 계시입니다. 계시는 처음부터 끝까지 외부에서 주어지는 지식입니다.

그러나 이 메시지에 계시의 요소만 있는 것은 아닙니다. 계시보다 좀더 심화된 요소도 있습니다. 인간에게 계시가 주어졌고, 사실들이 제시되었으며, 지식이 알려졌습니다. 이제 이들은 다른 사람들에게 그것을 전해야 합니다. 이 책임은 아주 중요합니다. 이 지식은 인간의 이해력을 넘어서는 지식이기 때문입니다. 인간은 어떻게 하나님이 거저 주신 이 지식을 전달할 수 있을까요? 어떻게 오도하지 않고 정확하게 전할 수 있을까요? 여기에서 우리는 좀더 심화된 요소, 바로 성경의 '감동'으로 나아가게 됩니다. 그리스도인들은 주어진 계시를 하나님의 감동으로 기록한 책이 성경이라고 주장합니다.

제 말을 입증해 줄 증거를 한두 가지만 제시하겠습니다. 디모데후서 3:16에서 바울은 이렇게 쓰고 있습니다. "모든 성경은 하나님의 감동으로 된 것으로." 모든 성경은 "하나님의 호흡", 인간에게 불어넣어 주셨던 그 하나님의 호흡으로 된 것입니다. 성경이 감동으로 되었다는 것은 사람이 기계적으로 받아썼다는 뜻이 아닙니다. 성경기자들의 개인적인 스타일이 무시되었다는 뜻도 아닙니다. 감동으로 되었다는 것은, 우리를 오도할 내용이나 오류가 생기지 않도록 하나님이 사람들의 글쓰기를 통제하시고 보호하셨다는 뜻입니다. 하나님은 성경기자들이 하나님의 계시를 완벽하게 기록할 수 있도록 성령의 호흡을 불어넣으셨습니다.

사도 베드로가 구약성경의 위대한 선지자들과 관련하여 이 점을 어떻게 표현하고 있는지 봅시다. 그는 두번째 서신에서 이렇게 쓰고 있습니다. "또 우리에게는 더 확실한 예언"—더 확실해진 예언의 말씀—"이 있어 어두운 데를 비추는 등불과 같으니 날이 새어 샛별이 너희 마음에 떠오르기까지 너희가 이것을 주의하는 것이 옳으니라. 먼저 알 것은 성경의 모든 예언은 사사로이 풀 것이 아니니"벧후 1:19-20. 말하자면 성경은 사람이 궁리해 낸 이야기도 아니고 인생에 대한 개인적인 견해를 전달하는 책도 아니라는 뜻입니다.

그렇다면 성경은 어떤 책입니까? 자, 베드로는 계속해서 말합니다. "예언은 언제든지 사람의 뜻으로 낸 것이 아니요 오직 성령의 감동하심을 받은"—또는 성령의 도움을 받은, 인도를 받은—"사람들이 하나님께 받아 말한 것임이라"벧후 1:21. 이것이 감동이라는 말의 본질적인 의미로서, 베드로는 구약의 모든 선지자들이 감동하심을 입었다고 말합니다.

선지자들 중에 출중한 사람들이 많았다는 점은 저도 인정합니다. 그러나 그들 중 어느 누구도 "나는 이 문제를 계속 생각해 왔다. 이 문제를 깊이 탐색하고 관련서적들을 읽은 결과 이런 결론에 도달했다"고 말하지 않았습니다. 절대 그러지 않았습니다! 그들은 "여호와의 신이 내게 임하셨다", "여호와의 엄중한 말씀이 내게 임했다", "여호와의 신이 나를 사로잡으셨다"고 말합니다. 그들은 외부에서 지식을 받았으며, 일종의 '신적인 영감'으로 충만해졌고, 자신의 입에서 하나님의 말씀이 나오는 것에 놀라워했습니다. 실제로 베드로는 선지자들도 자신들이 예언한 내용을 언제나 이해했던 것은 아니었다고 말합니다. 그런데도 그들은 자신들을 다루시는 분이 하나님이심을 알았기 때문에 그것을 기록했습니다. 이것이 예언의 역사입니다. 이것은 사실상 구약성경 전체의 역사이기도 합니다.

주님은 자신과 자신의 가르침에도 똑같은 감동이 임했다고 주장하셨습니다. 요단 강에서 요한에게 세례를 받으실 때 성령이 임하셨습니다. 그후에 나사렛으로 돌아가신 주님은 회당에 들어가 말씀하셨습니다. "주의 성령이 내게 임하셨으니 이는 가난한 자에게 복음을 전하게 하시려고 내게 기름을 부으시고······." 주님은 성경을 다 읽으신 후에 "이 글이 오늘 너희 귀에 응하였느니라"고 말씀하셨습니다.눅 4:18, 21. 똑같은 원리입니다. "이는 하나님이 성령을 한량없이 주심이니라" 요 3:34. 신약성경 기자들도 마찬가지였습니다.

베드로가 산헤드린 공회원들에게 이미 상기시킨 대로—우리는 앞장에서 그 내용을 살펴보았습니다—사도들은 특정한 사건들을 목격한 증인들이었습니다. 그러나 그 사실 자체가 그들에게 권위를 부여해 준 것은 아닙니다. 우리에게는 그 이상의 근거가 필요합니다. 그들은 목격자였을 뿐 아니라 자신들이 보고 들은 일의 의미를 이해할 힘을 얻은 자들이었습니다. 그 때문에 사도가 된 것이며, 권위를 얻은 것입니다.

주님은 친히 그들에게 자신의 삶과 죽음과 부활의 의미를 설명해 주셨습니다. 여러분은 사도들이 십자가 사건 이후 얼마나 풀이 죽고 맥없이 낙담해 있었는지, 사복음서의 놀랄 만큼 솔직하고 정직한 기록을 통해 알고 있을 것입니다. 그들은 모든 일이 허사로 돌아갔다고 생각했습니다. 그러나 주님은 제자 두 사람에게 나타나 말씀하셨습니다. "미련하고 선지자들이 말한 모든 것을 마음에 더디 믿는 자들이여, 그리스도가 이런 고난을 받고 자기의 영광에 들어가야 할 것이 아니냐"눅 24:25-26. 그리고 성경 전체를 훑어 주셨습니다.

그후 주일 저녁에 다시 예루살렘 다락방에 나타나신 주님은 제자들에게 "모세의 율법과 선지자의 글과 시편에 나를 가리켜 기록된 모든 것이 이루어져야 하리라"고 말씀하셨습니다눅 24:44. 주님은 성경의 가르침을 설명하시면서 왜 자신이 고난을 받고 이런 일들을 감수해야 했으며, 제삼일에 살아나야 했는지 밝혀 주셨습니다. 실제로 우리가 사도행전 1장에서 발견하는 사실은, 사도들이 그때까지도 여전히 혼란과 혼동에 빠져 있었던 탓에 승천 직전까지 계속 가르침을 받아야 했다는 것입니다.

그들은 그때까지도 옛 유대인들의 정치적인 관점을 버리지 못한 채 "주께서 이스라엘 나라를 회복하심이 이때니이까"라고 물었습니다행 1:6. 주님은 "아니, 그것은 너희가 신경 쓸 일이 아니다"라고 말씀하셨습니다. "너희가 권능을 받고……내 증인이 되리라"행 1:7-8. 주님은 사도들이 권위와 지식과 지각을 가지고 복음을 선포하도록 파송하셨습니다.

그러고 나서 이 모든 명령을 확고히 하시기 위해 최종적인 조처를 취하셨는데, 그것이 바로 오순절 날 성령을 보내신 일-성령세례-이었습니다. 여러분은 주님이 전에 하셨던 말씀을 기억할 것입니다. "내가 아직도 너희에게 이를 것이 많으나 지금은 너희가 감당하지 못하리라. 그러나 진리의 성령이 오시면 그가 너희를 모든 진리 가운데로 인도하시리니"요 16:12-13. 약속이 주어졌습니다. 성부 하나님, 성자 하나님, 성령 하나님은 사도들이 그 약속을 정확히 말하고 쓸 수 있도록 지식을 주셨고 정보를 주셨으며 감동을 주셨습니다.

주님은 "그가 너희를 모든 진리 가운데로 인도하시리니"라고 말씀하셨습니다. 그래서 사도들이 자신들의 고백대로 자기 말이 아닌 하나님의 말씀을 선포할 수 있었던 것입니다. "우리가 하나님의 말씀"-

하나님께로부터 나온 말씀, 하나님의 말씀, 하나님이 친히 저자되신 말씀, 하나님이 우리에게 주신 말씀-"을 제쳐 놓고 접대를 일삼는 것이 마땅하지 아니하니."

여기 이 사도들에게 해당되는 내용이 사도 바울에게도 똑같이 해당됩니다. 한때 바울은 사도가 아니라 그 자신의 표현대로 "비방자요 [교회의] 박해자요 폭행자"였습니다딤전 1:13. 그는 복음과 교회의 대적 중에서도 가장 큰 대적이었습니다. 그러나 우리는 후에 가장 위대한 복음 전파자요 가장 위대한 사도가 된 바울, 가장 위대한 진리의 해설자가 된 바울을 보게 됩니다.

그는 어떻게 이런 사람이 되었을까요? 사도행전 26장에는 그가 겪은 일에 대한 아주 서정적인 이야기가 나옵니다. 바울은 주께서 자신에게 나타나 말씀해 주신 일에 대해 보고하고 있습니다.

> 일어나 너의 발로 서라. 내가 네게 나타난 것은 곧 네가 나를 본 일과 장차 내가 네게 나타날 일에 너로 종과 증인을 삼으려 함이니[나는 너를 이 백성과 이방인에게 보내서 그들에게 빛을 비추게 하기를 원하니]……그 눈을 뜨게 하여 어둠에서 빛으로, 사탄의 권세에서 하나님께로 돌아오게 하고 죄사함과 나를 믿어 거룩하게 된 무리 가운데서 기업을 얻게 하리라 하더이다행 26:16, 18.

이렇게 바울은 다메섹으로 가던 도중에 사명을 받았습니다. 그는 명석한 바리새인의 모습으로 말씀을 전하러 가지 않았습니다. 절대 그러지 않았습니다. 그는 스스로 미련한 자가 되었습니다. 그는 말합니다. "너희 중에 누구든지 이 세상에서 지혜 있는 줄로 생각하거든 어리석은 자가 되라. 그리하여야 지혜로운 자가 되리라"고전 3:18. 바울은 자신이 아무것도 모른다는 사실, 자신에게는 계시가 필요하다는 사실을 깨달았습니다. 그는 자신의 메시지 전체를 주께 받았다고 말합니다. "내가 너희에게 전한 것은 주께 받은 것이니"고전 11:23. 그 메시지는 어떤 형태로든 자기 자신에게서 나온 것이 아니었습니다. 전부 주게 받은 것이었습니다. 그래서 그는 갈라디아 사람들에게 이렇게 말했습니다. "형제들아, 내가 너희에게 알게 하노니"-너희가 원한다면 증명서를 보여주겠으니-"내가 전한 복음은 사람의 뜻을 따라 된 것이 아니니라. 이는 내가 사람에게서 받은 것도 아니요 배운 것도 아니요 오직 예수 그리스도의 계시로 말미암은 것이라"갈 1:11-12. 이것은 복음이 하나님에게서 나왔다는 사실을 단번에 보여주기에 충분한 진술입니다.

믿음과 현대인, 현대과학, 20세기의 지식은 서로 아무 상관이 없습니다. 그런 요소들을 끌어들이는 것은 복음을 하나님의 말씀으로 믿지 않는다는 증거입니다. 그런 사람은 복음이 하나님의 말씀이라는 사실에 전혀 개의치 않는 것이 분명합니다. 그러나 복음은 "성도에게 단번에 주신" 하나님의 말씀으로서유 1:3, 수백 년이 흘러도 그 사실은 바뀌지 않습니다. 복음은 유통기한도 없고 변동사항도 없는, 영원에서 나온 말씀입니다. 살아계신 하나님의 말씀입니다.

이것이 우리의 첫번째 요점으로서, 오늘 본문은 그것을 쉽고도 명백하게 보여주고 있습니다. 그러나 그만큼 중요한 또 다른 요점도 알아야 합니다. 그것은 말씀이 명확히 규정될 수 있다는 것, 즉 명제의 형태로 진술될 수 있다는 것입니다. 제가 이 말을 하는 이유는 현대인들이 명제적 복음에 반대하고 있기 때문입니다. 여러분도 아시겠지만 앞서 인용한 글에서도 반대하고 있습니다. 그 글은 '시대정신'과 현대 지식을 내세워 명제적 복음을 거부하고 있습니다. 그런 사람들은 권위주의적인 복음을 전하는 것이야말로 재앙을 초래하는 일이라고 말합니다. 그러나 그것은 허무맹랑한 소리입니다! 진리의 핵심적인 본질을 전혀 이해하지 못한 데서 나온 소리입니다.

현대인의 생각에 따르면, 우리에게 필요한 것은 '예수의 정신'입니다. 예수의 윤리적 가르침을 얻기 위해 복음서를 읽는 사람은 그의 비범한 정신을 배울 수 있다는 것이 그들의 주장입니다. 그런 사람들은 신학을 거부하고 사도 바울을 싫어합니다. 바울은 이 단순한 복음, 예수의 훌륭한 윤리적 정신을 율법주의로 변질시킨 신학자이자 율법적인 유대인이기 때문입니다. 그런 사람의 손에 남는 기독교는 사회주의와 평화주의의 혼합물에 불과합니다. 그런데도 현대인들은 그런 것을 교회의 메시지로 간주하며, 기꺼이 믿을 만한 유일한 가르침으로 간주합니다.

그러나 실제로 그런 사람들은 이 현대적인 복음조차 기꺼이 믿으려 하지 않습니다. 감사하게도 진정한 복음만큼이나 이런 복음도 믿을 생각이 없는 것 같습니다. 그들은 그들을 칭송하는 이들이 생각하는 것보다 더 현명합니다. 그러나 제가 말하고 싶은 점은, 사람들의 생각은 중요치 않다는 것입니다. 우리의 임무는 하나님의 말씀을 전하는 것이며, 그 말씀은 모호한 '예수의 정신'이나 보편적인 성향이 아니라 분명히 규정될 수 있는 메시지, 명제의 형태로 진술될 수 있는 메시지입니다. 이것이 신약성경이 취하고 있는 핵심적인 입장입니다.

말씀과 관련해서 어떤 용어들이 사용되고 있는지 주의해서 보십시오. 성경은 말씀을 "도"라고 부르고 있습니다. "하나님의 말씀이 점점 왕성하여 예루살렘에 있는 제자의 수가 더 심히 많아지고 허다한 제사장의 무리도 이 도에 복종하니라." 또 성경에서 무수히 볼 수 있듯이 말씀은 "진리"로 불리기도 합니다. 사도 바울은 디모데에게 보내는 편지에서 이렇게 말합니다. "이것이 우리 구주 하나님 앞에 선하고 받으실 만한 것이니 하나님은 모든 사람이 구원을 받으며 진리를 아는 데에 이르기를 원하시느니라"딤전 2:3-4. 이 "진리", 곧 말씀은 상세하고도 구체적인 가르침입니다.

한 걸음 더 나아가, 교회란 무엇입니까? 바울의 말을 다시 들어봅시다. "만일 내가 지체하면 너로 하여금 하나님의 집에서 어떻게 행하여야 할지를 알게 하려 함이니 이 집은 살아계신 하나님의 교회요 진리의 기둥과 터니라"딤전 3:15. 진리는 우뚝 서 있는 거대한 탑 위에 게시되고 전시됩니다. 기둥과 지주支柱에 제시됩니다. 진리는 명확한 것입니다. 실제로 바울은 연이어 진리를 규정하고 있습니다. "크도다. 경건의 비밀이여, 그렇지 않다 하는 이 없도다. 그는 육신으로 나타난 바 되시고[명제] 영으로 의롭다 하심을 받으시고[명제] 천사들에게 보이시고[명제] 만국에서 전파되시고[명제] 세상에서 믿은 바 되시고[명제] 영광 가운데서 올려지셨느니라[명제]"딤전 3:16. 사실! 여러분은 신약성경 전체가 언제나 이런 식으로 복음을 제시하고 있음을 아실 것입니다. 이것이 도입니다! 진리입니다!

디모데후서에 나오는 바울의 설명을 다시 들어 보십시오. "또 네가 많은 증인 앞에서 내게 들은 바"-이 일들, 이 특정 명제들-"를 충성된 사람들에게 부탁하라. 그들이 또 다른 사람들을 가르칠 수 있으리라"딤후 2:2. 8절에는 훨씬 더 명확한 말이 나옵니다. "내가 전한 복음대로 다윗의 씨로 죽은 자 가운데서 다시 살아나신 예수 그리스도를 기억하라." 이것은 "디모데야, 사람들이 뭐라고 하든, 후메내오와 빌레도처럼 반박하는 자들이 뭐라고 하든, 그 밖의 사람들이 다 뭐라고 하든 이것을 기억하라"는 뜻입니다. 이것이 바울이 말하는 "내가 전한 복음"입니다! 정말 명확하지 않습니까? 복음은 막연한 감정이 아닙니다.

전에 "내가 전한 복음"이라는 표현에 대한 설교를 읽은 적이 있는데, 그 설교자는 이 표현을 다음과 같이 해석했습니다. "여러분이 이것을 '내가 전한 복음'이라고 할 수 있다는 것이 놀랍게 느껴지지 않습니까? 물론 다른 사람들에게는 '내가 전한 복음'이 안 될 수도 있습니다. 그러나 중요한 것은 여러분에게는 '내가 전한 복음'이 되었느냐 하는 것입니다." 그의 말뜻은 이것입니다. "여러분은 어떤 종류의 경험을 했습니까? 그것이 남들에게도 해당되느냐 아니냐는 중요치 않습니다. 옆자리에 앉아 예배드리는 사람과 내가 같은 진리를 믿느냐 아니냐도 중요치 않습니다. 지난밤에 성 마르틴 광장에서 국교도, 가톨릭신자, 정교회신자, 유교도, 불교도, 이슬람교도들과 함께 하는 종교예식에 참석했느냐 아니냐도 중요치 않습니다."

하나님께서 우리를 불쌍히 여기시기를! 그 말은 틀렸습니다. 여기 있는 이 복음이 "내가 전한 복음"입니다. 복음은 명확하고 구별되며 정확한 것입니다. 바울은 계속 그렇게 주장합니다. 이것은 영원한 생명과 영원한 죽음을 갈라놓는 진리입니다. 바울은 고린도 사람들에게 다음과 같이 쓰고 있습니다.

> 형제들아, 내가 너희에게 전한 복음을 너희에게 알게 하노니 이는 너희가 받은 것이요 또 그 가운데 선 것이라. 너희가 만일 내가 전한 그 말을 굳게 지키고 헛되이 믿지 아니하였으면 그로 말미암아 구원을 받으리라. 내가 받은 것을 먼저 너희에게 전하였노니 이는 성경대로 그리스도께서 우리 죄를 위하여 죽으시고[명제] 장사지낸 바 되셨다가 성경대로 사흘 만에 다시 살아나사[역시 명제] 게바에게 보이시고 후에 열두 제자에게와 ^{고전 15:1-5}.

이것은 사실입니다! 무엇이 이보다 더 명확할 수 있겠습니까? 성경은 이처럼 적극적으로 진술하고 있습니다. 그러나 이 도의 명제적인 성격이 명백히, 그것도 아주 흥미로운 방식으로 드러나는 부분은 바로 거짓 가르침에 대해 언급하는 부분입니다. 지금처럼 초기에도 거짓 선생들이 있었습니다. 오늘날의 이단들은 새삼스러운 존재가 아닙니다. 복음에 기록된 사실들을 부인하는 일—예컨대 부활을 믿지 않는 식으로—을 현대성의 표지로 여기는 것이야말로 그 어떤 생각보다 우스운 생각임이 분명합니다. 초기에도 사람들은 부활을 믿지 않았습니다. 현대인이 부인하는 사실들을 1세기 사람들도 부인했습니다. 사도 바울은 거짓 교훈의 문제를 다루면서 다음과 같이 쓰고 있습니다.

> 그리스도의 은혜로 너희를 부르신 이를 이같이 속히 떠나 다른 복음을 따르는 것을 내가 이상하게 여기노라. 다른 복음은 없나니 다만 어떤 사람들이 너희를 교란하여 그리스도의 복음을 변하게 하려 함이라. 그러나 우리나 혹은 하늘로부터 온 천사라도 우리가 너희에게 전한 복음 외에 다른 복음을 전하면 저주를 받을지어다. 우리가 전에 말하였거니와 내가 지금 다시 말하노니 만일 누구든지 너희가 받은 것 외에 다른 복음을 전하면 저주를 받을지어다. 이제 내가 사람들에게 좋게 하랴 하나님께 좋게 하랴. 사람들에게

기쁨을 구하랴. 내가 지금까지 사람들의 기쁨을 구하였다면 그리스도의 종이 아니니라^{갈 1:6-10}.

바울이 계속해서 말하는 바는 요컨대 "내가 사람을 기쁘게 하는 자라면 십자가를 전하지 않는다"는 것입니다. 그는 5장에서 십자가의 "걸림돌"에 대해 이야기합니다^{갈 5:11}. 사람들은 십자가를 싫어하며 미워합니다. 그러나 바울은 사람을 기쁘게 하는 자도, 그들의 취향에 영합하는 자도 아니었습니다. 복음전도자는 누구나 그러해야 합니다. 현대인들의 입맛에 맞추기 위해 어떤 식으로든 하나님의 말씀을 바꾸거나 깎아 낼 권리가 우리에게는 없습니다. 적그리스도의 문제는 어떻습니까? 사도 요한은 그들의 말을 듣지 말라고 말합니다. 그리고 하나님을 떠난 거짓된 영, 즉 적그리스도에게 속한 일과 그리스도께 속한 일을 구분하는 방법을 가르쳐 줍니다.

> 사랑하는 자들아, 영을 다 믿지 말고 오직 영들이 하나님께 속하였나 분별하라. 많은 거짓 선지자가 세상에 나왔음이라. 이로써 너희가 하나님의 영을 알지니 곧 예수 그리스도께서 육체로 오신 것을 시인하는 영마다 하나님께 속한 것이요 예수를 시인하지 아니하는 영마다 하나님께 속한 것이 아니니 이것이 곧 적그리스도의 영이니라. 오리라 한 말을 너희가 들었거니와 지금 벌써 세상에 있느니라^{요일 4:1-3}.

실제로 요한은 자신의 두번째 서신에서 더 심각한 경고를 하고 있는데, 그 경고를 들어야 할 사람들은 다름 아닌 복음주의자들입니다. 저는 복음주의자들이 요한의 경고를 잊기 시작한 것은 아닌가 염려가 됩니다. "누구든지 이 교훈을 가지지 않고 너희에게 나아가거든 그를 집에 들이지도 말고 인사도 하지 말라"^{요이 1:10}. 그런 사람은 여러분의 현관을 밟을 자격이 없습니다. 이 교리를 부인하는 사람은 절대 받아들이지 말아야 합니다. 상관도 하지 말아야 합니다. 그는 적그리스도에게 속한 자이며, 우리는 하나님의 말씀을 놓고 타협할 권한이 없기 때문입니다. 초대교회는 바로 이런 방법으로 시작되고 흥왕한 것입니다.

초대교회는 그후 수백 년 동안 그 지혜를 다해, 그리고 성령의 인도를 받아 세 가지 중요한 신앙고백문을 작성했습니다. 위대한 아타나시우스 신경과 니케아신경, 사도신경이 그것입니다. 이 신경들은 모두 진리의 내용을 규정하고 있습니다. 거짓 교훈이 스며들고 적그리스도들이 활동하는 것을 본 교회 지도자들이 함께 모여 성령의 영향력과 말씀의 조명 아래 "이러이러한 것은 기독교 신앙이고 저러저러한 것은 기독교 신앙이 아니다"라고 규정한 것입니다. 그들은 어떤 대가든지 치를 각오로, 분명하고도 명확하게 처신했습니다. 아타나시우스는 진리를 놓고 타협해서는 안된다는 것을 알았기 때문에 홀로 온 세상과 싸웠습니다. 그는 사람을 기쁘게 하는 자가 아니었고, 인기에 연연하는 자나 심지어 다수파에 연연하는 자도 아니었습니다. 그는 복음이 살아계신 하나님의 말씀임을 알았기에 그 말씀 위에 굳게 서 있었습니다.

마찬가지로 종교개혁의 시기에도 개혁자들은 위대하고 강력한 신앙고백문을 작성했습니다. 교회 지도자들은 오늘날 그 고백문을 변경하고 축약하며 교묘히 조작하려 들고 있습니다. 교회가 이 모양이 된 이유, 세상이 이 모양이 된 이유가 여기 있습니다. 우리가 명제로 규정되는 이 말씀으로 돌아가지 않는 한 희망은 없습니다. 우리는 자신이 누구를 믿는지, 무엇을 믿는지 알아야 합니다. 이 명제들은 교회 전체의 뼈대이자 본질로서, 이것이 없으면 교회는 어떤 짓을 해도 끝장날 수밖에 없습니다. 이 명제들은 절대적인 것입니다.

그렇다면 진리란 무엇일까요? 우리는 이 문제를 명확히 짚고 넘어가야 합니다. 사도 바울은 에베소교회 장로들에게 "이는 내가 꺼리지 않고 하나님의 뜻을 다 여러분에게 전하였음이라"고 말할 수 있음을 크게 기뻐했습니다.행 20:27. 교회는 항상 그러해야 합니다. 교회는 박해와 반대가 있음에도 불구하고 처음부터 그렇게 했습니다. "하나님의 뜻을 다" 전한 것입니다.

　교회는 어떤 메시지를 전해야 합니까? 첫번째 원칙은 성경에 주어진 계시에 절대 무엇을 덧붙이면 안된다는 것입니다. 계시록 마지막에는 가장 엄중한 경고가 나오고 있습니다. 그것은 하나님의 말씀에 자신의 말을 섞지 말라는 경고입니다. 현대인들이 덧붙일 내용은 아무것도 없습니다. 복음을 늘리면 안됩니다. 복음 안에 이미 모든 내용이 다 들어 있습니다. 복음은 완전하고 최종적이며 절대적인 것입니다. 조심하십시오! 정직한 사람들, 선량한 사람들은 자주 복음에 무엇을 덧붙이려는 경향을 보여 왔습니다. 그것은 신학자들을 끊임없이 따라다니는 죄이기도 합니다. 우리는 성경이 멈추는 곳에서 멈추지 않고 자신의 논리를 밀어붙임으로써 무언가를 첨가할 때가 많이 있습니다. 그것은 책망받아야 할 잘못입니다. 신학자들의 어떤 주장들은 성경의 지지를 받지 못하는 것이 확실합니다.

　그러나 그보다 더 중요한 점은, 하나님의 말씀에서 무언가를 덜어내면 안된다는 것입니다. 이것은 특히 현대인이 빠지기 쉬운 위험입니다. 제가 인용한 글을 쓴 사람은 '현대인'이 받아들일 수 있는 것과 없는 것에 대해 이야기합니다. 성년이 된 현대인은 초자연적인 일들을 믿지 않으며 기적을 받아들이지 못한다는 것입니다. 그러니까 기적을 내버리고 복음을 비신화화하라는 것입니다. 하나님의 이름으로 경고하건대, 조심하십시오. 복음을 축소하지 마십시오. "하나님의 뜻" 전부-계시된 모든 것-를 붙드십시오.

　회중이 무엇을 좋아하고 무엇을 싫어할까 고려하면서 '저들이 믿고 받아들이게 하려면 무엇을 해야 할까?'를 묻기 시작하는 순간, 설교자는 이미 복음을 저버리는 것입니다. 바울은 "사람들에게 기쁨을 구하랴"고 묻습니다. "내가 지금까지 사람들의 기쁨을 구하였다면 그리스도의 종이 아니니라"갈 1:10. 복음을 희석하기를 거부했던 바울의 태도는 그의 모든 위대한 증언에 드러나고 있습니다. 그는 하나님, 자신에게 복음 메시지를 주신 하나님, 장차 자신에게 답변을 요구하실 하나님을 전했습니다. 이처럼 두번째 원리는 사람이 뭐라고 하든지 복음의 어떤 부분도 덜어 내지 않는 것입니다.

우리는 여러 가지 이유로, 또 여러 가지 방식으로 하나님의 말씀인 복음에서 무언가를 덜어 낼 위험이 있습니다. 가지를 다 쳐내고 불완전한 복음을 만들 가능성이 늘 있습니다. 어떤 이들은 지성인들을 기쁘게 하려고 기적적이고 초자연적인 요소들을 전부 제거해 버립니다. 또 어떤 이들은 비지성인들을 기쁘게 할 욕심으로 "복음을 단순화해야 한다"고 주장하기도 합니다. 무지한 자들을 기쁘게 하려고 성경의 내용을 덜어 내는 것은 지성인을 기쁘게 하려고 덜어 내는 것만큼이나 위험한 잘못입니다.

여러분은 말할 것입니다. "그러면 무지한 자들은 믿을 생각을 하지 않는데요."

정말 그렇습니까? 그렇다면 성령은 어디 계신 것입니까? 우리는 너무나 똑똑한 나머지 우리 힘으로 사람들을 믿게 만든다고 생각하는 것 같습니다. 그러나 그렇지 않습니다. 이 사도들을 보십시오. 사도 바울이 노예와 군사와 하인들에게, 이런 일들에 대해서는 아무것도 모르는 자들에게 복음 전했던 것을 보십시오. 그는 그런 사람들에게 "하나님의 뜻을 다" 전했고, 그들은 그 들은 말씀을 이해했습니다. 그 이유가 무엇입니까? 오, "오직 하나님이 성령으로 이것을 우리에게 보이셨"기 때문입니다.^{고전 2:10}

제 생각에 기독교 사역에서 가장 낭만적이고도 매력적인 경험은, 인간적인 기준에서 설교를 이해하지 못할 것 같았던 사람들이 오히려 지성인처럼 보이는 사람들보다 훨씬 더 잘 이해했음을 발견하는 것-나중에 말을 해보면 압니다-입니다. 친애하는 여러분, 우리 곁에는 성령이 계십니다! 복음은 설교자에게 달린 일이 아니라 "성령의 나타나심과 능력으로" 이루어지는 일입니다.^{고전 2:4}. 온전한 복음을 전하십시오. 성령이 적용시키실 것입니다. 성령이 이해시키실 것입니다.

세번째 원리는, 인간의 생각으로 복음 메시지를 왜곡하지 말라는 것입니다. 성경에는 인간의 철학으로 복음을 헛되이 만들지 말라는 경고가 많이 나옵니다. 바울은 고린도전서 1:17에서 자신이 복음을 전하도록 보냄받았을 때 "말의 지혜로 하지 아니함은 그리스도의 십자가가 헛되지 않게 하려 함"이었다고 말합니다. 그는 골로새서에서도 같은 말을 합니다. "누가 철학과 헛된 속임수로 너희를 사로잡을까 주의하라"골 2:8. 인간의 지혜와 지각과 지식에 속지 마십시오. 누구도 여러분의 복음을 뒤틀지 못하게 하십시오. 누구도 복음을 다른 것으로 변질시키지 못하게 하십시오.

그리스도의 십자가야말로 세상에서 가장 아름다운 것인 양 전하는 사람들이 있습니다. 그들은 십자가가 "사람을 울리는 아주 멋진 것"이라는 식으로 말합니다. 그러나 우리가 살펴본 대로 바울은 "십자가의 걸림돌"에 대해 이야기합니다갈 5:11. 십자가는 추한 것입니다! 십자가를 미화하는 사람은 그것을 철학화하는 것이며, 헛되이 만드는 것입니다. 마찬가지로 심리학을 통해 십자가를 헛되이 만들어서도 안 됩니다. 사람들은 기독교 내용의 상당 부분을 심리학적 견지에서 가르치고 있습니다. "불면증에 시달리고 있습니까? 그렇다면 예수님을 소개해 드리겠습니다. 그가 치료해 주실 것입니다. 아픔이나 고통, 이러저러한 문제들이 있다면 예수님께 나아오십시오. 그를 만나면 전부 해결됩니다." 그런 것은 복음 전파가 아닙니다. 심리학일 뿐입니다.

현대의 설교들 중에는 복음이 출발하는 곳에서 출발하지 않는 것들이 아주 많습니다. 출발보다 중요한 것이 있겠습니까? 출발은 여행에서 가장 중요한 요소입니다. 설교에서도 마찬가지입니다. 복음은 하나님에게서 출발합니다. 오해의 여지를 무릅쓰고 이렇게 표현해 보겠습니다. 복음은 주 예수 그리스도, 즉 '예수'에게서 출발하지 않습니다. 예수에게서 출발한다고 생각하는 사람은 성경을 모르는 것이며 신약을 모르는 것입니다. 하물며 복음이 사람과 사람의 필요, 사람의 결점, 사람의 아픔과 고통, 20세기 지식에서 출발하겠습니까? 절대 그렇지 않습니다! 복음은 하나님의 계시입니다. 복음은 하나님의 말씀으로서, 항상 하나님에게서, 영원하신 아버지시요 영존하시는 하나님에게서 출발합니다!

복음은 구약에서 출발합니다. 사도행전을 읽어 보면 제 말이 옳음을 알 것입니다. 사도들은 설교할 때 하나님과 구약적인 배경부터 이야기했습니다. 구약적인 배경 없이는 복음에 어떤 의미나 중요성도 없음을 알았기 때문에, 당연히 그 이야기에서 출발할 수밖에 없었습니다. 세례 요한도 같은 맥락에서 "회개"를 전파했습니다. 주님도 설교를 처음 시작하실 때 "때가 찼고 하나님의 나라가 가까이 왔으니 회개하고 복음을 믿으라"고 말씀하셨습니다막 1:15. 회개하라! 누구한테 회개해야 합니까? 왜 회개해야 합니까? 하나님에게서 출발하지 않는 사람은 회개를 이해할 수 없습니다.

그다음으로 바울을 보십시오. 그는 에베소교회 장로들과 작별하면서 "[내가] 유익한 것은 무엇이든지 공중 앞에서나 각 집에서나 거리낌이 없이 여러분에게 전하여 가르치고……하나님께 대한 회개와 우리 주 예수 그리스도께 대한 믿음을 증언"했다고 말했습니다행 20:20-21. 그가 무엇을 첫자리에 두는지 보십시오. "하나님께 대한 회개"입니다! 회개에서 출발하지 않는 것은 하나님의 말씀이 아닙니다.

우리는 "살아계시고 참되신 하나님", 행동하시는 하나님, 우주를 창조하시고 유지시키시는 하나님에게서 출발해야 합니다. 영광스러운 속성을 가지신 하나님, 영존하시며 영원하신 하나님을 아는 데서 출발해야 합니다. 요한복음은 이렇게 기록하고 있습니다. "본래 하나님을 본 사람이 없으되 아버지 품속에 있는 독생하신 하나님이 나타내셨느니라"요 1:18. 아들이 하나님을 드러내셨으며 계시하셨습니다. 아들이 우리를 가르치셨습니다. 그는 하나님에 대해 말씀해 주시려고 세상에 오신 분입니다. 하나님의 영광스러운 속성, 이것이 출발점입니다.

또한 하나님은 재판장—이 세상에 태어난 모든 사람의 재판장—이십니다. 사도들도 그것을 전했습니다. 바울이 루스드라의 이방인들에게 어떻게 그것을 전했는지, 또 아덴과 데살로니가의 이방인들에게는 어떻게 전했는지 읽어 보십시오. 그는 "우상을 버리고 하나님께로 돌아와서 살아계시고 참되신 하나님을 섬기"라고 말했습니다살전 1:9.

여러분은 말할 것입니다. "하지만 그들이 이런 용어를 이해했을리가 없습니다."

저도 압니다. 그러나 성령은 믿게 하실 수 있었습니다. 성령은 지각을 주시는 분입니다. 사람들에게 하나님을 아는 지식을 전하며, 그의 뜻을 다 전하십시오. 그러면 성령이 적용시키실 것입니다. 그러므로 우리에게 주어진 메시지가 무엇인지 명확히 밝힙시다. 우리에게 주어진 메시지는 우리의 영원한 재판장이신 하나님에 대한 메시지입니다.

여러분은 계속해서 말할 것입니다. "현대인들은 하나님의 존재를 믿지 않습니다. 그들에게 내놓을 증거라도 있습니까?"

자, 우리는 하나님의 존재를 논증할 수 있고 실제로 논증한 경우도 있습니다. 그러나 궁극적으로 사람들에게 하나님의 실재를 확신시키는 분은 성령뿐입니다. 우리가 진리를 의심의 여지 없이 입증하기만 한다면 모든 사람이 믿을 것입니다. 그러나 성경은 그런 식으로 진리를 입증할 수 없다고 말합니다. 어떤 종류의 증거든지 증거가 있느냐구요? 오, 당연히 있습니다. 그러나 기억하십시오. '나의 경험'은 증거가 될 수 없습니다. "어떻게 이것을 입증할 것인지 묻는다면, 좋습니다, 제 경험이 바로 그 답입니다. 제 경험상 저는 하나님을 알고 있으며 하나님을 만난 것이 분명합니다"라고 말하는 이들이 종종 있습니다. 그러나 그런 말로는 심리학자를 만족시킬 수 없습니다. 심리학자는 아주 쉽게 그런 말을 요리할 수 있습니다. 그는 간단히 말합니다. "물론 미혹된 사람들은 항상 이런 일에 굉장한 확신을 가지게 마련입니다." 그러고는 여러분의 경험을 단순한 심리적 콤플렉스로 치부해 버릴 것입니다.

주관적인 경험은 증거가 못됩니다. 증거가 필요하다면, 여기 이 증거를 보십시오. 피조세계! 디자인! 질서! 배치! 제게는 인간의 눈 하나도 하나님의 존재를 충분히 입증하고도 남을 증거라는 말을 여러 차례 이 자리에서 한 적이 있습니다. 그 정교함과 균형, 민감함이 우연의 산물이라니 말도 안되는 소리입니다. 그런 일은 있을 수 없습니다. 제임스 진스James Jeans 경은 자신의 과학적 발견 때문에 오히려 하나님을 믿는 자리로 나아갔습니다.

이른바 '하나님의 증거들'이라는 중요한 논증들도 있기는 합니다. 그러나 그것이 최고의 증거는 아닙니다. 무엇보다 중요한 증거는 성경 그 자체입니다. 서로 다른 기질을 가진 사람들이 서로 다른 환경에서, 서로 다른 시대에 썼음에도 불구하고 본질적으로는 전부 동일한 메시지를 전하는 한 권의 책이 완성된 것을 보십시오. 성경 자체의 경이와 기적이야말로 하나님을 입증하는 증거입니다. 또한 역사를 보십시오. 유대인을 보십시오. 유대인의 존재는 하나님과 성경진리를 입증하는 증거입니다. 다른 방식으로는 그들의 존속과 고립을 설명할 수가 없습니다.

그러나 여러분이 가장 큰 증거를 원한다면, 베드로가 두번째 편지 첫 장에서 사용한 증거, 즉 예언의 증거를 제시하겠습니다. 하나님이 친히 사람들에게 사실을 계시하시고 그들을 감동시켜 아주 작은 부분까지 정확하게 기록하게 하신 것이 아니라면, 성경의 예언들을 달리 설명할 길이 없습니다.

따라서 말씀을 전하는 사람은 무엇보다 하나님에게서 출발해야 합니다. 그러고 나서 인간에 관한 교리로 나아가야 합니다. 인간은 어떤 존재입니까? 인간의 기원은 무엇입니까? 그 존재 목적은 무엇입니까? 인간은 어떻게 살아야 합니까? 그들의 미래는 어떤 것입니까? 이 질문들에 답할 수 있는 것은 오직 성경뿐입니다. 진화론을 비롯한 인간의 이론들은 만족스러운 답변을 내놓을 수 없습니다. 그런 이론들을 따르면 성경의 설명을 따를 때보다 더 많은 문제들이 풀리지 않고 남게 됩니다.

마찬가지로, 하나님의 말씀이 가르치는 타락의 교리야말로 세상의 문제들에 대한 단 한 가지 적합한 설명입니다. 우리의 똑똑함과 학식과 과학적 진보에도 불구하고 세상이 이 모양이 된 이유가 무엇입니까? 베트남이나 영국을 비롯한 세계 여러 지역에서 발생하고 있는 상황들을 보십시오. 어떻게 설명하겠습니까? 답은 하나뿐입니다. "공중의 권세 잡은 자", "지금 불순종의 아들들 가운데서 역사하는 영"인

마귀가 와서 아담과 하와를 유혹했고^{엡 2:2}, 그들이 어리석게도 그의 말을 들어 하나님께 반역함으로써 죄에 빠졌기 때문인 것입니다.

하나님의 말씀은 하나님이 아담과 하와를 심판하셨고, 그 심판의 결과가 아담의 후손에게 미쳤다고 말합니다. 그 결과가 무엇입니까? 영적인 죽음과 맹목입니다. 죄의 노예로 전락한 것입니다. 슬픔과 괴로움입니다. 이기심과 부도덕과 악덕입니다. 몸과 마음의 모든 정욕입니다. 현대세계에서 볼 수 있는 모든 것입니다. 하나님의 말씀만이 세상의 상태와 죄의 보편성을 설명해 줍니다. 사람들이 이것을 비웃는다는 것은 저도 압니다. 그들은 언제나 그랬습니다. 그들은 노아도 비웃었고 롯도 비웃었으며 하나님의 아들도 비웃었습니다. 그러나 그들에게는 심판이 임했습니다! 심판은 우리 앞에도 놓여 있습니다. 세상 끝 날 그리스도께서 다시 오실 때 마지막 심판과 영원한 형벌이 임한다는 말씀이 복음 메시지의 전부를 이루고 있습니다.

이것이 복음의 출발점입니다. 저와 여러분의 소소한 문제들은 출발점이 아닙니다. 여러분에게 중요한 일은 잠을 잘 잘 수 있느냐 없느냐, 특정한 죄에 빠졌느냐 아니냐가 아닙니다. 여러분에게 중요한 일은 하나님 앞에서 여러분의 전체적인 처지와 입지가 어떠하냐 하는 것입니다. 여러분은 이것을 생각할 필요가 있습니다. 우리는 각자 개인적인 문제를 안고 있을 뿐 아니라 공통적인 문제도 안고 있습니다. "의인은 없나니 하나도 없으며"^{롬 3:10}. 우리는 모두 하나님의 진노와 심판 아래 있는 사람들입니다.

하나님에게서 출발하십시오. 그래야 사람들이 복음 메시지를 들을 생각을 할 것입니다. 하나님을 믿으며 이 진리와 이 도의 다른 명제들을 믿기 전까지 사람들은 그리스도의 죽음에서 아무 뜻이나 의미도 찾지 못합니다. 아무리 "예수께 나아오십시오"라고 말해도 "관심 없어요! 나는 예수가 필요 없습니다. 지금도 아주 잘 지내는데요"라고 대꾸할 것입니다. 그러나 그들도 죽고 나서 심판하시는 하나님을 대면해야 하며 영원한 괴로움과 헛된 후회와 고통에 부닥쳐야 한다는 사실을 보여주면 귀를 기울일 것이며, 하나님이 "이스라엘에게 회개함과 죄사함을 주시려고……오른손으로 높이사 임금과 구주로" 삼으신 분에 대해 알고 싶어 할 것입니다.

하나님이 허락하시면 다음번에 이 부분을 좀더 자세히 살펴보겠습니다. 그러나 지금 이 자리에 있는 분들 중에도 다시 오지 못할 사람이 있고 다음 주일 전에 죽거나 심지어 오늘 밤 자정 전에 죽을 사람이 있을지도 모르니, 이 말씀을 잘 들으시기 바랍니다. 여러분이 오늘 밤 영원하시고 영존하시는 하나님의 영광에 대해, 그리고 그에 대한 자신의 무지와 자기중심성에 대해 무언가를 깨달았다면, 자신이 정죄받은 죄인임을 깨달았다면, 하나님의 말씀이 전해 주는 이 메시지에 귀를 기울이십시오. "곧 하나님께서 그리스도 안에 계시사 세상을 자기와 화목하게 하시며"고후 5:19.

하나님이 여러분을 이처럼 사랑하사 여러분을 위해, 여러분의 죄를 전가시키기 위해, 그 형벌을 대신 감당하게 하기 위해, 그렇게 함으로써 여러분에게 자유를 주기 위해, 죄사함을 주기 위해, 새 생명과 새 출발을 주기 위해, 심판을 통과하게 하기 위해, 마침내 영원한 영광 안에 들어가게 하기 위해 독생자를 세상에 보내셨음을 믿으십시오. 지금 있는 모습 그대로 그 사실을 믿고 순종하면, 여러분의 죄가 사함받고 하나님과 화목하게 되었음을 아는 지식을 얻을 것입니다.

말씀을 주신 하나님께 감사를 드립니다! 이 오래된 말씀! 이 오래되고 오래된 이야기, 그러면서도 늘 새롭고 참된 이야기, 하나님의 진리이기에 과거에도 변하지 않았고, 지금도 변하지 않으며, 결코 변할 수 없는 진리를 주신 하나님께 감사를 드립니다.

18

이 메시지의 배타성

그때에 제자가 더 많아졌는데 헬라파 유대인들이 자기의 과부들이 매일의 구제에 빠지므로 히브리파 사람을 원망하니 열두 사도가 모든 제자를 불러 이르되 우리가 하나님의 말씀을 제쳐 놓고 접대를 일삼는 것이 마땅하지 아니하니 형제들아, 너희 가운데서 성령과 지혜가 충만하여 칭찬받는 사람 일곱을 택하라. 우리가 이 일을 그들에게 맡기고 우리는 오로지 기도하는 일과 말씀 사역에 힘쓰리라 하니.

사도행전 6:1-4

6장 도입부에 나오는 아주 중요한 메시지를 세번째 다시 고찰하려 합니다. 지난번에는 성경의 위대한 메시지를 구성하는 일반적인 내용을 살펴보면서 공부를 마쳤는데, 오늘은 거기서부터 이야기를 시작하겠습니다. 첫째로, 우리는 복음이 언제나 하나님에게서 출발하는 메시지라는 점을 살펴보았습니다.

우리 인간들은 여러 면에서 서로 다릅니다. 국적, 외모, 배경, 재능, 재산 정도가 각기 다릅니다. 또한 우리는 각자 다양한 문제를 안고 있습니다. 우리는 누구나 자신만의 특정한 어려움, 남들과 달리 나에게만 있는 문제에 관심을 갖습니다. 이 부분에서 우리는 잘못을 저지르고 있습니다. 중요한 것은 그러한 각자의 문제가 아니라 인간 공통의 문제, 즉 하나님 앞에서 우리 모두의 처지입니다. 그것을 깨닫는 순간, 아무리 겉보기에 큰 문제도 거기 비하면 아무것도 아님을 알게 됩니다. 인간은 모두 같은 처지에 놓여 있습니다. 모두 하나님과 대면하고 있습니다.

기독교 메시지가 개입하는 지점이 바로 이 지점입니다. 그래서 사도들이 이 메시지를 모든 사람에게 계속 전해야 한다고 생각했던 것입니다. 우리는 사도들이 체포되어 투옥되었다가 재판에 회부된 일을 이미 살펴보았습니다. 대산헤드린은 거기에서 더 나아가 예수의 이름으로 더 이상 말하거나 가르치지 말라는 금지령을 거듭 내렸습니다. 산헤드린은 온갖 수단을 동원해서 복음 전파를 중단시키려 했습니다. 그리고 오늘 본문에 나오는 헬라파 역시 마귀의 도구가 되어 그들과 같은 주장을 했으면서도 그 사실을 깨닫지 못했습니다. 그들은 "왜 우리 과부들의 문제를 처리해 주지 않습니까? 왜 이 일에 당신들의 시간을 전부 투자하지 않습니까?"라고 항의했습니다.

산헤드린과 헬라파의 반발에 대한 답변은 하나뿐입니다. 즉 말씀 전하는 일이 우선이라는 것입니다. 왜 그렇습니까? 이것은 영광스러운 메시지이기 때문입니다. 유일무이한 메시지이기 때문입니다. 인간에게는 다른 무엇보다 이 메시지가 필요하기 때문입니다.

그렇다고 다른 것들은 중요치 않다는 말은 아닙니다. 다른 것들도 물론 중요합니다. 건강도 중요하고, 음식을 충분히 섭취하는 일도 중요하고, 과부들을 돌보는 일도 중요합니다. 그러나 이 말씀을 기억하십시오. "사람이 만일 온 천하를 얻고도 자기 목숨을 잃으면 무엇이 유익하리요"막 8:36. "한 번 죽는 것은 사람에게 정해진 것이요 그 후에는 심판이 있으리니"라는 히브리서 기자의 말처럼히 9:27 임박한 심판의 날을 피할 수 없다면, 설사 내 모든 아픔과 고통과 개인적인 문제들이 전부 해결된다 한들 무슨 소용이 있겠습니까? 죽음 앞에 있는 사람에게는 어떻게 거기까지 이르게 되었느냐, 자신의 생명을 갉아먹은 것이 심각한 폐렴이었느냐 암이었느냐가 그다지 중요치 않습니다. 자신의 개인적인 문제들도 더 이상 중요치 않습니다. 그런 것들은 아무 상관이 없습니다. 그때 중요한 질문은 오직 한 가지뿐입니다. "⋯⋯무엇이 유익하리요?"

사도들은 헬라파의 제안을 거부합니다. 설사 선행을 위해서라 하더라도 말씀 사역을 한쪽으로 제쳐 놓을 수는 없다고 말합니다. 자신들은 계속해서 말씀을 전해야 하며 또 전하겠다고 말합니다. 한 영혼-죽음 앞에 서 있는 영혼, 하나님과 대면하고 있는 영혼-에게 말할 수 있는 것은 오직 이 메시지뿐입니다.

달리 표현해 봅시다. 사도들은 다름 아닌 복음을 선포하는 자들이기에 그 일을 계속해야 했습니다. '복음'gospel은 바로 '좋은 소식'을 뜻하는 옛 영어단어입니다. 사도들의 말은 요컨대 이런 것이었습니다. "이것은 좋은 소식, 지금까지 세상에 전해졌던 소식 중에 가장 영광스러운 소식, 가장 위대한 최고의 소식이기 때문에 우리는 한쪽으로 제쳐 놓을 수가 없습니다. 사람들은 이 소식을 듣지 못한 채 죽어 가고 있습니다. 그러므로 우리는 이 복음을 선포하는 일, 즉 말씀 사역에 헌신해야 하며, 이 복음을 널리 퍼뜨려야 하고, 큰 소리로 외쳐 알려야 합니다. 살아계신 하나님이시요 주인되신 그리스도께서는 바로 이 일을 위해 우리를 부르시고 보내셨습니다. '너희는 위로하라. 내 백성을 위로하라'사 40:1. 그 위로의 말씀이 우리에게 있습니다. 그 좋은 소식이 우리에게 있습니다." 그 좋은 소식의 내용은 탈출의 길, 해방의 길이 열렸다는 것입니다. 이것이야말로 세상이 알 수 있는 최고로 놀라운 진리입니다.

세상은 지쳤습니다. 보십시오! 세상에서 무슨 일들이 일어나고 있는지 보십시오! 이것이 과연 자랑스러운 문명입니까? 자부심을 주는 위대한 업적입니까? 국제적인 상황과 각 나라의 국내 문제들을 보십시오. 여러분의 마음속도 들여다보십시오. 문명은 엄청난 실패작입니다. 도서관에 가서 위대한 철학자들의 책을 읽어 보십시오. 현존하는 철학자들의 저작도 읽어 보고, 여러 가지 문제와 씨름했던 인물들의 전기, 위대한 정치가들의 전기도 읽어 보십시오. 그들은 모두 실패했습니다. 세상은 비참합니다. 파탄 상태입니다. 대체 무엇을 해야 좋을지 모르고 있습니다. 그래서 쾌락에 탐닉하며 알코올과 마약에 의지하는데, 그것은 전부 현실 도피입니다.

설교자들은 이런 세상을 향해 말합니다. "우리가 말씀 사역에 헌신해야 하는 이유는 우리만이 해결책이 있다는 것을 알기 때문입니다. 우리만이 탈출구가 있다는 것, 해방의 길이 있다는 것을 알기 때문입니다. 우리는 구원의 기쁜 소식을 선포하라는 사명을 받았습니다. 그리스도께서는 바로 그 일을 위해 우리를 부르시고 보내셨습니다."

"좋은 소식을……[전하는] 자의 산을 넘는 발이 어찌 그리 아름다운가"사 52:7. 설교자들은 평화의 사자들입니다. 사도들은 그 점을 분명히 밝히면서 이렇게 말했습니다. "해답을 아는 사람이 우리밖에 없기 때문에 다른 일을 먼저 할 수가 없습니다. 우리는 오직 이 복음 메시지에만 헌신해야 합니다."

그렇다면 무엇이 해방의 길입니까? 그 길은 주 예수 그리스도, 오직 그분 안에만 있습니다. 이 복되신 위격, 이 한분, 유일한 구주 외에는 희망을 찾을 곳이 없습니다. 오직 그분만이 우리를 구원하실 수 있습니다. 사도들은 이 메시지를 계속해서 전했습니다. 우리는 사도행전 1장을 제외한 모든 장에서 그것을 보았습니다. 사실 1장에서도 주님이 복음을 전하도록 사도들을 보내시며 권능을 약속하고 계시기 때문에 그 일이 암시되어 있다고 할 수 있습니다. 그들이 전한 모든 설교가 그리스도에 관한 것이었다는 데 주목하십시오. "내 증인이 되리라"행 1:8. 그리스도만이 유일한 구주십니다. 다른 구주는 없습니다.

우리가 다른 구주는 없다고 말해야 하는 이유는 무엇입니까? 사도들은 왜 그렇게 확신했습니까? 왜 이 배타성을 강조했습니까? 이 문제 때문에 바리새인, 서기관, 사두개인, 헤롯당원 등의 종교인사들로 구성된 산헤드린과 사도들 사이에 가장 큰 싸움이 벌어졌다는 사실을 기억하십시오. 관원들은 옛 종교를 사수하려 했습니다. 성전 종교, 장엄한 건물과 의식儀式을 갖춘 종교-히브리서 9장은 그 '육체의 예법'을 일부 묘사하고 있습니다-를 사수하려 했습니다.

성전 건물 주변에는 지붕 없이 벽으로만 둘러싸인 아주 큰 구역이 있었는데, 그 구역은 여러 종류의 '뜰'로 나뉘어 있었습니다. 맨 바깥쪽에 있는 큰 뜰은 누구나 들어갈 수 있는 이방인의 뜰이었습니다. 그 안쪽에는 유대인이라면 누구나 들어갈 수 있는 여인의 뜰이 있었습니다. 그리고 더 안쪽에는 유대의 평범한 남자들에게 공개되는 이스라엘의 뜰이 있었고, 가장 안쪽에는 보통 제사장들이 들어갈 수 있는 제사장의 뜰이 있었습니다. 성전 건물도 휘장으로 양분되어 있었는데, 바깥쪽 방은 '성소', 안쪽 방은 '지성소'로 구분해서 불렀습니다. 그 '지성소'에는 1년에 단 한 번, 대제사장만 들어갈 수 있었습니다.

유대인들은 제사와 희생제물을 드렸습니다. 1년에 한 번 속죄일이 돌아오면, 대제사장이 송아지와 염소 한 마리를 잡아 죽인 후 그 피를 지성소 속죄소 위에 뿌렸습니다. 이것은 자신의 죄와 모든 백성의 죄를 속하기 위한 의식이었습니다. 이 모든 일에 대한 묘사가 히브리서 9장에 나와 있습니다.

유대 관원들은 성전예식을 유지하고 싶어 했지만, 사도들은 이제 그 모든 것이 끝났다고 말했습니다. 그것이 사도들이 전한 메시지의 내용이었습니다. 이제는 예수를 통해서만, 오직 그의 피로만 지성소에 들어갈 수 있다는 것입니다. 사도들은 그 메시지를 위해 싸워야 했습니다. 그 메시지를 아는 사람은 그들뿐이었습니다. 그들에게는 이것을 아는 지식이 주어졌고, 그들은 그 지식을 전했습니다. 그들은 말했습니다. "구원의 길은 이것뿐입니다. 다른 길을 고집하는 것은 멸망 길을 고집하는 것이나 다름이 없습니다. 여러분은 그분이 성전제사를 완성하셨음을 깨달아야 합니다. 그분만이 길입니다. 유일한 길입니다."

그렇다면 사도들이 그토록 확신 있게 전한 이유, 우리도 사도들처럼 확신 있게 전해야 하는 이유는 무엇일까요? 왜 다른 메시지는 없다고 말해야 합니까? 1966년에 감히 이 자리에 서서 "다른 종교를 의지하지 마십시오. 공자도 의지하지 말고, 부처도 의지하지 말고, 모하메드도 의지하지 말고, 힌두교나 그 모든 분파 및 지류도 의지하지 말고, 여러분의 철학에도 의지하지 말고, 그 누구도 의지하지 말고 오직 예수만 바라보십시오"라고 말하는 이유가 무엇입니까? 무슨 근거로 이렇게 말하는 것입니까? 이것은 너무 오만한 주장 아닙니까?

자, 사도들이 늘 제시했던 답변, 우리가 여전히 제시해야 할 답변을 드리겠습니다. 복음은 하나님이 주신 길이라는 점에서 배타적인 메시지입니다. 우리는 사도들이 계속 이렇게 주장했음을 압니다. 사도들을 법정에 세운 자들은 말했습니다. "우리가 이 이름으로 사람을 가르치지 말라고 엄금하였으되 너희가 너희 가르침을 예루살렘에 가득하게 하니 이 사람의 피를 우리에게로 돌리고자 함이로다." 그러자 베드로와 다른 사도들이 대답했습니다. "사람보다 하나님께 순종하는 것이 마땅하니라. 너희가 나무에 달아 죽인 예수를 우리 조상의 하나님이 살리시고"행 5:28-30. "우리 조상의 하나님이!" 이 구원의 길은 하나님이 주신 것입니다. 이제 우리는 복음의 핵심에 이르렀습니다. 복음은 하나님이 예비하신 것이므로 배타적입니다. 사도 바울은 늘 그렇듯이 이 점 역시 아주 분명히 설명해 주고 있습니다. 그는 고린도에 보낸 편지에서 이렇게 말합니다.

모든 것이 하나님께로서 났으며 그가 그리스도로 말미암아 우리를 자기와 화목하게 하시고 또 우리에게 화목하게 하는 직분을 주셨으니 곧 하나님께서 그리스도 안에 계시사 [또한 그리스도를 통해] 세상을 자기와 화목하게 하시며 그들의 죄를 그들에게 돌리지 아니하시고 화목하게 하는 말씀을 우리에게 부탁하셨느니라. 그러므로 우리가 그리스도를 대신하여 사신이 되어 하나님이 우리를 통하여 너희를 권면하시는 것같이 그리스도를 대신하여 간청하노니 너희는 하나님과 화목하라^{고후 5:18-20}.

바로 이것입니다! 하나님은 "그리스도 안에 계시사 세상을 자기와 화목하게" 하셨습니다. 바울은 계속해서 이것을 주장합니다. "우리는 십자가에 못박힌 그리스도를 전하니 유대인에게는 거리끼는 것이요 이방인에게는 미련한 것이로되 오직 부르심을 받은 자들에게는 유대인이나 헬라인이나 그리스도는 하나님의 능력이요 하나님의 지혜니라"^{고전 1:23-24}.

이것이 우리의 답변입니다. 이 문제는 아주 중요합니다. "예수를 우리 조상의 하나님이 살리시고." 다른 가르침, 다른 제안들은 전부 인간이 내놓은 것들에 불과합니다. 다른 종교들은 전부 인간이 만들어 냈습니다. 이것이 기독교 메시지가 배타적이라고 주장하는 첫번째 중요한 이유입니다. 실제로 이것이 성경 전체의 주장 아닙니까? 성경은 하나님을 추구하는 인간의 기록이 아니라 인간을 구원하러 내려오신 하나님의 이야기입니다.

성경은 창조 이야기, 하나님이 어떻게 만물을 완벽하게-낙원으로-만드셨는가에 대한 이야기로 시작됩니다. 그는 아담과 하와를 에덴동산에 두셨고, 모든 것이 평안했습니다. 그러나 그후에 타락이 일어났고 하나님은 동산으로 내려오셨습니다. 오, 그렇게 내려오신 하나님께 감사를 드립니다. 그렇게 찾아오지 않으셨다면 우리는 어떤 메시지도 얻지 못했을 것입니다. 동산에 혼돈을 몰고 온 아담과 하와는 대체 무엇을 해야 할지, 어디로 가야 할지 모르는 혼돈 상태에 빠졌습니다. 그러다가 하나님의 음성이 들리자 도망쳐서 숨어 버렸습니다.

내려오신 하나님! 성경은 전부 인간을 구하러 내려오신 하나님에 대한 기록입니다. 그 기록은 창세기 3장에 나오는 이 오래전 이야기- 여자의 후손이 마침내 뱀의 머리를 상하게 할 것이라는 약속-에서 시작됩니다.

하나님은 이처럼 아담과 하와에게 첫 약속을 주신 이후에도 계속해서 그 후손이 온다는 약속을 주셨습니다. 그런데 그가 오려면 한 나라가 있어야 했습니다. 아브라함 같은 한 사람을 택해서 나라를 세우시고, 거기에서 위대한 후손이 나오게 하셔야 했습니다. 이처럼 하나님은 이 메시지를 주시기 위해 나라까지 세우셨고, 각기 다른 시대에 살았던 각기 다른 사람들에게 각기 다른 방식으로 그 위대한 약속의 내용을 부분부분 알려 주셨습니다. 그런데 그들은 한결같이 같은 메시지를 전했습니다. 하나님의 사자들은 누구나 세상이 타락하여 하나님을 떠남으로써 혼돈을 몰고 왔다고 지적했습니다.

그들은 하나님이 구속자, 곧 메시아를 보내신다는 소식도 전했습니다. 그 구속자에 대해 어떤 이는 이런 이야기를, 또 어떤 이는 저런 이야기를 했지만, 한결같이 그 구속자에 대해 이야기하고 그를 기다렸다는 점에서는 다를 것이 없었습니다. "너희의 하나님이 이르시되 너희는 위로하라. 내 백성을 위로하라.……우리 하나님의 대로를 평탄하게 하라.……모든 육체가 그것을 함께 보리라"사 40:1-5. 구약성경 전체가 이 강력한 구원자의 오심을 기다리고 있습니다. 이것은 전부 하나님께로부터 나온 일입니다.

사도 바울의 말처럼 그후에 "율법 아래에 있는 자들을 속량하시고 우리로 아들의 명분을 얻게" 하시려고 "때가 차매 하나님이 그 아들을 보내사 여자에게서 나게 하시고 율법 아래에 나게" 하셨습니다갈 4:4-5. 바로 이것입니다! 구원은 처음부터 끝까지 하나님이 행하신 일이었습니다. 그는 천사를 보내 아들의 오심과 출생을 알리셨습니다. 기독교 메시지를 인간의 가르침과 교훈으로 여기고 나사렛 예수를 단순한 종교적 천재로 생각하는 사람은 성경 전체의 요점을 놓치고 있는 것입니다. 구원은 하나님의 초자연적인 행동입니다. 구원은 전부 기적이고, 하늘에 속한 일이며, 신적인 일입니다. 여러분과 저의 구원에는 하나님의 모든 권능이 개입되어 있습니다. 그래서 사도들이 이 메시지를 전해야 한다고 생각한 것입니다. 이보다 우선될 일은 아무 것도 없습니다. 이 일을 막을 수 있는 사람은 아무도 없습니다. 이 메시지는 하나님이 친히 주신 구원의 길입니다.

이 메시지의 배타성은 다른 모든 메시지가 실패했다는 사실을 직시할 때 훨씬 더 잘 드러납니다. 그래서 구약성경을 아는 일이 중요한 것입니다. 사람들은 누군가 할 일만 일러 주면 스스로 분발하여 그 일을 할 수 있다는 생각을 여전히 고집하는 것 같습니다. 누군가 어떻게 살아야 하는지만 가르쳐 주면 자기 의지력으로 그렇게 살 수 있다는 것입니다.

그러나 구약성경을 한번이라도 읽어 본 사람이라면 인간에게 스스로 구원할 능력이 있다는 생각을 하지 않을 것입니다. 구약성경은 세상에서 가장 위대하고 훌륭한 인물들의 이야기를 들려주는 동시에, 그들 모두 실패와 패배를 겪은 죄인들임을 보여줍니다. 하나님은 이스라엘 자손들에게 율법을 주셨습니다. 모세를 통해 율법을 주시면서 "너희가 이 법을 지키면 구원을 받을 것이다"라고 말씀하셨습니다.

이스라엘 백성들도 현대인들처럼 어떻게 살아야 할지 가르쳐 주시기를 구했습니다. 그래서 하나님은 삶의 방식을 가르쳐 주시고 십계명을 주셨습니다. 그러나 결국은 아무도 그 율법을 지키지 못했습니다. 바울은 "율법의 행위로 그의 앞에 의롭다 하심을 얻을 육체가 없나니"라고 말합니다롬 3:20. 율법은 율법을 지킬 능력과 힘까지 주지 못합니다. 어떤 사람이 되라고 알려 주기는 하지만, 그런 사람이 되게 해주지는 못합니다. 무엇이 옳은 일인지 알았다고 해서 곧 그 일을 할 수 있는 것은 아닙니다. 바울도 그런 경험을 했습니다. "내 속사람으로는 하나님의 법을 즐거워하되 내 지체 속에서 한 다른 법이 내 마음의 법과 싸워 내 지체 속에 있는 죄의 법으로 나를 사로잡는 것을 보는도다"롬 7:22-23. "내가 원하는 바 선은 행하지 아니하고 도리어 원하지 아니하는 바 악을 행하는도다"롬 7:19. 나는 모순 덩어리입니다.

나는 내가 마땅히 살아야 할 모습으로 살 수가 없습니다. 나는 실패를 거듭합니다. "오호라, 나는 곤고한 사람이로다"롬 7:24.

이스라엘 자손만 실패한 것이 아니라 그리스인들도 똑같이 실패했습니다. 그들은 사상의 비밀을 파고들 능력을 갖춘 위대한 사상가들이었습니다. 그러나 그들 중 어느 누구도 하나님을 발견하지 못했습니다. "이 세상이 자기 지혜로 하나님을 알지 못하므로"고전 1:21. 주님이 사셨던 당시 그리스의 한 가지 큰 문제는-이것은 현대세계의 심각한 문제이기도 한데-자살이었습니다. 특히 철학자들의 자살률이 가장 높았습니다. 게다가 가장 위대한 철학자들 중 다수가 앞장서서 변태적 성관계를 맺었습니다.

인간의 머리에서 나온 철학과 종교-유교, 불교, 힌두교-는 궁극적으로 불행의 종교입니다. 모두 부정적이고 억압적입니다. 사람을 해방하기는커녕 구속하고 속박합니다. 거기에는 행복도 없고 기쁨도 없습니다. 그것은 다 사람이 만든 것들이지만, 사람은 그처럼 자기가 만든 법이나 계율도 실천하지 못하는 존재입니다. 사람은 자신을 구원하지 못합니다. 하물며 어떻게 남을 구원하겠습니까?

좀더 적극적인 측면에서 설명해 보겠습니다. 복음이 배타적인 이유는, 복음만이 우리를 구원할 유일한 길을 알려 주기 때문입니다. 인간의 과제와 문제가 무엇입니까? 필요가 무엇입니까?

이번에도 부정否定부터 해야겠습니다. 우리에게 필요한 것은 단순히 병을 고치는 일이 아닙니다. 죄는 병이지만, 그렇다고 병이라고만 할 수는 없습니다. 죄는 우리를 아프게 만들 수도 있고, 약하고 불행하게 만들 수도 있으며, 실패하게 만들 수도 있습니다. 그러나 복음의 일차적인 임무는 그러한 상태를 약간 호전시키는 것이 아닙니다. 세상이 이런 말을 싫어합니다. 세상은 이전보다 나아지는 일, 행복해지는 일에 관심이 있습니다. 세상이 사교邪敎나 사교의 가르침에 기꺼이 귀를 기울이는 것은 그들이 다음과 같이 약속하기 때문입니다. "우리에게 오십시오. 우리 말을 믿으십시오. 그러면 걱정도 사라지고, 불면증도 사라지고, 수렁에서 벗어나 더 이상 두려움 없이 살 수 있습니다. 우리에게 오십시오. 우리가 당신을 회복시켜 드리겠습니다." 세상은 자기가 병들었음을 알기 때문에 이런 말에 반발하지 않습니다.

그러나 감사하게도 복음은 그런 식으로 우리에게 다가오지 않습니다. 복음은 우리의 병이나 질병을 다루지 않으며, 거기에서 출발하지도 않습니다. 가장 중요한 인간의 첫번째 문제는 죄책이며, 첫번째 필요는 그 죄책에서 해방되는 것입니다. 여기에서 출발하지 않는 사람은 복음을 잠시 잠깐 기분이나 달래 주는 심리기법으로 치부하는 것입니다. 참된 복음은 근본적인 문제-하나님의 존귀, 하나님의 영광, 영존하시고 영원하신 하나님의 의와 공평-에서 출발합니다.

죄는 반역이자 위반입니다. 죄는 하나님의 존귀와 존엄과 영광에 대한 모욕입니다. 그 거룩한 법의 위엄과 탁월함에 대한 모욕입니다. 우리의 첫번째 문제는 우리가 하나님을 거스른 데 있습니다. 영국법을 어긴 사람은 체포되어 재판을 받게 되어 있습니다. 그런데 법정에선 피고가 자기의 병이나 아픈 이야기부터 할 수 있겠습니까? 절대 그럴 수 없습니다. 만약 그렇게 한다면 곧바로 경고가 주어질 것입니다. "당신은 이러이러한 법의 이러이러한 부분을 어겼기 때문에 고소당한 것입니다. 자, 여기 그 기소 내용이 있습니다. 한번 답변해 보시오."

우리 모두에게 해당되는 기소 내용은 우리가 하나님을 모욕했다는 것입니다. 그의 영광과 존귀가 첫번째입니다. 무한한 영광 가운데 계신 하나님은 자신을 위해 인간을 만드셨습니다.『소요리 문답』에는 "사람의 제일 되는 목적은 하나님을 영화롭게 하며 그를 영원토록 즐거워하는 것"이라고 쓰여 있습니다. 우리는 이런 목적으로 지음을 받았지만, 그 목적을 이룬 사람은 아무도 없습니다. 우리는 다 하나님 앞에 죄인입니다. "모든 사람이 죄를 범하였으매 하나님의 영광에 이르지 못하더니"롬 3:23.

이것이 저 자신만의 신학적인 견해가 아님을 밝히기 위해 주님의 말씀을 인용하겠습니다. 한 율법사가 주님을 찾아와 "율법 중에서 어느 계명이 크니이까"라고 물었습니다. 그러자 주님이 대답하셨습니다. "네 마음을 다하고 목숨을 다하고 뜻을 다하여 주 너의 하나님을 사랑하라 하셨으니 이것이 크고 첫째 되는 계명이요"마 22:37-38. 여러분은 이 크고 첫째 되는 계명을 지켰습니까? 온 존재를 다하여 하나님을 사랑하고, 이웃을 내 자신같이 사랑했습니까? 이것이 하나님의 요구이며, 이 요구를 채우지 못한 것이 우리의 첫번째 문제입니다. 따라서 세상은 전부 하나님 앞에 유죄이며(롬 3:19을 보십시오), 그 "죄의 삯은 사망"입니다롬 6:23.

여러분은 말할 것입니다. "하지만 하나님은 사랑이시잖습니까? 그분은 기꺼이 용서해 주실 겁니다."

그러나 그것은 그렇게 간단한 문제가 아닙니다. 하나님이 무조건 용서해 주신다면, 그의 공평함은 어떻게 되겠습니까? 그의 의와 거룩은 어떻게 되겠습니까? 하나님은 사랑이기만 한 분이 아님을 기억하십시오. "하나님은 빛이시라. 그에게는 어둠이 조금도 없으시다는 것이니라"요일 1:5. "하나님이 그 사랑으로 내 상황을 전부 해결해 주실 것"이라고 말할 때, 우리에게는 전할 복음도 사라지고 선포할 구주도 사라져 버립니다. 그 말대로라면 예수는 세상에 오시지 않았어야 합니다. 왜 하나님의 아들이 하늘 궁정을 떠나 베들레헴에 아기로 태어나셔야 했습니까? 왜 성육신하셔야 했습니까? 왜 십자가에서 죽으셔야 했습니까? 우리는 여기에 대답해야 합니다.

하나님의 아들이 세상에 오신 이유, 어린 아기의 모습으로 베들레헴에 태어나셔야 했던 – "말씀이 육신이 되어"요 1:14 – 이유는, 우리 중 아무도 남은커녕 자신조차 구원할 수 없기 때문입니다. 낙원에서 살았던 완벽한 두 사람도 죄를 지어 그릇된 길로 갔습니다. 설사 하나님이 완벽한 사람들을 더 많이 창조하셨다 해도 똑같은 상황이 벌어졌을 것입니다. 완벽한 인간은 한 번의 기회를 얻었지만 그 기회를 놓쳐 버렸습니다. 마귀는 너무 강하고, 악의 힘은 너무 큽니다. 거기에서 구원받을 방법은 오직 하나, 하나님이 영원한 지혜로 생각해 내신 이 방법뿐입니다.

이것 – 하나님의 구원방법 – 은 성경의 중요한 메시지입니다. 베들레헴에 태어난 아기는 하나님의 영원하신 아들이십니다. 그는 아버지와 똑같은 본체를 지닌 동등한 분이시며 아버지와 똑같이 영원하신 성자 하나님이십니다. 영존하시며 영원하신 하나님이십니다! 강력한 하나님이십니다! 영원한 구주십니다. 예수는 하나님인 동시에 인간이십니다. "말씀이 육신이 되어 우리 가운데 거하시매"요 1:14. 그는 새로운 존재입니다. 사람이면서도 사람을 넘어서는 존재, 곧 하나님이십니다. 그는 흠 없이 순결한 분이십니다. 마리아에게서 태어나신 "거룩한 이"이십니다눅 1:35. "하나님의 어린양"이십니다요 1:29.

오, 히브리서의 강력한 논증을 따라가 보십시오. "염소와 황소의 피와 및 암송아지의 재"로는 죄를 씻을 수 없습니다히 9:13. 심지어 인간을 죽여 그 피를 흘린다 해도 죄를 씻기에는 적합지 않습니다. 인간의 피는 순결하지 않고 오염되어 있기 때문입니다. 인간의 피는 더럽습니다. 우리에게는 새로운 인간이 필요합니다! 그래서 하나님이 새로운 인간을 만드시되, 그 인성을 하나님의 신성과 연합시키신 것입니다. 하나님은 황소와 염소의 제사를 명하셨고, 이스라엘 백성들은 아침저녁으로 어린양을 죽여 피를 흘렸습니다. 그러나 그런 제사는 "세상 죄를 지고 가는 하나님의 어린양"이 오실 것에 대한 예언이자 예표에 불과했습니다요 1:29. 그런데 하나님의 아들이 마침내 그 어린양으로 오신 것입니다!

우리가 인간이기에 하나님의 아들도 인간이 되셔야 했습니다. 우리를 구원하기 위해 인간이 되셔야 했습니다. 하나님으로 나타나서는 우리를 구원하실 수가 없습니다. 오셔서 "육신이 되어"야만 합니다. 그래야 우리의 대표가 되실 수 있습니다.

그렇다고 인간의 모습만 가져서도 안됩니다. 인간이 우리를 구원할 수 있었다면 성육신은 일어나지 않았을 것입니다. 우리에게는 인간 이상의 존재, 하나님이면서도 인간이신 분이 필요합니다. 신성이 인성을 보증해 주어야 하며, 끊을 수 없는 끈으로 묶어 끌어올려야 합니다. 주 예수 그리스도야말로 능히 우리의 형벌을 지고서도 죽음을 통과할 수 있는 분이시며, 죽음 저편에서 살아 나와 우리를 구원하고 구속할 분이시고, 하나님 앞에서 우리를 대변해 줄 분이시며, 우리를 온전케 하여 마지막 날 그 거룩한 임재 앞에 세울 수 있는 분이십니다. 이것이 복음 메시지입니다. 오직 예수께만 해당되는 메시지, 다른 어느 누구에게도 해당되지 않는 메시지입니다. 저는 지금 다른 종교 지도자들의 위대성을 폄하하는 것이 아닙니다. 여러분은 얼마든지 자신의 종교적 모범이 되는 인물들을 칭송할 수 있습니다. 좋습니다. 저는 여러분과 다툴 생각이 없습니다. 그러나 제가 말하고 싶은 점은 이것입니다. 그 위대한 인물들 중 어느 누구도 자신을 구원하지 못했고, 하물며 나는 더더욱 구원해 줄 수 없습니다.

산헤드린이 들은 메시지는 이것이었습니다. "너희가 나무에 달아 죽인 예수를 우리 조상의 하나님이 살리시고 이스라엘에게 회개함과 죄사함을 주시려고 그를 오른손으로 높이사 임금과 구주로 삼으셨느니라." 사도들은 말했습니다. "우리는 계속 전해야만 합니다. 우리에게는 모든 사람을 구원할 유일한 메시지가 있습니다. 하나님은 그 독생자를 죄 있는 육신의 모양으로 세상에 보내심으로써 우리에게 탈출구, 구원의 길, 죄사함의 길을 열어 주셨습니다."

이것이 복음 메시지입니다. 하나님의 아들이 자신을 낮추시고 인간이 되셨습니다. 자기를 비우셨습니다빌 2:7. 세파에 시달리며 "모든 일에 우리와 똑같이 시험을 받"으셨습니다히 4:15. 그런데도 죄를 짓지 않고 그 모든 일을 견뎌 내셨으며 "죄인들이 이같이 자기에게 거역한 일을 참으"셨습니다히 12:3. 그리고 "예루살렘을 향하여 올라가기로 굳게 결심하"셨습니다눅 9:51. 제자들은 헤롯이 그를 노리고 있으며 원수들이 음모를 꾸미고 있다고 말씀드렸습니다. 예루살렘으로 가지 말고 계시라고 말렸습니다.

그러나 주님은 자신이 예루살렘에서 죽는 것만이 사람을 구원할 유일한 방법임을 아셨습니다. 잠시 저와 함께 겟세마네 동산으로 가서 땀을 핏방울처럼 흘리며 홀로 기도하시는 그분의 모습을 보시기 바랍니다. 그분의 기도소리를 들으시기 바랍니다. "아버지여, 만일 아버지의 뜻이거든 이 잔을 내게서 옮기시옵소서. 그러나 내 원대로 마시옵고 아버지의 원대로 되기를 원하나이다"눅 22:42.

그는 물으십니다. "이것이 유일한 방법입니까?" 그에게 돌아온 대답은 "그렇다"는 것입니다. 그러자 주님은 아버지의 뜻대로 하시라고, 자신은 준비가 되었다고 말씀드립니다. 그리고 "도수장으로 끌려가는 어린양"처럼 기드론 시내를 건너 갈보리로 나아가십니다사 53:7. 그는 자기를 변호하지 않으십니다. 약하고 무력한 모습으로 나아가십니다. 사람들은 그를 나무에 못박습니다!

어떻게 이런 일이 일어났습니까? 사람들이 위대한 지도자이자 스승을 알아보지 못하고 오해하는 바람에 이런 일이 일어났습니까? 아니, 그렇지 않습니다! "우리로 하여금 그 안에서 하나님의 의가 되게 하려"고 "죄를 알지도 못하신 이를 우리를 대신하여 죄로 삼으신" 분은 바로 하나님이십니다고후 5:21. 이사야 선지자는 이렇게 말합니다. "우리는 생각하기를 그는 징벌을 받아 하나님께 맞으며"사 53:4. 지금 그를 때리는 분은 아버지십니다! 그에게 진노를 쏟아붓는 분은 하나님이십니다. 하나님이 우리에게 내리실 벌을 친아들에게 내리신 것입니다! 그래서 베드로는 이렇게 썼습니다. "친히 나무에 달려 그 몸으로 우리 죄를 담당하셨으니 이는 우리로 죄에 대하여 죽고 의에 대하여 살게 하려 하심이라. 그가 채찍에 맞음으로 너희는 나음을 얻었나니"벧전 2:24. 이것이 하나님의 아들이 갈보리 언덕에서 죽으신 일의 의미입니다. 그리고 이것이 초대교회와 사도들이 전했던 메시지입니다. "예수 그리스도와 그가 십자가에 못박히신 것"고전 2:2, "그리스도는 하나님의 능력이요 하나님의 지혜니라"고전 1:24. 십자가야말로 우리의 메시지입니다!

주님이 십자가에서 마지막으로 하신 말은 "다 이루었다"는 것이었습니다요 19:30. 무엇을 다 이루셨습니까? 주님은 저와 여러분이 지은 죄의 형벌을 다 받으셨습니다. 그 형벌을 완전히 감당하셨습니다. 하나님이 주신 잔을 남김없이 마심으로써 모든 일을 끝내셨습니다.

그 절대적인 증거가 바로 부활입니다. 예수 그리스도의 부활은 그가 우리 죄의 형벌을 완전히 감당하셨고, 하나님의 율법을 충족시키셨으며, 하나님을 만족시키셨다는 적극적인 증거입니다. 부활을 통해 하나님은 아들의 사역이 완전히 이루어졌음을 선포하셨습니다. "우리가 범죄한 것 때문에 내줌이 되고 또한 우리를 의롭다 하시기 위하여 살아나셨느니라"롬 4:25.

주님은 다시 살아나셨습니다! 그리고 사도들과 다른 선택된 증인들 앞에 나타나셨습니다. 40일 후에 주님은 감람산에 올라 사도들이 보는 가운데 승천하셨고, 거기에서 자신의 피를 바치셨습니다. 그리고 영원한 영광 중에 계신 하나님의 보좌 우편에 앉으셨습니다. 그는 지금도 거기 앉아 통치하고 계시며, 다시 하나님의 보내심을 받아 이 위대한 구속을 완성하고 우주를 새롭게 회복시켜 성부께 바칠 날을 기다리고 계십니다.

산헤드린이 들은 메시지가 바로 이것이었습니다. "이제 더 이상 성전에 가지 말라. 제사장 직분을 믿지 말라. 황소와 염소 잡는 일을 믿지 말라. 그 모든 의식을 중단하고 하나님의 아들, 주 예수 그리스도, '하나님의 어린양'을 의지하라"는 것이었습니다. 그리고 무엇보다 놀라운 메시지는 주님이 "모든 믿는 자에게 의를 이루기 위하여 율법의 마침이 되"심을 믿으라는 것이었습니다롬 10:4.

우리에게 주신 메시지는 돌아가서 더 나은 삶을 살기로 결심하라는 것이 아닙니다. 돌아가서 교회에 등록하라는 것도 아닙니다. 돌아가서 하나님을 기쁘시게 하고자 노력하라는 것도 아닙니다. 절대 아닙니다! 그런 것은 종교에 불과합니다. 복음 메시지는 오직 우리 자신이 하나님의 위엄과 존귀와 영광을 손상시킨 죄인임을 깨달으면 된다고 말합니다. 우리는 희망도 없고 힘도 없는 저주받을 죄인이 분명하지만, 하나님의 아들이신 그리스도께서 우리를 위해 죽으시고 우리가 받을 형벌을 대신 지셨으니 이제는 아무것도 할 필요가 없다고, 그저 지금 이 자리에서 있는 모습 그대로 믿기만 하면 된다고, 우리의 영원한 미래를 그분께 맡기기만 하면 된다고 말합니다.

이것이야말로 모든 희생을 무릅쓰고 전해야 할 말씀입니다. 바로 이것이야말로 이 순간 온 세상 모든 사람에게 주어진 유일한 희망입니다. 여러분은 이 말씀을 믿으십니까?

19

기도

그때에 제자가 더 많아졌는데 헬라파 유대인들이 자기의 과부들이 매일의 구제에 빠지므로 히브리파 사람을 원망하니 열두 사도가 모든 제자를 불러 이르되 우리가 하나님의 말씀을 제쳐 놓고 접대를 일삼는 것이 마땅하지 아니하니 형제들아, 너희 가운데서 성령과 지혜가 충만하여 칭찬받는 사람 일곱을 택하라. 우리가 이 일을 그들에게 맡기고 우리는 오로지 기도하는 일과 말씀 사역에 힘쓰리라 하니.

사도행전 6:1-4

이번에는 특히 4절을 다시 살펴보고자 합니다. "우리는 오로지 기도하는 일과 말씀 사역에 힘쓰리라." 여기 나오는 "말씀"이 무엇인지 정확하게 아는 일이 얼마나 중요한지에 대해서는 이미 살펴보았습니다. 이제 강조하고 싶은 것은 이 구절의 첫 부분, 즉 "우리는 오로지 기도하는 일과……"입니다. 왜 사도들은 기도를 포함시키고 있으며, 그것도 말씀 사역보다 우선적으로 언급하고 있을까요? 제가 일부러 순서를 바꾸어 말씀 사역부터 다룬 것은 바로 이 질문에 여러분의 주의를 환기시키기 위해서입니다. 왜 사도들은 기도에 우선순위를 두는 것입니까?

우리는 여기에서 또 한번 아주 중요한 진리의 한 측면에 부딪치게 됩니다. 이 측면을 살펴봄으로써 우리는 복음 메시지 자체의 특징을 더 상세히 생각하게 될 뿐 아니라 그와 똑같이 중요한 문제, 곧 이 메시지가 전달되고 제시되는 방식 또한 생각하게 될 것입니다.

메시지는 언제나 정확해야 합니다. 메시지가 참되지 않을 때 그 밖의 것들은 전부 가치를 잃고 맙니다. 우리는 정통신앙에 서 있어야 하며, 복음이 무엇인지 알아야 합니다. 가짜를 분별할 줄 모르는 교회는 교회가 아닙니다. 이처럼 정통신앙은 아주 중요한 본질이지만, 그것만으로는 충분치 않습니다. 정통신앙 하나만으로는 아무것도 할 수 없습니다. "우리는 오로지 기도하는 일과 말씀 사역에 힘쓰리라." 기도로 복음을 에워싸지 않을 때, 복음은 참되고 적절하게 전달될 수 없습니다. 거듭 말하지만, 이 점을 아는 것이 아주 중요합니다. 현대인들은 교회의 할 일과 복음 전파의 또 다른 측면을 오해하는 것만큼이나 이 측면도 오해하고 있기 때문입니다.

한동안 이른바 '의사소통communication의 문제'에 관한 말들이 상당히 많이 나왔습니다. 사람들은 말합니다. "이 메시지가 세상에 필요한 것은 사실이지만, 문제는 어떻게 이 메시지를 이해시키느냐 하는 것이다. 어떻게 해야 사람들로 하여금 이 메시지를 듣고 받아들이게 할 것인가?" '의사소통의 문제'라는 용어는 새로울지 몰라도, 그 내용 자체는 사실 해묵은 것 아닙니까? 이것은 지난 세월 내내 교회에 대두했던 문제입니다. 그런데 오늘날 사람들은 우리가 새로운 시대에 살고 있기 때문에 이것이 문제 중에 문제가 되었다고 말합니다.

사람들은 교회가 이런 상황에 부딪친 것이 처음이라고 말합니다. 원자시대이자 과학시대인 현대에 비하면 이전 시대들은 좀 유치해 보인다는 것입니다. 옛날 사람들은 무지했지만, 요즘의 우리는 중력도 정복했고 원자도 분할해서 엄청난 에너지를 끌어내고 있다는 것입니다.

이같은 과학의 진보로 인간은 과거와 다른 존재로 발전하게 되었고, 따라서 교회는 전적으로 새로운 상황에 부딪쳤다는 것이 그들의 주장입니다. 옛날 사람들은 일종의 삼층천 같은 것을 믿었지만, 과학적인 현대인들은 삼층천은 물론이요 초자연적이고 기적적인 일들도 믿지 않는다는 것입니다. 과거에는 기적으로 여겨졌던 일들이 이제는 아주 쉽게 설명된다는 사실을 현대인들은 알고 있습니다. 그러니까 현대인들을 설득하고 싶다면, 과학이 발전하기 전에 통했던 범주의 이야기를 할 것이 아니라 새로운 의사소통 방식을 찾으라는 것입니다. 우리는 더 이상 과거의 종교적 언어가 의미를 갖지 못하는 시대에 살고 있다는 말도 들립니다. 그래서 새로운 성경번역판에 열광하는 이들이 많습니다. 그들은 "드디어 우리는 사람들이 이해할 수 있는 성경을 갖게 되었다"고 말합니다. 탐과 딕과 해리처럼 평범하고 불쌍한 소년들은 칭의나 성화나 영화 같은 말을 이해하지 못합니다. 그런데 이제 자기들의 언어로 된 말씀을 갖게 되었으니 그것을 믿으리라는 것입니다. 그들은 이런 것이야말로 의사소통의 문제를 해결하는 데 필요한 일이라고 생각합니다. 이런 것이야말로 그리스도인들의 어법과 용어를 모르는 사람들에게 진리를 전달하는 방법이라고 생각합니다.

이런 종류의 사고방식에 대한 반응이 두 가지 있습니다. 물론 그 사이에 여러 가지 다른 관점들도 자리를 잡고 있지만, 저는 그 두 가지 극단적인 반응, 즉 오늘날 이 새로운 상황에 대처하는 방법에 대한 교회의 두 가지 주요한 가르침을 제시하려 합니다. 첫번째 가르침은 현재 영국에 잘 홍보되고 있습니다. 여러 텔레비전 채널 관리자들은 이러한 가르침을 옹호하는 인물들에게 매료된 것 같습니다. 그들은 이러한 상황에 좀더 지적인 방식으로 접근해야 한다고, 지성의 흐름에 따라 접근해야 한다고 말합니다. 지난 몇 년간 이런 방법을 시도한 몇몇 악명 높은 책들이 출간되었는데, 그중에 『하나님께 정직하게』Honest to God와 『세상으로 내려가기』Down to Earth가 있습니다. 그 저자 중 한 사람-전에 인용했던 사람-은 현대인들에게는 일정한 과학적 확신이 생래적으로 박혀 있기 때문에, 이런 상황을 인정하지 않은 채 성경만 무턱대고 전하면 어떤 접촉점도 찾을 수 없을뿐더러 전도도 완전히 실패로 돌아간다고 말합니다.

교회를 전반적으로 지배하고 있는 이 경향은 100년 전에 시작되었습니다. 19세기 중반쯤, 교회는 중대한 변화를 겪었습니다. 18세기에 복음주의 대각성의 능력과 열정과 열심을 경험한 교회가 "요즘 사람들은 교육을 받고 있기 때문에 더 이상 그런 옛날 방식이 통하지 않는다. 이제는 좀더 학문적으로 복음을 전할 수 있는 교양 있는 사람들을 확보해야 한다"고 말하기 시작한 것입니다.

그래서 점점 더 다른 부분에 강조점을 두게 되었습니다. 어디에 강조점을 두게 되었습니까? 설교자가 성령으로 충만한가가 아니라 철학과 과학지식으로 충만한가, 그래서 사람들의 수준에 맞는 이야기를 할 능력, 사람들이 받아들일 만한 말로 논의하며 논증할 능력을 갖추고 있는가에 두게 되었습니다.

그리하여 교회는 점점 더 철학과 심리학, 사회학 훈련을 받은 설교자를 요구하기에 이르렀습니다. 심리학, 즉 인간의 정신이 어떻게 작용하는지에 대한 지식이 점점 더 중요해졌습니다. 이런 식으로 준비된 설교자는 세상 사람들의 말로 설교할 수 있습니다. 이것이 효과적인 전도방법이라는 것입니다. 사람들의 귀를 잡아끄는 전도방법이라는 것입니다.

이런 관점을 가진 사람들 중에는 메시지 자체를 새롭게 바꾸어야 한다고 주장하는 이들도 있습니다. 과학이 발전하기 전, 성경시대에나 통하던 말과 표현으로 기록된 성경은 시대에 뒤처진 것이 분명하니, 현대인들이 믿기는 고사하고 듣기라도 하게 만들려면 성경을 수정하라는 것입니다.

이것이 첫번째 반응입니다. 정신을 연마하라, 이성과 논리와 지각으로 직접 사람들에게 접근하라는 것입니다. 이처럼 지적인 측면을 강조하는 접근법 바로 옆에는 "지성에는 관심 갖지 말라. 그것은 중요치 않다. 중요한 것은 마음-또는 의지-이다"라고 말하는 접근법이 있습니다. 이 접근법을 택하는 이들은 마음이나 의지를 강조하면서, 사람들을 그들의 수준에서 만나 주어야 한다고 주장합니다.

두번째 접근법의 특징을 완벽하게 보여주는 예를 들겠습니다. 이것은 물론 극단적인 예일 수 있지만, 사실 이런 식으로 생각하고 주장하는 사람들은 전부 이 범주에 속한다고 할 수 있습니다. 다음은 지난 주에 처음 방영된 텔레비전 프로그램에 대한 기사입니다. 제가 읽어 드리겠습니다.

하나님의 합성사진과 마귀의 합성사진이 새로운 유형의 종교 프로그램 '저 위에 있는 천국'에 등장한다. 이 프로그램은 일요일 오후 6시 35분, 상업 텔레비전 네트워크 전역에 방영된다. 이 사진들을 비롯하여 천국과 지옥의 사진들도 합성한 피터 코커는 청소년들이 어린 시절에 하나님과 마귀에 대해 상상했던 내용을 참고했다고 한다. 한 소녀는 하나님을 "친구 같고 명랑하고 손 큰 우리 엄마와 산타클로스가 약간 섞인 분"이라고 묘사했다. 서던 텔레비전이 제작하고 코미디언 케니스 혼이 소개한 이 프로그램은 종교방송[이 말에 주목하십시오]에 대한 거의 혁명적이고 파격적인 접근이라는 평가를 받고 있다[이런 것이 종교 방송이라니]. 연출자는 어제 "사실 우리가 만드는 것은 코미디와 새로운 음악을 곁들인 25분짜리 종교 버라이어티쇼입니다"라고 말했다.

정직하게 말해 봅시다. 이들은 아주 진지하게 이런 일을 합니다. 자신들은 남녀노소에게 이 메시지를 전하고 싶은데, 성경에 나오는 구식 설교나 교리 설명은 아무도 이해하지 못하기 때문에 더 이상 쓸모가 없다는 것입니다. 그러니까 시청자의 수준으로 내려가 그들이 알고 이해하며 감상할 만한 내용을 제시해 주면서 오락적인 요소도 끌어들여야 한다는 것입니다. 그 표현이 아주 재미있습니다. "사실 우리가 만드는 것은 코미디와 새로운 음악을 곁들인 25분짜리 **종교 버라이어티쇼입니다.**" 재미있는 장면들이 잇따라 등장합니다. 일종의 종교적 오락이 제공되는 것입니다. 이것이 두번째 접근법입니다.

제가 다루고 싶은 것은 이러한 태도의 기저에 깔려 있는 원리입니다. 두번째 접근법이 언제나 이처럼 노골적인 형태로 표현되는 것은 아닙니다. 그러나 언제나 같은 추론, 같은 논리를 사용합니다. 즉 사람들을 있는 모습 그대로 대하라, 그들의 관심을 끌기 위해 그들의 수준으로 내려가라, 그들의 마음을 사로잡으라, 심지어 그들을 유혹하라는 것입니다. 다시 말하지만, 저는 이러한 접근법을 사용하는 사람들이 얼마나 솔직한가에는 관심이 없습니다. 물론 저도 그들이 아주 솔직하고 진지하다는 점은 인정합니다. 그러나 제가 이 자리에서 해야 할 일은 그러한 접근법이 사도들의 방법과 완전히 동떨어져 있음을 밝히는 것입니다. 사도들이 제시한 방법과 모범으로 돌아가지 않는 한, 우리에게는 말 그대로 아무 희망이 없습니다.

물론 다른 방법으로도 성과를 아주 거둘 수 없는 것은 아니지만, 문제는 그 성과를 과연 성령의 역사로 볼 수 있느냐 하는 점입니다. 사도들을 보십시오. 그들은 의사소통의 문제를 어떻게 처리했습니까? 그들의 대답은 이것이었습니다. "우리는 오로지 기도하는 일과"— 기도!—"말씀 사역에 힘쓰리라." 버라이어티쇼나 오락이나 사람들을 구슬리는 일이나 사람들에게 영합하는 일이나 메시지를 축소하는 일이 아니라, 오로지 기도하는 일에 힘쓰겠다는 것입니다.

이제 우리가 던질 질문은 이것입니다. 사도들은 왜 기도의 중대성을 강조했을까요? 왜 지속적으로 기도했을까요? 자, 그 답이 우리 앞에 놓인 이 책에 있습니다. 우리는 사도행전 앞장들에서 이미 그 답을 찾아보았습니다. 그 중요한 원리들을 다시 짚어 봅시다. 부흥이 일어날 때마다 그리스도인들은 사도들이 제시한 방법과 모범으로 돌아갔습니다. 오늘날 이보다 더 긴급한 일이 있을까요? 이것은 하나님이 친히 주신 방법입니다. 다른 방법은 없습니다.

사도들이 기도를 강조한 첫번째 이유는, 자신들은 무능하기에 하나님의 능력이 절대 필요하다는 사실을 깨달았기 때문입니다. 기억하시겠지만 산헤드린은 이들을 "학문 없는 범인"이라고 정확하게 묘사했습니다. 맞습니다. 그들은 지식도, 지각도, 타고난 능력도 없는 사람들이었습니다. 그러나 설사 그런 능력이 있어서 최대한 발휘했다 해도 별 소용이 없었을 것입니다. 사도들도 그것을 알고 있었습니다. 자신들의 희망은 오직 하나, 하나님의 능력으로 충만해지는 것임을 알고 있었습니다. 그래서 계속 오로지 기도에 힘썼던 것입니다.

기억하십시오. 이들은 오순절 날 성령세례를 받았습니다. 넘치도록 충만하게 받았습니다. 후에 다락방에 모여 기도했을 때에도 건물이 진동하면서 비슷한 충만함을 경험했습니다행 4:31. 그토록 성령으로 충만했음에도 불구하고 사도들이 기도를 꼭 필요한 일로, 지극히 필수적인 일로 생각했다는 것은 흥미로운 사실입니다.

우리는 위기에 처할 때마다 기도에 의존했던 사도들의 모습을 이미 살펴보았습니다. 베드로와 요한이 처음 체포되었다가 풀려나면서, 예수의 이름으로는 더 이상 가르치지도 말고 전하지도 말라는 아주 명백한 경고를 받았던 일을 기억하실 것입니다. 사도들은 이 일을 계속하면 목숨이 위태하다는 것을 알았습니다. 그래서 어떻게 했습니까? 성경은 "사도들이 놓이매 그 동료에게 가서 제사장들과 장로들의 말을 다 알리니"라고 기록하고 있습니다행 4:23.

이런 보고를 받은 신자들의 반응은 무엇이었습니까? 회의를 열었습니까? "아무래도 우리는 실패하고 있는 것 같다. 별로 성공적이지 못하다. 우리는 너무 투박하고 직설적이었다. 그러니 처음부터 다시 시작해 보자. 방법들을 수정해 보자. 속도를 좀 늦추고, 약간의 외교술을 발휘해 보자"고 말했습니까? 천만의 말씀입니다! "그들이 듣고 한마음으로 하나님께 소리를 높여 이르되……"행 4:24. 그들은 기도했습니다! 그들이 가장 처음 한 일은 언제나 기도였습니다. 실제로 우리는 "그들이 사도의 가르침을 받아 서로 교제하고 떡을 떼며 오로지 기도하기를 힘"썼다는 사실을 2장에서 이미 읽어 알고 있습니다.

성령충만한 사람들은 기도가 지극히 본질적인 일이라는 사실을 압니다. 왜 그렇습니까? 성령은 한번 받으면 그만인 분이 아니기 때문입니다. 절대 그렇지 않습니다. 여러분은 계속해서 성령과 교제해야 하며, 계속해서 기도의 태도와 상태를 견지해야 하고, 계속해서 새로운 공급을 받아야 합니다. 이들은 그것을 알았습니다. 이들은 자신들 앞에 당면한 문제를 보았고, 자신들이 무력한 존재임을 알았습니다. 자신들에게 맡겨 주신 진리인 복음을 더 많이 알고 이해해야 할 필요가 있음을 알았습니다. 그래서 아뢰었습니다. "오 하나님, 우리를 가르치시고 우리에게 지각을 주옵소서. 이해할 수 있는 눈을 밝히시고 열어 주옵소서. 성령을 주옵소서. 성령의 기름부음, 그 복된 기름부음을 통해 말씀을 더욱더 분명하고 선명하게 깨우쳐 주옵소서. 주여, 우리에게 성령의 기름부음을 주옵소서!"

이처럼 사도들은 기도했습니다. 그들에게는 지각이 필요했고, 그래서 지각을 구했습니다. 그들에게는 말씀을 전할 능력도 필요했습니다. 그들은 숙달된 웅변가도 아니었고, 그리스 철학자들 같은 수사가도 아니었습니다. 그저 소박한 어부이자 장인이었을 뿐입니다. 제 말을 오해하지 마십시오. 저는 교육이나 지식이나 문화 자체를 정죄하는 것이 아닙니다. 제가 정죄하는 것은 그러한 수단이나 인간적인 방편들을 의지하고 신뢰하는 태도입니다. 사도들은 그러지 않았습니다. 그들은 살아계신 하나님을 신뢰했고, 그래서 기도했습니다. 그들에게는 말씀 전할 능력과 권위가 필요했습니다.

이 주제를 마냥 붙들고 있을 생각은 없습니다. 하나님만을 의지한다는 것이 무엇인지 완벽하게 보여주는 중요한 예만 한 가지 말씀드리겠습니다. 위대한 인물 사도 바울을 보십시오. 그는 재능 있는 사람이었고, 지식과 교양을 갖춘 사람이었으며, 역사에 등장한 위대한 천재 가운데 한 명이었습니다. 그러나 그가 고린도에 복음을 전하러 갔을 때 자기 자신에 대해 뭐라고 말했는지 보십시오. "내가 너희 가운데 거할 때에 약하고 두려워하고 심히 떨었노라"고전 2:3. 뭐라고요! 사도 바울이 떨었다고요? 그렇습니다. 그는 최고의 자신감에 넘쳐 강단에 뛰어들거나 단상에 뛰어오르지 않았습니다. "약하고!" "두려워하고!" "심히 떨었노라!"

바울의 이 무력감을 어떻게 설명할 수 있겠습니까? 오, 그것을 설명하기란 어렵지 않습니다. 이 거인, 이 위대한 천재는 자신에게 주어진 책임이 얼마나 무서운 것인지 알고 있었습니다. 그래서 두려워하며 심히 떨었던 것입니다. 그의 책임감은 '나는 영원한 멸망으로 떨어질 수도 있는 영혼, 죽어가는 영혼들에게 복음을 전하고 있다'는 깨달음에서 나온 것이었습니다. 이런 깨달음이 있는 사람은 경박하거나 시시한 짓을 할 수 없으며 익살을 떨 수 없습니다. 그는 무력감에 사로잡힙니다. 이 얼마나 막중하고도 막중한 책임입니까!

여러분이 몹시 아플 때 심각한 수술을 권하러 온 의사가 농지거리나 하면서 수술하라고 말한다면 어떻겠습니까? 그것은 상상조차 할 수 없는 일입니다. 어떤 의사도 그런 짓은 하지 않습니다. 하물며 설교자는 사람의 영혼을 다루는 사람들입니다. 그가 하는 일은 사람들의 상태를 일시적으로 호전시키거나 생명을 몇 년 더 연장시키는 것이 아니라 영원한 운명을 결정짓는 것입니다. 설교자는 하늘의 재판장과 사람들 사이, 그 중간에 서 있습니다. 설교자는 그 생각에 압도당합니다.

바울은 자신이 혹시라도 메시지를 잘못 전할까 봐 두려워했고, 사람들과 진리 사이에 서는 책임을 두려워했으며, 자신이 이 영혼들에게 장애가 될까 봐 두려워했습니다. 그는 이런 두려움에 대해 계속 이야기하는데, 그중에서도 그의 무력감과 책임감을 가장 선명하게 보여 주는 성경은 고린도후서일 것입니다. 설교자 자신의 말을 들어 보십시오.

> 항상 우리를 그리스도 안에서 이기게 하시고 우리로 말미암아 각처에서 그리스도를 아는 냄새를 나타내시는 하나님께 감사하노라.

그다음 말에 주목하시기 바랍니다.

> 우리는 구원받는 자들에게나 망하는 자들에게나 하나님 앞에서 그리스도의 향기니 이 사람에게는 사망으로부터 사망에 이르는 냄새요 저 사람에게는 생명으로부터 생명에 이르는 냄새라.

연이어 바울은 묻습니다.

> 누가 이 일을 감당하리요 고후 2:14-16.

19 기도

친애하는 여러분, 여러분은 살아계신 하나님 앞에 선다는 것이 무엇인지 알고 있습니까? 이 저녁, 우리는 하나님 앞에 서 있습니다. 이것이 예배입니다. 예배를 거룩하게 만드는 것은 건물이 아닙니다. 야외에서 예배드리든, 다른 곳에서 예배드리든 장소는 아무 상관이 없습니다. 여러분의 예배형태를 결정짓는 요소는 건물이 아닙니다. 어떤 이들은 스테인드글라스 창으로 장식된 일정한 장소에서 일정한 유형의 예배를 드려야 한다고 고집합니다. 그런 사람들의 행동은 장소에 따라 완전히 달라집니다. 그들은 하나님의 임재에 지배받는 것이 아니라 건물에 지배받습니다. 우리는 지금 영원하시고 영존하시는 하나님 앞에 서 있습니다. 그가 우리를 굽어보고 계시며, 우리의 영원한 미래 전부가 바로 이곳에서 결정됩니다. 이 복음에 어떻게 반응하느냐에 따라 결정되는 것입니다.

바울이 "약하고 두려워하고 심히 떨었노라"라고 말한 이유가 여기 있습니다. 그는 문자 그대로 떨었습니다! 그는 사람들이 복음이 아니라 자신을 믿을까 봐 두려워했다고 말합니다. "너희 믿음이 사람의 지혜에 있지 아니하고 다만 하나님의 능력에 있게 하려 하였노라"고전 2:5. 그는 일부러 인간의 지혜를 쓰지 않았습니다. 그다음 장에서 바울은 이렇게 말하고 있습니다. "누구든지 이 세상에서 지혜 있는 줄로 생각하거든 어리석은 자가 되라. 그리하여야 지혜로운 자가 되리라"고전 3:18. 그는 고린도 사람들이 자신을 어떻게 생각하든 개의치 않았으며, "내가 너희 중에서 예수 그리스도와 그가 십자가에 못박히신 것 외에는 아무것도 알지 아니하기로 작정하였음이라"고 말했습니다고전 2:2. 그는 어떤 수단이나 방법도 동원할 생각이 없었습니다. 그는 살아 계신 하나님의 성령을 의지함으로써 오직 하나님께만 영광을 돌리려 했습니다.

사도들은 하나님의 권능과 권위와 기름부음이 필요했기 때문에 계속해서 오로지 기도에 힘썼습니다. 그들에게는 오직 하나님의 영광과 권위와 영원하심, 사람들을 구원하는 강력한 권능을 나타낼 능력이 필요했습니다. 그래서 하나님을 기다리는 일에 계속 힘썼습니다. 이후 하나님께서 모든 시대에 걸쳐 강력하고도 두드러지게 사용하신 인물들은 모두 같은 특징을 보여주었습니다.

우리는 1840년대 스코틀랜드의 거룩한 설교자 로버트 머리 맥체인Robert Murray M'Cheyne의 이야기를 들어 알고 있습니다. 그가 주일 아침에 강단에 들어서면, 바로 그 순간부터 사람들이 울음을 터뜨리는 일이 아주 많았다고 합니다. 그 이유가 무엇이었을까요? 그는 하나님 앞에 있다가 온 사람으로서, 그의 얼굴과 태도 전체에서, 그와 관련된 모든 것에서 하나님의 광채가 뿜어져 나왔기 때문입니다. 오, 그 진지함과 엄숙함과 위엄이여! 그는 하나님의 사절이자 그리스도의 사신이었습니다! "……다만 성령의 나타나심과 능력으로 하여"고전 2:4. 이것은 오직 기도, 지속적인 기도로만 얻을 수 있습니다.

둘째로, 사도들은 모든 인간의 자연적인 상태가 어떤 것인지 알았기 때문에 오로지 기도에 힘썼습니다. 다시 말해서 그들은 전도의 임무, 현대적인 표현으로 하자면 의사소통의 문제를 참으로 이해하고 있었던 것입니다. 한쪽에는 복음이 있고, 다른 한쪽에는 인간이 있습니다. 그 사이의 소통을 막는 문제가 무엇입니까? 20세기입니까? 아니, 아닙니다! 새로운 지식, 과학, 학식, 철학입니까? 아닙니다. 문제는 예나 지금이나 똑같습니다. 새로울 것이 전혀 없습니다. 20세기나 1세기나 복음 전하는 일은 똑같이 어렵습니다. 복음 전하는 일이 쉬웠던 적은 단 한 번도 없었습니다. 현대인들이 메시지를 수정하려 들며 새로운 방법들을 동원하는 것-텔레비전에 감상적인 '종교 버라이어티쇼'를 방영하는 식으로-은 다 헛된 짓이며, 궁극적으로는 복음의 본질을 부정하는 짓입니다. 그런 방법으로는 안됩니다! 사도들은 전도와 의사소통의 문제를 참으로 이해하고 있었기에 다름 아닌 기도에 계속 힘썼습니다.

이 문제를 진술하는 방식은 여러 가지입니다. 첫째로, 사도 바울이 나중에 다시 한번 권위를 가지고 단번에 설명해 주고 있는 바처럼, 사도들은 "우리의 씨름은 혈과 육을 상대하는 것이 아니요"-우리의 문제는 인간의 본질에 있는 것이 아니요-"통치자들과 권세들과 이 어둠의 세상 주관자들과 하늘에 있는 악의 영들을 상대함이라"는 것을 알았습니다 엡 6:12. 이것이 문제의 참 본질입니다.

우리가 싸우는 대상은 인간이 아니라 마귀입니다. 우리는 지옥의 권세와 싸우고 있으며, 하나님 다음으로 능력 있는 영적 세력들과 싸우고 있습니다. 완벽한 상태에 있었던 아담을 비롯하여 모든 인간을 쓰러뜨리고 성경의 모든 족장과 선지자와 시편기자들까지 쓰러뜨렸던 권세, 그들 모두를 쓰러뜨렸던 권세와 싸우고 있습니다. 아무리 사도들이 새 메시지를 받았다 한들 이런 권세들까지 처리할 수 있겠습니까? 그럴 수 없습니다. 그들에게는 마귀의 능력에 맞서 싸울 신적인 능력이 필요했습니다. 마귀와 싸울 때에는 지적인 영역의 똑똑함이든 감정이나 의지적인 영역의 똑똑함이든, 인간의 똑똑함은 전혀 쓸모가 없습니다.

사도들은 자신들이 이 문제의 배후에 있는 무서운 권세와 싸우고 있을 뿐 아니라 이 악한 세력의 사악한 영향력 아래 있는 인간을 대하고 있다는 것을 알았습니다. 타락하고 죄를 지은 결과 인간이 어떻게 되었는지 묘사해 주는 구절을 한 가지 살펴봅시다.

그러므로 내가 이것을 말하며 주 안에서 증언하노니 이제부터 너희는 이방인이 그 마음의 허망한 것으로 행함같이 행하지 말라. 그들의 총명이 어두워지고 그들 가운데 있는 무지함과 그들의 마음이 굳어짐으로 말미암아 하나님의 생명에서 떠나 있도다. 그들이 감각 없는 자가 되어 자신을 방탕에 방임하여 모든 더러운 것을 욕심으로 행하되^{엡 4:17-19}.

1세기 이방세계를 묘사한 바울의 말은 1966년 6월 26일, 오늘 밤의 런던에도 완벽하게 들어맞고 있습니다. 다른 점이 하나도 없습니다. 원자 분할이나 그 밖의 모든 경이로운 진보를 언급하지 마십시오. 거기에 대해서는 저도 여러분만큼이나 잘 알고 있습니다. 인간은 바울이 말한 이런 존재입니다. 인간의 문제는 바로 여기 - 그 마음이 어두워진 것 - 에 있습니다.

바울이 쓴 로마서 1장 후반부에는 오늘날 런던과 뉴욕과 워싱턴의 삶이 그려져 있습니다. 남자와 여자, 마귀와 지옥의 노예들, 죄와 음란, 성적 부도덕, 성적 왜곡 등 모든 부분이 완벽하게 묘사되어 있습니다.

오늘날 세상은 과거부터 지금까지의 세상과 아주 똑같습니다. 그것이 전도를 어렵게 만드는 것입니다. 인간은 "허물과 죄로 죽"어있습니다^{엡 2:1}. "육신의[자연적인] 생각은 하나님과 원수가 되나니 이는 하나님의 법에 굴복하지 아니할 뿐 아니라 할 수도 없음이라"^{롬 8:7}. "어리석은 자는 그의 마음에 이르기를 하나님이 없다 하는도다"^{시 14:1}. 인간은 그리스도가 태어나시기 천 년 전에도 하나님을 부인했습니다. 그런데도 현대인들은 자신들이 똑똑해서 하나님을 부인한다고 생각합니다! 그것을 현대성의 표지로 내세웁니다! 그러나 불신앙은 얼마나 진부한 것인지 모릅니다! 얼마나 맹목적이고 무지하며 영적으로 죽은 것인지 모릅니다!

바울은 말합니다. "육에 속한 사람은 하나님의 성령의 일들을 받지 아니하나니 이는 그것들이 그에게는 어리석게 보임이요"고전 2:14. 이것은 1세기에 나온 말입니다. 사람들은 그때도 하나님을 믿지 않았고, 그리스도를 하나님의 아들로 믿지 않았으며, 한 인격 안에 두 본질이 있다는 것을 믿지 않았습니다. 그것을 지극히 불합리한 일로 생각했습니다. 사람들은 시대와 상관없이 기적적인 일과 초자연적인 일을 거부해 왔습니다.

사도행전 6장에 나오는 사도들은 어떤 논증이나 증명으로도 사람들을 설득할 수 없음을 알고 있었습니다. 이성적인 설득으로 믿음을 일으킬 수 있다면 왜 이성적이고 학식 있는 사람들 전부가 믿지 않겠습니까? 설득으로는 믿음을 일으킬 수 없습니다. 그렇다면 이런 일들을 논리적으로 설명하는 것은 아무 가치도 없을까요?

이것은 중요한 질문입니다. 저는 여러 가지 면에서 현재 우리의 가장 첨예한 문제는, 복음 선포에서 이성이 차지하는 자리와 가치를 결정짓는 것이라고 생각합니다. 우리는 성경에서 그 답을 쉽게 찾을 수 있습니다. 성경의 답은 이성은 기껏해야 일반적인 가치만 지니고 있다는 것입니다. 이성에도 가치는 있습니다. 그러나 그것은 주로 부정적인 가치, 즉 죄를 드러내 준다는 측면의 가치입니다. 바울은 이 점에 대해서도 로마서 1장에서 완벽하게 설명해 주고 있습니다.

이는 하나님을 알 만한 것이 그들 속에 보임이라. 하나님께서 이를 그들에게 보이셨느니라. 창세로부터 그의 보이지 아니하는 것들 곧 그의 영원하신 능력과 신성이 그가 만드신 만물에 분명히 보여 알려졌나니 그러므로 그들이 핑계하지 못할지니라. 하나님을 알되 하나님을 영화롭게도 아니하며 감사하지도 아니하고 오히려 그 생각이 허망하여지며 미련한 마음이 어두워졌나니 스스로 지혜 있다 하나 어리석게 되어 썩어지지 아니하는 하나님의 영광을 썩어질 사람과 새와 짐승과 기어다니는 동물 모양의 우상으로 바꾸었느니라 롬 1:19-23.

바울은 하나님의 증거가 우리 주변의 피조세계에 드러나 있기 때문에 아무도 믿지 않는 핑계를 댈 수 없다고 말합니다. 이성이 우리를 인도해 주는 자리는 여기까지입니다. 이성의 가치는 여기에 국한되며, 그 이상 나아가지 못합니다. 이성은 하나님을 믿지 않는 것이 얼마나 잘못된 일인지 보여줄 수 있습니다. 인간의 지혜와 지각을 의지하는 것이 얼마나 헛된 일인지도 보여줄 수 있습니다. 실제로 현대세계는 지금 이 모든 것을 우리에게 보여주고 있습니다. 우리는 이성을 사용하여 복음을 믿는 편이 오히려 이성적이라는 사실을 입증할 수는 있지만, 상대방이 복음을 믿도록 설득할 수는 없습니다. 이성으로는 사람을 움직이지 못합니다. 한 발자국도 움직이지 못합니다.

왜 이성은 이처럼 아무 영향도 끼치지 못할까요? 그 대답은 주님이 주고 계십니다. "그 정죄는 이것이니 곧 빛이 세상에 왔으되 사람들이 자기 행위가 악하므로 빛보다 어둠을 더 사랑한 것이니라" 요 3:19. 빛이 왔습니다. 사람들이 믿기에 충분하고도 남을 빛이 왔지만 사람들은 그 빛을 받아들이지 않고 거부했습니다. 그 이유가 무엇입니까? 그들의 본성이 부패했기 때문입니다. 그들의 존재 자체가 비틀리고 죄로 눈멀었기 때문입니다.

그러므로 메시지를 수정하고 철학적으로 설명하는 방법으로는 단 하나의 영혼도 구원할 수 없습니다. 또 다른 극단으로 치우쳐서 재즈 밴드를 불러오고 새로운 방송 프로그램에 온갖 광대짓을 끌어들이는 방법으로도 구원할 수 없습니다. 무슨 짓을 해도 인간은 영혼을 구원할 수 없습니다. 영혼을 구원할 수 있는 분은 성령뿐입니다. 구원은 성령이 하시는 일입니다. 성령 외에 죄를 입증할 사람이나 방법은 전혀 없습니다. 저는 여러 면에서 여러분이 잘못했다는 증거를 댈 수 있지만, 죄는 입증해 보일 수가 없습니다. 여러분에게 불행한 느낌이나 행복한 느낌은 줄 수 있을지 몰라도, 죄는 입증할 수가 없습니다. 아담에게서 태어난 모든 사람은 자기 죄에 놀라야 하며 자기 죄의 입증을 받아야 합니다. 누구나 자기 마음의 상태를 깨달아야 하며, 자신이 하나님의 원수되었다는 사실과 가증한 존재라는 사실, 자기 속에 선한 것이 거하지 않는다는 사실을 깨달아야 합니다. 사도 바울처럼 "내 속 곧 내 육신에 선한 것이 거하지" 않는다는 말이 그 입에서 나와야 합니다.롬 7:18.

성령 하나님 외에는 하나님에 관해 여러분의 마음을 밝혀 줄 분이 없습니다. 그런데 왜 다른 일에 시간과 관심을 쏟습니까? 왜 현대적인 수단과 지적인 논증에 신경을 씁니까? 그런 것들은 아무 소용이 없습니다. 하나님을 아는 지식은 인간의 재간을 완전히 뛰어넘는 것입니다. 다시 말하지만 성령 하나님만이 하나님을 보여주시며, 우리에게 하나님이 필요하다는 사실을 보여주십니다. "오직 하나님이 성령으로 이것[하나님이 주시는 것들]을 우리에게 보이셨으니 성령은 모든 것 곧 하나님의 깊은 것까지도 통달하시느니라.……우리가 세상의 영을 받지 아니하고"-하나님이 주시는 것들은 세상이 주는 것들과 완전히 다릅니다-"오직 하나님으로부터 온 영을 받았으니 이는 우리로 하여금 하나님께서 우리에게 은혜로 주신 것들을 알게 하려 하심이라"고전 2:10, 12. 하나님만이 믿음을 주실 수 있습니다. 그렇기 때문에 기도해야 하며, 사도들처럼 "말씀 사역"뿐 아니라 기도에 계속 힘써야 하는 것입니다.

이것은 사도들이 오로지 기도에 힘썼던 세번째 이유로 이어집니다. 사도들은 자신들의 연약함과 무력함을 깨닫고 인간의 원래 상태를 깨달았을 뿐 아니라, 주 예수 그리스도께서 주신 위대한 구원의 본질도 이해하고 있었습니다. 이것이 이 문제의 핵심이자 중심입니다. 구원은 단순한 도움이나 지원이나 위로나 행복이나 기쁨을 주는 것이 아닙니다. 그러면 무엇입니까? 주님이 우리에게 주신 것이 무엇입니까? 우리에게 정말 필요한 것이 무엇입니까? 답은 오직 하나, 중생입니다. 우리에게는 중생이 필요합니다.

중생, 복되신 주님은 니고데모와 그 유명한 대화를 나누시면서 친히 이 진리에 대해 말씀해 주셨습니다. "진실로 진실로 네게 이르노니 사람이 거듭나지 아니하면 하나님의 나라를 볼 수 없느니라.……진실로 진실로 네게 이르노니 사람이 물과 성령으로 나지 아니하면 하나님의 나라에 들어갈 수 없느니라"요 3:3, 5. "거듭나지" 않은 사람은 하나님 나라와 아무 관계도 맺을 수 없습니다. 이것이 기독교 메시지의 핵심이며, 다른 모든 종교 및 사교들과의 차이점입니다. 우리에게 필요한 것은 도움이나 원조가 아닙니다. 거듭남입니다. "성령으로" 나는 것이며 "위로부터" 나는 것입니다.

신약성경은 거듭남의 필요성을 계속 반복하고 있습니다. 사도 바울은 에베소 사람들에게 이렇게 썼습니다.

> 그는 허물과 죄로 죽었던 너희를 살리셨도다.……긍휼이 풍성하신 하나님이 우리를 사랑하신 그 큰 사랑을 인하여 허물로 죽은 우리를 그리스도와 함께 살리셨고 (너희는 은혜로 구원을 받은 것이라) 또 함께 일으키사 그리스도 예수 안에서 함께 하늘에 앉히시니엡 2:1, 4-6.

주님이 니고데모에게 하신 말씀으로 되돌아가 봅시다.

> 육으로 난 것은 육이요 영으로 난 것은 영이니 내가 네게 거듭나야 하겠다 하는 말을 놀랍게 여기지 말라. 바람이 임의로 불매 네가 그 소리는 들어도 어디서 와서 어디로 가는지 알지 못하나니 성령으로 난 사람도 다 그러하니라요 3:6-8.

놀랍게 여기지 마십시오. 이것은 기적이고 신비입니다. 인간은 새 생명을 줄 수 없습니다. 새 생명은 성령 하나님에게서 오는 것입니다.

바울은 "누구든지 그리스도 안에 있으면 새로운 피조물이라"고 말했습니다고후 5:17. 말 그대로 새로운 피조물이 된다는 것입니다. 그리스도인은 단순히 어떤 결단을 내린 사람이 아닙니다. 절대 아닙니다. 하나님이 그에게 무언가를 행하십니다. "어두운 데에 빛이 비치라 말씀하셨던"-태초에 창조하신 일을 가리킵니다-"그 하나님께서 예수 그리스도의 얼굴에 있는 하나님의 영광을 아는 빛을 우리 마음에 비추셨느니라"고후 4:6. 우리를 만드신 하나님은 중생을 통해 우리를 새롭게 하시고, 재창조하십니다. 저 밑바닥서부터 다시 만들어 새 생명과 새 본성과 새 기질을 주십니다. 우리를 조금 개선시키거나 이일 저일 조금씩 해주시는 것이 아니라 오직 하나님만 할 수 있는 일을 해주십니다. 우리 안에 신의 성품을 심으시고, 우리 존재 자체에 하나님의 생명의 원리와 기질을 넣어 주십니다. 인간에게 필요한 것은 바로 이것입니다.

인간에게 필요한 것이 바로 이것이라면-타락 이후 인간에게는 언제나 이것이 필요했습니다-20세기가 왔다고 해서 달라질 것은 하나도 없습니다. 현대적인 방법들이나 새롭게 수정한 복음이 무가치한 이유가 여기 있습니다. 사도들은 이 점을 깨달았기 때문에 "우리는 오로지 기도하는 일과 말씀 사역에 힘쓰리라"고 말했던 것입니다. 설교자에게 최고로 필요한 것은 성령 하나님으로 충만해지는 일입니다. 그런데 그 충만함을 얻으려면 오직 하나님을 기다려야 하고, 기도에 시간을 들여야 하며, 머리와 가슴과 존재 전체를 활짝 열어 놓고서 나를 채우시며 힘 있게 해달라고 간구해야 합니다, 영혼을 구원할 수 있는 유일한 능력, 사람을 다시 태어나게 할 수 있는 유일하고 강력한 능력을 불어넣어 달라고 간구해야 합니다.

복음 메시지는 언제나 이 구절로 되돌아오게 되어 있습니다. "이는 우리 복음이 너희에게 말로만 이른 것이 아니라 또한 능력과 성령과 큰 확신으로 된 것임이라"살전 1:5. 다음의 말씀도 다시 보시기 바랍니다. "내 말과 내 전도함이 설득력 있는 지혜의 말로 하지 아니하고 다만 성령의 나타나심과 능력으로 하여"고전 2:4.

유행을 좇는 청소년들이나 로큰롤 애호가들은 기독교 용어들을 이해하지 못한다는 말을 들었습니다. 그것은 저도 알지만, 그리 큰 문제라고 할 수는 없습니다. 성령께서 친히 이해시켜 주시기 때문입니다. 하나님의 성령은 보지 못하는 눈에 빛을 주실 수 있습니다. 무지한 자들에게 지각을 주실 수 있습니다. 아무것도 갖추지 못한 자들에게 통찰력을 주실 수 있습니다. 이것이 성령의 능력입니다. 성령은 능치 못하실 일이 없습니다.

하나님의 성령이 저처럼 하찮은 설교자 안에 계신 것은, 이 말을 듣는 모든 자들에게 사람이 아닌 하나님의 능력을 보이시기 위해서입니다. "너희 믿음이 사람의 지혜에 있지 아니하고 다만 하나님의 능력에 있게 하려 하였노라"고전 2:5.

20

순종으로 부르심

하나님의 말씀이 점점 왕성하여 예루살렘에 있는 제자의 수가 더 심히 많아지고 허다한 제사장의 무리도 이 도에 복종하니라.

사도행전 6:7

우리는 지금까지 교회 초기의 고비 때 사도들이 내린 중대한 결단, 즉 말씀과 기도에 헌신하는 것을 일차적인 임무로 정한 일에 대해 살펴보았습니다. 그들이 그런 결단을 내린 것은 하나님의 능력이 기도로 주어진다는 것을 알기 때문이었습니다. 똑똑한 연사는 사람들을 설득해서 많은 일을 하게 만들 수 있지만, 영혼을 변화시키거나 인간의 본성 자체를 변화시킬 수는 없습니다. 그런데 우리에게 필요한 일은 바로 그것입니다. 인간은 허물과 죄로 죽어있습니다. 그래서 복음이 우리에게 중생해야 한다고 말하는 것입니다.

이것이 우리가 도달한 요점입니다. 그런데 사도행전 6장은 이 요점뿐 아니라 그리스도인이 되는 방법과 그 의미까지 보여주고 있습니다. 이 주제는 지난번 공부한 내용에 직접 연결되는 것으로서, 제가 오늘 제시하려는 첫번째 명제는 '그리스도인들이란 아주 깊은 변화를 경험하는 사람들'이라는 것입니다. 제가 7절을 본문으로 택한 것은, 이 한 구절만으로도 이 명제를 충분히 입증할 수 있기 때문입니다. 특히 "허다한 제사장의 무리도 이 도에 복종하니라"는 말에 주의하시기 바랍니다. 이 진술은 우리를 당황하게 합니다.

성경에는 제사장들에 대한 언급이 많이 나오는데, 구약과 복음서도 마찬가지입니다. 제사장은 성전예배를 지키며, 사람들에게 제물을 받아 제사를 드리는 역할을 맡은 사람들이었습니다. 이 예배제도는 하나님이 직접 명하신 것이었습니다. 하나님은 이스라엘 자손의 위대한 지도자 모세에게 이 제도를 가르쳐 주셨습니다. 이것은 모세의 발상이 아니었으며, 모세도 이것이 자신의 발상이라고 말한 적이 없었습니다. 하나님이 친히 이 제도를 모세에게 계시하셨고, 그를 산에서 내려 보내시며 "삼가 모든 것을 산에서 네게 보이던 본을 따라 지으라"고 명하셨습니다.히 8:5. 모세는 그 지시에 따랐습니다. 이스라엘 백성들은 성막을 세웠고, 나중에는 큰 성전을 지었습니다.

그러나 주님이 사셨던 당시의 제사장들은 원래의 모범에서 아주 멀리 떠나 있었습니다. 구약성경을 읽어 보면, 제사장들에게 항상 제멋대로 가려는 성향이 나타났다는 것을 알게 됩니다. 인간에게는 항상 이런 성향이 나타납니다. 교회도 마찬가지입니다. 교회는 애초의 교회와 본질적으로 다른 곳이 되려는 시도를 언제나 포기하지 않고 있습니다. 오늘날 교회라고 불리는 조직이 보여주는 어떤 측면들과 사도행전 앞장에 나오는 교회 이야기를 서로 조화시키기란 거의 불가능합니다. 저는 특정 기관을 옹호하고자 이 자리에 선 것이 아닌 만큼, 조직화된 기독교는 종종 신약교회와 배치된다는 사실을 짚고 넘어가야겠습니다.

신약시대 때 유대 제사장들은 아주 세속적이고 돈만 좇는 경우가 많았습니다. 그들은 제사장의 본디 직분을 훼손시켰습니다. 주님을 가장 격렬하고 날카롭게 반대하는 무리 중에 그들이 있었습니다. 그들은 어디선가 갑자기 나타난 이 인물을 싫어했습니다. 이 인물은 그들을 깜짝 놀라게 했습니다. 무슨 훈련을 받은 적이 없었는데도 그 가르침에는 권위가 있었기 때문입니다. 그들은 주님을 미워했고, 바리새인을 비롯한 다른 종교자들과 함께 그를 죽일 음모를 꾸몄습니다. 그런데 오늘 본문은 우리에게 놀라운 소식을 전해 주고 있습니다. "허다한 제사장의 무리도 이 도에 복종하니라." 이보다 더 큰 변화는 없습니다. 이것은 가히 혁명적인 변화였습니다.

제가 지금 설명하려는 원리를 달리 표현하면, 그리스도인이 된다는 것은 결코 피상적인 변화에 그칠 수 없습니다. 그리스도인이 된다는 것은 세상 그 어떤 변화보다 심오하고 근본적인 변화입니다. 신약의 용어를 다시 일깨워 드리겠습니다. 그리스도인이 된다는 것은 "거듭나라", "위로부터 나라", "성령으로 나라"는 부르심을 받는 것입니다. 바울은 말합니다. "그런즉 누구든지 그리스도" – 그분에 관한 진리는 무엇입니까? – "안에 있으면 새로운 피조물이라" – 말 그대로 새로운 피조물입니다―"이전 것은 지나갔으니 보라, 새것이 되었도다"고후 5:17. 저는 이 말씀을 강조하고 싶습니다. 비교를 통해 이 말씀을 입증해 주는 실례들도 무수히 제시할 수 있습니다.

세상 여러 사안들에 대한 견해는 얼마든지 바뀔 수 있습니다. 자유주의자의 가정에서 자란 사람이 보수주의자가 될 수도 있고, 사회주의자였던 사람이 자유주의자가 될 수도 있습니다. 지지 정당이나 기존 견해는 얼마든지 바뀔 수 있습니다. 마찬가지로 사회적 계층도 바뀔 수 있으며, 직업이나 집도 바뀔 수 있습니다. 이러한 것들도 전부 의미 있고 중요한 변화지만, 그리스도인이 되는 변화에는 비할 바가 못됩니다. 이러한 것들은 그저 옷을 바꾸어 입는 정도의 변화인데 반해, 그리스도인이 되는 것은 정신과 사고, 존재 전체가 영향을 받는 변화입니다. 이 일이 제사장들에게 무엇을 의미했을지 생각해 보십시오. 그들은 "그리스도는 모든 믿는 자에게 의를 이루기 위하여 율법의 마침이 되"셨음을 깨달았기에롬 10:4 성전의 모든 의례와 의식을 포기해야 했습니다. 그 의식들은 이제 완성되었습니다. 전부 성취되었습니다. 하나님의 어린양이 오셨고, 따라서 표상은 더 이상 존재할 필요가 없어졌습니다. 이 얼마나 큰 사고의 혁명입니까! 예배의 영역에서도, 행동의 영역에서도, 다른 모든 영역에서도 똑같은 혁명이 일어났습니다. 이미 살펴본 대로 그리스도인이 되는 것은 하나님의 성령이 역사하심으로써 이루어지는 일이기 때문에, 결코 간단하거나 피상적인 변화에 그칠 수가 없습니다.

이 변화가 어디에서 일어나는지에 대한 사도 바울의 진술은 그의 모든 말 중에서도 가장 영광스러운 말일 것입니다. "어두운 데에 빛이 비치라 말씀하셨던 그 하나님께서"―성령이 혼돈과 심연 위에 운행하시는 중에 하나님이 "빛이 있으라"고 말씀하셨던 첫 창조에 대한 언급입니다―"예수 그리스도의 얼굴에 있는 하나님의 영광을 아는 빛을 우리 마음에 비추셨느니라"고후 4:6. 이보다 더 큰 사건, 더 심오한 사건은 없습니다. 전에 없던 것이 새롭게 생겨납니다.

새 창조의 예는 신약성경 여러 군데에서 찾아볼 수 있습니다. 다소의 사울을 보십시오. 얼마나 큰 변화가 일어났습니까! 그의 삶은 완전히 전환되었습니다. 새로운 방향, 새로운 생각, 새로운 가르침, 새로운 섬김이 시작되었습니다. 바울이 누구든지 그리스도 안에 있으면 참으로 새로운 존재, 새로운 피조물이 된다고 말한 것도 놀랄 일이 아닙니다. 그리스도인이 되면 그만큼 달라지는 것입니다.

둘째로, 이러한 존재의 새로움은 어떻게 밖으로 표출될까요? 이것은 우리가 파악하고 이해해야 할 중요한 문제입니다. 오늘 말씀이 그 답을 말해 주고 있습니다. "허다한 제사장의 무리도 이 도에 복종하니라." 여기에서 중요한 단어는 "복종"입니다. 방금 말한 데까지만 말하고 넘어갈 경우 상당한 혼동이 일어날 수 있다는 점에서 이 단어는 아주 중요합니다. 우리는 기독교 외에도 많은 가르침과 매개체들이 사람들에게 영향을 끼칠 수 있으며, 특별한 경험과 변화를 제공할 수 있음을 압니다. 사교邪教가 아무 기능도 하지 못했다면, 오늘날과 같은 성공을 거두지 못했을 것입니다.

수많은 사람들이 크리스쳔 사이언스 덕분에 세상에서 가장 큰 변화를 경험했다고 증언합니다. 전에는 비참했고 걱정도 많았고 늘 패배와 불면증에 시달렸지만 이제는 크리스쳔 사이언스 덕분에 그 모든 문제가 해결되었다는 것입니다. 몸의 병까지 다 나아서 아주 건강하게 지낸다는 것입니다. 다른 가르침이나 사교들도 똑같은 결과를 낳을 수 있습니다. 또 심리치료사들도 상당히 좋은 일을 하고 있고, 오늘날과 같은 전쟁의 시대에는 특히 더 사람들을 가르치고 그들의 말을 경청해 주며 약을 처방해 줌으로써 도움을 줄 수 있습니다. 사람들은 말합니다. "글쎄, 그 치료를 받은 후에 완전히 달라졌다니까. 전처럼 상태도 회복되고, 세상을 보는 시각도 완전히 바뀌었어."

따라서 그리스도인이 되는 일을 단순히 큰 변화, 큰 경험이라고만 말하는 것은 정확한 정의定義가 못됩니다. 몇 년 전에 여러 사람이 자기 인생의 전환점에 대해 쓴 글들을 모아 놓은 책을 읽은 적이 있습니다. 아주 계몽적인 내용의 책이었습니다. 제 생각에는 기고자 가운데 딱 한 명만 그리스도인이라고 밝혔던 것 같습니다. 그러나 다른 이들도 각자 자신이 경험한 극적인 변화에 대해 놀라운 이야기들을 펼쳐 놓았습니다. 한 사람은 스트랜드가를 벗어나 빌러즈가로 내려가는 길에 갑자기 무언가가 섬광처럼 마음에 비쳐 왔고, 그후로는 완전히 다른 삶을 살게 되었다고 쓰기도 했습니다.

제가 만난 한 사람도 자신이 한때 가망 없는 주정뱅이였는데, 술을 잔뜩 마신 다음날 아침 자리에서 일어나 세수를 하고 머리를 빗으려다가 문득 거울에 비친 자기 모습에 충격을 받고 다시는 술을 마시지 않았다는 아주 극적인 이야기를 들려주었습니다. 그리스도인이 되었기 때문에 이런 변화를 겪은 것이 아닙니다. 오히려 그는 기독교를 반대하는 사람으로서 중생과 거듭남을 인정하지 않는 입장에서 저와 논쟁하던 중에 이 말을 꺼냈으며, 제가 전하는 메시지를 믿지 않았음에도 제가 말하는 변화와 비슷한 깊은 변화를 경험했다는 증거로 이 이야기를 해주었습니다.

이처럼 단순히 삶이 변화되었다는 사실 자체는 그리스도인이 되었다는 증거가 되지 못합니다. 이 사실을 아는 것이 중요합니다. 그렇다면 무엇이 증거가 되겠습니까? 그리스도인이 겪는 변화의 경험은 이 도에 순종한 결과 나타나는 것으로서, 반드시 더 깊은 순종으로 이어지게 되어 있습니다. 이것이 잣대입니다. 성경은 신중하게도 제사장들이 전파된 메시지에 복종했다고, 이 도에 복종했다고 말해 줍니다. 이것은 혼동의 여지가 없는 확실한 증거입니다. 사도 바울에 따르면, 마귀는 얼마든지 광명의 천사로 가장할 수 있습니다. 마귀는 성경을 인용할 수도 있고, 우리를 속일 수도 있습니다. 마귀는 거짓 평안과 거짓 위로를 제공하기 위해 수단 방법을 가리지 않습니다. 이제는 만사가 형통하며 더 이상 걱정거리가 없다는 거짓 안도감을 제공하기 위해 수단 방법을 가리지 않습니다. 이것이 마귀가 광명의 천사로 가장해서 하는 일입니다. 마귀는 자주 그런 짓을 해왔고 지금도 그런 짓을 하고 있습니다. 우리는 이 점을 분명히 알아야 합니다. 그런 것들은 잣대가 될 수 없습니다. 그리스도인과 비그리스도인들을 가르는 잣대는 이 도에 복종하느냐 하는 것입니다.

그렇다면 "이 도에 복종하니라"는 것이 무슨 뜻일까요? 첫째로, "복종"[순종]이라는 단어를 잠시 생각해 봅시다. 이것은 성경에 전반적으로 등장하는 단어입니다. 이제부터 보여드리겠지만, 성경은 단순히 '믿는다'는 단어만 사용하는 것이 아니라 '순종한다'는 단어도 함께 사용하고 있습니다. 사도 바울은 로마 사람들에게 편지를 쓰면서 이렇게 말했습니다. "그로 말미암아 우리가 은혜와 사도의 직분을 받아 그의 이름을 위하여 모든 이방인 중에서 믿어 순종하게 하나니"롬 1:5. 같은 서신에서 그는 "하나님께 감사하리로다. 너희가 본래 죄의 종이더니 너희에게 전하여 준 바 교훈의 본을 마음으로 순종하여"라고 말하고 있습니다롬 6:17. 바로 이 순종이 사람을 그리스도인으로 만드는 것입니다.

로마서 10장 서두에 나오는 바울의 말을 읽어 보십시오. "그리스도는 모든 믿는 자에게 의를 이루기 위하여 율법의 마침이 되시니라"롬 10:4. 같은 장 뒷부분에서 바울은 복음 전파에 대해 언급하면서 "그러나 그들이 다 복음을 순종하지 아니하였도다"라고 말합니다롬 10:16. 로마서 마지막 장에서도 우리는 같은 강조점을 발견합니다. "이제는 나타내신 바 되었으며 영원하신 하나님의 명을 따라 선지자들의 글로 말미암아 모든 민족이 믿어 순종하게 하시려고"롬 16:26. 하나님이 우리에게 복음을 주시는 이유가 여기 있습니다. 즉 순종으로 부르시기 위해서인 것입니다.

이것은 특별히 사도 바울 한 사람의 강조점에 불과하다고 생각하는 사람이 있을지도 모르니, 베드로의 말도 들어봅시다. 그는 그리스도인들에게 편지를 쓰면서 "곧 하나님 아버지의 미리 아심을 따라 성령이 거룩하게 하심으로 순종함과 예수 그리스도의 피뿌림을 얻기 위하여 택하심을 받은 자들"이라고 말하고 있습니다벧전 1:2. 이 말은 단순히 복음을 듣는 것만으로는 충분치 않다는 사실을 알려 줍니다. 평생 자신의 전통과 습관과 관습에 따라 주일마다 교회에 와서 복음을 듣는 사람들이 있는데, 그것만으로는 그리스도인이 될 수 없으며 올바로 회복될 수도 없고 구원받을 수도 없습니다.

여러분은 말할 것입니다. "오, 하지만 저는 복음 듣는 것이 좋은데요!"

저도 압니다. 그러나 그 들은 것이 여러분에게 어떤 영향을 끼쳤습니까? 그 들은 것이 어떤 결과를 낳았습니까? 복음은 단순히 듣고 끝낼 대상이 아닙니다. 그저 견해만 밝히면 되는 문제도 아닙니다. 단순한 토론거리나 논쟁거리도 아니며, 쓸 거리나 생각거리도 아닙니다. 오늘날 복음을 그런 식으로 대하는 이들이 많이 있으며, 그들의 생각도 들어 보면 꽤 흥미롭다는 사실을 저도 인정합니다. 개중에는 자신은 그리스도인이 아니라고 아주 솔직하게 밝히는 사람도 있습니다. 그럼에도 현대 기독교와 현대 교회에 대해 자신의 견해를 밝히는데, 그 내용이 아주 계몽적이고 읽을 만한 경우가 가끔 있습니다. 때로는 교회 안에 있는 다수보다 오히려 이런 사람들이 더 명료한 통찰력을 가지고 있다는 생각이 들기도 합니다. 그러나 그들의 문제는 견해만 표명하고 만다는 데 있습니다. 그들은 토론을 벌이고 논문을 쓰고 인터뷰를 합니다. 그러나 그 일이 그들에게 어떤 영향을 끼칩니까? 나중에 보면 이들이 텔레비전에 비치던 모습과는 완전히 딴판인데다가 항상 바른 언어만 쓰는 것도 아니고, 성^{性}이나 기타 쟁점과 관련된 문제에도 비슷한 관심을 표명한다는 사실을 발견하게 됩니다. 이처럼 복음은 단순한 토론거리가 되어서는 안됩니다.

복음은 단순히 지적으로 받아들일 대상도 아닙니다. 이 점을 명확히 살펴봅시다. 복음을 머리로 받아들여야 하는 것은 분명합니다. 실제로도 지성이 가장 먼저 반응합니다. 이제부터 설명하겠지만, 사람들에게 맨 먼저 일어나는 일은 그 정신이 깨는 것입니다. 자기가 무엇을 믿는지 모르는 사람은 확실히 그리스도인이 아닙니다. 그러나 많은 이들처럼 복음을 단지 지적인 동의의 문제로 생각하는 것은 잘못입니다. 저 자신도 한때 그런 오류에 빠져서 신학에 관심을 갖고 종교적 논의나 논쟁에 관심을 가졌던 것을 하나님은 아십니다. 그러나 그런 토론은 제 삶에 아무런 영향도 끼치지 못했습니다. "순종"이라는 말이 중요한 이유가 여기 있습니다.

로마서 6:17을 다시 보겠습니다. "하나님께 감사하리로다. 너희가 본래 죄의 종이더니 너희에게 전하여 준 바"–우리는 무엇에 순종해야 합니까?–"교훈의 본"–가르침–"을 마음으로"–여기에는 의지가 개입됩니다–"순종하여." 복음은 이렇게 역사합니다. 머리가 먼저 반응합니다. 그리고 그 머리가 마음에 영향을 주고, 마음은 의지를 움직입니다. 이처럼 그리스도인은 전 인격적으로 메시지에 반응하는 사람들입니다.

그리스도인은 단지 마음으로만 반응하지 않습니다. 마음이 움직이는 사람들은 그리스도인 말고도 많이 있습니다. 그래서 본인들도 스스로 그리스도인이 되었다고 생각하지만 사실은 그렇지 않습니다. 그들은 감상주의자에 지나지 않습니다. 아마도 그들의 감정을 부추긴 요소가 있었을 것입니다. 어떤 찬송가나 합창, 또는 전도자가 말해 준 감동적인 예화가 영향을 끼쳤을 것입니다. 그들은 자기 눈에서 눈물이 흐르는 것을 보고 깊은 변화를 겪었다고 생각합니다. 그러나 그 변화의 이유는 설명하지 못합니다. 그런 변화는 오직 마음에서만 일어난 것입니다.

마찬가지로 의지만 움직이는 사람들도 있습니다. 그들은 무슨 일이든 할 준비가 되어 있으며, 실제로 그 일을 하기도 합니다. 그러나 왜 그 일을 하는지는 알지 못하며, 감정에도 아무 반향이 일어나지 않습니다. 기독교 신앙은 항상 감동을 불러오게 되어 있습니다. 기독교 신앙은 하나님의 말씀입니다. 하나님의 진리입니다. 우리를 재창조하시는 하나님의 행동입니다. 그것은 전 인격에 관여합니다. 머리에 관여하고, 마음에 관여하고, 의지에 관여합니다. 기독교 신앙이 전 인격을 사로잡고 전 인격에 관여하지 않는 사람은 그리스도인이 아닙니다. 여러분은 "전하여 준 바 교훈의 본을 마음으로 순종"해야 합니다. 거기에 하나라도 못 미치는 것은 기독교 신앙의 본질에 관한 신약성경의 가르침에 맞지 않습니다.

그렇다면 왜 순종의 문제가 그토록 중요할까요? 왜 성경은 그토록 지속적으로 이 말을 사용하는 것입니까? 지금 설명한 것처럼 순종이 포괄적인 성격을 띠는 이유가 무엇입니까? 이것 역시 우리가 꼭 이해하고 넘어가야 할 아주 중요한 문제입니다. 이 문제를 분명히 하지 않는 한, 성경이 "순종"이라는 말을 쓰는 이유 또한 깨닫지 못할 것입니다. 죄의 본질은 하나님께 불순종하는 것입니다. 죄를 나에게 불행을 주는 일로, 나를 낙심시키며 밤을 통과하는 듯 막막한 느낌을 주는 일로, 비유적으로 말하자면 그런 바보짓을 한 자신을 비난하게 만드는 일로 생각하는 이들이 많습니다. 그들은 죄를 일종의 습관으로 생각하며, 자신을 불편하게 만드는 일로 생각합니다. 물론 죄가 그런 결과를 낳는 것은 맞지만, 그렇다고 그것이 곧 죄의 본질은 아닙니다.

거듭 말하건대 죄의 본질은 하나님께 반역하는 것입니다. 하나님의 법을 어기는 것입니다. 그것이 바로 죄를 죄 되게 하는 요소입니다. 다음의 예를 보면 이 점이 지극히 중요한 이유를 알 수 있습니다. 바리새인과 서기관과 제사장들은 주님의 가르침에 분개하여 결국은 그를 십자가에 못박아 죽여 버렸습니다. 그의 설교가 자신들이 죄인임을 깨우쳐 주었기 때문입니다. 그들은 그 깨달음이 싫었습니다. 바리새인은 자기 의가 강한 사람들이었습니다. 그들은 자신들에게 아무 문제도 없다고 생각했습니다. 잘못된 부분이 전혀 없다고 생각했습니다. 왜 그렇게 생각했습니까? 자신들은 한번도 술 취한 적이 없었기 때문입니다. 한번도 간음한 적이 없었기 때문입니다. 한번도 살인한 적이 없었기 때문입니다. 이처럼 자신들은 율법을 어긴 적이 없으니까 죄인이 아니라는 것입니다. 이른바 '죄인들'이나 세리와 같은 취급 당하는 것을 그들은 참을 수가 없었습니다. 그런 모욕을 견딜 수가 없었습니다. 그래서 주님을 못박을 음모를 꾸몄습니다.

그러나 죄는 단순한 병이나 실패를 가리키는 말이 아니며, 단순한 흠이나 결점을 가리키는 말도 아닙니다. 죄는 하나님을 향한 마음의 태도를 가리키는 말입니다. 성경이 순종을 강조하는 이유가 여기 있습니다. "육신의 생각"–자연적인 생각–"은 하나님과 원수가 되나니 이는 하나님의 법에 굴복하지 아니할 뿐 아니라 할 수도 없음이라"롬 8:7. '자연인'은 하나님을 미워하며, 무슨 짓을 해서라도 하나님을 끌어내리려 합니다. 그렇기 때문에 그리스도인이 되려 할 때, 순종이 그 핵심적인 본질이 되는 것입니다.

하나님은 우리를 만드신 분입니다. 우리의 입법자시며 영원한 재판장이십니다. 그는 우리를 다스릴 권리를 가지고 계십니다. 하나님 편에서 독단적으로 다스리시는 것이 아닙니다. 그는 공평하고 의롭고 거룩한 분으로서, 인간 역시 거룩하게 만들려는 목적을 가지고 계십니다. 하나님은 자신의 형상 일부를 인간 안에 심으심으로써 인간에게 큰 존엄성을 부여하셨습니다. 이를테면 인간이 존엄한 존재, 원래 하나님과 교제하기 위해 지음받은 존재임을 보여주고자 하신 것입니다. 그렇기 때문에 인간이 하나님께 반역한 것은 불순종일 뿐 아니라 자신을 격하시키는 짓이었습니다. 그럼에도 하나님은 인간을 향한 목적을 변경하지 않으시고, 인간이 하나님의 형상과 모습대로 창조된 존재로서 그에 합당한 역할을 하며 살 수 있도록 순종을 요구하고 계십니다.

이처럼 그리스도인이 되는 일의 본질은 하나님께 순종하는 것이며, 그 순종에는 복음을 믿는 일이 포함됩니다. 주님은 자신을 좇는 자들에게 친히 이 점을 설명해 주셨습니다.

> 썩을 양식을 위하여 일하지 말고 영생하도록 있는 양식을 위하여 하라. 이 양식은 인자가 너희에게 주리니 인자는 아버지 하나님께서 인치신 자니라. 그들이 묻되 우리가 어떻게 하여야 하나님의 일을 하오리이까. 예수께서 대답하여 이르시되 하나님께서 보내신 이를 믿는 것이 하나님의 일이니라 하시니 요 6:27-29.

이것은 하나님의 명령입니다. 하나님이 우리에게 원하시는 일은 바로 그 아들을 믿는 것입니다.

요한복음 3장 끝부분에는 또 다른 말씀이 나옵니다.

> 그의 증언[예수 그리스도의 증거]을 받는 자는 하나님이 참되시다

는 것을 인쳤느니라.……아버지께서 아들을 사랑하사 만물을 다 그의 손에 주셨으니 아들을 믿는 자에게는 영생이 있고 아들에게 순종하지 아니하는 자는 영생을 보지 못하고 도리어 하나님의 진노가 그 위에 머물러 있느니라 요 3:33, 35-36.

하나님은 외아들을 세상에 보내시고, "이는 내 사랑하는 아들이니 너희는 그의 말을 들으라"고 말씀하셨습니다 막 9:7. 그러므로 그의 말을 들으십시오. 그에게 순종하십시오. 이분이야말로 나의 대변자이십니다.

하나님은 우리에게 복음을 믿을 것을 명하시며, 모두 회개할 것을 명하십니다. 바울은 아덴 사람들에게 "이제는 어디든지 사람에게 다 명하사 회개하라 하셨으니"라고 말했습니다 행 17:30. 그는 영원한 입법자이시므로 우리는 그분의 명령에 순종해야 합니다. 우리가 순종의 필요성을 강조해야 하는 이유가 여기 있습니다. "허다한 제사장의 무리도 이 도에 복종하니라." 제사장들은 이 가르침에, 이 말씀에 복종했습니다.

이제 실제적인 이야기를 해봅시다. 저는 여러분이 스스로 참된 그리스도인임을 확신하게 되기를 원합니다. 그러려면 과거의 경험에 의지하지 마십시오. 자신의 선행에 의지하지 마십시오. 자신이 받은 교육에 의지하지 마십시오. 교인이라는 사실에 의지하지 마십시오. 그리스도인의 잣대는 바로 이것, 순종뿐입니다.

그렇다면 과연 무엇이 순종하는 것입니까? 순종의 첫 단계는 이 메시지에 더 이상 저항하지 않는 것입니다. 사도행전 다음 장에서 우리는 "접대"를 위해 선택받은 일곱 사람 중 하나인 스데반이 산헤드린 앞에서 전한 위대한 설교를 읽게 됩니다. 스데반은 이렇게 말했습니다. "목이 곧고 마음과 귀에 할례를 받지 못한 사람들아, 너희도 너희 조상과 같이 항상 성령을 거스르는도다"행 7:51. 이 말을 이해하기는 어렵지 않습니다. 이미 살펴보았듯이 성경은 우리가 천성적으로 이 메시지에 저항한다고 말합니다. 바울의 말 그대로입니다. "육에 속한 사람은 하나님의 성령의 일들을 받지 아니하나니 이는 그것들이 그에게는 어리석게 보임이요, 또 그는 그것들을 알 수도 없나니 그러한 일은 영적으로 분별되기 때문이라"고전 2:14.

사람은 천성적으로 하나님과 그의 거룩하심에 대한 가르침, 의의 필요성에 대한 가르침을 좋아하지 않습니다. 절대 좋아하지 않습니다! 사람이 죄를 짓는 것은 죄를 사랑하기 때문입니다. 사람은 저마다 자기가 좋아하는 것을 합니다. 자기 욕망과 본능과 충동에 따라 움직입니다. 교육제도가 잘 갖추어진 이 20세기 중반에, 인간이 보기에는 그토록 능력 있고 학식 있고 선량한 사람들이 여전히 과음으로 죽는 것은 바로 이 때문입니다. 사람들이 사는 방식을 한번 보십시오. 지적으로 보입니까? 사람들이 대체 왜 그렇게 산다고 생각합니까? 그렇습니다. 그들은 그렇게 사는 것이 좋아서 그렇게 사는 것입니다.

또한 우리는 모두 천성적으로 하나님을 생각하기 싫어합니다. 우리에게 하나님은 일종의 요괴 내지는 원수 같은 존재입니다. 하나님은 우리가 진짜 하고 싶은 일을 하지 못하게 가로막는 존재입니다. 우리를 대적하는 존재입니다. 우리를 구속하고 내리누르는 존재입니다. 독재자입니다. 사람들은 이런 생각 때문에 항상 하나님께 저항합니다. 물론 무슨 사건이 생기면 잠시 흔들리기도 합니다. 심각한 병에라도 걸리면 양심의 가책을 느끼기 시작합니다. 그래서 "좋아, 병만 나으면 좀더 나은 삶을 살겠어"라고 잠시 다짐합니다. 그러나 병이 나으면 그런 결심 따위는 깨끗이 잊어버립니다.

사랑하는 이와 사별했을 때에도 사람들은 잠시 멈칫합니다. 하나님의 말씀이 들려오고, 양심의 소리가 들려오고, 자기 속에서 선하고 올바른 모든 소리가 들려옵니다. 그러나 그들은 그 소리에 휘말리기가 싫어서, 양심을 통해 말씀하시는 성령께 저항합니다.

교회 예배중에 무언가가 마음에 동요를 일으키거나 호소력을 발휘할 수도 있습니다. 사람들은 좀더 나은 삶, 고귀한 삶의 모습을 어렴풋이 보면서 마음속으로는 자신도 그렇게 살아야 할 것 같다는 생각을 하지만, 얼른 그 충동을 눌러 버립니다. 그들은 말합니다. "오, 이

건 그저 스쳐 지나가는 생각일 뿐이야. 어쩌다가 잘못 떠오른 생각일 뿐이야." 그들은 이번에도 성령께 저항합니다. 사람들은 예배중에 복음의 능력이 느껴지고 무언가 즉각적인 결과가 나타날 때, 일부러 찬송가를 집어서 들추어 보거나 다른 사람에게 눈짓을 하고 미소를 짓든지 아예 소리를 내서 웃어 버립니다. 그들은 이처럼 일부러 그 생각을 털어 내버리며, 무슨 짓을 해서라도 성령의 활동을 저지하려 합니다. 여러분도 그런 적이 있지 않습니까? 순종의 첫 단계는 이런 식으로 하나님께 저항하지 않는 것입니다.

그러나 단지 저항하지 않는 것만으로는 충분치 않습니다. 그것은 소극적인 단계입니다. 그다음 단계는 회개입니다. '회개'repentance의 어원이 되는 라틴어의 의미는 '다시 생각하다'입니다. 이것은 아주 간단하지만 한 걸음 더 나아간 단계입니다. 여러분은 자신만의 계획과 삶의 철학이 있는 만큼 그것에 따라 살겠다고 말합니다. 여러분은 최신서적들을 읽고 현대이론들도 잘 아는 지적인 사람들입니다. 힌두교, 유교를 비롯한 여러 종교들에 대해서도 두루 알고 있고, 기독교에 반대하는 논증들도 다 알고 있습니다. 여러분은 하나님은 없으며 구원도 없다는 결론을 이미 내렸습니다. 그리고 더 이상 생각하지 않습니다.

그러나 순종의 첫번째 적극적인 단계는 그 모든 것을 기꺼이 다시 생각해 보는 것입니다. 여러분의 마음은 열려 있습니까? 그리스도인들은 마음이 닫힌 사람들인 반면 비그리스도인들은 마음이 열린 사람들이라는 말을 흔히들 합니다. 그러나 정말 그렇습니까? 자, 정직하게 대답해 보십시오. 여러분의 마음은 열려 있습니까? 하나님과 영혼이라는 개념 전체와 하나님 아들의 죽음을 통해 구원을 받는다는 영광스러운 교리에 마음을 닫아걸지는 않았습니까? 그것은 편견의 문제일 뿐, 재능과 지각과 지식의 문제가 아닙니다. 재능과 지각과 지식을 두루 갖추었으면서도 복음을 믿는 자들이 있는 것을 보면 알 수 있습니다. 그렇습니다. 오직 편견이 사람의 눈을 멀게 만들고 마음을 닫아걸게 만드는 것입니다.

'나는 정직해져야 한다. 편견 없이 이 메시지를 듣고 검토해 보아야 한다'고 생각할 때 비로소 회개는 시작됩니다. 성경을 읽어 보지도 않고 통째로 무시해 버리는 사람들이 많습니다. 그들은 신약성경조차 모릅니다. 편견 때문에 자신들의 원칙을 좇아 통상적으로 무시해 버릴 뿐입니다. 이처럼 순종의 첫 단계는 기꺼이 다시 생각해 보는 것입니다.

두번째 단계는 확신과 깨우침을 주시는 성령께서 나를 설득하여 내 마음을 바꾸시도록 맡기는 것입니다. 그것이 '회개'라고 번역되는 그리스어 '메타노이아'metanoia의 의미입니다. 여러분은 다시 생각하기만 해서는 안되고, 다시 생각한 후에 자신의 견해를 바꿀 준비까지 해야 합니다. 이것은 여러분이 기꺼이 잘못했다고 고백할 각오를 해야 한다는 뜻입니다. 사실은 그런 말을 하기가 세상에서 가장 어렵지 않습니까? 자기 잘못 인정하기를 원래부터 좋아하는 사람은 아무도 없습니다. 그러나 그것은 꼭 필요한 일입니다. 자기 잘못을 고백할 정도로 마음이 넓어지고 정직해지지 않은 사람은 하나님의 말씀, 이 도에 복종할 수 없습니다.

> 우리의 하찮은 체계에는 기한이 있나이다.
> 기한이 있어 소멸되나이다.
> 그것들은 당신 빛의 부서진 조각일 뿐이나
> 오, 주여, 당신은 그보다 크시나이다.
> —알프레드 로드 테니슨Alfred Lord Tennyson

'블로우그럼 주교의 변명'도 읽어 보십시오.

> 가장 안전한 순간에도 저녁놀의 붓질과
> 꽃망울의 공상, 누군가의 죽음,
> 코러스로 마무리되는 에우리피데스의 극이 있으니,
> 그런 것만으로도 충분하다네. 자연 그 자체처럼

> 오래되었으면서도 또 새로운 수십 가지 희망과 두려움이
> 우리 영혼을 건드리고 두드리며 그 속으로 들어오니 말일세.……
> 그러면 '혹시나' 하는 큰 의구심이 솟아나지!
> -로버트 브라우닝 Robert Browning

제가 묻고 싶은 것은 이것입니다. 여러분은 이 '혹시나' 하는 가능성을 인정할 마음이 있습니까? 자신의 경직된 작은 체계를 깨뜨리고, 그 체계의 불완전성과 실패의 가능성을 인정할 마음이 있습니까? 더 깊은 암시와 감정, '더 광대한 창공, 더 신성한 공기'에 대한 동경과 열망에 귀를 기울일 마음이 있습니까?

그렇습니다. 다시 한번 생각해 보고 마음을 바꾸어 자신의 잘못을 인정하고 고백하십시오. 그러나 그것만으로 그리스도인이 되는 것은 아닙니다. "누구든지 주의 이름을 부르는 자는 구원을 받으리라"-주의 이름을 불러야 합니다!-"그런즉 그들이 믿지 아니하는 이를 어찌 부르리요"롬 10:13-14.

여러분의 삶과 경험을 돌이켜 보면, 자신이 늙고 쇠약해지고 있으며 죽어가고 있음을 알 것입니다. 여러분의 몸은 곧 무덤에 묻히겠지만 영혼은 다른 곳으로 갈 것입니다. 어디로 갈까요? 여러분은 그 답을 모릅니다. 사람은 자신의 과거를 그리 자랑스럽게 내세우지 못합니다. 자신의 모습이 원래 창조된 의도와 다르다는 사실, 자신은 실패했으며 죄에 빠져 있다는 사실을 마음속 깊은 곳에서는 알고 있기 때문입니다. 그렇다고 과거를 바꿀 수도 없고, 이런저런 결심을 해본들 별 소용이 없다는 것 또한 알고 있습니다. 결심은 전에도 자주 했지만 지키지 못했고, 앞으로도 지키지 못할 것입니다. 나이가 들수록 익숙해진 습관은 점점 고치기 어려워지고, 삶 또한 점점 복잡해지기 때문입니다. 이 모든 것을 생각할 때, 사람이 할 수 있는 일은 오직 "주의 이름을 부르는" 것뿐임을 깨닫게 됩니다.

여러분은 주 예수 그리스도에 대해 이미 들었습니다. 하나님은 설교자들을 통해 "하나님이 세상을 이처럼 사랑하사 독생자를 주셨으니

이는 그를 믿는 자마다 멸망하지 않고 영생을 얻게 하려 하심이라"고 말씀해 주셨습니다요 3:16. 바리새인과 세리에 대한 주님의 유명한 비유에서, 기도하러 성전에 올라간 바리새인은 당당히 서서 이렇게 기도했습니다. "하나님이여, 나는 다른 사람들 곧 토색, 불의, 간음을 하는 자들과 같지 아니하고 이 세리와도 같지 아니함을 감사하나이다. 나는 이레에 두 번씩 금식하고 또 소득의 십일조를 드리나이다." 그러나 불쌍한 세리는 문 뒤에 서 있었습니다. 그는 자기의 죄와 실패, 하나님께 합당치 못한 모습이 너무 부끄러워서 감히 고개조차 들지 못했습니다. 그는 "하나님이여, 불쌍히 여기소서. 나는 죄인이로소이다"라고 고백했습니다눅 18:11-13. 바로 이것이 주의 이름을 부르는 것입니다. 주의 이름을 부르는 자는 "당신이 불쌍히 여겨 주시지 않으면 저는 망할 수밖에 없습니다"라고 고백합니다.

그 자리까지 가보셨습니까? 그래야 그리스도인이 될 수 있습니다. 자신의 죄와 무력함과 실패를 깨달아야 하며, 자신이 지옥에 떨어져 마땅한 존재임을 깨달아야 합니다. 그 모든 사실을 기꺼이 인정해야 합니다. 그리고 하나님께 소리쳐 자비를 구해야 합니다. 이것이 회개입니다. 복음에 순종하려면 이런 회개를 해야 합니다.

그러나 회개는 하나님께 부르짖는 데서 그치지 않습니다. 회개하는 사람은 그다음 단계로 나아가, 자신의 부르짖음에 하나님이 응답하심을 믿어야 합니다. 하나님은 여러분의 부르짖음을 들으십니다. 바로 그 확신을 심어 주는 것이 설교자로서 저의 특권입니다. 주님은 친히 말씀하셨습니다. "내게 오는 자는 내가 결코 내쫓지 아니하리라"요 6:37. 그러므로 그분께 나아가십시오. 그의 응답을 믿고 그의 이름을 부르십시오. 그러면 하나님께서 사도행전의 이 제사장들이 복종했던 메시지, 그 복음 말씀으로 응답하실 것입니다. 그 메시지가 무엇입니까? 오, 우리는 모두 죄를 지어 하나님의 영광에 이르지 못함에도 불구하고, 모두 지옥 형벌을 받아 마땅함에도 불구하고, 하나님이 우리를 이토록 사랑하사 독생자를 세상에 보내시고 우리의 허물을 그에게 지우셨다는 것입니다. 이것이 여러분이 믿어야 할 메시지입니다.

여러분이 주님께 자비와 긍휼을 외쳐 구할 때, "나는 너희에게 자비와 긍휼을 베풀었다. 이미 베풀었다. 나는 내 아들에게 너희 죄를 전가시켰다"라고 말씀해 주실 것을 믿으십시오. "너희가 받을 형벌을 내 아들이 다 받았다. 이제 너희는 자유다. 너희는 용서받았다. 나는 내 독생자의 의를 너희에게 입혀 주었다"고 말씀해 주실 것을 믿으십시오. 이것이 회개의 한 요소입니다. 우리는 우리가 아무것도 아님을 알면서도 그분께 나아갑니다. 우리가 탄원할 수 있는 근거는 오직 그리스도께서 우리를 위해 죽으시고 우리에게 나아오라고 하셨다는 그 한 가지뿐입니다.

그러나 이처럼 믿음으로 그리스도께 나아가는 것도 회개의 한 요소에 지나지 않습니다. 여러분은 그 회개가 참되다는 절대적인 증거를 보여야 합니다. 그저 머리로 회개한 것이 아니라, 기계적인 의지의 행동으로 회개한 것이 아니라, 마음으로부터 회개했다는 증거를 보여야 합니다. 그 증거를 보이는 방식은 세상을 떠나는 것입니다. 세상의 우상과 거짓 종교와 사교를 떠나는 것입니다. 죄를 버리고 방향을 바꾸어 홀로 살아계신 참되신 하나님을 의지해야 합니다. 이것이 회개와 순종의 정수입니다.

그보다 한 걸음 더 나아간 단계가 있습니다. 바울은 로마서 10장에서 그 단계를 제시하고 있습니다.

그러면 [이 메시지가] 무엇을 말하느냐. 말씀이 네게 가까워 네 입에 있으며 네 마음에 있다 하였으니 곧 우리가 전파하는 믿음의 말씀이라-무슨 말씀입니까?-네가 만일 네 입으로 예수를 주로 시인하며 또 하나님께서 그를 죽은 자 가운데서 살리신 것을 네 마음에 믿으면 구원을 받으리라. 사람이 마음으로 믿어 의에 이르고 입으로 시인하여 구원에 이르느니라 롬 10:8-10.

이것은 주 예수에 관한 교리와 진리를 어느 정도 이해하고 있지 않으면 그를 시인할 수 없다는 뜻입니다. 이것은 단순히 의지적인 결단을 내리거나 마음으로만 반응한다고 해서 될 일이 아닙니다. 이 멋진 기독교를 사람들에게 보여주고 싶다고 말한다고 해서 될 일도 아닙니다. 그렇습니다. 여러분은 지각을 가지고 "입으로" 시인해야 합니다. 그렇다고 자리에서 일어나 앵무새처럼 "나는 예수가 하나님의 아들임을 믿습니다"라고 말하라는 것이 아닙니다. 절대 아닙니다. 입으로 그를 시인한다는 것은 자기 안에 있는 소망의 이유를 말할 수 있다는 뜻이며, 자신이 왜 그리스도인인지 설명할 수 있다는 뜻입니다. 이미 살펴보았듯이, 이것은 지성과 마음과 의지가 다 관련된 일입니다. 여러분은 새로운 존재가 되며, 그 변화는 인격 전체에 나타나게 되어 있습니다.

마지막으로 여러분은 자신과 똑같은 위치에 있는 모든 사람과 더불어 순종해야 합니다. 사도행전 2장 끝부분에 나오는 초기 그리스도인들의 서정적인 이야기에는 이런 말씀이 나옵니다. "날마다 마음을 같이하여 성전에 모이기를 힘쓰고 집에서 떡을 떼며 기쁨과 순전한 마음으로 음식을 먹고 하나님을 찬미하며 또 온 백성에게 칭송을 받으니 주께서 구원받는 사람을 날마다 더하게 하시니라"행 2:46-47.

초대교회 그리스도인들과 이후 모든 그리스도인들의 특징은, 자신들이 이 도에 복종함과 동시에 세상을 떠나 교회에 속하게 되었음을 깨달은 것입니다. 그들은 자신들처럼 순종한 모든 사람, 같은 주를 믿으며 같은 주를 자랑하고 같은 주를 찬송하고 싶어 하는 모든 사람과 하나가 되었습니다. 그들은 하나님이 교회에 "더하게" 하신 자들이 되었습니다. 여러분에게 교회에 속하기를 간절히 원하는 마음이 없다면, 교회의 가르침과 훈련을 받고 그 가르침을 흡수해서 이 믿음에 서고 뿌리가 박히며 터가 굳어지기를 간절히 원하는 마음이 없다면, 처음부터 전부 다시 검토해 보는 편이 낫습니다. 다른 그리스도인들과 함께하고 싶어 하는 것은 거듭난 모든 그리스도인의 본능입니다. 그들은 각처의 성도들과 함께 주님을 배우며, 남은 평생토록 그를 찬송하고, 그의 은혜를 기리기를 소원합니다.

그렇습니다. 수많은 사람들이, 제사장의 허다한 무리가 이 도에 복종했습니다. 여러분도 기꺼이 이 도에 복종하겠습니까? 여러분은 회개했습니까? 겸손해졌습니까? 자신의 죄를 인정하고 고백했습니까? 주 예수 그리스도를 믿고 있습니까? 이 메시지, 이 도, 이 복음이 여러분의 인격 전체를 사로잡고 있습니까? 이 복음이 여러분의 삶을 지배하고 있습니까? 이에 미치지 못하는 회심은 가치가 없습니다. 그리스도인이 된다는 것은 여러분이 누구를 믿는지 아는 것이며, 무엇을 믿는지 아는 것이고, 하나님의 복되신 성령의 도우심으로 온 힘을 다해 의롭게 사는 것입니다. 그가 채찍에 맞음으로 우리를 낫게 하신 것은 이처럼 순종하면서 의롭게 살게 하기 위해서이며, 하나님께 영광을 돌리며 살게 하기 위해서입니다.

21

복음의 영광

그때에 제자가 더 많아졌는데 헬라파 유대인들이 자기의 과부들이 매일의 구제에 빠지므로 히브리파 사람을 원망하니……하나님의 말씀이 점점 왕성하여 예루살렘에 있는 제자의 수가 더 심히 많아지고 허다한 제사장의 무리도 이 도에 복종하니라.……이른바 자유민들 즉 구레네인, 알렉산드리아인, 길리기아와 아시아에서 온 사람들의 회당에서 어떤 자들이 일어나 스데반과 더불어 논쟁할새.

사도행전 6:1, 7, 9

이제 사도행전 6장을 여섯번째로 검토하게 되었는데, 그동안 저는 계속해서 6장의 중요성을 지적하고자 애를 썼습니다. 6장은 단순히 교회 운영과 교회의 질서라는 관점에서만 보아도 흥미로운 본문입니다. 여기에는 교회생활과 조직에 집사제도가 도입되는 장면이 나오기 때문입니다. 그러나 6장은 또 다른 이유에서 더 중요한데, 우리는 지금까지 그 이유를 집중적으로 살펴보았습니다. 1절부터 6절까지 대략 기술되어 있는 사건들은 실제로 교회역사 전체에 큰 전환점이 되었습니다. 만약 교회가 과부들을 돌보는 문제와 관련하여 부딪친 시험에 넘어져 버렸다면, 기독교 역사 전체가 완전히 달라졌을 것입니다. 아니, 기독교 역사라는 것 자체가 형성될 수 있었을까 의심스럽습니다.

사도들은 그 시험에 맞서서, 교회의 일차적인 임무는 사회 상황을 변화시키거나 친절하고 자비로운 행위를 하는 것이 아니라 복음을 전하는 것이라는 원칙을 일거에 확립시켰습니다. 그렇습니다. 자선사업은 교회가 꼭 해야 할 일이고 늘 해온 일이지만, 그렇다고 일차적인 임무는 아닙니다. 사도들은 "우리가 하나님의 말씀을 제쳐 놓고 접대를 일삼는 것이 마땅하지 아니하니"라고 말했습니다. 그 말이 중대한 원칙을 확립시켰습니다.

이처럼 우리는 복음 메시지의 내용을 살펴보았고, 사도들이 말씀 사역뿐 아니라 오로지 기도에 힘써야 한다고 느낀 이유도 알아보았습니다. 하나님의 능력 없이 할 수 있는 일은 아무것도 없습니다. 마지막으로 우리는 그리스도인이 되는 방법을 살펴보면서, 그리스도인이 되려면 "이 도에 복종"해야 한다는 것을 알게 되었습니다.

이것은 모두 기초적인 교리들입니다. 우리가 이렇게 사도행전 앞 장들을 공부하는 것은 기독교가 진정 무엇인지 알아보겠다는 한 가지 이유 때문임을 다시 한번 기억하시기 바랍니다. 오늘날 세상은 교회가 무엇이며 교회의 메시지가 무엇인지에 대해 상당한 혼동을 겪고 있습니다. 그런데 그에 대한 단 한 가지 믿을 만한 답변, 따라서 유일하게 권위 있는 답변이 여기 제시되어 있습니다. 이 메시지가 요구하는 것은 무심한 일별이나 바로 다음날이면 잊어버릴 감정적인 반응이 아닙니다. 이 메시지가 요구하는 것은 순종입니다. 지성과 마음과 의지를 다하여, 존재 전부로 순종하는 것입니다.

이것이 우리가 도달한 요점입니다. 그리고 이제 저는 교회와 교회의 메시지를 전체적으로 살펴보되, 특별히 복음이 부딪쳤던 반대에 비추어 살펴보고자 합니다. 그에 대한 기술이 6장 후반부, 즉 9절부터 끝까지 나와 있습니다. 9절은 이렇게 말합니다. "이른바 자유민들 즉 구레네인, 알렉산드리아인, 길리기아와 아시아에서 온 사람들의 회당에서 어떤 자들이 일어나 스데반과 더불어 논쟁할새." 스데반은 집사의 일을 하도록 택함받은 사람 중 한 명이었습니다.

제가 이처럼 교회의 메시지에 초점을 두는 이유는 복음의 본질적이고 참된 특징을 밝히기 위해서입니다. 제가 느끼기에 오늘날 우리의 주된 문제는 복음이 "모든 믿는 자에게 구원을 주시는 하나님의 능력"이라는 사실을 모르는 것입니다롬 1:16. 저는 복음을 무언가 인간적인 메시지, 그것도 때로는 아주 형편없는 수준의 메시지로 축소시켜서 그 모든 영광과 위대함과 존귀함을 놓쳐 버린 것이야말로 이 세대-교회 밖에 있는 사람들뿐 아니라 교회 안에 있는 많은 사람들-가 중점적으로 비난받아야 할 잘못이라고 생각합니다.

이처럼 복음의 핵심적인 본질을 놓쳤기 때문에 그토록 '현대인'을 강조하는 경향으로 흐르고 있는 것입니다. 오늘날 들려오는 소리들이 전부 그런 것들 아닙니까? 어떤 이들은 현대인의 지식을 강조합니다. 그들은 말합니다. "과거의 설교, 성경에 기초한 설교, 구식 메시지를 전하는 설교는 무익합니다. 그런 말을 듣기에는 현대인이 너무 성숙해져 버렸어요"라고 말합니다. 여러분도 이런 주장을 익히 들었을 것입니다. 많은 사람들이 이런 주장에서 출발하며, 이런 주장이 그들의 사고를 지배합니다.

반대편 끝에 서 있는 또 다른 사람들은 현대인의 무지를 고려해야 한다고 말합니다. "물론 과학자나 철학자 등 당신이 말한 첫번째 범주에 속한 사람들도 있지요. 그러나 일반 대중은 그런 사람들과 전혀 다릅니다. 완전히 무지해요. 그들은 이런 학문적인 용어의 뜻을 전혀 알지 못합니다. 오늘날 교회는 이러한 보통 사람들의 상황을 이해하지 못했기 때문에 실패한 것입니다." 이것이 현대의 두번째 강조점입니다.

사람들이 좋아하는 것에 관심을 가져야 한다고 말하는 사람들도 있습니다. 그들은 말합니다. "사람들은 더 이상 설교를 듣고 싶어 하지 않습니다. 영화나 노래, 오락이나 드라마를 좋아하지요. 이러한 사람들의 취향을 인정하고, 있는 모습 그대로 받아들여야 합니다."

그 결과, 20세기는 이른바 '새로운 메시지의 필요성'을 온통 강조하기에 이르렀습니다. 이것은 지식인들 사이에 중요한 표어로 자리잡았습니다. 여러분도 지식인으로서 텔레비전을 시청할 테니 - 물론 텔레비전을 시청하기 **때문에** 지식인이라는 말은 아닙니다! - 바로 지난주에도 '세속적인 기독교'에 대한 주장, 초자연성을 제거한 기독교에 대한 주장들을 들었을 것입니다. 저는 여러분 대부분이 그 프로그램을 보았기를 바라는데, 복음의 대안으로 무슨 내용이 제시되는지 듣는 것이 아주 유익하다고 생각하기 때문입니다. 얼마나 형편없는 말들을 하는지 모릅니다! 이러한 개념들을 제안하는 사람들은 새로운 메시지를 원하기 때문에, 초자연적인 요소와 기적적인 요소들을 믿지 않는 '과학적인 현대인'들에게 호소할 새 복음을 만들고자 애를 씁니다.

반대쪽 극단에는 성경번역 사업을 옹호하는 사람들이 있습니다. 그래서 요즘 새번역성경들이 잇달아 등장하는 것입니다. 그들은 말합니다. "이것이야말로 꼭 필요한 사업입니다. 탐이나 딕이나 해리 같은 평범한 사람들은 흠정역을 이해하지 못해요. 그래서 못 믿는 것이지요. 그들에게 새번역성경을 쥐어 주어야 합니다. 신영역성경이나 신약성경의 이런저런 번역판들을 쥐어 주어야 합니다. 자신들이 흔히 쓰는 말, 일상용어, 이렇게 표현해도 될지 모르겠지만 심지어 누추한 말로 된 성경을 쥐어 주면 아마도 이 메시지를 믿을 겁니다."

그러면 다른 사람들이 말합니다. "아니, 우리에게 필요한 건 좀더 많은 오락입니다. 가려운 데를 긁어 주어야 한다고요." 일단 사람들의 수준으로 내려가서 그들이 통상 하는 일들을 함께 하면서 복음으로 살짝 진입하면 된다, 이를테면 그런 식으로 성공을 거둘 수 있다는 것입니다.

이 이야기를 하염없이 함으로써 여러분을 지치게 만들 생각은 없습니다. 다만 제가 보여드리고 싶은 것은 이러한 변화의 옹호자들에게 한 가지 공통점이 나타난다는 점입니다. 그들은 복음의 위대함을 한번도 목도한 적이 없습니다. 제가 세 가지 입장 전부를 반대하는 이유는 그들이 복음을 무언가 왜소한 것, 평범한 것, 쉽고 값싼 것으로 변질시키고 있기 때문입니다. 저는 사도행전 6장 한 장만으로도 이 모든 현대적인 사고방식의 허구성을 능히 폭로할 수 있습니다. 6장은 기독교 메시지의 영광을 우리 앞에 제시해 주고 있기 때문입니다.

복음은 "구원을 주시는 하나님의 능력"입니다^{롬 1:16}. 여러분은 인간이 아니라 하나님에게서 출발해야 합니다. 사람들에게서 출발하면 당연히 앞서 말한 사고방식으로 나아가게 됩니다. 새로운 메시지나 새로운 방법론, 또는 심리적 접근법에 관심을 갖게 되는 것입니다. 그러나 그것은 전부 복음을 우스꽝스럽게 흉내 낸 가짜들로서, 사실 저에게는 복음에 대한 모욕으로까지 느껴집니다. 현대의 그리스도인들이 바로 이 일-영광스러운 복음을 현대인의 수준에 맞추어 값싸게 전락시킨 일-로 영원한 심판대 앞에서 책망당할 것이 저는 두렵습니다.

사도행전 6장 중에서도 특히 후반부에서 우리는 복음이 반대에 부딪치는 모습을 보게 되며, 그 일을 통해 복음의 핵심적인 본질, 즉 그 위엄과 영광을 보게 됩니다. 이 본문은 어떻게 그 위엄과 영광을 보여주고 있을까요? 그 영광은 복음 전파에 사용되었던 방법에도 일부 나타나는데, 저는 그 부분을 여러분에게 보여드리고 싶습니다. 오늘날 사람들은 새로운 방법론에 대해 말들도 많이 하고 관심도 많이 보입니다. "어떻게 하면 복음을 이해시킬까?"를 묻습니다. 이른바 '의사소통의 문제'가 그들의 큰 숙제인 것입니다. 사람들이 그 방법을 찾는 데 얼마나 많은 힘을 쏟는지 보십시오! 오, 우리는 신약성경으로 돌아가야 합니다. 사도행전으로 돌아가야 합니다. 그래야 방법을 찾을 수 있습니다.

6장은 사도들이 사용한 방법에 대해 두 가지 주요한 사실을 말해 주고 있습니다. 첫째는 그들이 말씀, 진리인 말씀을 선포했다는 것입니다. "우리가 하나님의 말씀을 제쳐 놓고 접대를 일삼는 것이 마땅하지 아니하니……우리는 오로지 기도하는 일과 말씀 사역에 힘쓰리라." 또한 스데반과 공회원들을 비롯한 다른 이들의 논쟁을 통해 "스데반이 지혜와 성령으로 말함을 그들이 능히 당하지 못"했다는 사실도 알게 됩니다. 그는 말하고 가르치고 설명했습니다.

초대교회 그리스도인들은 이런저런 장치나 오락에는 관심이 없었습니다. 오직 메시지만 강조했습니다. 이것은 신약성경 전체의 주장이기도 합니다. 우리가 잘 아는 대로, 한번은 주님이 설교하시면서 아버지와 자신의 관계에 대한 비밀을 얼핏 보여주셨습니다. 성경은 "이 말씀을 하시매 많은 사람이 믿더라"고 말합니다.요 8:30. 그리고 연이어 이렇게 기록하고 있습니다. "그러므로 예수께서 자기를 믿은 유대인들에게 이르시되 너희가 내 말에 거하면 참으로 내 제자가 되고 진리를 알지니 진리가 너희를 자유롭게 하리라"요 8:31-32.

무엇이 사람을 자유롭게 합니까? 심리적 경험입니까? 절대 아닙니다. 사람을 자유롭게 하는 것은 이 진리, 이 말씀뿐입니다. "진리가 너희를 자유롭게 하리라." 이 말씀, 사도들이 전한 말씀, 복음 말씀 외에 사람을 진정 자유롭게 할 수 있는 것은 해 아래 아무것도 없습니다. 우리는 사람들이 종살이하고 있다는 것을 압니다. 그러한 사람들에게서 출발하면 안된다는 것도 압니다. 그러나 그들에게 무엇을 주어야 하는지는 생각해야 합니다. 우리가 주어야 할 것은 바로 이 진리입니다. 주님이 드리신 대제사장의 기도를 다시 보시기 바랍니다. 그는 "그들을 진리로 거룩하게 하옵소서. 아버지의 말씀은 진리니이다"라고 기도하셨습니다.요 17:17. 우리를 거룩하게 하며 죄와 그 속박에서 해방시켜 주는 것이 무엇입니까? 주 예수 그리스도를 점점 더 닮아가게 해주는 것이 무엇입니까? 바로 이 진리입니다. 이 메시지입니다.

사도들은 이러한 메시지의 특징을 신뢰했습니다. 그래서 이 메시지 자체를 전하는 방법을 사용했습니다. 다시 말해서, 사람들을 가르치고 교육하며 지식을 나누어 준 것입니다. 현대인들은 설교보다 오락을 더 좋아한다고 합니다. 그러나 저는 현대인이 무엇을 좋아하든 개의치 않습니다. 제가 볼 때 중요한 문제는 그들이 무엇을 좋아하고 무엇을 원하는가가 아니라 그들에게 무엇이 필요한가입니다. 그들에게 필요한 것은 지식과 깨우침입니다. 사람은 천성적으로 무지하며 죄에 빠져 있습니다. 그들은 하나님이 없다고 말합니다. "어리석은 자는 그의 마음에 이르기를 하나님이 없다 하는도다"시 14:1. 그러므로 그들에게 필요한 것은 교훈입니다.

'현대인'들이 원하는 것에서 출발하여 그것을 채워 주고자 애쓰는 것은 무익한 짓입니다. 하나님의 진리를 모욕하는 짓입니다. 우리는 진리를 선포하라는 부르심, 복음의 반포자가 되라는 부르심을 받았습니다. 하나님은 에스겔에게 사명을 주시면서 "듣든지 아니 듣든지" 전하라고 하셨는데겔 2:5, 저는 오늘날 모든 진실한 복음 설교자들에게도 똑같은 사명이 주어졌다고 믿습니다. 사람들의 필요를 판단하는 주체는 그들 자신이 아닙니다. 그들은 자신에게 정말 무엇이 필요한지 모르기 때문입니다. 세상을 보십시오! 그들은 진리, 곧 하나님의 말씀을 배워야 합니다. 사도들이 사용한 방법에 대해 사도행전 6장이 가르쳐 주는 첫번째 요소가 바로 이것입니다.

두번째 요소는 사도들이 이 메시지를 권능 있게 전했다는 것입니다. 이것은 아주 중요한 사실입니다. 권능! "스데반이 은혜와 권능이 충만하여 큰 기사와 표적을 민간에 행하니." 또 성경은 "스데반이 지혜와 성령으로 말함을" 반대자들이 능히 당하지 못했다고 말합니다.

우리는 이 점을 다시 한번 철저히 이해할 필요가 있습니다.

물론 복음은 하나의 가르침이며, 이미 말했듯이 지식을 나누어 주는 것입니다. 그러나 복음에는 본질적인 차이점이 있는데, 바로 그것이 오늘날 세상에 제시되는 다른 모든 가르침과 복음을 갈라놓습니다. 그리고 바로 그 차이점 때문에 설교자는 정치인들이나 판매인들과 구별되는 방법을 써야 합니다. 정치인들이나 영업인들은 사람들을 기쁘게 하려고 애를 씁니다. 상품을 팔든지 표를 얻으려면 사람들의 수준에 맞추어 가려운 데를 긁어 주는 지혜가 꼭 필요합니다. 그것이 판매의 기술입니다.

그러나 복음의 방법은 이러한 판매인들이나 정치인들의 접근법과 아무 상관이 없습니다. 왜 그렇습니까? 정치나 판매의 성공 여부는 인간의 재능과 설득력에 달려 있습니다. 그러나 복음은 그렇지 않습니다. 인간의 설득력으로는 아무것도, 그 어떤 일도 할 수가 없습니다. 아무리 타고난 판매인이라 해도, 이치에 맞게 논쟁하는 기술이 거의 완벽한 경지에 다다른 웅변가라 해도 영혼을 구원할 수는 없습니다. 그것은 불가능한 일입니다. 복음을 전하는 데에는 무언가 더 큰 것, 더 깊은 것이 필요한데, 감사하게도 우리는 그것을 가지고 있습니다. 그렇기 때문에 큰 기업이나 그 밖의 영역에서 사용하는 방법들을 빌려 올 필요가 없는 것입니다. "스데반이 은혜와 권능이 충만하여 큰 기사와 표적을 민간에 행하니."

권능! 권능이 무엇입니까? 자, 조금 전에 우리는 스데반에 대한 이야기를 들었습니다. 과부들의 문제에 직면한 사도들은 교회에 "형제들아, 너희 가운데서 성령과 지혜가 충만하여 칭찬받는 사람 일곱을 택하라"고 말했습니다. 성경은 계속해서 기록하고 있습니다. "온 무리가 이 말을 기뻐하여 믿음과 성령이 충만한 사람 스데반과……택하여." 스데반은 성령이 충만했기 때문에 "기사와 표적"을 행하는 권능도 충만했고 말의 권능도 충만했습니다. 한쪽에는 똑똑한 무리가 포진하고 있었고, 또 한쪽에는 단 한 사람이 그들과 맞서고 있었습니다. 그런데 그 똑똑한 무리가 이 한 사람을 당해 내지 못했습니다. 대체 무엇을 당해 내지 못했을까요? 그렇습니다. 그 권능을 당해 내지 못했습니다! "성령으로 말함을 그들이 능히 당하지 못하여."

이것을 우리의 출발점으로 삼아야 하는 만큼, 다른 식으로도 한번 설명해 보겠습니다. 복음의 방법은 성령의 초자연적인 권능에 의지하는 방법입니다. 그보다 못한 방법은 통하지 않습니다. 그보다 못한 방법은 아무 가치도 없기 때문입니다. 수년 후에 베드로는 그 점을 이렇게 설명했습니다. "이 섬긴 바가 자기를 위한 것이 아니요 너희를 위한 것임이 계시로 알게 되었으니 이것은 하늘로부터 보내신 성령을 힘입어 복음을 전하는 자들로 이제 너희에게 알린 것이요"벧전 1:12. 바로 이것입니다. "하늘로부터 보내신 성령"을 힘입어야 하는 것입니다.

히브리서도 정확히 같은 메시지를 전하고 있습니다.

우리가 이같이 큰 구원을 등한히 여기면 어찌 그 보응을 피하리요. 이 구원은 처음에 주로 말씀하신 바요 들은 자들이 우리에게 확증한 바니 하나님도 표적들과 기사들과 여러 가지 능력과 및 자기의 뜻을 따라 성령이 나누어 주신 것으로써 그들과 함께 증언하셨느니라히 2:3-4.

이것이 복음의 방법입니다. 복음은 "사람들이 뭘 좋아할까? 뭘 원할까?"라는 질문을 던진 후에 "바로 그것을 제공하자!"라고 말함으로써 그 영광을 축소시키지 않습니다. 절대 그렇게 하지 않습니다! 복음의 방법은 진리에 있습니다! 성령에 있습니다! 다시 한번 분명히 말하지만, 이것은 초자연적인 복음이며 초자연적인 메시지입니다. 기적적인 메시지입니다. 이것이 복음에 대해 알아야 할 온전한 요점입니다. 복음이 복음인 이유가 여기 있습니다. 복음이 지금까지 해온 일들을 할 수 있었던 이유가 여기 있습니다. 복음이 이제부터 제가 말씀드릴 일들을 할 수 있는 이유가 여기 있습니다. 우리는 지금 바울이 "하나님의 능력"이라고 묘사한 메시지에 대해 살펴보는 중입니다. 그는 로마 제국 전체의 통치 중심지인 로마에 편지를 썼습니다. 그러면서도 "내가 복음을 부끄러워하지 아니하노니"라고 말했습니다. 그 이유가 무엇입니까? "복음은 모든 믿는 자에게 구원을 주시는 하나님의 능력이 됨이라. 먼저는 유대인에게요 그리고 헬라인에게로다"롬 1:16.

이것은 인간의 가르침도 아니요, 단순한 철학도 아닙니다. 이것은 하나님의 진리이며, 하나님이 성령을 보내어 역사하게 하시는 메시지입니다. 오직 성령만이 사람에게 빛을 비추어 주실 수 있습니다. 오직 성령만이 사람을 변화시키실 수 있습니다. 이 복음은 기적이고 초자연적인 것입니다. 만약 자신은 현대인이라서 초자연적인 것을 믿지 못하겠다고 말한다면, 그의 수준이 그 정도밖에 안되는 것입니다! 현대인과 현대세계가 이 모양이 되어버린 이유가 거기 있습니다. 사람들이 자신의 위험한 처지를 깨닫지 못하는 한, 극도로 무력한 상태에서 주님께 부르짖음으로써 6장에 나오는 복되신 성령의 능력을 경험하지 않는 한, 이 세상에 희망은 없습니다.

사도들은 이러한 방법을 사용했습니다. 여러분은 이 방법이 오늘날 인기를 끌고 있는 방법들과 얼마나 다른지 알 것입니다. 오, 복음을 값싸게 만드는 어리석음이여! 오, 메시지를 축소시키고 살아계신 하나님의 성령이 주시는 능력 대신 인간의 방법과 수단을 의지하는 어리석음이여!

신자들 안에서 역사하는 복음의 위대함과 영광도 살펴보겠습니다. 이것은 경이로운 일입니다. 우리는 그리스도인에 대해 너무 값싼 생각을 가지고 있습니다. 6장 한 장만 읽어 보아도 그리스도인이 사실상 어떤 사람들인지 알 수 있습니다. 우리는 여기에서 그리스도인들이 이 초자연적이고 기적적인 능력과 관련된 사람들임을 발견합니다. 능력이 그들을 충만하게 채웠고 완전히 변화시켰습니다. 우리는 지금 피상적인 결단을 내리거나 여기저기 약간씩 고쳐 나가는 일, 무엇은 끊고 무엇은 새로 시작하는 일에 대해 말하는 것이 아닙니다. 절대 아닙니다! 물론 그런 일도 일어납니다만, 그것은 표면적인 현상에 불과합니다.

그렇다면 기독교란 무엇입니까? 주님께서 니고데모에게 가르쳐 주신 대로, 기독교는 거듭나는 것입니다. 새로워지는 것입니다. 새로이 창조되는 것입니다. 하나님이 첫 창조 때 하신 일이 다시 일어나, 무로부터 새로운 유가 생겨나는 것입니다. 그것이 기독교입니다. 그보다 못한 것은 기독교가 아닙니다. 이 외에 기독교를 정의할 말은 없습니다. 우리는 기독교 신앙을 축소시켜서는 안됩니다. 여러분이 그리스도인이 되겠다고 결심하는 것이 아니라, 성령이 여러분을 그리스도인으로 만드시는 것입니다. 바로 이 성령 하나님이 친히 여러분을 그리스도인으로 만드시는 것입니다.

자, 이 한 장에서 사용되고 있는 여러 용어들에 여러분의 주의를 환기시킴으로써 이 점을 쉽게 설명해 보겠습니다. 먼저 3절의 형제들이라는 말을 보십시오. 사도들은 "형제들아, 너희 가운데서 성령과 지혜가 충만하여 칭찬받는 사람 일곱을 택하라"고 말합니다. 사도들은 이들을 "형제들아"라고 부르고 있는데, 이것은 아주 놀라운 단어입니다. 이 "형제들"이 누구였습니까? 자, 그들은 각기 다른 나라에서 온 사람들이었습니다. 그 즈음 예루살렘에는 세계 각처 사람들이 다 와 있었습니다. 2장 9절부터 10절에는 그들에 대한 설명이 나와 있습니다. 그들 중에는 각기 다른 나라 출신들, 그리스어를 쓰는 사람, 히브리어를 쓰는 사람, 유대인, 로마인들이 두루 섞여 있었습니다.

초대교회의 경이로운 점은 교회가 그들 사이에 서 있던 각 나라의 장벽을 무너뜨렸다는 것입니다. 복음은 "중간에 막힌 담"을 무너뜨리며엡 2:14, 유대인과 이방인, 그리스인과 이민족, 로마인과 스키타이인을 한 "형제"로 만듭니다. 얼마나 놀라운 일입니까! 이것이야말로 현대세계의 주된 문제 아닙니까? 우리는 우리의 위대한 진보를 자랑하지만, 나라들은 지난 2천 년 동안 그러했듯이 지금도 여전히 싸우고 있습니다. 우리가 무엇을 이루었습니까? 무엇을 배웠습니까? 우리는 함께 사는 법도, 서로 존중하는 법도 배우지 못한 것 같지 않습니까? 반면에 여기에는, 서로 다른 국적을 지닌 사람들을 한데 모아 한 "형제"로, 한 가족으로 만들 수 있는 무언가가 분명히 있습니다.

초대교회 사람들은 국적만 달랐던 것이 아니라 직업도 달랐습니다. 신자가 된 사람들 중에는 제사장들도 많았지만, 어부들도 있었습니다. 다양한 배경을 가진 사람들이 "형제"가 되고 함께 신자가 되어 모든 것을 나누었습니다. 신약성경만 보아도 알 수 있듯이, 또 한 가지 놀라운 점은 이 초기 신자들의 재능이 제각기 달랐다는 것입니다. 사도 바울처럼 뛰어난 천재도 있었지만 베드로 같은 사람도 있었습니다. 베드로는 강한 성정을 지닌 지도자였지만, 순전히 지적인 부분에서는 높은 점수를 얻지 못할 것입니다. 그는 평범한 어부였습니다. 그럼에도 베드로와 바울은 "형제"였습니다. 베드로는 "우리가 사랑하는 형제 바울"이라고 불렀고^{벧후 3:15}, 바울도 틀림없이 베드로를 그렇게 불렀을 것입니다.

이처럼 "형제"라는 말은 복음을 전달하는 방법에 대한 현대인들의 오해에 상당 부분 해답이 되어 줍니다. 예수 그리스도의 복음은 여러분의 전력前歷이나 국적이나 인종이나 문화나 지적인 능력에 개의치 않습니다. 예수 그리스도의 복음은 "어떤 시험에 합격했는가? 성적은 어느 정도인가? 좋은 학위를 땄는가?"를 묻지 않습니다. 그런 것은 전혀 문제가 되지 않습니다. 그런 것은 아무 상관도 없습니다. 복음은 "수학의 난해한 부문이나 천문학에 관한 최신서적을 읽었는가?"를 묻지 않습니다. "너의 정치적 입장은 무엇인가?"도 묻지 않습니다. 그런 문제들은 하등 중요치 않습니다. 지금 우리가 다루는 것은 하나님의 능력이기 때문입니다.

20세기에 기독교를 아주 강력하게 공격하고 있는 분야는 심리학입니다. 심리학에서는 말합니다. "오, 그렇습니다. 어떤 사람들은 종교적입니다. 원래 그렇게 태어났기 때문에 어쩔 수 없이 종교적이 된 것이지요. 그런 사람은 종교를 갖는 편이 좋습니다. 우리는 그런 사람들과 싸울 생각이 없습니다. 하지만 모든 사람이 종교를 믿어야 한다고 주장하면 안되지요." 종교는 기질과 천성, 정서적인 필요로 치부됩니다. 그러나 "형제"라는 단어는 그런 태도에 해답을 제시합니다.

여러분이 모든 미덕의 귀감이 되는 사람이든 런던 빈민굴 출신이든 저는 개의치 않습니다. 저는 이 복음이 여러분과 다른 모든 그리스도인들을 하나로 만든다고 말할 수 있다는 데 자부심을 느낍니다. 여러분은 실패했다는 점에서도 하나이고, 하나님을 모른다는 점에서도 하나이고, 무력하다는 점에서도 하나입니다. 이 복음은 모든 유형, 모든 조건의 사람들을 "형제"로 만듭니다. 성령은 온갖 종류의 사람들을 모아 하나로 만드십니다. "형제들아!" 이 얼마나 놀라운 복음입니까!

두번째로 나오는 단어를 보십시오. 이 단어는 1절을 포함하여 6장 여러 군데에 나오고 있습니다. "그때에 제자가 더 많아졌는데……." 2절도 보십시오. "열두 사도가 모든 제자를 불러 이르되……." **제자**! 이 말은 '배우는 자', '학자'라는 뜻으로, '학생'이라고 번역해도 무방합니다.

제자 역시 놀라운 개념으로서 현대적 접근법의 허구성을 폭로할 뿐 아니라, 사실은 아주 우스꽝스럽게 만들어 버립니다. 현대적 접근법에서는 이렇게 말합니다. "복음에 대해서는 아는 바가 전혀 없고 흠정역에 나오는 단어조차 이해하지 못하는 평범한 사람들이 있습니다. 그런 사람들은 당신이 그들의 수준으로 내려가 그들의 언어로 말해 주지 않으면 따라오려 하지 않을 것입니다." 그러나 그러한 주장 때문에 메시지를 축소시키거나 여러 가지 다양한 방법을 동원하는 것은 이 완전한 가르침을 부인하는 짓입니다. 이 "제자"들을 보십시오!

초대교회에는 아주 기초적인 교육만 받은 사람들이 많았습니다. 그러나 그들은 구속의 기적 덕분에, 성령의 능력 덕분에 제자, 곧 '배우는 자'가 되었습니다. 성령은 누구라도 새사람으로 만드실 수 있습니다. 아무리 무지한 사람도 위대한 철학자만큼이나 쉽게, 아니 그들보다 더 쉽게 중생하게 하실 수 있습니다. 진리를 더 알고자 하는 갈망과 욕구를 만들어 내시는 분은 성령이십니다. 사람은 그리스도인이 되는 순간, 중생하는 순간, 배우는 자가 되기를 소원합니다.

베드로는 나중에 쓴 서신에서 그것을 이렇게 표현하고 있습니다. "갓난아기들같이 순전하고 신령한 젖을 사모하라. 이는 그로 말미암아 너희로 구원에 이르도록 자라게 하려 함이라"벧전 2:2. 아마도 그는 이 말을 쓰면서, 교회 초창기에 있었던 일을 떠올렸을 것입니다. 사도행전 2장 끝부분에는 베드로의 오순절 설교를 듣고 믿음을 가진 이들의 이야기가 나옵니다. "그 말을 받은 사람들은 세례를 받으매 이날에 신도의 수가 삼천이나 더하더라"-다음에 나오는 말에 주목하십시오-"그들이"-이 삼천 명이 무엇을 했습니까?-"사도의 가르침"-교리-"을 받아 서로 교제하고 떡을 떼며 오로지 기도하기를 힘쓰니라"행 2:41-42. 가르침, 교리가 첫자리에 와야 합니다. 이들이 무지와 어둠, 추악한 삶에서 돌이키자마자 하고 싶어 한 일이 무엇입니까? 좀더 배우기를 소원하고 갈망한 것입니다.

이런 이야기를 들어 본 적이 있습니까? 글이라고는 읽어 본 적도 없고 생각이라는 것도 해본 적이 없으며 도박과 성과 술주정에만 빠져 지내던 사람들이 갑자기 배움을 갈망하게 된 것입니다. 그들은 "이것을 좀더 배우자"고 말했습니다. 성경은 그들이 "날마다 마음을 같이하여 성전에 모"여서 오로지 이 일에 힘썼다고 기록하고 있습니다행 2:42, 46.

이 도를 좀더 많이 배우고자 하는 갈망은 구속이 일으키는 기적의 하나이자 진정한 그리스도인이 되었다는 증거입니다. 많은 이들이 결단은 하지만, 배우기는 원치 않습니다. 그들은 가르침을 좋아하지 않으며, 오히려 듣기 싫다고 불평합니다. 설교가 너무 길다고, 무언가 재미있고 간단한 이야기, 밝고 유쾌하고 짧은 이야기를 들었으면 좋겠다고 말합니다. 아, 그들이 정말 그리스도인이라면, 거듭난 사람이라면, 제자라면, 반드시 더 배우고 싶어 할 것이며, 더 자라고 싶어 할 것이고, 더 알고 싶어 할 것입니다. 그것은 필연적인 결과입니다. 타고난 모습이 어떻든지 거듭난 사람들 속에는 새로운 원리가 들어가기 때문입니다.

일단 새롭게 태어나고 나면 배우고 싶다는 갈망만 생기는 것이 아니라 배울 수 있는 능력도 생겨납니다. 이것은 놀라운 사실이며, 제가 자랑하는 사실입니다. 현대인의 견해에 따르면, 전문적인 철학자나 과학자나 교수라야 복음의 위대한 가르침을 이해할 수 있을 것 같습니다. 어떤 신학자들의 책은 이해하기가 상당히 어려운 것도 사실입니다. 텔레비전이나 다른 곳에 나와 하는 말들도 알아듣기가 아주 어렵습니다. 그러나 그렇게 알아듣기 어렵다는 것은, 그것이 복음의 가르침이 아니라는 증거에 불과합니다. "많은 사람들이 즐겁게 듣더라" 막 12:37. 많은 사람들은 하나님의 아들이 하시는 말씀을 알아들었고 따를 수 있었습니다.

그러므로 천성적으로 여러분이 어떤 사람인가는 중요치 않습니다. 지적인 능력이 취약한가, 배움이 적은가도 중요치 않습니다. 일단 새 생명만 얻고 나면 가르침을 받고 싶은 마음이 생길 뿐 아니라, 그것을 이해할 능력도 생깁니다. 특정 부류의 사람들은 제 설교를 이해하지 못할 것이라고 말하는 이들이 가끔 있는데-제가 이 말을 하는 것은 하나님께 영광을 돌리기 위해서입니다-저는 그런 생각이 틀렸다는 것을 입증해 주는 유일한 증거를 이 예배장소에서 찾을 수 있다고 생각합니다.

복음에 대해 아무것도 모르는 상태에서 이곳에 왔다가, 한 시간 동안 설교를 듣고 무언가 깨닫는 사람들이 있습니다. 그중에 한 분이 나중에 이렇게 말했습니다. "처음에는 많은 걸 깨닫지 못했지만, 그래도 무언가 느껴지는 게 있었어요. 무언가 알아 가고 있다, 더 알고 싶다는 생각이 들었지요. 이게 사실이구나 하는 생각이 들었고, 제 속에 그것을 알고 싶은 갈망이 생겼습니다." 지각이 점점 생겨난 것입니다. 왜 이런 일이 일어납니까? 사도 요한이 그 답을 주고 있습니다. 요한은 거짓 교사들에 대해 언급하면서 다음과 같이 말합니다.

아이들아, 지금은 마지막 때라. 적그리스도가 오리라는 말을 너희가 들은 것과 같이 지금도 많은 적그리스도가 일어났으니 그러므로 우리가 마지막 때인 줄 아노라. 그들이 우리에게서 나갔으나 우리에게 속하지 아니하였나니 만일 우리에게 속하였더라면 우리와 함께 거하였으려니와 그들이 나간 것은 다 우리에게 속하지 아니함을 나타내려 함이니라. 너희는 거룩하신 자에게서 기름부음을 받고 모든 것을 아느니라. 내가 너희에게 쓰는 것은 너희가 진리를 알지 못하기 때문이 아니라 알기 때문이요 또 모든 거짓은 진리에서 나지 않기 때문이라 요일 2:18-21.

더 나아가 요한은 말합니다.

> 너희는 주께 받은 바 기름부음이 너희 안에 거하나니 아무도 너희를 가르칠 필요가 없고 오직 그의 기름부음이 모든 것을 너희에게 가르치며 또 참되고 거짓이 없으니 너희를 가르치신 그대로 주 안에 거하라 요일 2:27.

"제자!" 제자들은 말씀을 갈망하는 마음만 받을 뿐 아니라 말씀을 받아들일 능력도 받습니다. 더 나아가 분별의 능력도 받아서, 하찮고 무지하지만 거듭난 사람들이 오히려 복음을 오해하는 똑똑한 사람들에게 "당신들은 틀렸다"고 지적하는 일이 생깁니다. 무식한 그리스도인들이 성령의 조명을 받음으로써, 오히려 자신들의 선생보다 더 현명해졌음을 증명한 사례는 역사상 무수히 많습니다.

사도행전 6장에 나오는 사람들이 보여주는 또 한 가지 사실은, 그들이 인격자가 되었다는 것입니다. "형제들아, 너희 가운데서 성령과 지혜가 충만하여 **칭찬받는 사람** 일곱을 택하라." 오, 복음은 이처럼 놀라운 것입니다! 사람들을 변화시키며, 편견을 없애고, 원수를 "형제"로 만듭니다. 진리를 갈망하게 하며, 제자가 되게 합니다. 또한 그들을 개혁하여 "칭찬받는 사람"으로 만듭니다. 이들 중 몇몇 사람의 과거를 떠올려 보면, 이 말의 뜻이 정확하게 이해될 것입니다.

사도 바울이 고린도교회에 써 보낸 위대한 진술을 한 구절만 인용함으로써 이 점을 설명해 보겠습니다.

> 불의한 자가 하나님의 나라를 유업으로 받지 못할 줄을 알지 못하느냐. 미혹을 받지 말라. 음행하는 자나 우상숭배 하는 자나 간음하는 자나 탐색하는 자나 남색하는 자나 도적이나 탐욕을 부리는 자나 술 취하는 자나 모욕하는 자나 속여 빼앗는 자들은 하나님의 나라를 유업으로 받지 못하리라. 너희 중에 이와 같은 자들이 있더니 주 예수 그리스도의 이름과 우리 하나님의 성령 안에서 씻음

과 거룩함과 의롭다 하심을 받았느니라^{고전 6:9-11}.

여기 도덕적으로 나약한 자를 취하여 강하고 능하게 만드는 능력이 있습니다. 그 능력은 그 약한 자를 씻겨서 깨끗하게 하고 새롭게 하며 도덕적인 활력과 강인함을 불어넣음으로써 인격자로 빚어냅니다.

더 나아가 우리는 사람이 성령으로 충만해져서 그 은사를 받을 수 있다는 사실도 알게 됩니다. 이 구절은 그리스도인들이 **"성령과 지혜가 충만하여 칭찬받는 사람 일곱"**을 택했다고 알려 줍니다. 지혜는 성령의 은사입니다. 그리스도인은 전에 없던 재능을 주는 능력의 세례를 받습니다. 스데반은 하나님을 신뢰하는 믿음이 충만한 사람으로서, 하나님의 말씀을 의지하여 하나님께 자신을 맡길 수가 있었습니다. 믿음과 지혜, 지각, 지식, 기적, 치유, 방언은 모두 성령이 주시는 은사입니다.

6장 끝부분에 나오는 놀라운 진술에 주목하십시오. "공회 중에 앉은 사람들이 다 스데반을 주목하여 보니 그 얼굴이 천사의 얼굴과 같더라." 스데반은 산헤드린 앞에서 재판을 받았는데, 원수들의 눈에도 그 얼굴에서 광채가 나는 것이 보였습니다. 그 얼굴에 영광이 있는 것이 보였습니다. 스데반 자신이 빛을 낸 것일까요? 아니, 아닙니다. 하나님의 빛이 스데반의 얼굴을 통해 나타난 것입니다. 스데반은 하나님의 성령으로 충만했습니다. 복음이 하는 일이 바로 그것입니다. 현대적인 방법들을 놓고 고민할 필요도 없고, 사람들의 이해 수준에 맞추느라 복음을 축소시킬 필요도 없습니다. 복음은 하나님의 진리로서, 그 자체에 성령의 능력이 들어 있습니다.

이제 제가 강조하고 싶은 마지막 요점에 이르렀습니다. 6장에서 우리가 보는 것은 **정복당하지 않는** 복음의 영광입니다. 놀라운 복음이여! 현대 사이비 지성인들의 입맛에 맞추기 위해 복음을 축소시키고자 안달하며 아무나 쉽게 받아들일 수 있는 싸구려 메시지로 만들 방법이나 찾는 왜소한 현대인들은 얼마나 딱한 사람들인지 모릅니다. 오, 그들은 부끄러운 줄 알아야 합니다! 부끄러운 줄 알아야 합니다!

그들은 어쩌다가 이 영광을 놓쳐 버렸을까요? 어쩌다가 이 영광을 한 번도 목격하지 못했을까요? 이 놀라운 복음-말씀과 성령-은 그 어떤 것에도 정복당하지 않습니다.

사도행전 6장을 보십시오. 복음은 처음부터 반대와 난관에 부딪쳤습니다. 그 모든 이야기가 여기 기록되어 있습니다. 정직하게 사실을 직시합시다. 처음부터 교회 내부에서 문제가 발생했는데도 교회가 지금까지 존속되어 왔다는 것은 참으로 놀라운 일입니다. "그때에 제자가 더 많아졌는데 헬라파 유대인들이 자기의 과부들이 매일의 구제에 빠지므로 히브리파 사람을 원망하니." 만약 교회가 인간이 만든 기관이었다면, 수백 년 전에 이미 사라져 버렸을 것입니다. 만약 사람의 손에 무너질 수 있는 것이었다면, 진작에 확실히 무너져 버렸을 것입니다.

제 말을 오해하지 마십시오. 복음이 사람을 새롭게 창조한다고 해서 그 사람이 즉시 완벽해진다는 말은 아닙니다. 결코 아닙니다! 오늘날 우리 중 많은 사람이 그렇듯이, 초대교회 그리스도인들도 아주 미숙했습니다. 그래서 바울이 "우리는 우리를 전파하는 것이 아니라 오직 그리스도 예수의 주되신 것……을 전파함이라"고 말한 것이며 고후 4:5, 계속해서 성령의 능력을 의지한 것입니다 고후 4:7. 난관은 교회 내부에도 있었습니다!

물론 난관은 외부에도 있었습니다. "이른바 자유민들 즉 구레네인, 알렉산드리아인, 길리기아와 아시아에서 온 사람들의 회당에서 어떤 자들이 일어나 스데반과 더불어 논쟁할새." 그들은 이 도를 끝장내려 했습니다. 교회는 처음부터 생존을 위해 싸워야 했습니다. 우리는 사도들이 어떻게 체포되어 옥에 갇혔는지, 어떻게 위협받고 복음 전파를 중단하라는 명령을 받았는지 이미 살펴보았습니다. 교회는 탄생하는 그 순간부터, 수단 방법을 가리지 않고 기독교를 없애려 드는 세상과 맞닥뜨려야 했습니다.

그 이후에는 어떻게 되었을까요? 그 이후의 이야기는 이렇습니다. 교회가 패배한 듯 보이는 시기와 시대가 있었습니다. 세상과 육신과 마귀가 승리하고 교회는, 오, 힘없고 나약한 소수만 남은 듯 보이는 시기가 있었습니다. 그래서 세상이 기독교를 정복했다고 생각했던 때가 아주 많이 있었습니다. 그러나 그 모든 상황에도 불구하고 교회는 사라지지 않았습니다. 교회는 지금까지도 사라지지 않았으며, 앞으로도 사라지지 않을 것입니다. 여기 사도행전 6장의 상황도 아주 절박했습니다. 스데반은 결국 죽임을 당했습니다. 그러나 그것이 끝은 아니었습니다. 그의 죽음 이후에도 교회는 존속되었고, 하나님의 계획이 궁극적으로 완성되고 승리를 거둘 때까지 앞으로도 존속될 것입니다.

복음이 반드시 존속되며 승리하는 이유는 무엇일까요? 현재로서는 승리의 가능성이 희박해 보이지 않습니까? 영국에서 그리스도인으로 자처하는 사람은 10퍼센트에 불과합니다. 성공은 오히려 저쪽에서 거둔 것처럼 보입니다. 사람들은 교회를 비웃고 있습니다. 20세기 사람들이 복음을 믿을 것을 기대하다니 우습다고 말하고 있습니다. 그러나 저는 말합니다. 이것은 과도기로서, 복음은 앞으로도 존속되고 마침내 승리하여 하나님의 위대한 계획을 완성시킬 것입니다.

이러한 낙관주의의 근거는 어디에 있을까요? 그 답이 이 6장에 나와 있습니다. 그것을 살펴보면서 오늘 설교를 마치도록 하겠습니다. 교회가 이기는 이유는 하나님의 진리와 말씀을 가지고 있기 때문입니다. 진리는 반드시 승리하게 되어 있습니다. 악이 승리하면 하나님이 패하시는 것인데, 그런 일은 일어날 수 없습니다. 하나님은 반드시 이기십니다. 하나님은 진리요 빛이요 의이십니다. 하나님은 거룩하고 영원하신 분입니다. 그 헤아릴 수 없는 뜻 가운데 잠시 악이 승리하게 내버려두실 때가 있지만, 그것은 말 그대로 잠시일 뿐입니다. 하나님의 하나님되심 때문에, 이 메시지의 성격 때문에 최종적인 승리는 확실히 우리 것이 될 수밖에 없습니다.

복음은 이 세상이 사람의 것이 아니라 하나님의 것이라고 말합니다. 인간의 발명과 발견은 자랑거리가 못됩니다. 그것은 하나님이 이미 세상에 두신 것을 찾아낸 것에 불과하기 때문입니다. 사람이 많이 발견하면 할수록 하나님의 영광이 더욱더 드러나게 되어 있습니다. 하나님이 세상을 만드셨고, 따라서 세상은 하나님의 성품과 연관되어 있습니다. 하나님은 우리에게 복음 메시지를 주셨습니다. 그 메시지가 무엇입니까? 사람은 타락해서 자신과 세상에 혼란을 몰고 왔지만 하나님은 그들을 구속하신다는 것입니다. 하나님은 일찍이 에덴에서 그것을 약속해 주셨습니다. 그리고 우리는 사도행전에서 그 약속이 실행되는 것을 보고 있습니다. 그 약속은 지금도 계속 실행중입니다.

복음은 하나님이 세상을 이처럼 사랑하사 독생자를 보내셨다고 말합니다. "말씀이 육신이 되어 우리 가운데 거하시매"요 1:14. 우리를 구속하시고 세상과 우주를 구속하시기 위해 하나님의 아들이 죽으셨습니다. 하나님은 이렇게 구속해 주실 것을 맹세하셨습니다. 복음은 하나님이 우리를 용서하실 뿐 아니라 다시 창조하여 새 생명과 새 본성과 새 지각을 주신다고 선언합니다. 이 복음은 하나님의 진리로서 반드시 승리하게 되어 있습니다. 하나님은 하나님이시기에 반드시 승리하십니다.

하나님이 승리하실 수밖에 없다는 사실을 또 다른 방식으로 입증해 보겠습니다. 반대세력의 미약함을 보십시오. 저는 여러분이 이 점을 꼭 생각하기를 바랍니다. 제가 그리스도인이 되지 않았다면 어떻게 되었을지 모르겠습니다. 세상이 기독교의 대안으로 제시하는 것들은 도저히 믿지 못했을 테니 말입니다. 여기 사도행전 6장에 묘사된 반대세력을 보십시오. 공회원들과 스데반 사이에 논쟁이 벌어졌는데, 성경은 그에 대해 다음과 같이 말하고 있습니다.

> 스데반이 지혜와 성령으로 말함을 그들이 능히 당하지 못하여 사람들을 매수하여 말하게 하되 이 사람이 모세와 하나님을 모독하는 말을 하는 것을 우리가 들었노라 하게 하고 [완전히 거짓말입니다] 백성과 장로와 서기관들을 충동시켜 와서 잡아가지고 공회에 이르러 거짓 증인들을 세우니 이르되 이 사람이 이 거룩한 곳과 율법을 거슬러 말하기를 마지 아니하는도다. 그의 말에 이 나사렛

예수가 이곳을 헐고 또 모세가 우리에게 전하여 준 규례를 고치겠
다 함을 우리가 들었노라 하거늘^{행 6:10-14}.

이것이 반대세력의 실상이었습니다. 그 특징이 보입니까? 요즘 복음을 반대하는 사람들은 공회원들처럼 노골적이지 않은 것 같아도 사실은 아주 비슷합니다. 그들은 수단 방법을 가리지 않고 복음을 우습게 만들려 합니다. 거짓말도 하고 사실도 왜곡하고 정직하지 못한 추론도 합니다. 대중에 영합하여 갈채를 받습니다. 속임수도 마다하지 않습니다.

그러나 성경은 말합니다. "스데반이 지혜와 성령으로 말함을 그들이 능히 당하지 못하여." 그들은 정말이지 스데반을 당해 낼 수가 없었습니다. 복음을 누를 수 있는 사람은 아무도 없습니다. 여러분은 복음에 어떤 불만을 가지고 있습니까? 거저 용서하고 죄를 사해 주겠다는 것이 잘못입니까? 우리를 새롭게 해주겠다는 것이 잘못입니까? 우리를 불러 십계명을 지키며 산상설교 말씀대로 살라고 하는 것이 잘못입니까? 그런 것이 잘못입니까? 거듭 말하지만, 세상 전체가 이 가르침에 따라 살기만 한다면 국제 간에 아무 문제도 발생하지 않을 것이며 세상은 다시 낙원이 될 것입니다. 여러분은 무슨 근거로 복음에 반대합니까? 복음에는 반대할 근거가 없습니다. 전혀 없습니다.

최근에 『내가 믿는 것』*What I Believe*이라는 인상적인 제목이 붙은 글 모음집이 출간되었습니다. 여러분 모두 이 책을 사서 읽었으면 하는 심정입니다! 그러면 무엇보다 먼저, 다른 많은 책들이 그렇듯이 이 책의 내용 또한 이해하기가 아주 어렵다는 사실을 발견할 것입니다. 설혹 내용이 이해된다 해도, 사실은 저자들이 자기가 믿는 바가 아니라 믿지 않는 바에 대해 써놓았음을 알게 될 것입니다! 거기에는 아무 내용도 들어 있지 않습니다. 온통 부정하는 말들뿐입니다. 그들은 자신이 무엇을 믿는지 모르고 있습니다. 그들은 우주에서 어떤 의미나 목적도 찾을 수 없다고 말합니다. 전부 우발적으로, 우연히 생겨났다고 말합니다. 그 누구의 삶이든, 삶에는 아무 의미도 없다는 것입니

다. "내가 무엇을 믿느냐고? 난 아무것도 안 믿어! 난 아무것도 몰라!" 이것이 사실상 그들이 하고 있는 말입니다.

오, 반대세력의 미약함이여! "스데반이 지혜와 성령으로 말함을 그들이 능히 당하지 못하여." 이 복음 메시지 안에 있는 하나님의 지혜에 대응할 만한 것은 아무것도 없습니다. 이것이 제 낙관주의의 두 번째 근거입니다.

마지막으로 제가 확신하는 바는 이것입니다. 복음은 하나님의 능력입니다. 그것만으로도 충분하고도 넘치도록 확신을 가질 수 있습니다. 복음은 하나님의 진리일 뿐 아니라 "모든 믿는 자에게 구원을 주시는 하나님의 능력"입니다롬 1:16. 무에서 우주를 창조해 낸 능력, 주 예수 그리스도를 죽은 자들 가운데서 일으키신 능력입니다. 이 얼마나 큰 능력입니까! 이것은 부활의 능력이며 정복되지 않는 능력입니다. 바로 하나님 그분 자신의 능력입니다.

스데반의 적들은 지혜로 말함을 당하지 못했을 뿐 아니라 "성령으로 말함"도 당하지 못했습니다. 복음을 거부하는 사람은 전능하신 하나님을 거부하는 것입니다. 복음을 반대하는 사람은 영존하시는 하나님께 덤벼드는 것으로서, 결국은 산산이 부서질 것입니다. 그들의 종말은 최종적이고 영원한 파멸입니다.

그의 나라는 무너지지 않네.
그가 하늘과 땅 다스리시니.
죽음과 지옥의 열쇠
예수가 쥐고 계시네.
네 마음을 높이 들라, 네 소리를 높이라.
기뻐하라, 다시 말하노니 기뻐하라.
—찰스 웨슬리

하나님의 원수들에게 대항할 테면 대항해 보라고 하십시오. 그들은 처음부터 하나님께 도전했고, 지금도 계속 도전하고 있습니다. 유대인들은 복음을 반대했습니다. 그후에는 로마인들이 일어나서 반대했습니다. 고트족과 반달족도 등장했습니다. 모든 악의 무리, 지옥의 무리가 풀려 나와 이 복음, 이 메시지를 반대했습니다. 있는 힘껏 복음을 멸하려 했습니다. 그러나 아무리 지옥문이라 해도, 못박히신 예수 그리스도야말로 "하나님의 능력이요 하나님의 지혜"라는 이 선포를 이길 수는 없습니다.고전 1:24.

이 능력이 보입니까? 이 능력을 느껴 본 적이 있습니까? 약간은 개인적인 질문을 드리겠습니다. 여러분은 자신이 이 성령의 능력과 상대하고 있음을 느낀 적이 있습니까? 성령이 스데반 안에서 이들을 상대하셨을 때, 이들은 도저히 당해 낼 수가 없었습니다. 온갖 노력에도 불구하고 답변을 찾아낼 수가 없었습니다. 그러면서도 이들은 믿으려 하지 않았습니다.

여러분도 혹시 그러고 있지는 않습니까? 여러분은 이 말씀의 능력을 느껴 본 적이 있습니까? 그 지혜를 본 적이 있습니까? 말씀의 영광과 완벽함을, 그 모든 것을 본 적이 있습니까? 말씀 안에 계신 하나님을 본 적이 있습니까? 여러분을 다루시고 여러분에게 호소하시는 성령, 여러분의 공허함과 비참함을 보이시고 구원의 필요성을 보이시는 성령, 여러분을 용서하기 위해 십자가에서 죽으신 하나님 아들의 영광을 펼쳐 보이시는 성령, 여러분을 하나님의 자녀 삼아 주겠다고 제안하시는 성령과 그 능력을 느껴 본 적이 있습니까? 그 능력을 느껴 본 적이 있습니까?

여러분은 자신이 실패자라는 것을 압니다. 지적으로 위장하고 있기는 하지만, 그것이 가면에 불과하다는 것을 압니다. 자기 영혼의 상처에서 고름이 흐르고 있는 것을 압니다. 그런데도 계속 저항하고 있습니까? 계속 하나님의 성령께 저항하고 있습니까? 경고하건대, 그렇다면 여러분은 하나님의 전능하심에 대항하고 있는 것이며, 결국 똑똑한 현대인들과 함께 멸망으로 떨어질 것입니다. 여러분은 지금 만세반석이신 하나님, 요동치 않으시는 하나님께 덤벼들고 있는 것입니다.

자, 여러분은 이 복음에 순종했습니까? 이 복음에 굴복했습니까? 제자가 되었습니까? 이 메시지를 계속해서 더 배우고 싶은 마음이 있습니까? 다른 사람들과 형제가 되었습니까? 하나님의 가족이 되었다는 의미에서 자신이 새로워졌다는 느낌, 이 새 가족들과 함께 영원한 영광을 기다린다는 느낌이 듭니까?

이제 마지막 질문을 드려도 되겠습니까? 사람들이 여러분을 보고 놀라움을 표시할 때가 가끔 있습니까? 여러분의 얼굴이 천사의 얼굴처럼 보인다고 말할 때가 종종 있습니까? 사람들이 여러분을 찾아와서 "당신의 삶의 비밀이 무엇입니까? 당신에게 나타나는 그 평안과 평온과 평정의 근원이 무엇입니까? 어떻게 해야 나도 그것을 얻을 수 있을까요?"라고 묻습니까?

다른 모든 문명의 영광이 지나갔듯이, 20세기와 그 문명의 모든 영광도 지나갈 것입니다. "오직 주의 말씀은 세세토록 있도다"벧전 1:25. 바로 그 말씀이 지금 여러분에게 전해졌습니다. 친애하는 여러분, 이 지혜를 인정하고 성령께, 하나님의 성령께 굴복하십시오. 그러면 초대교회가 전파한 바, 주님의 영광과 능력을 여러분 스스로 경험하여 알게 될 것입니다.